张坤民

张坤民，1940年7月生，江苏宜兴人。1957年考入清华大学土木系，1965年研究生毕业，留校任教19年。曾任清华大学土木系副系主任、环境系首届副系主任；1985年起任中国环境管理干部学院副院长；1988年起任国家环保局第一副局长、党组成员；1998年起任国家环保总局党组成员、机关直属党委书记两年，并任中国环境与发展国际合作委员会秘书长五年；2003—2006年应聘为日本立命馆亚洲太平洋大学全时专任教授。多年兼任清华大学和中国人民大学的博士生导师以及北京大学、南京大学、复旦大学等其他10所大学的兼职教授。现任中国可持续发展研究会副理事长兼低碳经济研究学组主任，国家环境保护部科技委员会委员，国际环境与发展学院中国委员会理事，全球水伙伴中国技术委员会委员等。研究方向为可持续发展理论与实践、环境管理与政策、低碳经济、国际合作等。

出版专著及编著图书20种，包括《可持续发展论》（1997）、《关于中国可持续发展的政策与行动》（2004）、《低碳经济论》（2008）、《低碳发展论》（2009）等；译校书籍21种，包括《亚洲环境情况报告（第一卷）》《美国环境百科全书》等。发表论文与报告100余篇。

中国环境文库 第一辑

低碳经济：
可持续发展的挑战与机遇

张坤民　著

中国环境科学出版社·北京

图书在版编目（CIP）数据

低碳经济：可持续发展的挑战与机遇/张坤民著. —北京：中国环境科学出版社，2010.11
（中国环境文库）
ISBN 978-7-5111-0398-7

Ⅰ. ①低… Ⅱ. ①张… Ⅲ. ①气候变化－影响－经济发展－研究－中国 Ⅳ. ①F124

中国版本图书馆 CIP 数据核字（2010）第 219292 号

丛书总策划 刘友宾
本 辑 策 划 郭媛媛 任海燕

责 任 编 辑 任海燕
助 理 编 辑 李雅思
责 任 校 对 扣志红
封 面 设 计 形合意动艺术设计・刘万民

出版发行 中国环境科学出版社
（100062 北京东城区广渠门内大街 16 号）
网 址：http://www.cesp.com.cn
联系电话：010-67112765（总编室）
发行热线：010-67125803，010-67113405（传真）
印 刷 北京中科印刷有限公司
经 销 各地新华书店
版 次 2010 年 11 月第 1 版
印 次 2010 年 11 月第 1 次印刷
开 本 787×960 1/16
印 张 27.25
字 数 350 千字
定 价 46.00 元

出版前言

从 1973 年召开中国第一次环境保护会议算起，当代中国环境保护已经走过近四十年的辉煌历程。40 年来，一代又一代的中国环保人，披肝沥胆，孜孜以求，不断探索中国环境保护道路，他们的思索、研究和创作，汇聚成中国环境思想及文化的宝库，闪耀着东方智慧的光辉，而历久弥坚，历久弥新。

记录历史、传播文明是出版人的重要使命。中国环境出版人，为中国环境保护事业而生，与中国环境保护事业共同成长，以其独有的方式见证和记录着中国环境保护的发展历程。汇其经典、融其精华，集中国环境思想、文化之大成，一直是中国环境出版人的梦想和期待。在充分调研论证的基础上，2009 年，中国环境科学出版社提出了出版“中国环境文库”的构想，努力将其打造成一条重要的产品线，旨在大力扶持和弘扬国内环境学者的原创著作，促进环境理论的本土化建设，为繁荣、丰富环境文化，倡导、弘扬生态文明略尽微薄之力。

学术影响力是专业出版社的灵魂。学术的繁荣和发展，需要发掘更多有价值的学术著作进行理论建设。作为环境领域唯一一家专业出版社，以出版物为载体向公众普及环境知识、传播生态文明，是我们义不容辞的神圣职责。“中国环境文库”将收选中国环境保护事业亲历者及理论先驱者的经典文集以及国内环境相关领域学科领军人物的权威著作，汇集成当代中国生态文明的绿色思想库、中国环境保护事业的高端智囊库和代表国内一流水准的学术经典库，从一个侧面真实记载和反映中国环境保护波澜壮阔的历史进程，促进中国环境文化的积累、传承和创造。

文库第一辑丛书包括《向环境污染宣战》(增订版)、《曲之求索：中国环境保护方略》、《环境经济与政策：理论及应用》、《环境法治的中国路径：反思与探索》、《环境哲学：生态文明的理论基础》和《低碳经济：可持续发展的挑战与机遇》，其作者汇集了国内环境管理、环境经济、环境哲学、环境法学和可持续发展领域的优秀专家、学者，体现了较高的专业水准。他们的研究成果对我国近 40 年来的环境法制建设、管理制度完善、科学技术进步以及公众环境意识的提高产生了积极和深远的影响。一些文章虽然是 10 年、20 年前形成的，但其中的理念、观点、工作思路和方式方法，仍具有很强的生命力，对当今乃至未来中国环境保护的发展都具有非常重要的参考价值和借鉴意义。

登高望远方能行之久远。我们希望能将近 40 年来中国环境保护领域有价值的研究成果和学术思想都收入这套文库，以兼容并蓄的态度促进环境文化的繁荣发展。我们将认真挑选每部作品、每篇文章，使其兼备学术性、权威性和可读性，不断将一本本具有收藏和传播价值的精品读物奉献给广大读者。衷心希望能够得到社会各界有识之士的鼎力支持和批评指正。

序

我本是在农村长大的一个穷孩子，小学毕业因家贫辍学放了半年牛，后靠亲友们的扶持，两年半读完初中，接着在上海中学读高中，1957年考入清华大学。连续 9 年半，读完水处理本科和放射性废物管理研究生，毕业留校当了 19 年教师。1985 年被调到城建环保部下属的国家环保局，受命前往秦皇岛筹建中国环境管理干部学院 3 年。1988 年调回国务院直属的国家环保局，担任局党组成员、副局长 2 届共 10 年。1998 年国家环保总局成立，当了 2 年多的总局党组成员、局机关与在京直属单位党委书记和中国环境与发展国际合作委员会（CCICED）秘书长，2000 年从总局退休，这 15 年就是我全部的公务员生涯。2003年，CCICED 秘书长 5 年期满后，应聘到日本立命馆亚洲太平洋大学（APU）刚成立的研究生院当了 3 年专任教授，讲授可持续发展理论和环境政策等，又回归教师本行。2006 年再度退休。

接触并逐步深入学习与努力贯彻可持续发展理念，是我人生的重大转折。1987 年，国家环保局外事办公室翻译出版了世界环境与发展委员会（WCED）刚发布的报告《我们共同的未来》，引起我极大的兴趣与共鸣。当时只觉得这份报告写得好，并未想到它随后会对中国和世界产生如此大的影响。1990 年启动的联合国环境与发展大会（UNCED）实质性筹备会议使我有了亲身参与、学习、体验和实战的机会。UNCED 第一次筹备会加上联合国环境署的理事会 1990 年 9 月在内罗毕召开，会期 6 周；第二、第三次筹备会 1991 年在日内瓦，会期 5 周；第四次 1992 年在纽约，也是 5 周。作为中国政府代表团副团长，我在三地先后参加了 3 次，总共 16 周。当时，各国围绕联合国文件开始谈判，重点是 UNCED 主要文件之一《21 世纪议程》草案及相关文件。这份由全球环境与发展领域杰出科学家与政治活动家起草、反映可持续发展思想与全球战略的文件，共 40 章，包含许多闪光的思想与方略，也有不少观点是不同国家难以接受的。正是长时间谈判中，对文件仔细的研读、代表团内部的讨论、观点相近代表团之间的磋商、不同立场代表团之间的交锋，文件中符合“协商一致”的条款得以保留，否则就修改或删去。这些活动使我对渗透在字里行间的可持续发展理念的精髓、国家利益的不同以及外交谈判的艰巨等，有了切身的体会。

UNCED 在里约的胜利召开，标志着可持续发展思想与战略正式为各国所接受。之后建立的联合国可持续发展委员会（UNCSD）每年在纽约的年会长达 4 周（后缩短为 3 周）。从 1994 年到 1998 年，我每年都以副团长身份带团参加。通过逐年审议《21 世纪议程》各领域问题和跨领域问题的执行情况，深感联合国真是文山会海，但关键问题却进展甚微。每次参加会议，对可持续发展理念，总会有新收获，同时收集到不少新的出版物，悉数背回国内，成为我和同事们的最新读物，也成为我们在 1997 年共同编写《可持续发展论》的主要参考资料。

在国家环保局和环保总局工作的 15 年，我主要分工是协助局长分管办公室、计划财务、政策法规、科技标准、宣传教育、对外经济合作等司办。上世纪八九十年代，恰逢全球第二次环境革命，除了传统的局地性环境问题（如水、大气污染）、区域性环境问题（如酸雨）以外，臭氧层破坏、全球变暖、生物多样性丧失、持久性有机污染物等全球性环境问题开始受到重视。通过国际交流以及业余参与翻译或审校《日本的公害教训》《地球环境报告》《世界无末日：经济学、环境与可持续发展》《我们的家园，地球》《酸雨》《工业固体废物》《高技术污染》《扩展衡量国家财富的手段》《里约后五年：环境政策的创新》《环境影响的经济分析》《防止全球变暖》《美国环境百科全书》《可持续发展：原则、分析和政策》等新书，一些重要观点深深印入脑海，至今难忘。如经济增长不等于发展；“不考虑环境的经济的不经济性”；可持续发展三个支柱：环境、经济、社会；代际公平和代内公平；环境与发展密不可分；环境问题产生于发展之中，也要在发展过程中解决；环境保护要参与综合决策；外部性的环境成本要内在化；管理比技术更重要；命令控制手段有效但昂贵；环境管理要重视经济手段和公众参与的重要作用等。实际上，所有翻译或审校的书稿都是我日常工作中十分有用的参考书，一些讲稿或文章则是我的学习心得笔记，其中的一些重要观点都是帮助我联系国情思考对策的好点子。15 年间，除了译审外，同时积累了一些自己写的或和朋友们一起写的文稿，编成了两本书：《可持续发展论》（1997 年出版，共 14 章和 1 篇专文）和《关于中国可持续发展的政策与行动》（英文版，2001 年，含 44 篇文稿；中文版，2004 年，含 176 篇文稿）。两本书的前言都分别记述了当时的背景与想法。

2003 年，英国《能源白皮书》发布，当时我正忙于在日本的大学教书，对此并未在意。2006 年 10 月，《气候变化的政治经济学：斯特恩报告》出版，我在世界银行工作的年轻朋友朱达博士当年就送我 1 本，引起了我的重视。2007 年是全球关注气候变化空前高涨的一年，年初，IPCC 发表第四次评估报告，年末，全球气候大会达成《巴厘岛路线图》，各大媒体都聚焦到这一关系人类命运的大事上。主要发达国家按照《京都议定书》第一阶段减排义务的规定，原本应于 2008—2012 年将其碳排放量从 1990 年水平降低 6%～8%，眼看期限临近，非但未减却增排了 10%左右。经合组织（OECD）的国际能源机构（IEA）2007 年的《世界能源展望》特意把探照灯瞄准中国和印度的能源需求增长。日本北海道大学的教授为迎接 12 月将于当地洞爷湖召开的气候变化首脑会议，邀我于 11 月去作题为《低碳世界中的中国》演讲。为此，我购置了一大批气候与能源方面的书籍，也上网做了较仔细的调研，还同不同专业的朋友交换了意见。我感到，同一二十年前相比，形势有了显著的变化。一是体现在南北关系上，过去发达国家为达成气候协议，口头上还多少承认历史事实和“共同但有区别的责任”原则，并表示要“率先减排”，现在却盯着主要发展中国家近年来从很低起点出发的能源需求高速增长，似乎找到了借口，想从道德制高点上逼迫我们承担义务；二是体现在经济增长速度与方式上，发达国家已经完成了工业化的阶段，有条件向低碳转型，我们接受的则是全球化产业结构的被动转移，仍在拼资源、拼人力、制造廉价商品出口，而现有的能源资源显然是不可能持续支持下去的；三是体现在未来的国际竞争力方面，英、日、美都摆开阵势要搞低碳转型、建低碳社会、抓新能源技术，迎接新一轮产业革命；同时，竭力设置障碍，阻挠我和平崛起。自然，我们应该认清形势，冷静思考，积极筹划，采取行动。

于是，我同潘家华研究员、崔大鹏教授一起，收集了当时能够得到的权威资料并广泛请人赐稿，于 2008 年世界环境日之前出版了《低碳经济论》，作为一本较实用的入门书。随后，又在环保部、九三学社中央、中国可持续发展研究会以及各地政府有关部门或组织的支持下，进行了一系列现场调研，并继续邀请更多的学者撰稿，于 2009 年 10 月出版了《低碳发展论》，其中刊有更多的国内外实例，说明低碳发展在中国不但是必要的，也是有可能的。其间，也常受到有关部门、组织、媒体、论坛的邀请，交流过一些想法，由此积累了一些文稿。

由于一些事情的触动，常使我想起幼时在本村义仓师生同声痛哭的情景。义仓是同村 1 个或几个主要姓氏的祠堂利用公地地租收入维持的简易小学，往往只有 1 名男教师，4 个年级的学生都挤在祠堂的一间大屋里听课，这是解放前南方农村常见的免费教育形式。我们的老师是一位热血青年，每当讲到近代史上列强侵略、割地赔款的情节，他都会情不自禁地泣不成声，全屋学生也一起号啕大哭。60 多年过去了，祖国变化翻天覆地。但是，可持续发展道路并不平坦。每天在电脑前浏览或思考时，总是喜忧交加。"中国崩溃论"、"中国威胁论"、"中国责任论"声不绝耳，围追堵截的身影随处可见。对手们明知中国"深挖洞、广积粮、不称霸"、"冷静观察、沉着应对、韬光养晦、绝不当头"、"科学发展"、"和谐社会"等一系列方略，就是不情愿看到中国国力强盛，影响他们的战略利益。中国本身的能源资源禀赋、经济发展阶段和科技教育水平也亟待提高。面对气候变化、能源安全、新的产业革命，保持一个发展中大国的清醒与自觉十分必要。既不能见事迟、行动慢，也不能情况不明决心大，需要的是及早部署、统筹规划，抓好国际国内、长期短期相协调的两个大局。

很多书都写明献给某个单位或某些亲友。我想把本书献给培育过我的所有学校（江苏宜兴夹沟义仓小学、宜兴钮家中心小学、上海新力中学、上海市上海中学、清华大学）和我曾经从教或兼职的所有学校（清华大学、中国环境管理干部学院、日本立命馆亚洲太平洋大学、中国人民大学、北京大学、南京大学、复旦大学、同济大学、武汉大学、重庆建工学院、厦门大学、杭州大学、国家行政学院、中央社会主义学院）。同时，对所有给过我帮助的前辈与国内外的朋友们表示诚挚的感谢。

张坤民

2010 年 9 月 20 日

目　录

第一篇

中国实施可持续发展的历史、现状与展望

中国环境保护的过去、现在和未来*

一、中国古代的环境保护

（一）中国古代的环境保护思想和法令

一系列文物发掘证实，中国人的祖先较早就从实践中认识和重视环境保护。例如，公元前 50 世纪，在中国西安半坡，当时烧制陶器的柴窑已按照热烟上升原理使用烟囱排烟。公元前 23 世纪龙山文化时期，位于中国河南淮阳平粮台的古城已有陶质排水管道，管头有榫口，可以套接。公元前 22—前 17 世纪，夏朝中心地区（山西夏县），住人的窑洞砌有炉膛和通往洞外的排烟道，窑洞附近还有水井和排水沟。

中国古代已有生态学思想的萌芽。古书《礼记》云："迎猫，为其食田鼠也；迎虎，为其食豕也。"可见当时已认识到猫和田鼠、虎和豕（野猪）的天敌关系，并能有意识地利用它来为人类服务。《史记·殷本纪》记载了夏朝末期（公元前 17 世纪）一位名叫商汤的诸侯爱鸟的故事。"汤出，见野张网四面，祝曰：'自天下四方，皆入吾网！'汤曰：'嘻，尽之矣！'乃去其三面，祝曰：'欲左，左。欲右，右。不用命，

* 本文是作者在中国国家计委和德国经济部的中德经济计划年会上（1989 年 5 月）的报告。中文稿刊于《中国环境报》，英文稿刊于美国纽约圣约翰大学《亚洲评论》1990 年夏季号，收入《中国环境年鉴》1990 年卷。

乃入吾网。'诸侯闻之，曰：'汤德至矣，及禽兽。"这个故事说明，在3 700 多年前，中国人就懂得保护鸟兽有德，捕捉鸟兽不可斩尽杀绝，要"网开三面"。

公元前 11 世纪，西周王朝颁布过《伐崇令》："毋坏屋，毋填井，毋伐林木，毋动六畜。有不如令者，死无赦。"这是中国古代较早的保护建筑、水源、森林和动物的法令。公元前 2 世纪，秦朝的《田律》规定："春二月，毋敢伐材木山林及壅堤水。不夏月，毋敢夜草为灰，取生荔、麛卵，毋……毒鱼鳖，置阱网，到七月而纵之。"这是中国古代的自然保护法律。

春秋时齐国首相管仲（公元前 6 世纪）是一位杰出的政治家，他从发展经济，富国强兵的目标出发，十分重视自然资源的保护。他说："为人君而不能谨守其山林川泽草莱，不可以为天下王。"（《管子・地数》）指出凡不能认真保护山川草木的，没有资格当君主。管仲总结了历史上环境问题的教训，认为有的君主把山林砍光，造成水源干涸，这是缺乏头脑的表现。"童山竭泽者，君智不足也。"（《管子・国准》）管仲还认为山林川泽是天然资源（天财），只有很好地保护，才能有效地利用。他还特别重视制定防火法规，强调要严格执法。"修火宪敬山泽林薮草木，天财之所出，以时禁发也。"（《管子・立政》）。

战国时期的荀况（公元前 3 世纪）继承发扬了管仲的思想，把保护环境视作治国安邦之策。他提出："草木荣华滋硕之时，则斧斤不入山林，不夭其生，不绝其长也；鼋鼍鱼鳖鳅鳣孕别之时，网罟毒药不入泽，不夭其生，不绝其长也；春耕、夏耘、秋收、冬藏，四者不失时，故五谷不绝，而百姓有余食也；污池渊沼川泽，谨其时禁，故鱼鳖优多，而百姓有余用也；斩伐养长不失其时，故山林不童，而百姓有余材也。"（《荀子・王制》）荀子的环境保护思想，既有明确的目标，即为了发展农、林、渔业生产以满足百姓的生活需要；又有具体的措施，即不是绝对禁止开发，而是有开有禁，保证永续使用。这些思想至今仍有积极意义。

（二）中国古代的环境保护机构

在中国历史上，除了元朝以外的各个王朝都设置管理山林川泽的机构，称为“虞”。虞的主要职责是管理山川禁令，保护生物资源，保障物资供应。虞实质上就是古代的环境保护机构。古书《尚书·尧典》（公元前 11 世纪）记叙了舜经过商议任命伯益担任虞的情景。可以说，舜设的虞是世界上最早的“环境保护部”，伯益是世界上最早的“环境部长”。以后，夏、商、周三朝设虞人，下设山虞、泽虞、川衡、林衡，机构庞大而严密。秦、汉设少府，魏、晋设虞曹郎，隋、唐、宋设虞部（隶属工部），明、清设虞衡清吏司（隶属工部）。

（三）中国古代的三大环境劫难

人类活动，包括封建统治者大兴土木，滥伐森林；战乱频繁，践踏森林；人口增加，农业发展，开垦森林等，这些都是对环境的冲击，而农业经济活动则是造成中国历史上环境变迁的主要原因。从环境保护角度，中国历史大体可分为以下 5 个时期。

（1）中国古代环境保护的黄金时代——先秦（公元前 3 世纪以前）。秦以前的周朝，全国人口只有 2 000 万。周重视山林川泽保护，有强有力的机构，森林覆盖率达 53%，黄河较清。

（2）第一次环境恶化时期——秦、西汉（公元前 3 世纪—公元 1 世纪）。从秦到西汉，人口成倍增长，至西汉平帝元始二年（公元 2 年），已达 5 959 万。为了解决吃饭问题，国家鼓励屯垦戍边。汉武帝时黄土高原上许多游牧区开垦为农业区。对黄河中游的开垦，破坏了森林、草原，水土流失日趋严重。黄河由浑变黄，河床淤积，成为悬河，频繁泛滥和改道。这是中国历史上第一次环境恶化时期。

（3）相对恢复时期——东汉至隋（公元 2—7 世纪）。这一时期，战乱不断，人口大减。晋武帝太康元年（公元 280 年），人口仅 1 616 万。到隋炀帝大业 5 年（公元 609 年），才恢复到 4 602 万。黄河中游地区植被恢复较好，水土流失不重，黄河相对稳定。

（4）第二次恶化时期——唐、宋、金、元（公元 7—13 世纪）。唐玄宗天宝十四年（公元 755 年），全国人口 5 300 万。五代战乱中人口虽减，但从未低于 3 000 万。元朝二十七年（公元 130 年）达 5 884 万。林区大幅度减少，水土流失加重，仅宋朝 300 多年中，黄河决口 40 多次。元朝不设山林川泽保护机构，环境每况愈下。

（5）第三次急剧恶化时期——明、清以后（公元 14 世纪以后）。明清至今 600 多年间，环境急剧恶化。森林遭到毁灭性破坏，如北京地区、湘江下游的森林都毁于明清。水土流失空前严重。明朝近 300 年，黄河决口 60 多次。清朝 200 多年，黄河决口 130 多次。清朝实行鼓励人口增长的政策，清雍正二年（1724 年），全国人口 2 500 万，仅仅 42 年，到乾隆三十一年（1766 年）人口便爆炸性地翻了三番，达 2 亿 900 万。再过了 83 年，即道光二十九年（1849 年），人口又翻了一番，达 4 亿 1 000 万。

意味深长的是，中国历史上环境恶化的时期，都是农垦活动剧烈的时期，而农垦的剧烈又起因于人口的激增。中国历史上 3 个人口高峰正相应着 3 次环境劫难。由此可见，环境与人口有着极为密切的关系。这些历史事实的启示同当代对发展中国家环境问题研究所得的结论是完全一致的。人口、经济、环境，确实是互相关联的连环套。回顾历史，使我们更加深刻地认识到，正确的人口政策、经济政策、环境政策对于经济发展具有何等的重要性。

二、中国工业化进程中的环境保护

1840 年鸦片战争以后，中国沦为半殖民地的地位，工业化速度十分缓慢。到 1949 年中华人民共和国成立时，全国的钢产量只有 90 万吨。1952 年，中国开始从连年的战争中得到恢复，当时人均国民生产总值也只有 50 美元。中国就是在这个起点上开始工业化进程的。同样，中国的环境保护事业也经历了艰难曲折的路程。

（一）艰难的历程

原国家环境保护局局长曲格平教授把当代中国环境保护事业的发展分为 3 个时期。即孕育时期（1949—1965 年）、创建时期（1966—1976 年）、开拓时期（1977 年至今）（详见曲格平《中国环境保护事业发展历程提要》一文）。

（二）严峻的形势

中国目前的环境问题，主要是以城市为中心的环境污染和以农村为中心的生态破坏。随着人口压力的增加和乡镇企业的发展，环境污染已经向农村蔓延，生态破坏也在更广更深地扩展。中国环境问题面临着严峻的形势，原因在于中国的国情有以下 5 个特点。

（1）人口众多，造成对环境的巨大压力。中国人口在 1989 年 4 月 14 日已经达到 11 亿，预计 2000 年可能突破 13 亿。这是最大的环境压力。据《世界资源报告》（1986 年），1975 年世界人均农田 0.39 hm^2，到 2000 年将降至 0.25 hm^2。中国 1975 年人均农田仅 0.16 hm^2，2000 年还将降至 0.11 hm^2 左右。为了解决 11 亿人的食物供应，本来已经十分脆弱的自然环境还将承受更大的冲击。同时，到 2000 年，中国城镇人口也将接近 3 亿，这么多的人口集中到城市，也将进一步加重城市环境的负担。

（2）工业企业构成以中小型为主，乡镇企业的迅猛发展带来了不少新问题。据 1988 年完成的工业污染源调查，中国现有工业企业已超过 40 万。其中中小型企业占 99%以上。中小企业的技术装备比较落后，能源、资源浪费严重，加上布局不合理，对环境污染很大。乡镇企业这些年来发展极快。1987 年中国农业社会总产值中非农业部分已经超过了农业部分，乡镇企业为此做出了贡献。乡镇企业装备更差，分布更广，污染更为突出也更难防范。在一些地区，环境污染由点到面，大有“农村包围城市”之势。全国 3 亿亩（约 1 500 万 hm^2）农田已经受到不同程度的污染。

（3）能源结构以煤为主，污染严重。煤炭在中国能源构成中占 76% 左右。它是大气污染的元凶。中国北方城市颗粒物年平均值在 830 $\mu g/m^3$，冬季有不少城市超过 1 000 $\mu g/m^3$。中国煤炭年产量已经超过 9 亿 t。由于资源和经济条件所限，改煤为油或发展核能都有很大困难。今后很长一段时期内，煤炭仍将是中国的主要能源。中国农村每年要烧掉 4 亿多吨植物秸秆，但仍不能满足燃料需求，农民砍幼树、挖草根作为燃料，导致植被破坏、水土流失。

（4）经济过热和短期行为造成对环境的冲击。出于为了尽快改变贫穷落后面貌的强烈愿望，加上经济体制中缺乏适当的自我约束机制，中国工业建设普遍存在着“投资饥饿症”，先后出现的“土跃进”、“洋跃进”、“经济过热”，虽然其政治背景各有不同，但这忽进、忽热，对环境的破坏都是非常严重的。有的地方负责人“饥不择食”，牺牲环境引进一些污染严重的项目；有的企业承包后，承包人拒绝承担环境保护的责任和费用；在农村，一个小造纸厂污染一条河，这几乎随处可见；土法炼焦炭、土法炼硫黄更是把大片区域弄得乌烟瘴气，寸草不生。

（5）经济落后，国家拿不出很多钱来治理污染。1988 年中国污水排放量为 362 亿 t，其中工业污水 274 亿 t，处理率为 26%，生活污水处理率还不到 3%。要想全面解决污水处理设施，至少需要上千亿元基建投资，每年还要投入几十亿元的运行费用。如果再把治理大气污染、固体废弃物污染、噪声污染的设施全部解决，则需要更多的资金，这是中国目前国力难以承受的。

（三）积极的对策

矛盾尖锐地摆在面前，为了实现现代化，必须加速发展经济；为了经济持续发展，又必须保护环境资源。出路究竟在哪里？我们在实践中认识到并坚定了这样的信念：在中国这样的条件下，我们既不能脱离实际，急于求成，也不应束手无策，无所作为，通过全国上下一批环境保护先驱者 15 年来的不断探索，逐步形成了以“预防为主”、“谁污染谁治理”和强化政府的监督管理这三大政策为支柱的环境政策体系，它的主要内容包括三方面。

(1) 预防为主。中国不能再重复发达国家“先污染后治理”的老路，80 年代初提出了经济建设与环境保护协调发展的方针，采取“预防为主、防治结合”的办法。具体措施是：

◆ 把环境保护纳入国民经济和社会发展计划。计划中明确规定防治工业污染、保护水质、保护重点城市和农村环境、保护和改善自然生态环境等方面的任务和措施，从而使环境保护有了国家计划保证。

◆ 加强对新建、扩建、改建工程项目的环境管理，严格控制新污染。为此实行了两项制度：一是环境影响评价制度，二是防治污染设施与生产主体工程同时建设的“三同时”制度。这两项制度对于减轻工业高速发展带来的污染起到了很大的作用。

(2) 谁污染谁治理。实行“谁污染谁治理”是中国的一项重要政策。它既明确了环境污染责任归属，又解决了污染治理资金部分来源，从而有力地推动了污染治理工作。具体内容有：

◆ 结合老企业的技术改造，逐步还清工业污染防治的欠账。国家规定，企业技术改造资金中必须拿出 7%用于解决污染危害。随着企业采用新技术，不但节省了能源和原料，也相应地减少了污染。

◆ 对重点工业污染源实行限期治理。1978 年以来，已先后完成 12 万个限期治理项目，很有成效。

◆ 对城市环境实行综合整治。城市是环境污染最集中最严重的地区。结合城市规划布局和调整，关、停、并、转、迁了一批污染严重的企业；积极改变城市能源结构和燃烧方式，控制大气污染；加强对工业和生活污水的处理，整治河道湖泊。一些认真实行综合整治的城市，如洛阳、沈阳、安阳等市，环境状况都有不同程度的改善。

◆ 实行排污收费制度。对超过标准排放污染物的企业征收排污费，从 1979 年到 1988 年，已收 65.51 亿元。这笔钱作为治理污染源的专项补助资金，发挥了积极的作用。

◆ 对综合利用实行鼓励政策。国家对企业开展资源综合利用和废弃物资源化给予优惠，调动了企业的积极性。

（3）强化政府的环境监督管理。这是中国环境政策的重要环节，是依据中国国情力争“少花钱多办事”的有力措施。它主要体现在：

◆ 制定环境法规。国家已经颁布了一批法律、法规、决定、标准，各省也制定了一些地方性法规，初步形成了法规体系。

◆ 建立环境管理机构，强化监督管理。现已初步建立起国家、省、市、县和乡镇五级环境管理机构，国家、省、市三级还建立了科学研究、环境监测、宣传教育等配套机构。据 1986 年统计，县以上各级机构共计 4 403 个，总人数 46 130 人。

◆ 利用多种形式开展环境教育，提高全民族的环境意识，特别注意对各级决策者和管理者进行环境教育。

中国经济改革 10 年，国民生产总值翻了一番，而环境污染并没有成比例地也翻一番。据统计，从 1981 年到 1985 年，工业总产值平均每年递增 12%，而万元工业产值的废水、废渣排放量平均每年都下降 10%

(废水从 477 t 降到 310 t；废渣从 9.8 t 降到 5.8 t)。工业废水中的重金属、酸、氟等有毒物质也分别下降了 30%～70%。事实证明，中国实行的环境政策是符合国情的，也是积极的。

三、对未来的筹划与展望

1989 年 4 月，国务院召开了第三次全国环境保护会议，会议总结了上次会议以来的经验，制定了本届政府任期内（1988—1992 年）的环境保护总目标。讨论了《中国 2000 年环境保护规划纲要》，并提出了进一步加强环境保护工作的措施。

（一）预测未来的目标

到 1992 年的总目标是：努力控制环境污染的发展，力争一些重点城市和地区的部分环境状况有所改善；努力制止自然生态环境恶化的趋势，争取局部地区有所好转，为实现 2000 年的环境目标打下基础。

到 2000 年的总目标是：环境污染基本得到控制，重点城市的环境质量有所提高，生态环境恶化的趋势开始好转，使环境与经济、社会的发展相协调，为实现我国生态系统良性循环，城乡环境清洁、优美、安静的远景目标打下基础。

这两个目标究竟是高还是低？仍然须从中国的国情出发，并要准备接受实践的检验。

（二）计划采取的措施

环境保护一靠政策，二靠管理，三靠科技。这个指导方针已被实践证明是符合中国国情的。改革和开放要求环境管理跟上发展的步伐，实行新的对策。第三次全国环境保护会议所确定的新对策，其基本点仍然放在强化管理上。主要内容如下所述。

(1) 不断完善环境政策体系，使职责更明确，操作更科学。

◆ 实行环境目标责任制。规定省长、市长、县长、厂长在任期内的环境目标和具体任务，根据完成情况予以奖惩，这样可使改善环境质量的任务得到层层落实。

◆ 对城市环境综合整治实行定量考核。国务院环境保护委员会已经决定对 32 个重点城市实行定量考核。考核范围包括大气和水环境保护、噪声控制、固体废弃物综合利用和处理处置、绿化，共 5 个方面 20 项。指标考核结果定期公布。这就便于公众监督，促使城市人民政府更加重视环境保护工作。

◆ 推行污染集中控制与分散治理相结合的政策。为了更有效和更经济，要改革现行的分散治理体制，鼓励兴建规模效益好的集中式处理设施，积极推进大气、水体、固体废弃物污染的集中控制。

◆ 逐步实施污染物排放总量控制，改变排污按浓度控制的办法。积极创造条件，严格实行排污许可证制度。

◆ 继续推行限期治理政策，并把对污染点源的限期治理，发展到对行业、对区域进行限期治理，这对有效控制污染、改善区域环境质量具有重要意义。

◆ 企业要评先进、上等级，必须严格考核其环境保护指标完成情况，激励企业切实做好环境保护工作。

◆ 国家要统筹建立配套的人口政策、产业政策、能源政策、企业管理政策、价格政策等。要积极改革不合理的自然资源开发利用制度和水、煤等资源的价格体系。随着经济实力的增强，国家要不断提高环境保护投资的比例，争取达到国民生产总值的 1%。

（2）结合使用行政的、法律的、技术的、经济的、教育的手段，切实强化监督管理。

- 加强管理机构是强化管理的组织保证。环境保护部门的主要职责是监督管理和宏观调控，因此，在机构改革中应该加强。同时还要培养一支训练有素、精通业务、善于管理、为政清廉、立志为环境保护事业献身的管理干部队伍。已经确定国家环境保护局是中国实行公务员制度的试点单位之一。
- 加强环境法制建设。不断完善环境保护法规体系，加强地方环境立法，特别要严格执法，提高环境法规的权威性和严肃性。
- 总结、改进现行的环境影响评价制度、“三同时”制度、排污收费制度。使之更加适应改革开放的形势。在沿海经济开放地区、环境保护工作要做好“超前服务”工作，关键是做好城市和区域环境规划、合理布局、认真把关，做到既保护好环境，又促进经济发展。
- 鼓励公众参与，加强舆论监督。中国环境保护法规定，任何单位和个人都有保护环境的义务，也有监督、检举、控告的权利，要积极创造公众参与的条件，增加环境保护工作的“透明度”。

（3）重视技术进步在环境保护中的作用。要从根本上解决我国的环境问题，归根结底要依靠科学技术的进步。中国的许多环境问题是由于技术落后、资源浪费造成的，作为发展中国家，尤其要重视适合本国实际的适用技术。今后，中国将致力于：

- 要开发合理利用资源、能源，减少污染物产生的清洁工艺；要千方百计提高各种设备的能源利用率；要积极开发废物资源化技术。
- 继续开发污染治理和生态保护技术，着重发展那些能够解决量大面广的污染问题的适用技术。对已有的技术进行评价、优选和配套，并适当引进国外先进技术。

- ◆ 尽快把科学研究成果转化为现实的生产力；要争取把保护环境的研究纳入“星火”计划、“火炬”计划和“八五”国家科研攻关项目；要兴建若干示范工程。
- ◆ 加强环境保护“软”科学和系统科学的研究应用，提高环境管理水平和决策的科学化、民主化。
- ◆ 加快环境保护产业的建设和发展。
- ◆ 加强对全球环境问题的研究和国际交流。

（三）对全球环境问题的关注

20世纪80年代以来，酸雨、臭氧层破坏、温室效应、有毒有害危险废物等全球环境问题引起了世界各国的关心，中国对此也很关注。今年上半年以来，中国已先后多次派出政府代表团参加巴塞尔会议、伦敦会议、赫尔辛基会议等国际会议，阐述了中国的观点，并努力促进会议的成功。中国的人口多，海岸线长，从全球环境问题的影响来说，受害最多的可能也是中国。我们理所当然地十分重视这些问题，始终持积极合作的态度。

全球环境问题的解决需要全球的共同努力。曲格平教授认为，第一，发达国家人口虽只占世界人口的四分之一，却消耗着世界资源的80%，它又拥有雄厚的资金和先进的技术，应该为解决全球环境问题做出更大的贡献。第二，中国的国土面积和人口数量都很大，对全球环境有一定的影响，我们要努力做好中国的环境保护工作，这也是对世界的贡献。第三，世界各国的合作十分重要，中国将积极参与双边的和多边国际合作。

全球环境问题的发展，必将引起人类思维方式和社会观念的巨大变革，促使人类改变传统的经济增长和技术进步模式。我们正在努力开拓具有中国特色的环境保护道路，这还要在实践中不断完善。我们愿意同所有的外国朋友们一起合作，继续做出不懈的努力，以保护我们共同的环境。

（本文原列有多篇参考文献，《中国环境报》刊载时未能刊登，现在难以一一列出。）

何时缚住苍龙*

——关于中国环境问题的几点断想

世界银行于 1997 年秋天发表了有关中国经济、社会和环境的一系列研究报告，其中《碧水蓝天——2020 年的中国环境》[1]依据若干案例估算了目前中国环境问题的经济损失，认为随资金投入和政策改革的力度不同，中国的环境可能有“三种不同的未来”。

本文作者从两大典型问题（黄河断流和淮河污染）分析入手，认为要解决中国环境问题，既有困难，也有希望。进而认为，还要有切实的政策来引导，并有科学的理论做支持。

一、黄河与淮河[2-9]

（一）黄河欲哭无泪

1. 黄河古今

黄河，全长 5 464 km，是中国的第二大河。它从青海巴颜喀拉

* 本文写于 1998 年 4 月，是作者为庆祝北京大学百年校庆的环境保护国际研讨会而作，收入由北京大学环境科学中心主编、科学出版社 2000 年出版的《面向 21 世纪的环境科学与可持续发展》文集 1～9 页，并被收入《中国环境年鉴》1998 年卷。

山发源，劈开莽莽的黄土高原，穿越富饶的华北大地，奔向浩瀚的太平洋。唐朝李白有诗云："黄河之水天上来，奔流到海不复回。"中华民族的这条母亲河曾有过辉煌的历史。一百万年以前，蓝田人即生息繁衍在黄河之滨。几千年来，夏、商、周、秦、汉、唐等王朝均建都于此。黄河也曾有过丰沛的水量。据史载，从 1949 年回溯 2 500 年，黄河下游决口 2 500 多次，较大的改道 26 次。以黄河花园口断面流量为例，1761 年（乾隆二十六年）时为每秒 32 000 m^3，1958 年 7 月 17 日为每秒 22 300 m^3，而 1997 年 8 月 6 日的洪峰流量仅有每秒 500 m^3。1997 年是黄河断流天数创纪录的一年，以至于 163 位中国科学院、中国工程院院士在新年之际联名呼吁："行动起来，拯救黄河。"

2. 黄河断流实况

黄河自 1972 年以来断流达 69 次，且一年比一年严重。特别是 1997 年，从 2 月 7 日到 12 月 31 日，13 次断流，总共 226 天，并第一次出现了跨年度的断流。无情的事实，宣告黄河已成为一条季节性河流。

表 1　黄河断流情况表

年代或年份	出现断流的年数	平均断流河长/km	断流起始月份	平均断流天数/d
70 年代	6 年/10 年中	135	5、6 月	14.3
80 年代	7 年/10 年中	179	5、6 月	15
90 年代	8 年/9 年中	400	2 月	103.1
1995		683	3 月	122
1996		700	2 月	133
1997		700	2 月初	226
1998		700	跨年度	

两院院士指出："黄河断流，意味着整个黄河流域生态环境正在继

续恶化。黄河断流，严重造成下游土地荒漠化、生物多样性丧失。黄河断流，正直接威胁着下游经济的发展、民众的生存。黄河断流，还将对中华文化、民族心理产生不可估量的影响。”

据不完全统计，黄河断流 25 年间（1972—1996）所造成的直接经济损失达 268 亿元。因受断流影响，山东省粮食减产 98.6 亿 kg，农业损失约 111 亿元。沿黄城镇因缺水造成的工业损失约 124 亿元。位于黄河河口地区的胜利油田，因黄河断流缺水，仅 1996 年即少产原油 260 多万 t，损失 30 多亿元。而黄河新三角洲则面临黄河断流、地面沉降和海平面上升的三重威胁，其损失难以计算。

3. 断流原因及思考

1995 年 10 月，国家环保局自然保护司完成了《黄河断流影响及其对策调研报告》，随后又出版了《黄河断流与流域可持续发展》一书。为了分析断流的自然原因和人为原因，水利部与国家环保局分别于 1997 年 3 月和 5 月召开过专家研讨会。当然，不同领域的专家见解会有所不同。水利工程究竟是修多了还是修少了？上中下游的水量究竟应该如何优化分配并节约用水？水库应当重在发电还是重在蓄水与调节？等等。有几点是有共识的，即如何深入对断流问题的研究？如何加强对黄河的统一管理？如何保护和恢复黄河中上游的植被与生态？如何运用现代科技来解决黄河断流、水土流失和扭转生态恶化？如何切实“再造一个山川秀美的西北地区”？

令人担忧的是，不止是黄河出现了断流。这几十年来，我们亲眼目睹了罗布泊和白洋淀的干涸、青海湖水面的下降、长江可能成为第二条黄河的演变，还有塔里木河、黑河、海河、汾河，甚至漓江，都在受到断流的威胁。所幸的是，这些重要的生态问题已受到举国上下的关注和重视，一些紧急行动正在实施或筹划之中。

（二）淮河显露希望

1. 淮河今昔

淮河，发源于河南省桐柏山，全长 1 000 km，流域面积汇集豫、皖、鲁、苏 4 省 27 万 km^2，流域人口 1 亿 5 000 万。历史上，这里帝王将相辈出（如刘邦、项羽、曹操、朱元璋等），也是兵家必争之地。明、清以来，淮河流域水患不断，十年九荒。

1951 年，毛泽东同志号召“一定要把淮河修好”。随后，治淮进展迅速，水患之忧缓解。然而，80 年代以来，随着淮河流域的经济增长与人口增加，工业与生活污水大量排放，水污染事故频发。事故期间，沿淮工厂停产，居民无水饮用。

1993 年秋，“中华环保世纪行”一启动，中央电视台便真实报道了淮河及其支流的污染现状，引起了国务院和沿淮 4 省政府的高度重视，也引起全国人民的热切关注。1994 年 5 月，淮河治污正式开始。1995 年 8 月，国务院颁发《淮河流域水污染防治暂行条例》，进一步明确了治淮目标，表明了国家的决心。国务院环境保护委员会曾先后 8 次研究部署淮河治污工作，国务委员宋健 3 次率有关部委负责人到现场办公、执法检查，4 省投入了大量人力物力。

2. 1997 年底淮河治污的阶段性成果

到 1997 年底，全流域取缔和关停了 4 987 家污染严重的小企业（其中，小造纸厂 1 111 家）。全流域对日排废水 100 t 以上的 1 562 家超标排污企业实行限期治理，完成任务的 1 140 家，占 73%；停产治理的 214 家，占 13.7%，因各种原因停、转、破产的 190 家，占 12.2%；治理无望、责令关闭的 18 家，占 1.1%。在全流域日排废水 100 t 以下的 1 844 家超标排污企业中，完成任务的 1 506 家，占 81.7%，其他则关、停、并、转。其间，河南省曾对 159 名违法的厂长执行行政拘留，并处分了有关县的领导干部；流域各级环保部门查处违法行为 2 200 多起；沿淮 4 省已投入治污资金约 43 亿元。

到 1997 年底，淮河流域已有 14 座城市污水处理厂动工兴建，设计处理能力为 151 万 t /d。沿淮 4 省在污染严重地区共打井 2 244 眼，江苏连云港市、盱眙县和安徽蚌埠市、怀远县先后完成了引水工程，解决了 400 多万居民的饮水问题。

到 1997 年底，通过关停污染企业和开展达标排放工作，全流域共削减入河的化学需氧量（COD）约 60 万 t，占年排污总量的 40%左右。1998 年 1 月 1 日零时，国家和地方环保部门对 593 个入河排污口和 82 个水质目标断面监测的结果表明：淮河干流水质有较明显改善，总体达到国家地表水Ⅲ类标准。

（三）千军万马向污染宣战

淮河治污是中国规模空前的流域水环境工程，第一战役初战告捷，第二战役更为艰巨。到 2000 年已不足 3 年时间了。现在，一要巩固成果，防止反复；二要抓紧建设城市污水处理厂；三要全面实行总量控制，进一步削减污染负荷。只要沿淮 4 省继续狠抓落实，淮河变清有望。

此外，根据国务院规定，太湖流域于 1998 年底要实现工业污染源达标排放。滇池则在 1997 年 5 月 1 日前要有明显改善。辽河治污已经启动，在 2005 年要实现变清。巢湖、海河也已做出规划。到 2000 年底，全国的工业污染源都要达标排放；各地区都要实现总量控制；47 个重点城市的环境质量要按功能区的要求达标。任务是艰巨的，投资需求也是巨大的。

世纪之交，为了当代和后代人的健康、幸福与发展，全国上下决心加大投资，有重点地荡涤污泥浊水。这是民族之幸，全球之幸。如何使这些宝贵的资金产生最大的效益，是摆在面前的难题。

二、总量控制有文章[10-12]

（一）总量控制的提出及其内涵

对污染物排放实行总量控制，这是国际上的常用做法。如对破坏臭氧层物质的削减与淘汰和对温室气体排放的削减与限控，均属于此。

1995 年 7 月 31 日，当国家环保局汇报《全国“九五”环保计划》与《跨世纪绿色工程规划》时，国务院领导同志明确指示，为了确保完成跨世纪的环保目标，“九五”期间必须实行总量控制，要把 2000 年的污染物排放总量控制在“八五”末期的水平。国家环保局随即研究制定了《“九五”期间全国主要污染物排放总量控制计划》（以下简称《总量控制计划》）。

实际上，不同尺度或层次的总量控制应该有不同的要求、条件和做法。

微观尺度，如工业企业执行的排污许可证制度。这要根据当时当地的经济、技术水平和不同行业、不同企业的历史状况，核定其允许排放总量，发给排污许可证。

中观尺度，如围绕福建省待开发的湄州湾地区，在国家环保局、国家教委和福建省的支持下，联合北大、清华及环保、海洋等科研单位，对当地的地形、气象、水文、海流等环境条件进行观测和研究，科学地确定出当地大气、河流、海洋的环境容量，为该地区的功能区划提供了可靠的依据。如果全国各地都能做好这项工作，则在一个适当范围内，就能比较科学地确定环境容量与污染物排放总量之间的关系，从而达到环境容量的优化使用。目前，全国离这一步相差甚远，这应当是当前着重努力的方向。

宏观尺度，如一个省、自治区乃至全国，幅员辽阔，现无上述的中观基础，难以准确核算这么大范围的环境容量，只能根据环境质量与污染物排放总量的现状、公众的要求以及社会经济条件来决策，究竟何时并以何种速度来控制或削减污染物排放量。因此，这是一个针对历史最高纪录的目标控制法，也即国外所称的“溯及既往法”(grandfathering，也有译作“祖父法”)。

《总量控制计划》实质上就是宏观尺度的、按“溯及既往法”来操作的一种目标控制计划。该计划由国家环保局于 1995 年草拟，与国家计委、国家经贸委共同上报，于 1996 年 9 月得到国务院的原则批准。该方案虽然也考虑到了不同污染物和不同地区经济发展水平的差异，但它同微观、中观尺度的操作显然不同。有人常就“(污染物）总量”、“(环境）容量”、“(环境）质量”之间究竟存在着什么关系提出问题。我想，要搞清这类问题，首先必须分清不同尺度，然后要对具体事物进行具体分析，这才能说得清楚。

（二）总量控制是一把“双刃剑”

说它是“双刃剑”，至少有两方面的含义。一是指它对环境与发展而言。为了保证环境恶化不再加剧，通过总量控制，便把允许排放的污染物总量同环境容量紧紧地连在一起。例如，想在某市范围建一个燃煤电厂，针对电厂将会排出的总悬浮颗粒（TSP)、固体废物、二氧化硫（SO_2）等，必须首先核定该市是否有排放总量的富余指标。倘若没有，则从审批环境影响评价的角度，坚决不能批准，除非该市通过适当运作腾出了容量；二是它对经济和环保部门而言，都同样受到法规的约束，谁也不能违反。因此，总量控制既是实现环保目标的切实保证，也是环境与发展综合决策机制的客观基础。

（三）总量控制的重要手段之一是排污权交易

国家环保局从 1993 年起，在包头、柳州、太原、平顶山、贵阳、

开远等市试行 SO_2 和烟尘的排污权交易政策，取得了一些经验。

(1) 平顶山矿务局 5 万 t 焦化厂、120 MW 热电厂和城市建设实例

平顶山市环保局根据大气排放交易政策，让焦化厂、热电厂的点源同当地的低矮面源交易后进行治理，使年排尘量由 2 979 t 降至 959 t，削减 SO_2 排放量 118 t，热电厂每年则可利用矸石 14 万 t、劣质煤 18 万 t，缓解了矸石山自燃污染问题，还增加了供电与供气，解决了 400 多人的就业问题，具有明显的经济、社会、环境效益。

(2) 柳州有色冶炼总厂的硫酸车间和氧化铁分厂的 SO_2 排放权交易实例

氧化铁分厂的脱硫难度很大，而硫酸车间较易。后者投资 49 万元建成一套尾气处理装置，使 SO_2 排放量降到 66.9 t/a，盈余排放量 103.6 t/a。前者出资 11.5 万元从后者购买其中 64.6 t/a 的排放权，两个车间均达标后还盈余 39 t/a。

(3) 上海石电一厂与石电二厂和外高桥电厂二期工程的排污权交易方案

这三个厂的 SO_2 排放情况见表 2。

表 2 上海石电一厂、二厂和外高桥电厂（二期）SO_2 排放情况

厂名	装机容量/MW	SO_2 排放量/（t/h）	SO_2 浓度/（mg/m^3）
石电一厂	2×300	7.972	3 666
石电二厂	2×600	3.182	823
外高桥二期	2×1 000	5.659	891

如果按石灰石——石膏湿法烟气脱硫工艺，单机 300 或 600 MW 机组的脱硫投资占总投资的 10%～15%。1 台 600 MW 机组的脱硫设备投资相当于 1 台 300 MW 机组的 1.4～1.6 倍。因此，石电一厂 300 MW 机组的脱硫投资及运营费用比二厂为小。而目前按 SO_2 等量削减考虑，只需 1

台 300 MW 机组脱硫即可达到 2 台 600 MW 机组的效果，资金明显节约。

另外，如果对石电一厂 2 台 300MW 机组脱硫效率按 90%计，可削减 SO_2 排放量 7.175 t/h，大于外高桥电厂二期工程所增加的 SO_2 排放量，这也是一个可行方案。

（四）排污权市场交易的理论与实践亟待发展

作为最典型的外部不经济性事例，环境污染已被经济学家详尽研究过，从而提出了以“污染者付费”为原则的一系列经济手段，包括：(1) 明晰产权；(2) 建立市场；(3) 税收手段；(4) 收费制度；(5) 财政手段；(6) 责任制度；(7) 债券与抵押金制度等。美国是推行排污权市场交易最为普遍的国家，其交易体系包括 4 项政策：(1) 补偿政策（保证总量削减才准新建污染的企业）；(2) 泡泡政策（80 年代的老政策，指在一定区域内，企业间通过交易转让排污许可证）；(3) 节余政策（鼓励节余）；(4) 排污银行（节余量可储蓄、接转或有偿调剂）。美国迄今至少已成交 1 万多笔排污许可证交易，每次交易都是自愿的，并被认为是“双赢”的。通过在大气方面的这种交易，美国已节省 100 亿美元的环保支出。

初始排污权的分配可能是公平的，也可能是不尽公平的。根据科斯定理，在产权明晰、交易成本为零的前提下，初始产权的界定对社会总的所得并不构成影响。适当的排污权交易价格起到了对重污染型企业的限制作用。如果新的污染企业有较高的效益，能承受交易价格，便有可能进入总量控制地区。同时，排污权交易市场也提供了一种激励手段。当排污权同劳动力、土地、资本等同样作为生产要素计入成本时，便会产生最大可能的节约。在宏观层面上，全社会环境容量的配置正是通过这种市场机制而逐步实现优化的。排污权也可以认为是一种产权，这类似于在控制出租汽车总量的城市中出租车牌照的拍卖以及外贸部门的出口配额（批件）制。

推行排污权交易需要具备下列条件：(1) 以完善的污染物排放

总量控制制度为基础；(2) 综合考虑各种因素，合理地对排污权进行初始无偿分配；(3) 制定并实施以总量排放为基础的排污收费标准；(4) 政府具备维持和管理排污权市场交易的程序和能力，包括对有关管理人员和对企业排污情况的监督管理能力。这些条件亟待完善。

目前，一些发达国家有将国内实施的排污权交易移植到国际环境公约中的动向。对此，既不可漠然置之，也不宜简单否定。需要通过认真研究，综合考虑多种因素，才能找出公平合理的对策。同时，也要注意“抓住机遇而不可丧失机遇”，以有利于我国的环境和发展。

三、算清大账、全局账[13-22]

(一) 某些经济活动的不经济性

并非任何经济活动都能产生理想的社会、经济效益，尤其是当不考虑环境因素时，这种不经济性的事例几乎俯拾皆是。

1. 云南石林修建小水泥厂案例

石林位于云南省昆明市路南县，大自然的鬼斧神工造就了这世所罕见的自然遗迹。石林的石灰岩同时也能作为烧水泥的原料，当地的领导人不顾省、市、县环保局的反复规劝，把环保法的明文规定、旅游区的潜在价值以及居民、游客的健康威胁统统置于脑后，决策修建小水泥厂。在“中华环保世纪行”活动中，由于新闻媒体的一再披露、全国上下的一致反对和国家领导人的严厉批示，水泥厂建设才不得不停止，但2 000万元的投资白白浪费了。

2. 日本水俣病和骨痛病案例

水俣病发生在日本水俣市，是因工厂排出的甲基汞经食物链而使食鱼的居民所患的一种神经系统疾病。1953 年开始出现症状，1991 年确认患者达 2 248 人，其中死亡 1 004 人。由健康赔偿金、清除底泥、渔业损失等支付金额折合每年为 126 亿日元，而从 1955 年起采取事后补救性的环保措施费用折合每年约 1.23 亿日元。

骨痛病是因日本神通川上游采矿过程排出的镉所造成的全身骨折病。1991 年确认患者 124 人，其中死亡 116 人。健康和农业赔偿金额折合每年为 25 亿日元，而 1973 年起采取的环保费用每年为 6 亿日元。同上例一样，如果早采取环保对策，骨痛病是可以避免的。面对 126 比 1.23（大于 100 倍）和 25 比 6（大于 4 倍），不难理解，如果早有认识和对策，何至于需要付出这么大的经济和健康代价。因此，日本环境厅在《日本的公害教训》一书中，将其称为“不考虑环境的经济的不经济性”。

3. 污水处理收费的误区

工业污染源达标排放只是第一步，要使我国的流域水体变清，还必须修建一大批城市污水处理厂。在淮河流域要建 52 座（14 座现已开工），辽河 21 座（5 座已开工），滇池 8 座（4 座已建成），巢湖 2 座（1 座已开工），太湖 33 座，海河正在规划。

目前，反映困难最大的是基建资金和运行费用。实际上，这些困难主要是认识上不到位和行动上不作为所造成的。1995 年修改后重新颁发的《水污染防治法》、1996 年《国务院关于环境保护若干问题的决定》，以及 1997 年国家计委、建设部、国家环保局等联合发布的行政规章对此都已有明确的规定，为什么不依法行政？“污染者付费”天经地义，为什么还要靠政府全包下来？发达国家（欧、美、日）几乎无一例外地都按照排污水量收费，使污水处理业成为有利可图的企业。为什么作为发展中国家，明明公共财政难以负担，却要把它作为“福利性工程”大包大揽？高兴的是，安徽省已做出比较接近实际的收费规定（居民生活污水收 0.6 元/ t，工业污水收 0.7 元/ t，第三产业排水 1 元/ t，污水厂建设期间减半征收）。在这方面，思想还可以再解放一点，步子还可以再大一点。收取污水处理费后，超过居民最低生活费一定比例的，可以提供补贴，但是要明补，而不宜暗补。因为政府暗补的结果，往往是那些生活困难、消费越少的人得到的补贴越少，而那些生活富裕、消费越多的人得到补贴越多，这既与愿违，政府又不堪重负。

（二）无悔的行动

1. 大力植树造林，制止乱伐森林

植树造林，既能绿化祖国，提供日见稀缺的木材资源；更能涵养水源，防止水土流失和荒漠化；还能作为吸收二氧化碳的汇（sink），防止全球变暖。因此，这是有多重效益的无悔行动。

但是，据报道，在仅次于东北、云南的我国第三大林区——藏东南林区，在雅鲁藏布江畔、近山南公路 5 km 处的森林腹地，那里的林业工人在 1997 年秋天还是以砍林为主，造林为辅。而在“一江两河”（雅鲁藏布江、拉萨河、年楚河）地区已能见到明显的沙化现象，波及江河谷地农业区，每年损失约 2 760 万元。沙化如不能及时制止，有可能影响我国大部分地区的降水量和东南季风的强度，也可能使投资 20 亿元的“一江两河”开发成果被沙漠化所抵消。

2. 推广无铅汽油

铅是为了改善发动机运行性能而加入汽油的一种有害物质。长期使用有铅汽油，使城市大气和道路两旁土壤中的铅含量大大超标，使居民，尤其是儿童血液中的铅含量升高，影响健康和智力发育。新闻媒介大力报道了国外有关铅中毒的后果和推广无铅汽油的情况，国务院环境保护委员会以及国家环保部门也认真推动这件事。基于对健康影响的认识和对经济效益的全面分析，中国石油天然气公司表示，通过生产工艺调整后，到本世纪末可以全部提供无铅汽油。北京、上海、广州、深圳等市在对汽油供销设施进行必要改造后，也先后宣布在所辖区内限期实行汽油无铅化，其速度之快超出预料。目前，无铅汽油价格略高，安装催化转化装置也会增加若干费用，但只要计及公众尤其是后代所避免的健康损害，计及无铅化过程中产品的升级换代（从 70 号汽油升到 90 号汽油，石油行业收入有所增加），这个大账肯定是合算的。当然，还要再尽早出台一项经济手段——对有铅汽油征收“污染产品税”。

3. 砸烂多余的棉纱锭设备

目前，我国纺织行业的棉纱锭过多，严重影响效益。国务院决定第一批压缩 75 万棉纱锭设备。按以往惯例，工厂淘汰下来的过时的或多余的设备总是往中西部地区或乡镇企业转移。表面看来，这没有浪费设备，但其后果，如原料与能源的浪费、产品质量的低下和市场占有率的扭曲，这些却是人们始料不及的。国务院决定，对于多余纱锭坚决淘汰，砸烂回炉。这实在是好。这一砸，不但使宏观调控能有效实施，也把一些算不清账的同志砸醒了。

4. 使用再生纸

纸可以说是文化的一种标志。“二战”前（1938 年），日本人均年用纸量为 20 kg。1989 年，全世界用纸量 23 000 万 t，人均年用纸量 45 kg，而日本人约 200 kg，美国人约 300 kg。很久以来，人们就认识到以废纸做纸浆比用木材造纸更经济。现在，只有纸尿布、牛奶盒和高级点心盒才用原浆纸，卫生纸用 100%的旧纸浆，包装纸用 80%旧纸浆、书报纸用 40%的旧纸浆。尽管再生纸因有脱色需要，在水质污染方面同新纸浆难定优劣，同时还受到回收的人工费用、库存保管费用等因素的影响，但据“生命周期评价方法”分析，使用再生纸可以节省能耗约 1/3，削减二氧化硫、氮氧化物和甲硫醇等污染物的排放量，减少固体废物量，以及减少森林的砍伐。这里也有一个根据国情算清总账的问题。

（三）为加强经济与环境的综合决策，环境经济学在中国要有大发展

1. 一系列的环境经济学课题

上述的一批案例与数据，涉及一系列资源与环境经济学课题。如：

(1) 资源核算与资源利用效益问题。黄河的年天然径流量在 433 亿~1 100 亿 m^3 之间（1954—1980），90 年代全流域农业灌溉用水量为 364 亿 m^3。如果借鉴国外先进技术，实现大幅度节水，则可能节水 100 亿 m^3 以上；如果再把龙羊峡、刘家峡水库由发电为主改成调蓄为主，那在 3~6 月份又可以至少为下游多提供 100 亿 m^3 以上的水。这些水量所创造的价值，有可能远大于投资于火力发电的费用，如果再计及生态改善的收益，是否更为合理？

从 70、80、90 年代分别拍摄的卫星照片上，可以明显看到黄河源头的植被在减少，湖泊在萎缩，沙化在加剧。如果在长江、黄河的源头地区进一步加大投入强度，大力造林，恢复植被，其投入产出是否比下游更为合理？

(2) 污染经济学问题。“三河三湖”的不少地区已经不自觉地走了“先污染后治理”的道路，看来有必要深入调查收集必要的数据，计算出其代价，而使别的地区再也不要走这条路。同时，现在各地都在着手治理，也需深入研究如何科学规划，方能实现一系列治理工程的优化。

再有，总量控制在国家与省区的宏观尺度上已经完成了初始分配，

而再往下，又如何实现排污权的合理分配？如何开展一定地区内的排污权市场交易？如何对此加强管理？如何使行政管理成本较低而环保资金的节省较高？这些问题政府要考虑，企业也要考虑。

(3) 资源配置问题。总结国内外的教训，如何切实建立“经济与环境综合决策的制度”？中国的自然资本、人造资本、人力资本和社会资本究竟应当如何扬长避短、合理调配？

(4) 全球环境问题的经济学。围绕已经加入的一系列国际环境公约，如何总结在《蒙特利尔议定书》执行过程中的经验，客观地分析各方的得与失？如何在坚持一系列公约原则的基础上，通过深入研究和模型计算，探索可行的“双赢”方案？

2. 大力发展和应用环境经济学

作为一门新兴学科，环境经济学既能为可持续发展提供基本的理论基础，本身又是一个重要的决策工具。尽管环境经济学只有大约 30 年的历史，但随着该学科的不断丰富完善以及社会的强大需要，环境经济学在全球范围内的诸多层面上有了广泛的应用，并逐渐成为一门率领理论发展与实践应用的重要学科。

回顾环境经济学的发展历程，可以看到，它从 80 年代以来发生了如下重大变化：

(1) 从认为经济增长与环境质量是一对不可调和的矛盾到认为通过采取适当的干预措施可以在经济适度增长的同时改善环境质量并实现可持续发展。环境经济学通过大量的理论和实证研究，证明了环境恶化的根源在于市场失灵以及相应的政策失灵和制度失灵。基于此，环境经济学在诸多层面上研究并提出了如何通过政府的有效干预来纠正市场失灵，以同时实现经济与环境的双重目标。

(2) 环境经济学不断开发和完善价值评估的理论和方法，为资源优化配置、影响政府决策、提高公众意识等提供了基础和信息。环境经济学通过价值评估证明了环境所具有的社会与经济意义，揭示了环境退化不仅使自然资产丧失，还直接和间接地影响到人类福利的改善。

(3) 环境经济学的研究与应用的重心正从发达国家转向发展中国家。由于发展中国家在经济起飞以及在全球经济一体化中所面临的挑战，它们必须谨慎评估和选择其发展模式，从而增强经济实力并改善国民福利，这使环境经济学在发展中国家中有了更大的用武之地。

(4) 在资源研究方面，从仅注重于不可再生资源转向对各种自然资源的研究。一方面，这是因为可再生资源对于经济发展而言具有重要意义；另一方面，可再生资源管理的许多问题都同经济增长模式与政策选择相关。同时，环境经济学把环境消纳废物的能力（环境容量）也看做是一种可再生资源，并因此提出广义上的有别于传统经济学的资源配置理论与方法。

(5) 从对局部和区域性问题的研究到对全球性问题的探讨。随着更多的科学证据确认环境问题的国际化倾向，一些全球性问题备受关注。环境经济学在探讨全球共有资源的配置问题以及全球合作机制方面可能并正在发挥着越来越重要的作用。

除环境资源价值及其价值评估以及"绿色"国民经济核算外，环境经济学面向环境与发展这个广阔的领域，以其交叉学科的优势和多年来对一系列紧迫问题的研究成果，正在并将在更大范围内为中国的可持续发展提供重要的思想基础和解决手段。例如：

(1) 对人类的社会经济活动进行费用-效益分析（微观层次）。人类的任何社会经济活动，包括各种决策都会对环境和自然资源产生影响。运用环境经济学的常规分析方法，可以对各种活动的环境后果进行综合评价，并进而为解决中国环境与发展的一些重大问题提供决策基础。

(2) 资源配置研究（中观层次）。基于对环境-经济系统运行规律的认识，以环境承载力研究为基础，以效率和公平为原则，通过区域、国家乃至全球的环境经济模型、环境经济学的研究和应用，将有助于提出适合保护全部资本存量的产业结构调整、生产力布局与资源配置的建议。

（3）政策研究（宏观层次）。正确的政策和决策是影响环境的最重要方面。环境经济学通过对环境资源的定价与价格政策研究，以及其他的面向市场的宏观环境经济政策，如财政、金融、税收的政策研究和对重大社会经济政策的评估等，可以为决策部门提供决策依据，并保证可持续发展的思想贯彻到政府的重大决策中。

环境保护，功在当代，惠及千秋。70 年代以来，国内的一批先行者，为了这项积德的事业，上下求索，奋斗不息。海外游子，甚至外国友人对中国的环境也十分关注。为了当代和后代，中国走可持续发展之路将是坚定不移的。现时的不同选择，可能使中国环境出现不同的未来。为了力争美好的未来，任务是十分艰巨的，前景则是充满希望的。

知识经济时代的曙光已经显现。今日长缨在手，何时缚住苍龙？

参考文献

[1] 世界银行．碧水蓝天——2020 年的中国环境．北京：中国财政经济出版社，1997.

[2] 景爱．黄河欲哭无泪，家园备受煎熬． 森林与人类，1998（1）：8-11.

[3] 163 位院士．行动起来，拯救黄河．森林与人类，1998（1）：3-4.

[4] 陈述彭．黄河新三角洲面临三个新问题．森林与人类，1998（1）：12-13.

[5] 曹胜虞．拯救黄河的根本措施．森林与人类，1998（1）：13-14.

[6] 景爱．黄河在呻吟，大地在哭泣．森林与人类，1997（5）：5-9.

[7] 国家环保局自然司．黄河断流与流域可持续发展．北京：中国环境科学出版社，1997.

[8] 国家环保局自然司．黄河断流影响及其对策调研报告．北京：中国环境科学出版社，1997.

[9] 景可．解决黄河下游断流的策略．科技导报，1998（3）：17-18.

[10] 曲格平．我们需要一场变革//绿色经典文库．长春：吉林人民出版社，1997.

[11] 程远．排污权市场交易理论研究．环境保护，1998（3）：41-43．

[12] 刘兰芬．大气排污权交易政策及在我国电力工业发展中的应用．电力环境保护，1998，14（1）：21-26．

[13] 山本良一．环境材料．北京：化学工业出版社，1997：38-41．

[14] The International Factor 10 Clubs．Staten1ent to Government and Business Leaders．1997．

[15] 翟佳林．藏东南地区伐林，沙化现象令人担忧．科技导报，1998（3）：17-18．

[16] 徐嵩龄．外部世界对中国环境建设能力的影响．科技导报，1998（2）：45-48．

[17] 克尼斯，斯波福特，马中．RFF 环境经济学丛书．北京：生活·读书·新知三联书店，1991—1996．

[18] 日本环境厅．日本的公害教训．张坤民，王伟，译．北京：中国环境科学出版社，1997．

[19] 张坤民．可持续发展论．北京：中国环境科学出版社，1997．

[20] D．皮尔斯，J．沃福特．世界无末日．张世秋，译．张坤民，校．北京：中国财政经济出版社，1996．

[21] 胡涛，王华东．中国的环境经济学在实践中的应用．北京：中国环境科学出版社，1997．

[22] 张世秋．环境经济学与可持续发展．可持续发展之路，1994．

可持续发展及其在中国的实施*

一、可持续发展的由来

（一）人类文明的演进以及对发展模式的思考

文明是人类改造世界的物质成果与精神成果的总和。人类进入文明社会演替至今，大体经历了采猎文明、农业文明、工业文明和后工业文明这几个阶段（表 1）。

表 1　人类文明发展形式的几个特征

文明类型	采猎文明	农业文明	工业文明	生态文明
时段	公元前 200 万年至公元前 1 万年	公元前 1 万年至公元 18 世纪	公元 18 世纪至今	今天—子孙后代
对自然的态度	依赖自然	改造自然	征服自然	善待自然
环境问题	不明显	森林砍伐、地力下降，水土流失	从地区性公害到全球性灾难	公害与全球性灾难有待解决
人类的认识	听天由命	牧童经济	环境保护	可持续发展

作者整理。

* 本文写于 1999 年夏，是清华大学当年对全校学生进行“环境保护与可持续发展”教育第一讲的讲义，刊于《清华大学学报（哲学社会科学版）》1999 年 12 月第 14 卷第 4 期 1～8 页。应中国国际交流协会的要求，对资料更新补充后，摘发于该会中、英文刊物《国际交流》（International Understanding）2002 年第 4 期。

无论是大气污染与水污染、水土流失与土地荒漠化、酸雨与有毒化学品污染，各式各样的环境问题几乎都是人类文明进程的伴生物，它给各国带来了巨大的经济损失（表2）。

从20世纪中叶以来处理环境问题的实践中，人们逐步认识到，单靠科技手段或用工业文明的思维定式去修补环境，这是不可能从根本上解决问题的，必须在各个层次上着力去调控人们的社会行为和改变支配人们行为的思想。也就是说，人类终于认识到，环境问题也是一个发展问题，是一个社会问题，是一个涉及人类文明的问题。人类经过了多少个世纪的探索和努力，终于逐步认识到：必须走可持续发展之路。这是人类文明发展的一个新阶段。

表2　对一些国家的环境损失价值的估算

国家，年份	环境损害类型	损失占 GNP 的比例/%
布基纳法索，1988	土地退化引起的庄稼、牲畜、薪柴损失	8.8
哥斯达黎加，1989	过度砍伐	7.7
埃塞俄比亚，1983	过度砍伐对于薪柴、庄稼供应的影响	6.0～9.0
德国，1990	污染损害（对大气、土壤、水、生物多样性）	1.7～4.2
匈牙利，80年代后期	污染损害（主要是大气）	5.0
印度尼西亚，1984	土壤侵蚀及过度砍伐	4.0
马达加斯加，1988	土壤侵蚀等	5.0～15.0
马拉维，1988	土壤损失引起的农产品产量损失	1.6～10.9
	过度砍伐的成本	1.2～4.3
马里，1988	当地的土地侵蚀	0.4
荷兰，1986	部分污染损失	0.5～0.8
尼日利亚，1989	土壤退化、过度砍伐、水污染，其他污染损失	17.4
波兰，1987	污染损失	4.4～7.7
美国，1981	大气污染控制	0.8～2.1
1985	水污染控制	0.4
中国，1995	大气污染与水污染	3.5～7.7

资料来源：皮尔斯和沃福德，世界无末日，1993；世界银行，碧水蓝天——2020年的中国环境，1997。

（二）可持续发展思想的形成

可持续性的概念源远流长。秦朝（公元前 2 世纪）的《田律》清晰地体现了可持续性的思想。这可能是中国乃至世界最早的环境法律。西方的一些经济学家如马尔萨斯（Malthus，1820）、李嘉图（Ricardo，1817）和穆勒（Mill，1900）等也较早认识到人类消费的物质限制，即人类的经济活动范围存在着生态边界。

20 世纪六七十年代后，随着“公害”的显现与加剧以及“能源危机”的冲击，在全球范围内开始了关于“增长的极限”的争论。伴随着人们对公平（代际公平及代内公平）作为社会发展目标的认识加深以及一些全球性环境问题（臭氧层破坏、全球变暖和生物多样性丧失等）逐步被确认，可持续发展的思想在 80 年代逐步形成。

1983 年 11 月，联合国成立了世界环境与发展委员会（WCED，布伦特兰夫人任主席）。1987 年，该委员会在长篇报告《我们共同的未来》（Our Common Future）中，正式提出了可持续发展的模式。《我们共同的未来》的发表，表明了世界各国对可持续理论研究的不断深入，而 1992 年联合国环境与发展大会（UNCED）通过的《21 世纪议程》，更是高度凝聚了当代人对可持续发展理论认识深化的结晶（有关可持续发展战略的大事记见专栏 1）。

“可持续发展”这一词语一经提出，即在世界范围内逐步得到认同而成为大众媒介使用频率最高的词汇之一，其思想充分体现在 1992 年联合国环境与发展大会上通过的《里约宣言》《21 世纪议程》等文件中，正式被各国政府所接受。这反映了人类对自身以往发展模式的怀疑和否定，也反映了人类对今后发展道路和发展目标的憧憬和向往（尽管尚有若干模糊）。人们逐步认识到，过去的发展模式是不可持续的，因而是不可取的。唯一的可靠出路是走可持续发展之路。人类的这一次反思是深刻的，所得结论具有划时代的意义。这正是可持续发展的思想得以在全世界不同经济水平和不同文化背景的国家普遍得到认同的根本原因。可持续发展是发展中国家和发达国家都可以争取实现的目标，广大发展中国家愿意投身到可持续发展的实践中，这也正是可持续发展理论能够风靡全球的重要原因。

专栏 1　有关可持续发展思想与战略的大事记	
18 世纪	• 西方工业革命开始
19 世纪	• 关于林木的"可持续产量"的研究 • 1872 年英国科学家史密斯在工业城市发现酸雨
20 世纪初	• 关于渔业的"可持续产量"的研究
20 世纪中	• 公害事件不断在欧、美、日出现
1962 年	• 美国科学家 R.卡逊的《寂静的春天》出版
1970 年	• 4 月 22 日，美国 2 000 多万人上街，要求保护环境
1972 年	• 罗马俱乐部《增长的极限》出版 • 6 月 5 日，联合国人类环境会议在斯德哥尔摩举行 • 联合国环境规划署（UNEP）成立
1974 年	• 联合国人类住区会议在温哥华举行
1980 年	• IUCN/WWF 发表《世界自然资源保护大纲》，首次提出"可持续发展"这个词
1981 年	• 美国布朗的《建设一个可持续发展的社会》出版
1984 年	• 联合国成立"世界环境与发展委员会"（WCED）
1985 年	• UNEP 组织缔结保护臭氧层的《维也纳公约》
1987 年	• WCED 公布《我们共同的未来》，提出可持续发展的定义和一系列建议 • UNEP 组织谈判并通过关于保护臭氧层的《蒙特利尔议定书》
1988 年	• UNEP 及世界气象组织（WMO）设置"政府间气候变化委员会"（IPCC）
1989 年	• 69 国环境部长聚集荷兰，就大气污染和气候变化问题发表《诺德威克宣言》 • 44 届联大通过第 228 号决议，决定筹备联合国环境与发展会议（UNCED） • UNEP 通过《控制危险废物越境转移及其处置的巴塞尔公约》（1992 年生效）
1990 年	• UNCED 第一次实质性筹备会议在内罗毕召开
1991 年	• 世界银行、UNEP、联合国开发计划署（UNDP）设立"全球环境基金"（GEF） •《气候变化框架公约》《生物多样性公约》开始谈判

1992 年	•UNCED 在巴西里约热内卢召开，通过《里约宣言》《21 世纪议程》和《森林问题原则声明》，《气候变化框架公约》和《生物多样性公约》开放签字 •《中国环境与发展十大对策》发表 • 中国环境与发展国际合作委员会成立
1993 年	•《巴塞尔公约》第一次缔约方大会 • 联合国可持续发展委员会（UNCSD）第一次年会，评议《21 世纪议程》的进展
1994 年	•《中国 21 世纪议程》发表 •《生物多样性公约》第一次缔约方大会
1995 年	•《气候变化框架公约》第一次缔约方会议 •《荒漠化公约》谈判结束，开放签字
1996 年	•《巴塞尔公约》《生物多样性公约》《气候变化框架公约》《蒙特利尔议定书》、UNCSD 等继续召开会议
1997 年	• 联大第 19 次特别会议，对《21 世纪议程》5 年来的进展作“综合评议” •《气候变化框架公约》第三次缔约方会议通过《京都议定书》
1999 年	•《关于在国际贸易中对某些危险化学品和农药采取事先知情同意程序的公约》（PIC）开放签字
2000 年	•《生物多样性公约》的《卡塔赫纳生物安全议定书》开放签字
2001 年	•《关于持久性有机污染物的斯德哥尔摩公约》（POPs）开放签字
2002 年	• 可持续发展世界高峰会议（WSSD）在南非约翰内斯堡召开

资料来源：作者根据历年《中国环境年鉴》、日本《地球环境手册》以及亲身经历事件整理。

二、可持续发展的定义与内涵

（一）可持续发展的定义

（1）在世界环境和发展委员会（WCED）于 1987 年发表的《我们共同的未来》报告中，对可持续发展的定义为：“既满足当代人的需求又不对后代人满足其需求的能力构成危害的发展。”这个定义鲜明地表达了两个基本观点：一是人类要发展，尤其是穷人要发展；二是发展有限度，它不能危及后代人的发展。

(2) 世界自然与自然资源保护同盟 (IUCN)、联合国环境规划署 (UNEP) 和世界野生生物基金会 (WWF) 于 1991 年共同发表的《保护地球——可持续性生存战略》(Caring for the Earth—A Strategy for Sustainable Living) 一书中提出的定义是:“在生存于不超出维持生态系统涵容能力的情况下,改善人类的生活质量。”

(3) 美国世界资源研究所在 1992 年提出,可持续发展就是“建立极少废料和污染物的工艺和技术系统”。

(4) 世界银行在 1992 年度《世界发展报告》中称,可持续发展指的是:“建立在成本效益比较和审慎的经济分析基础上的发展政策和环境政策,加强环境保护,从而导致福利的增加和可持续水平的提高。”

(5) 1992 年,联合国环境与发展大会 (UNCED) 的《里约宣言》中有 2 条原则,它对可持续发展进一步阐述为:“人类应享有以与自然和谐的方式过健康而富有成果的生活的权利,并公平地满足今世后代在发展和环境方面的需求。求取发展的权利必须实现。”

(6) 英国经济学家皮尔斯和沃福德在 1993 年所著的《世界无末日》一书中提出了以经济学语言表达的可持续发展定义:“当发展能够保证当代人的福利增加时,也不应使后代人的福利减少。”

(二) 可持续发展的内涵

“可持续发展”一词在国际文件中最早出现于 1980 年由 IUCN 和 WWF 支持和协助下制定的《世界自然保护大纲》(The World Conservation Strategy)。可持续发展的概念最初应用于林业和渔业,指的是对于资源的一种管理战略:如何仅将全部资源中的合理的一部分加以收获,使得资源不受破坏,而新成长的资源数量足以弥补所收获的数量。例如,一定区域内的渔业资源的可持续生产就是指捕鱼量适当低于该区域内的鱼类自然繁殖量。

“可持续发展”包含了当代与后代的需求、国家主权、国际公平、自然资源、生态承载能力、环境与发展相结合等重要内容。它首先是从环境保护的角度来倡导保持人类社会的进步与发展的。它号召人们在增加生产的同时，必须注意生态环境的保护与改善。它明确提出要变革人类沿袭已久的生产与消费方式，并调整现行的国际经济关系。总的来说，可持续发展包含两大方面的内容：一是对传统发展方式的反思与批判，二是对规范的可持续发展模式的理性设计。就理性设计而言，可持续发展具体表现在：工业应当是高产低耗，能源应当被清洁利用，粮食需求要保障长期供给，人口与资源应当保持相对平衡等多方面。

可持续发展把发展与环境当做一个有机的整体，其基本内涵如下：

（1）可持续发展不否定经济增长，尤其是穷国的经济增长，但需要重新审视如何推动和实现经济增长。要达到具有可持续意义的经济增长，必须将生产方式从粗放型转变为集约型，减少每位经济活动造成的环境压力，研究并解决经济上的扭曲和误区。环境退化的原因既然存在于经济过程之中，其解决方案也应该从经济过程中去寻找。

（2）可持续发展要求以自然资产为基础，同环境承载能力相协调。“可持续性”可以通过适当的经济手段、技术措施和政府干预得以实现。要力求降低自然资产的耗竭速率，使之低于资源的再生速率或替代品的开发速率。要鼓励实施清洁生产工艺与可持续消费方式，使单位经济活动所产生的废料和污染物的数量尽量减少。

（3）可持续发展以提高生活质量为目标，同社会进步相适应。“经济发展”的概念远比“经济增长”的含义更广泛。经济增长一般被定义为人均国民生产总值的提高，发展则必须使社会结构与经济结构发生变化，使一系列社会进步目标得以实现。

（4）可持续发展承认并要求体现出自然资源的价值。这种价值不仅体现在环境对经济系统的支撑与服务价值上，也体现在环境对生命支持系统的存在价值上。应当把生产中环境资源的投入和服务计入生产成本（包括开采成本、环境成本和用户成本）与产品价格之中，并逐步修改和完善国民经济核算体系。

(5) 可持续发展的实施以适宜的政策和法律体系为条件，强调“综合决策”与“公众参与”。需要改变过去那种各个部门封闭地、“单打一”地分别制定和实施经济、社会、环境政策的做法，提倡根据周密的经济、社会、环境考虑和科学原则、全面的信息和综合的要求来制定政策并予以实施。可持续发展的原则要纳入经济、人口、环境、资源、社会等各项立法及重大决策之中。

三、中国实施可持续发展的行动

（一）中国环境保护工作的主要进展

中国是全球最大的一个发展中国家。振兴中华是国人的百年夙愿。20 多年来，在邓小平理论的指引下，中国经济以年均 9%左右的增幅高速增长，人民生活水平显著改善，综合国力有所增强。同时，中国高度重视环境保护并付诸行动，在一定程度上减缓了环境恶化的速度，避免了环境质量急剧恶化的局面。

中国现代意义的环境保护工作起步于联合国人类环境会议之后的 1973 年；《环境保护法》（试行）于 1979 年问世；80 年代初，环境保护被确立为一项基本国策，制定了一系列法律法规和政策；90 年代，相继制定了《中国环境与发展十大对策》和《中国 21 世纪议程》，可持续发展被确定为基本发展战略。20 多年的不懈努力，进展令人瞩目。

1. 环境立法

颁布了《环境保护法》等 8 部环境法律和 13 部同环境密切相关的资源法律。制定了一系列的配套法规和地方性法规。1997 年，新修订的《刑法》设立了“破坏环境与资源保护罪”，对罪犯可判 3～10 年徒刑。现在，环境法体系已经初步形成，环保工作基本有法可依。在制定各项新法律和政策时，已开始重视把环境保护与可持续发展纳入其中。

2. 环境执法

执法力度不断加大，表现在：一是执法必严。如 1996 年 8 月至 2000 年末，全国依法取缔和关闭了 15 种工艺落后和污染严重的小型企业 86 000 多家。二是违法必究。环保部门对环境违法行为坚决实施行政处罚与限期治理。三是加强对进口废物的监督管理，依法查处了多起非法进口危险废物和垃圾的事件。

3. 工业污染防治

结合产业结构调整和经济增长方式的转变，通过技术改造和推广清洁生产，淘汰了一批能源资源消耗高、污染严重的工艺与设备，完成了一批污染限期治理项目。到 2001 年底，中国工业企业废水中 COD（化学需氧量）排放比上年减少 13.8%；二氧化硫排放比上年减少 2.4%，工业烟尘排放比上年减少 8.3%；工业固体废物综合利用率达 52.1%。

4. 城市环境保护

加强了基础设施建设和环境综合整治。2001 年底，全国城市居民燃气普及率达 60.23%，城市供水普及率为 72.33%；农村自来水受益率达 55.1%；国家对 47 座重点城市的环境综合整治工作进行考核，省级政府考核 510 座城市。大连、深圳、苏州、杭州、宁波等 22 座城市获得“国家环境保护模范城市”称号。大连与深圳分别于 2001 年与 2002 年荣获联合国环境规划署（UNEP）的“全球 500 佳”（Global 500）。

5. 生态环境保护

到 2001 年底，建立各类自然保护区 1 551 处，面积 1.299 亿 hm^2，占国土面积的 12.9%，建立珍稀濒危物种繁育基地 200 多处，大熊猫等 60 多种珍稀濒危野生动物经人工繁殖成功；全国森林覆盖率达到 16.55%；建立生态农业试点 2 000 多处，50 个生态农业试点县和 200 多个生态示范区建设试点工作取得明显的综合效益，江苏省姜堰市河横村等 7 处生态农业试点被联合国环境规划署授予“全球 500 佳”称号；“有机食品”逐步引起人们重视。

6. 国际合作

近年来，已加入《巴塞尔公约》《保护臭氧层的维也纳公约》《关于消耗臭氧层物质的蒙特利尔议定书》《气候变化框架公约》《生物多样性公约》《荒漠化公约》等 20 余项国际公约，并认真履行相应的责任；同 28 个国家签署了 35 个双边合作协议。

（二）中国环境保护面临的严峻挑战

以往的发展主要是靠粗放型增长方式取得的，给环境带来了巨大的负面影响。从全国看，以城市为中心的环境污染尚未得到有效控制，一些地区生态破坏的范围仍在扩大。

1. 城市污染相当严重

流经城市的河段水质超过Ⅲ类标准而不适于直接生活使用的超过 72%，50%以上的城市地下水受到不同程度的污染。北京、沈阳、西安、上海、广州 5 座城市在 20 世纪 90 年代末全球 50 多座城市的大气监测中被排在污染最严重的前 10 名中。全国城市空气中总悬浮颗粒物浓度普遍超标，二氧化硫浓度水平较高。在一些大城市，汽车尾气污染明显加重。工业固体废物和生活垃圾每年产生 8 亿 t，累积堆存 60 亿 t 以上。垃圾“围城”现象相当普遍。一些地方的危险废物尚未进行有效处置而成为重大隐患。

2. 水污染明显

2001 年据全国七大水系 752 个重点断面监测结果，71.5%的河段受到不同程度的污染。由于城市污染和农村与农业的非点源污染，湖泊、水库富营养化程度加重，而太湖、巢湖、滇池最为严重。一些地方因水污染造成的纠纷日渐增多。

3. 酸雨在发展

中国酸雨主要分布于华东、华南、华中和西南地区。2001 年，在监测的 274 个城市中，年均降水 pH 值低于 5.6 的城市占统计城市数的 36.9%，出现酸雨的城市占 58.8%。

4. 生态在恶化

受荒漠化的影响，中国干旱、半干旱地区 40%的耕地在不同程度地退化。全国水土流失面积达 356 万 km^2。黄河断流、长江洪水、北方沙尘暴等都与生态破坏有关。

5. 环境污染威胁人体健康

一些用土法炼汞、炼砷的地方，从事操作的人员和附近居民发现中毒症状。在一些污染严重的乡镇，癌症发病率高出全国平均水平数倍甚至 10 多倍。

6. 在履行国际环境公约方面面临着艰巨的任务

发达国家已于 1996 年停止生产氯氟化碳等消耗臭氧层物质

(ODS)，中国正按《蒙特利尔议定书（修订本)》的规定在抓紧改造，逐步控制；在气候变化方面，《京都议定书》规定了发达国家二氧化碳限期减排水平。中国作为发展中国家，二氧化碳人均排放量还很低，而排放总量很大，尽管在近期没有规定减排指标的义务，但新世纪在满足能源需求增长的同时如何有效控制二氧化碳排放量的增加，任务很重。保护生物多样性以及国际经贸领域日益严格的环保要求，也使中国面临着新的挑战。

（三）走可持续发展之路是中国唯一的正确选择

可持续发展对中国具有重大意义。越来越多的人认识到，中国的人口这么多，人均资源这么少，生态又这么脆弱，只有实施可持续发展才能振兴中华。党和国家把可持续发展既看做是挑战，更看做是机遇。因此，十分重视对可持续发展战略的研究和实施。

中国目前全部土地资源生产力（每年的生物生产量）约 32 亿 t 干物质，包括近 4 000 亿 kg 粮食。据中国科学院专家在 80 年代编写的《国情研究报告》，中国合理的人口承载量为 95 亿人。中国土地资源潜在的自然生产力（最大的每年生物生产量）约 72.6 亿 t 干物质，按温饱计算，其理论最大人口承载能力为 15 亿～16 亿人口。在严格控制人口的条件下，到 2030 年，中国人口可能达到或接近这个承载极限。如果控制不好，到 2015 年就有可能提前突破这一极限。因此，国情研究第一号报告《生存与发展》在分析了中国的基本国情、面临的困境与危机之后指出，中国不得不寻求一种与外国不同的、非传统的现代化发展模式，其核心思想就是实行：(1) 低度消耗资源的生产体系；(2) 适度消费的生活体系；(3) 使经济持续稳定增长、经济效益不断提高的经济体系；(4) 保证效率与公平的社会体系；(5) 不断创新、充分吸收新技术、新工艺、新方法的适用技术体系；(6) 促进与世界市场紧密联系的、更加开放的贸易与非贸易的国际经济体系；(7) 合理开发利用资源，防止污染，保护生态平衡。这种发展模式正是同可持续发展相一致的，在中国也是现实可行的。

（四）可持续发展战略在中国的实施

经济快速增长给环境造成了巨大压力，同时，综合国力增强也给环境保护带来了希望。

1. 中国有关实施可持续发展的一系列重大研究、决定和方案

如何实施可持续发展，各国的主要参照方案是联合国环境与发展大会（UNCED）通过的《21 世纪议程》。这是集中了全球一批杰出的科学家与政治家，反复研究并通过谈判达成一致的文件，此外并无其他广泛适用的标准。

UNCED 前后，中国在世界银行、联合国开发计划署（UNDP）和联合国环境规划署（UNEP）的支持下，先后完成了多项重大研究和计划（表 3）。1992 年 8 月，中共中央与国务院批准了指导性文件《中国环境与发展十大对策》，其中第一条就是实行可持续发展战略。1994 年 3 月，国务院批准的《中国 21 世纪议程》则是全球第一部国家级的《21 世纪议程》，它把可持续发展原则贯穿到中国经济、社会和环境的各个领域。1996 年 8 月，国务院的《关于环境保护若干问题的决定》规定了明确的目标和措施。

2. 国家确定了环境保护的目标与重点

1996 年 3 月，全国人大通过的《关于国民经济和社会发展“九五”计划和 2010 年远景目标纲要》，明确了要实施经济体制与经济增长方式这两个根本性转变，把科教兴国和可持续发展作为两项基本战略，并提出，“到 2000 年，力争使环境污染和生态破坏加剧的趋势得到基本控制，部分城市和地区的环境质量有所改善。到 2010 年，基本改善

生态环境恶化的状况，城乡环境有比较明显的改善。”

1996 年，《国务院关于环境保护若干问题的决定》要求：到 2000 年，全国所有工业污染源排放污染物要达到国家或地方规定的标准；各省、自治区、直辖市要把主要污染物排放总量控制在国家规定的指标内；直辖市、省会城市等重点城市的大气、水环境质量要达到国家规定的标准；重点流域的水质应有明显改善。

“九五”期间，中国重点在于推进解决“三河”（淮河、海河和辽河）、“三湖”（太湖、巢湖和滇池）、“两区”（酸雨污染区和二氧化硫污染控制区）、“一市”（北京市）和“一海”（渤海）的污染控制问题，有人将此简称为“33211 工程”。“十五”期间，重点继续如此，并扩大到长江三峡库区、“南水北调”东线和生态保护等。

3. “九五”期间的两项重大举措

《全国主要污染物排放总量控制计划》和《中国跨世纪绿色工程规划》这两项重大举措得到国务院的批准，由原国家环保局、国家计委、国家经贸委联合发布实施。

《全国主要污染物排放总量控制》针对烟尘、粉尘、二氧化硫、石油类、一些重金属、化学需氧量（COD）和工业固体废弃物排放量等 12 种主要污染物，要求其排放量到 2000 年能够控制在国家批准的水平内。也就是说，“九五”期间，尽管每年人口净增 1 300 万以上，GNP 以 8% 左右的速度增长，但这 12 种主要污染物在全国范围内，要通过各种有力措施，坚决控制其增长，使不超过“八五”末期（1995 年）。这是为了实现“九五”环保目标的必要措施，也显示了中国实施可持续发展的决心。

《中国跨世纪绿色工程规划》是具体的、明确的工程项目规划，便于纳入国家和地方的国民经济和社会发展计划，可以作为争取优先安排资金的依据，也便于争取国际支持。第一期项目共 1 591 个，总投资需求 1 888 亿元，新世纪头 10 年继续进行第二期、第三期，滚动发展，不断推进。《绿色工程规划》第二期的规划项目 1 137 个，投资约需 2 620 亿元。

表 3　近年来有关中国环境保护与可持续发展的重大研究、决定和计划

序号	名称	批准机关及日期	主要内容
1	中国环境与发展十大对策	中共中央、国务院，1992.8	指导中国环境与发展的纲领性文件
2	中国环境保护战略	国家环保局、国家计委，1992	关于环境保护战略的政策性文件
3	中国逐步淘汰破坏臭氧层物质的国家方案	国务院，1993.1	履行《蒙特利尔议定书》的具体方案
4	中国环境保护行动计划	国务院，1993.9	10 年环保行动计划（1991—2000）
5	中国 21 世纪议程	国务院，1994.3	中国人口、环境与发展的白皮书，国家级的《21 世纪议程》
6	中国生物多样性保护行动计划	国务院，1994	履行《生物多样性公约》的国家级行动计划
7	中国城市环境管理研究	国家环保局、建设部，1994	围绕城市污水和垃圾的研究
8	中国：温室气体排放控制的问题与对策	国家环保局、国家计委，1994	对中国温室气体排放清单及削减费用的分析研究，提出控制对策
9	中国环境保护 21 世纪议程	国家环保局，1994	部门级的《21 世纪议程》
10	中国林业 21 世纪议程	林业部，1995	部门级的《21 世纪议程》
11	中国海洋 21 世纪议程	国家海洋局，1996.4	部门级的《21 世纪议程》
12	关于环境保护若干问题的决定	国务院的法规性文件，1996.8	10 个方面，有明确的目标和措施
13	国家环境保护“九五”计划和 2010 年远景目标	国务院，1996.9	指导 5 年和 15 年的环保工作纲领性文件
14	跨世纪绿色工程规划（第一期）	国务院，1996.9	国家环保“九五”计划的具体化，有项目，有重点，有措施

序号	名称	批准机关及日期	主要内容
15	主要污染物排放总量控制计划	国务院，1996.9	国家削减污染物排放的指令性计划
16	关于进一步加强土地管理切实保护耕地的通知	中共中央、国务院 1997.4	共 7 条，强调只能增加，不能减少，要严格管理、审批与监督
17	中国生物多样性国情研究报告	国务院，1997.7	现状、威胁、保护、价值评估、资金
18	酸雨控制区和二氧化硫污染控制区划分方案	国务院，1998.1	在“两区”内要求二氧化硫达标排放，并实行排放总量控制
19	关于限期停止生产销售使用车用含铅汽油的通知	国务院，1998.9	共 9 条，在全国范围内限期停止生产销售使用车用含铅汽油
20	关于保护森林资源制止毁林开荒和乱占林地的通知	国务院，1998	坚决保护原始林，保护林地
21	全国生态建设规划	国务院，1998.11	农业、森林、水利有关生态建设规划
22	国务院办公厅转发国家经贸委等部门关于清理整顿小炼油厂和规范原油成品油流通秩序意见的通知	国务院办公厅，1999.5	取缔非法采油和土法炼油，清理整顿小炼油厂，加强原油配置管理，成品油集中批发，规范零售市场等
23	关于禁止采集和销售发菜制止滥挖甘草和麻黄草有关问题的通知	国务院，2000.6	提高发菜的保护级别为一级，禁止采集、收购、销售和出口；制止滥挖甘草和麻黄草
24	关于进一步做好退耕还林还草试点工作的若干意见	国务院，2000.6	省级政府负总责，完善政策，健全机制，加强管理与监督等
25	全国生态环境保护纲要	国务院，2000.11	保护生态环境的目标、任务和措施
26	国家环境保护“十五”计划（含主要污染物排放总量控制计划和绿色工程规划第二期）	国务院，2001.12	5 年的环保工作纲领性文件（2001—2005）

资料来源：历年《中国环境年鉴》。

（五）全面推进新世纪环境保护与可持续发展

1. 建立环境与发展的综合决策机制

要实施可持续发展战略，必须建立对于环境与发展的综合决策机制，从决策的源头上控制住环境问题的产生。《国务院关于环境保护若干问题的决定》要求，各地、各部门在制定区域与资源开发规划、城市与行业发展规划、调整产业结构与生产力布局等重大决策时，必须综合考虑经济、社会和环境效益，进行充分的环境影响论证，避免走规划失误和“先污染后治理”的老路。国家要求地方各级人民政府依法履行保护本辖区环境的职责，实行领导人对于环境质量的目标责任制，并将环境质量的改善情况作为考核其政绩的重要内容之一。

2. 加强环境法制建设

全国推进跨世纪的环保工作，需要法律的有力保障。一些新的环境法律法规（如《环境影响评价法》）正在审议中，一些原有的法律法规也在修改完善，以适应社会主义市场经济的需要。如《大气污染防治法》经修改后，加大了对二氧化硫排放的控制。划定的“两区”面积为 109 万 km^2，占国土面积的 11.4%。又如，对一些污染严重的落后的工艺与设备实行限期淘汰制度，1997 年已经公布了一批。再如，《水污染防治法》经修改后，增加了“新建项目需要征求项目所在地的单位和居民的意见”这类加强公众参与的条款。今后还要继续加强执法力度，坚决查处违法案件，绝不姑息。

3. 运用经济手段保护环境

在“九五”期间（1996—2000 年），测算的环保投资需求约 4 500 亿元，占同期 GDP 的 1.2%左右。实际投资约 3 460 亿元，占 GDP

的 0.93%。北京市、上海市环保投资约超过 GDP 的 3%。“十五”期间（2001—2005 年），环保投资共需 7 000 亿元，约占同期 GDP 的 1.3%。国务院有关部门正在按照“污染者付费、利用者补偿、开发者保护、破坏者恢复”的原则，在基本建设、综合利用、财政税收、金融信贷以及引进外资等方面，制定和完善有利于环境的经济政策与措施；对于流域性的环境整治，中央政府给予适当的政策和资金支持。中央对城市污水处理厂补助六分之一的建设资金。国家还将提高现行排污收费标准。

4. 提高科技在环境保护中的贡献率

中国正积极开发污染防治、清洁生产、洁净能源、生物多样性保护等技术，加强科技成果的转化和应用，提高资源和能源利用效率，加强除尘、脱硫、水处理和噪声防治设备的开发和产业化。淮河流域计划投资 50 多亿元建设 55 座城市污水处理厂，处理能力将达 350 万 t/d。同时，引导企业开展 ISO 14000 环境管理体系认证，激励企业自觉履行保护环境的责任。

5. 加强环境教育与公众参与

根据原国家环保局、中共中央宣传部、国家教委 1996 年发布的《全国环境宣传教育行动纲要》的要求，发动社会各阶层，不断提高全民族的环境意识和可持续发展意识；继续加强在幼儿园、中小学和高等院校开展不同层次的环境教育，创建绿色学校；继续加强对地方政府领导人的培训，提高他们的综合决策能力。继续开展“中华环保世纪行”活动，发挥新闻媒体的舆论监督作用，并更广泛地支持公众参与。

（六）可持续发展的新课题

在中国实施可持续发展，可谓任重道远。尽管已经有了不少文件和方案，但如何计算环境污染和生态破坏的损失，如何对国民生产总值增长率进行自然资源损耗的扣除，如何在不同城市和地区建设可持续发展的示范区，如何逐步取消不利于可持续发展的各种财政补贴，如何理顺价格体系，如何采用恰当的经济手段，如何在各级水平上建立起综合决策的机制，如何进一步发动公众参与，如何建立起可持续消费和生产模式，如何确定监测可持续发展进展的指标体系，如何加强可持续发展的能力建设等，这些都有待继续深入研究。要加强可持续发展的公众教育，加快编制适合不同对象的读物，通过传媒的宣传教育，在全社会形成可持续发展“从我做起，从现在做起”的风气。

参考文献

[1] 中国环境年鉴．北京：中国环境年鉴社，1990—2002.
[2] 国务院新闻办公室．中国的环境保护（白皮书）．1996.
[3] 国家环保局，国家计委，国家经贸委．国家环境保护“九五”计划和 2010 年远景目标．北京：中国环境科学出版社，1996.
[4] 国家环保局，国家计委，国家经贸委．中国跨世纪绿色工程规划（第一期）．北京：中国环境科学出版社，1996.
[5] 张坤民．可持续发展论．北京：中国环境科学出版社，1997.
[6] 中国科学院国情分析研究小组．生存与发展．北京：科学出版社，1996.
[7] 米都斯．增长的极限．长春：吉林人民出版社，1997.
[8] 世界环境与发展委员会．我们共同的未来．长春：吉林人民出版社，1997.
[9] 皮尔斯．世界无末日．张世秋，译．张坤民，校．北京：中国财政经济出版社，1996.
[10] 国家环境保护总局．中国环境状况公报（2001）．2002.
[11] 莫法特．可持续发展——原则、分析与政策．宋国君，译．张坤民，校．北京：经济科学出版社，2001.
[12] 刘江．中国可持续发展战略研究．北京：中国农业出版社，2001.

回顾与展望：朝向可持续发展的坚定脚步*
——纪念改革开放 30 周年

今年是改革开放 30 周年。我们隆重地纪念她，是因为没有中国的改革开放，也就没有中国的可持续发展事业。1987 年，世界环境与发展委员会发表了《我们共同的未来》报告，首次郑重提出可持续发展战略。1992 年，联合国环境与发展会议一致通过《21 世纪议程》，标志着可持续发展战略为国际社会正式接受。而中国可持续发展研究会等机构的相继成立以及有关可持续发展与低碳经济等相关著作的接连出版，都反映了中国可持续发展事业的理念与实践正在不断前进。在纪念改革开放 30 周年的历史时刻，回顾与展望全球和中国可持续发展事业的历程及其主要经验，加快资源节约型与环境友好型社会的建设，积极发展循环经济和低碳经济，是很有意义的。

第一步：科学家的艰苦探索，构建可持续发展理念与战略

产业革命以来，各种人造财富有了极大增加，伴随着沃土、清泉、矿藏、能源以及生物多样性的加剧耗损，各种环境污染更是不断地伤害着人类赖以生存的生态系统和公众健康。从英国伦敦烟雾事件，到

---

* 本文写于 2008 年 9 月，是作者为纪念中国改革开放 30 年而作，刊于《中国环境报》。执笔者为崔大鹏、张坤民。

美国洛杉矶光化学烟雾；从日本水俣湾的怪病，到北欧森林与湖泊的死亡……一次次惨痛的环境事件此起彼伏，一地一国的生态问题扩展蔓延。不同领域的科学家们通过研究，越来越深刻地认识到，地球已经出问题了。继续延续传统的经济增长模式和无节制的消费模式，将是地球环境所无法承受的。在 1962 年卡逊女士的《寂静的春天》、1968 年哈丁的《公地的悲剧》、1971 年罗马俱乐部的《增长的极限》和 1972 年杜波伊斯的《只有一个地球》等一系列著作中，专家们都不断地向人们提出了警告。正是在这样的背景下，联合国于 1972 年在斯德哥尔摩召开了第一次人类环境会议。

人类面临着前所未有的人口、资源与环境的挑战。发展与环境密不可分。要摆脱贫困和环境的束缚，必须寻求一条经济、社会与环境协调发展的道路。科学家们为此做过很多探索，发现了其中的一些因果关系，构想了若干解决方案。1980 年，世界自然保护同盟（IUCN）在《保护地球》报告中首次提出了“可持续发展”这个词语。从 20 世纪 80 年代起，臭氧层耗损、全球气候变化等一系列全球环境问题又向人类进一步敲响了警钟。1983 年 11 月，联合国成立了世界环境与发展委员会（挪威首相布伦特兰夫人任主席，习称“布伦特兰委员会”)。22 名成员中，14 名来自发展中国家，包括中国的生态学家马世骏教授。该委员会在全球广泛开展调研和论证，于 1987 年发表了《我们共同的未来》这部具有里程碑意义的报告（以下简称《报告》)。《报告》总结了科学家们的探索，首次正式提出可持续发展的定义，即“既满足当代人的需求，又不对后代人满足其需求的能力构成危害的发展”。《报告》呼吁各国的决策者们尽快将可持续发展的理念化为付诸行动的政治意愿。

《报告》一针见血地指出：“过去我们关心的是发展对环境带来的影响，而现在我们则迫切地感到生态的压力，如土壤、水、大气、森林的退化对发展带来的影响。在不久以前，我们感到国家之间在经济方面相互联系的重要性，而现在我们则感到在国家之间的生态学方面的相互依赖的情景，生态与经济从来没有像现在这样互相紧密地联系在一个互为因果的网络之中。”20 年后，当我们重读这些话时，依然能感受到其力透纸背的洞察力。

《报告》正式发表后，联合国曾派员到各国宣讲，我国也随即将其译成中文出版。该《报告》连同当时中国科学院国情调查组完成的 4 篇国情报告（《生存与发展》《挑战与机遇》《城市与乡村》《开源与节约》），成为我国确定未来发展方向的重要科学依据之一。

第二步：决策者的政治意愿，接受可持续发展战略并制订行动计划

《报告》发表 5 年之后的 1992 年，联合国在巴西里约召开了环境与发展会议，102 位国家元首或政府首脑与会，习称“地球首脑会议”。到会的 178 个成员国一致通过了《里约环境与发展宣言》《21 世纪议程》等重要文件，正式接受“可持续发展”作为当代人类发展的主题，承诺把可持续发展从概念推向行动。世界银行于 1997 年出版的《里约后五年》概括地总结了这次首脑会议的重要性和各国随后的行动：

“里约会议的显著特征在于，其成果是各国政府的一致意见，而不单是科学家与技术专家的一致意见。尤其是当有关行动涉及全球环境问题时，在政府首脑这一级别上确保其关于行动的承诺，这是不同寻常的，也是至关重要的。”

“里约会议之后的 5 年来，各国政府与国际机构在世界范围内已经进行过多种尝试，通过采用经济的、行政的和制度的手段更好地管理环境。”

“要使发展具有可持续性，人类行为就必须有所改变。企业、消费者和政府机构都需要改变其造成环境退化的行为方式，并须投资于那些有利于保护生态系统的活动。有时，这种转变是受道德因素的推动，

但经常还需要各种激励机制和提高意识。在里约地球首脑会议以来的 5 年中，一些开明的政府一直都在寻找更有效的途径来鼓励行为的改变，同时又能保证效率与自由。”

《里约后五年》收录了 26 个精选的案例，其中 4 个来自中国。

2002 年，联合国于南非约翰内斯堡召开的世界可持续发展首脑会议，通过了《约翰内斯堡可持续发展宣言》和《可持续发展世界首脑会议执行计划》，重申里约会议精神，并使之更加具体化。还把“水、健康、能源、生物多样性和农业”列为加强可持续发展的 5 个重点领域。

回顾历程，正是 1972 年的斯德哥尔摩会议推动了中国当代环保的起步。那次会后，在周恩来总理的主持下，开始建立环保机构，防治工业“三废”（废水、废气和固体废物），制定环境规划。1973 年的第一次全国环境保护会议，确定了环境保护“32 字方针”（全面规划，合理布局，综合利用，化害为利，依靠群众，大家动手，保护环境，造福人民），强调了规划布局、综合利用和群众路线等理念。1979 年，《中华人民共和国环境保护法（试行）》颁布。随后，一些主要的环境法律法规逐步完善。1992 年，联合国环境与发展会议结束不到两个月，《中国环境与发展十大对策》发表，提出了 10 个方面的政策，宣布中国要实施可持续发展战略。1994 年，《中国 21 世纪议程》公布，这是全世界第一部国家级的《21 世纪议程》。1995 年，中国确定“实施两个根本性转变”（经济体制与经济增长方式），并开始了对污染严重的淮河流域的治理。1996 年起，随着“九五”计划的实施，全国推行“总量控制”和“绿色工程”两大举措。

30 年来，中国的经济增长举世瞩目，人均国民生产总值从不足 300 美元上升到 2006 年的 1 600 美元，但也付出了沉重代价。举例说，1996 年全国煤炭消费量仅为 10 亿 t 多一点，而 2006 年已超过 24 亿 t。在不少地方，生态环境的压力已经突破了限界与容量，出现了类似发达国家 20 世纪 60 年代的局面。

为此，“十一五”（2006—2010 年）规划纲要提出了经济社会发展的新目标，力图优化结构、提高效益和降低消耗。同时提出了在“十一五”期间，单位 GDP 能源消耗要降低 20%左右、主要污染物排放总量要减少 10%的目标。温家宝总理在今年 4 月举行的全国节能减排工作电视电话会议上强调，要建立健全节能减排工作责任制和问责制，把节能减排各项工作目标和任务逐级分解到各地和重点企业，并落实为政绩和业绩的考核指标。这些举措充分体现了党中央、国务院高度重视可持续发展的政治决心和国家意志。

当然，要长期有效地解决中国的节能减排问题或环境与发展的其他重大问题，需要借鉴国际经验、改革能源政策、积极利用市场或创建市场（如碳市场的作用）等。但是，关键还是要依靠全民动员和全社会参与。

第三步：更深入的公众参与，推动可持续发展逐步实现

建设资源节约型、环境友好型社会是造福当代、惠及子孙的事业，是全社会共同的责任。要完成这项伟大的事业，需要两个方向的合力：一个是自上而下的决策者的政治意愿；一个是自下而上的全方位的公众参与。公众参与需要在全社会树立科学发展观与和谐社会观，形成保护环境、节约资源的良好风尚，使每个部门、每个单位和每个社会成员都能负起责任、积极参与和主动创新。面对环境挑战，需要发动一场由政府主导的“人民战争”，就像八年抗战，就像当年抓计划生育那样，需要全民动员和全社会参与。

第一，需要落实现代企业的三大责任。

企业的第一责任是经济责任，企业必须搞好生产、服务和经营，以创造出更大的市场效益和利税，创造出更多的就业机会和福利，并

保证企业的成长与发展。而现代企业作为一个法人组织，在追求自身经济利益最大化的同时，还要承担其应尽的社会责任和环境责任。企业要关注和满足消费者、股东、雇员、政府和社区等所有的利益攸关者的需求，服务于公众和社会，并把自身造成的环境外部性（如环境成本）予以内部化。在经济全球化和信息化的世界里，跨国公司日益成为全球经济的主角，他们负有更大的、不可推卸的社会责任和环境责任。另外，各个上市公司作为公众企业，理应率先垂范，履行好社会责任和环境责任。广大中小企业也要强化节能减排意识，积极履行责任。从制度设计角度看，独立董事和监事会制度有效地促进了企业履行经济责任，现在也应该借鉴发达国家的成功经验，继续推行 ISO 14000 认证，设立企业的可持续发展顾问，建立环境报告书或可持续发展年报制度等，以促进企业更好地履行社会责任与环境责任。上述种种，企业要自律，公众要监督。

第二，需要充分发挥大众媒介的社会公器作用。

保护环境是“以人为本”的具体体现之一，公众是最大的利益攸关者。公众具有保护环境的最大动机和最强烈的参与意识。现代社会是公民社会，每一个社会成员在享受社会公共物品的福利时，都要承担一个公民应尽的社会责任和环境责任。公众参与、信息公开和舆论压力是解决某些环境难题的必要条件。在我国当今工业化、城镇化的快速发展阶段，无论生态环境问题、节能减排问题、社会公平问题、宣传教育问题等，都需要广泛的公众参与才能有效地解决。目前，环境科普工作刻不容缓。让公众知道环境问题的来龙去脉及其解决之道，实为当务之急。没有环境科普，没有相关的信息和知识，全民动员和全社会参与仍是一句空话。充分利用电视媒体与报刊等大众媒体是最有效的方法，各级电视台都应该尽可能多地制作和播放环境科普节目。

第三，需要支持和鼓励环保民间组织、绿色社区、绿色村庄等有益活动。

中华环保联合会发布的《2006 年中国环保民间组织发展状况蓝皮书》显示，我国已有 2 768 家环保民间组织，成员总数近 23 万人。环保民间组织的活动领域已从早期的环境宣传、特定物种保护等，逐步发展到组织公众参与环保、为国家环境与发展事业建言献策、开展社会监督、维护公众环境权益、推动可持续发展等领域。要大力加强绿色社区和绿色村庄的建设。要使广大群众能够通过环保民间组织和绿色社区建设这些互动平台和社会基础细胞，开展绿色生产、厉行绿色消费、推广绿色经验、实施绿色监督，真正实现全民动员和全社会参与，共同建设生产发展、生活富裕、生态良好的美好家园。

第四，需要有制度设计的保证、支持与规范。

去年 4 月，国务院颁布了《政府信息公开办法》，各部门也相继发布了本部门的信息公开办法，并从 2008 年 5 月 1 日起施行。这将更有力地督促政府和企业广泛发布信息，深入听取公众意见，拓宽公众参与渠道，维护公众正当权益，使重大决策更趋科学合理。公众参与的前提是获取准确的信息，公开环境与发展信息正是为了确保公众更广泛的参与，它将极大地提高公众参与的积极性和创造性。为了有效地扩大公众参与，还需要继续加强有关制度设计的保证、支持与规范。

中国实现可持续发展的希望就在于关键的第三步，就在于全民动员和全社会参与。涓涓细流汇大海，全民动员和全社会参与意味着，千千万万人民群众的主动参与和智慧创造是实现可持续发展的历史动力。落实科学发展观和建设和谐社会需要全社会生产生活方式的全面转型，这项任务非常艰巨，单靠政府部门是不可能完成的，需要全社会公众最深入的和最广泛的参与。《我们共同的未来》报告中有一段话："归根结底，可持续发展不是一个固定不变的和谐状态，而是一个不断变化的进程。这个进程体现在要保证资源开发、价值取向、研发导向和机制演变都能够满足当前的和未来的需求。这个进程充满艰难的选择，而不会是一帆风顺的。"

第四步：发展低碳经济，可持续发展的必由之路

当前，气候变暖已严重威胁到人类的可持续发展，应对气候变化成为全球面临的重大挑战。气候变化的原因除了自然因素外，同人类的活动，特别是同使用化石燃料、排放二氧化碳的程度密切相关。随着气候变暖，人们对低碳经济的关注与行动也日趋强烈。

低碳经济这一概念始于英国 2003 年的《能源白皮书》，其目标是到 2050 年二氧化碳的排放量比 1990 年削减 60%，并在英国建成一个低碳经济体。也是 2003 年，美国学者莱斯特·布朗在《B 模式：拯救地球 延续文明》一书中，提出并掀起了发展模式的 B 与 A 之争。布朗把现行的以化石燃料为基础、以破坏环境为代价、以经济为绝对中心的传统发展模式称作“A 模式”，把以人为本，以利用风能、太阳能、地热资源、小型水电、生物质能等可再生能源为基础的生态经济发展新模式称作“B 模式”，他呼吁全世界立即行动，以“B 模式”取代“A 模式”，拯救地球，延续文明。正是 2003 年，党的十六届三中全会明确提出了以人为本、全面协调可持续的科学发展观，以此作为我国经济社会发展的重要指导方针和重大战略思想。可见，在人类历史上已经走过 200 多年的西方发展模式，已然走到了穷途末路。发达国家和发展中国家都在探索与选择新的发展模式。中国要走一条生产发展、生活富裕、生态良好的科学发展新路，这是历史的必然。

改革开放 30 年来，我国经济在取得巨大成就的同时，付出了很大的资源和环境代价，面临着严峻的挑战。如果我们不转变增长方式、加快调整结构，就会出现资源难以支撑、环境难以容纳、社会难以承受、发展难以为继的窘迫局面。中国的人均能源资源拥有量不高，而以煤为主的能源结构在碳排放强度方面又是特别不利的。中国是处于工业化中期的发展中国家，目前的能源基础水平及能效较低，能源技术装备水平

低和管理水平相对落后，导致单位 GDP 能耗和主要耗能产品能耗均高于主要能源消费国家的平均水平。关键是如何降低碳强度，控制 CO_2 排放的增长速度。中国人口占世界的 20%，故排放总量显眼。鉴于当前的经济结构，中国一次能源消费及产生的温室气体总量中，实际上约有 1/4 是由出口产品造成的（约 11 亿 t）。同时，如何在发展过程中，超前运筹，避免“锁定效应”的束缚，也是一项紧迫而现实的挑战。

因此，中国积极发展低碳经济，顺应世界潮流，合于中国国情，是全面贯彻落实科学发展观，实现可持续发展的必由之路。低碳经济的本质是在市场经济基础上，通过制度框架和政策措施的制定和创新，形成长期稳定的引导和激励机制，推动提高能效、节约能源的技术，推动可再生能源技术和温室气体减排技术的创新，以缓解气候变化带来的不利影响。

当前，低碳经济研究是一项具有重大理论价值和现实意义的课题。今年世界环境日的主题就是“转变传统观念，推行低碳经济”。在今年 7 月中央政治局的学习会上，胡锦涛同志再次强调“积极发展循环经济和低碳经济”。国内有关重点大学与科研机构都在积极筹划。在邓楠理事长的全力支持下，中国可持续发展研究会近期成立了低碳经济研究学组，已经开展工作。在纪念改革开放 30 周年之际，我们欣喜地看到，低碳经济的研究与试点工作在全国正如火如荼、方兴未艾。把积极发展低碳经济作为可持续发展的第四步，任重道远。

中国认真借鉴各国的经验与教训，结合本国国情，逐步找到了一条以科学发展观与建设和谐社会为中心的可持续发展道路，13 亿中国人民正在自强不息地实践这个伟大构想。有充分的理由相信，在政府主导下，实施全民动员和全社会参与，每个部门、每个单位、每个公民都积极参与，走好关键的每一步，打赢这场“人民战争”，中国的和平发展就大有希望。这正是我们今天纪念改革开放 30 周年的意义所在。

中国环境保护事业60年*

中国是宣布实施可持续发展战略最早的一个发展中国家[1]。中国的人口多，人均资源少，大气污染、水污染、土地退化和生态破坏等问题都很突出。中国面临着比其他国家更为严峻的资源匮乏与经济增长的压力，环境问题的广度和深度比一般人想象的要严重得多。中国科学院国情研究小组早在20世纪80年代末发表的4本《国情研究报告》[2]中即已指出，中国在改革开放中面临着四大困境（人口、资源、环境与粮食），强调中国应该也只能实行以“低度消耗资源的生产体系；适度消费的生活体系；使经济持续稳定增长、经济效益不断提高的经济体系；保证效率与公平的社会体系；不断创新、充分吸收新技术、新工艺、新方法的适用技术体系；促进与世界市场紧密联系的、更加开放的贸易与非贸易的国际经济体系；合理开发利用资源、防止污染、保护生态平衡”7个方面为特征的发展战略，这同世界环境与发展委员会在《我们共同的未来》[3]报告中所提出的可持续发展战略是一致的。

作为一个发展中国家，在1972年联合国人类环境会议之后，中国是在人均GDP不足200美元的条件下开展污染防治与生态保护的，全国上下为此付出了极大的努力。尽管不断取得进展，但终究很难在经济增长如此高速的情况下（表1），完全控制住环境恶化加剧的趋势或

* 本文写于2009年11月，为中国可持续发展研究会2009年年会主旨报告之一，刊于《中国发展60年》文集104～127页。

某些环境突发事件。随着全球化的进展和产业结构的升级换代，一些重污染的产业（如钢铁、化工、水泥等）不断从境外转移到境内，从东部转移到中西部。通过多年实践，人们越来越认识到解决环境问题的重要性和艰巨性。要想从根本上扭转局面，出路只有切实转变经济增长方式，坚定不移地实施可持续发展战略，积极发展低碳经济。

表 1　中国的若干基本数据（1980—2008 年）

项目	1980 年	1990 年	2000 年	2005 年	2006 年	2007 年	2008 年
人口/万	98 705	114 333	126 743	130 576	131 448	132 129	132 802
GDP（当年）/10 亿元	451.78	1 854.8	8 946.8	18 232.1	20 940.7	24 662	30 067
粮食产量/万 t	32 055	44 624	46 218	48 401	49 746	50 150	52 850
钢产量/万 t	3 712	6 635	12 850	35 239	42 266	48 966	50 091
水泥产量/万 t	7 986	20 971	59 700	106 000	124 000	136 000	140 000
硫酸产量/万 t	764.3	1 197	2 427	4 529	4 981	5 500	5 312
化肥产量/万 t	1 232	1 879	3 186	5 220	5 592	5 787	6 013
对外贸易/10 亿美元	38.1	115.4	474.3	1 422.1	1 760.7	2 173.8	2 561.6
出口	18.1	62.1	249.2	762.0	969.1	1 218.0	1 428.5
进口	20.0	53.3	225.1	660.1	791.6	955.8	1 133

资料来源：作者根据国家统计局历年统计公报数据整理。

本文根据历史文献、当事人近期回顾和若干国际报告，概述 60 年来中国环境问题的表现与环境政策的形成、特点、演化、国际评价及未来展望。

一、国家环境保护机构设立之前的环境问题（1949—1973 年）[4]

（一）新中国成立初期的主要环境问题

中国的环境问题，在解放前和新中国成立初期就有表现。主要是由于森林和草原的长期滥伐滥垦，植被遭到破坏，导致水土流失和土壤侵蚀。在若干主要城市出现程度不同的工业污染和城市污染。例如，上海的苏州河和京杭大运河的城市段（如杭州、苏州、无锡等）存在黑臭现象；一些工矿企业，特别是火电厂，沿着江河建设，缺乏治理“三废”设施，把江河视作下水道，造成了局部污染。

从 1953 年到 1956 年，全国工业生产总值年增 19.6%，农业生产总值年增 4.8%。当时虽然没有专门的环保机构和环保法规，但在一些相关法规中包含了保护环境的要求，如卫生部和国家建委 1956 年颁发的《工业企业设计暂行卫生标准》和国务院 1957 年颁发的《水土保持暂行纲要》。在工业建设中，比较注意合理布局，把有污染的项目尽量摆在离开市区的工业区内，还设置了树林隔离带做屏障。集中建设的 156 项大中型工矿企业，均采取了某些工程措施，如污水处理和消烟除尘装置等。

（二）“大跃进”时期对环境的破坏

从 1958 年到 1965 年，中国经济发展战略发生重大变化。片面夸大主观意志和主观能动性，宣称中国正处于“一天等于二十年”的“大跃进”时期，以高指标、瞎指挥、浮夸风和“共产风”为主要标志的做法泛滥全国。在“大炼钢铁”和“大搞群众运动”的方针指导下，“小钢铁”和“小土群”遍地开花。仅 1958 年下半年，全国动员了数千万名农民大炼钢铁和大办“五小工业”，建成简陋的炼铁、炼钢炉 60 多万个，小炉窑 59 000 多个，小电站 4 000 多个，小水泥厂 9 000 多个，农具修造厂 80 000 多个，工业企业由 1957 年的 7 万个猛增到 1959 年的 60 多万个，城镇人口由 1957 年的 9 000 多万增加到 1960 年的 13 000 万人。在工业布局上，几乎冲破了一切规章和束缚，随心所欲，任意布点，不顾环保要求，不用任何措施，加上管理混乱，工业“三废”放任自流，污染迅速蔓延。特别是对林业与矿产资源的滥采乱挖，不仅造成了惊人的浪费，而且对自然生态带来大范围的冲击和破坏。此时的环境问题已由新中国成立初期的萌发阶段进入严重发生阶段。尽管随后实行了“调整、巩固、充实、提高”的方针，国务院发布了《森林保护条例》和《矿产资源保护条例》，对于盲目建立的一些工矿企业实行了关、停、并、转，使工业企业数大体上恢复到 1957 年的水平，城镇人口减少了 1 400 多万人，但是，许多不合理的布局已属既成事实，难以改变，而自然生态环境的破坏更不是短期所能恢复的。

（三）“文化大革命”时期对环境的破坏

从 1966 年 5 月开始的“文革”十年动乱，使全国经济濒临崩溃边缘，环境污染与生态破坏也迅速地由发生期上升到爆发期。此时的环境问题主要表现为：

在工业建设方面，重数量，轻质量，不讲究经济效益，不重视技术革新，不注意合理布局，导致资源、能源的大量浪费和环境的严重污染。例如，在发展工业浪潮中，热衷于搞“大而全”或“小而全”工业体系，工业建设一哄而起，无视劳保规定，不受环保约束，建成的大小工业项目，多数没有控制污染措施。在“三线”建设中，实行“靠山、分散、隐蔽”的方针，把排放大量有害物质的工厂摆进了深山峡谷之中。由于扩散条件太差，大气污染和水污染严重。布局不当也给后期的污染防治带来极大困难。

在城市建设方面，不加区别地提出“变消费城市为生产城市”的口号，在许多文化古城和旅游城市，如北京、苏州、杭州，建设了一批重污染的工业，杭州有的寺庙竟被改成了工厂。在“先生产，后生活”的方针下，城市规划废弛，建设布局混乱，忽视基础设施，忽视清洁能源，使城市环境问题更为尖锐。

在农业生产方面，片面强调“以粮为纲”，牺牲了林、牧、渔业。有的还提出“种田种到山顶，插秧插到湖心”，毁林、毁牧、围湖造田、搞人造平原，投资大，费力多，产量低，甚至导致生态环境的恶性循环。同时，在无政府状态下，对野生动植物资源滥猎乱采成风，许多珍稀物种临近濒危状态。

在中国环境污染和生态破坏迅速蔓延之际，1972 年曾发生过几起较大的环境事件：

大连湾告急。涨潮一片黑水，退潮一片黑滩，贝类滩涂因污染荒废 400 多 hm^2，每年损失海参 1 万多 kg，贝类 10 多万 kg，蚬子 150 多万 kg。海港淤塞，堤坝腐蚀，类似情况，其他沿海城市也多有发生。

北京官厅水库污染。市售官厅水库鱼有异味，经调查确定是水库污染。周恩来总理十分重视，国务院 4 次批示，指定北京、河北、山西、内蒙古和国务院有关部门组成水库保护领导小组进行治理。这是我国由国家出面组织治理的第一个项目。

松花江报警。松花江支流嫩江段发现大批死鱼，第二松花江吉林段出现有色污染带。1960 年之前，这里鱼群集中，到 1970 年，鱼虾绝迹。经调查，仅吉林地区每天即向松花江排放污水 320 万 t，江底沉积的汞超过 200 t。有的渔民食用江中含汞的鱼虾贝类，出现类似日本水俣病的征兆。哈尔滨以松花江为饮用水源，多次报急。

二、起步阶段的中国当代环境保护事业（1973—1978 年）[5]

（一）环境保护事业的奠基

周恩来总理非常关心环保工作，他曾登上北海白塔观看北京市区上空的空气污染情况；视察过北京石油化工总厂的污水处理场（1971 年 10 月 9 日）。他说："让我们的天空永远晴朗"，"综合利用是个大问题，要立志赶超世界先进水平"[6]。面对全球纷纷出现的环境问题，联合国于 1972 年 6 月 5～16 日在瑞典斯德哥尔摩召开第一次人类环境会议。此时正是恢复我国在联合国的合法地位不久，根据周总理指示，中国派出了一个较大的代表团。团长是燃化部部长唐克，副团长是国家计委副主任顾明，代表共有 20 多名，包括曲格平、江小柯等同志。通过这次会议，代表们较深刻地了解了世界环境概况和环境问题对经济社会发展的重大影响，并把有关信息带回了国内。周总理在听取了代表团汇报之后指示说，对环境问题再也不能放任不管了，应当把它提到国家的议事日程上来。国务院决定召开一次全国性的环境保护会议，建立国务院环境保护领导小组，下设办公室，专门负责这方面的事务。以周总理指示为标志，当代环境保护这项造福子孙后代的千秋伟业由此在中国奠基。

1. 第一次全国环境保护会议

1973 年 8 月 5～20 日，第一次全国环境保护会议在北京召开。会议反映和审视了全国环境污染和生态破坏情况，指明了环境问题的严重性；介绍了北京、上海、株洲等市和一些企业消除“三废”污染、开展综合利用的经验。会议取得 3 项重要成果：一是做出了环境问题“现在就抓，为时不晚”的结论；二是审议通过了“全面规划、合理布局、综合利用、化害为利、依靠群众、大家动手、保护环境、造福人民”的环保工作方针；三是审议通过了中国第一个环保文件《关于保护和改善环境的若干规定》，后经国务院批转全国。

2.《关于保护和改善环境的若干规定》

《关于保护和改善环境的若干规定》共分 10 个方面：①做好全面规划；②工业合理布局；③改善老城市的环境；④大搞综合利用，除害兴利；⑤加强对土壤和植物的保护；⑥加强水域和海域的管理；⑦植树造林、绿化祖国；⑧认真开展环境监测工作；⑨大力开展环境保护的科学研究工作，做好宣传教育；⑩安排落实环境保护所必需的投资、设备和材料。

国务院在批转国家计委《关于全国环境保护会议情况的报告的通知》中强调，保护和改善环境，是关系到人民健康和为子孙万代造福的大事，关系到巩固工农联盟和多快好省地发展工农业生产的大事，要把这项工作提到路线的高度，认真对待。《通知》说，我国是一个发展中的社会主义国家，工业化各项事业都要有很大的发展。过去由于对“三废”的危害性认识不足，缺乏经验，一些地区已经出现了环境污染问题。现在就抓，为时不晚。《通知》要求各地必须把保护和改善环境的工作列入重要议事日程，认真抓起来。

3. 环境保护机构的设立

在环保机构成立之前，国家计委和官厅水库水资源保护领导小组和黄河、淮河、长江、松花江、珠江、太湖等水系保护领导小组实际上发挥着一定的环境管理职能。但是，这种代办式的非专职机构越来越不适应工作需要。1974 年 4 月，国家计委向国务院建议成立国务院环境保护领导小组，经李先念副总理和周恩来总理批准，1974 年 10 月 25 日，国务院环境保护领导小组正式成立。余秋里任组长，谷牧任副组长，下设办公室负责日常工作。从此，中国当代环保事业有了第一个环保机构。领导小组成立当天，讨论通过了《国务院环境保护机构及有关部门的环境保护职责范围的工作要点》和《环境保护规划要点和主要措施》。领导小组的主要职责是：负责制定环保方针、政策和规定；审定全国环保规划；组织协调和督促检查各地区、各部门的环保工作。《环保规划要点》包括水系、企业、城市、农药、食品、科研、监测 7 个方面，主要措施为 3 条：把住建设关、改造老企业、加强管理。

（二）起步阶段中国环境问题的主要表现

1. 工业盲目发展，城市布局混乱，环境急剧恶化

1958 年“大跃进”时期的工业布局混乱还只是在部分城市的部分地区，而 20 世纪 70 年代的布局混乱却发展到几乎所有的大中城市。三年“大跃进”时期的混乱布局在“调整”阶段很快被制止了，而此时的混乱布局一直在无阻挡地发展，积重难返。一些城市每月每平方千米的降尘量为 100～400 t，局部地区甚至高达上千吨。据 44 个城市地下水调查结果，有 41 个受污染，其中 9 个严重污染。

2. 生态破坏日益加剧

新中国成立初期全国水土流失面积为 116 万 km^2，到 20 世纪 70 年代扩展为 153 万 km^2，约占国土面积的 1/6，每年冲走的泥土达 50 亿 t，相当于全国耕地 1 cm 厚的土层，由此损失的氮、磷、钾元素，等于当时全国 1 年的化肥产量。黄土高原水土流失面积占该地区总面积的 80%，长江水土流失面积占流域总面积的 20%，水土流失淤积了全国水库总容量（4 000 多亿 m^3）的 1/4。洞庭湖的面积比 1954 年减少了 30%。滥伐林木、超载放牧、围湖造田等降低了自然生态调节功能，导致水、旱、风灾频繁。据统计，从 1950 年到 1958 年，全国受灾面积不到 2 000 万 hm^2，而从 1972 年到 70 年代末，全国受灾面积达 3 330 万 hm^2。海南岛的热带雨林，20 年被砍了近 3/4，1978 年一场大旱，大部分河流断流，水库干涸。全国草原面积近 3 亿 hm^2，其中 5 130 万 hm^2 已经退化，草原平均产量 70 年代末比 50 年代下降了 1/3～1/2。全国受农药污染的农田达 1 300 万～1 600 万 hm^2，污染粮食 400 亿 kg 以上。受工业“三废”污染的农田和牧区面积达 330 万 hm^2，受镉污染的土地有 13 300 hm^2。全国有 12 000 km 的河段污染，水质达不到农业灌溉标准。

3. 人口剧增对环境带来巨大冲击和压力

紧接着是新中国成立后第二个人口增长高峰期（1962—1973年），在1973—1978年间又新增人口近2亿，到1978年中国已近10亿人。原本人多地少的状况，随着人口急剧增长、人均耕地不断减少，迫使人们更高强度地使用土地、不合理地开发土地。同时，住房、道路、城市、工业、乡镇建设又不断挤占这些有限的土地；城乡急剧增加的人口对森林、草原、矿产资源、水资源、能源供给、环境质量等都带来巨大的冲击和压力。

（三）起步阶段的环境保护工作

第一次全国环保会议之后，尤其是1974年国务院环保领导小组成立之后，各地各部门也陆续建立起环境管理机构和科研监测机构，一批管理干部和科技人员陆续被调到环保岗位。他们一面学习，一面工作，在当时极为困难的条件下，从事起步时期的创业工作。

1. 着手全国重点区域污染源调查和污染防治

（1）北京西郊环境质量评价研究。为解决在“先生产、后生活”思想指导下盲目发展的后遗症，摸清西郊重工业密集地区的污染情况，为老城改造和新区建设提供科学依据，1973年全国第一次做了此项评价。具体做法：一是筛选出主要污染源和污染物；二是通过单项评价和综合评价，评定污染程度；三是提出环境质量指数与流行病调查资料，进行污染与健康的相关性研究；四是在监测的基础上建立数学模型，指导区域环境规划和预测。本项研究为全国环境质量评价积累了经验。

（2）蓟运河污染和白洋淀污染调查。蓟运河是20世纪70年代初突出的重污染河段之一，久已沦为两岸工厂的下水道。天津化工厂和汉沽地区等 11 家工厂每天向其排入工业污水 145 万 t，含大量的酸、碱、汞、氯、苯、酚等有害物质。国家计委请京、津和有关部门及科学院参与，在调查基础上提出 4 项措施并获国务院批准。白洋淀是在李先念副总理于 1974 年批示后，由 9 个部门联合去调查的，也提出了治理措施。

(3) 湖北鸭儿湖和渤海、黄海污染调查。1977 年，国务院环保领导小组组织沿海的辽宁、河北、山东、天津及国家海洋局、中国科学院等单位调查，确定每天排入渤海的工业废水达 760 多万 t，每年有 40 多 t 汞、4 000 多 t 砷、60 多 t 镉、700 多 t 铅排入，其中尤以石油污染为重。南黄海也以石油污染为主，其北部海域多年有长达 500 km 的原油油块，1973 年漂油范围为 8 600 km^2，1975 年扩大到 14 400 km^2。自 20 世纪 60 年代以来，渤海、南黄海的水产资源明显减退，鱼产量急剧下降，有的鱼种已近绝迹，海产品常有怪味，养殖场被迫荒废。为此，1977 年成立渤黄海治理领导小组，并在国务院环保办内设立渤黄海治理领导小组办公室，作为日常办事机构。

2. 制定环境保护长远规划与年度计划

自 1974 年国务院环境保护领导小组成立起，连续 3 年对环境保护规划的制定加强指导。

(1) 1974 年的《环境保护规划要点》。这是国环办 1 号文，涉及水系、企业、城市、农药、食品、科研、监测 7 个当时认为最紧迫的重要方面的规定。

(2) 1975 年的《关于环境保护的 10 年规划意见》。文件中表达了当时的愿望和认识，“10 年内基本解决环境污染问题，是一项重大的任务，要努力实现。当前的污染，主要是工矿企业不适当地排放“三废”造成的。解决的办法，第一，对现有工矿企业的污染进行积极治理，逐步消除；第二，新建、扩建、改建的工业项目，要同时采取防治措施，不再造成新的污染；第三，按照环境保护的要求，注意工业的合理布局。要求各地区、各部门把环境保护纳入到长远规划和年度计划中去，作为国民经济计划的一个组成部分，改变环境保护纳不进计划、排不上队的状况，并切实加强对环境保护工作的领导。”

（3）1976 年的《关于编制环境保护长远规划的通知》。《通知》要求，按照 5 年内控制、10 年内基本解决环境污染问题的要求，“五五”期间实现 3 项目标：一是企业排放达标；二是京、津、沪等 18 个环境保护重点城市，要大力消除污染，做出显著成绩；三是渤海、长江、黄河、淮河、松花江、鸭绿江、珠江等水系和主要港口的污染要得到控制，水质有所改善。该《通知》首次明确了 3 条资金渠道：一是“三废”治理工程投资随主体工程在建设项目中安排；二是现有企业治理污染所需资金在“固定资产更新和技术改造资金”中解决。工程量大、费用多的项目，应分别纳入各部门、各地区的基建计划或城市建设费用；三是凡属“三不管”的污染治理项目和事情，在国家“五五”规划已分配给各省、市、区的环保补助投资中解决。

连续 3 个规划文件的下发，所提目标反映了当时急于治理污染的决心和良好愿望，但低估了环境问题的复杂艰巨性，目标未能如期实现。

3. 开展以“三废”治理和综合利用为主的污染防治

（1）《关于治理工业“三废”，开展综合利用的几项规定》。1977 年 4 月，由国家计委、国家建委、财政部和国务院环境保护领导小组联合下发，包括 12 个方面。

（2）《工业“三废”排放试行标准》。这是中国第一个环境保护标准，1973 年 11 月由国家计委、国家建委、卫生部联合批准。它是一种浓度控制标准，对企业未提总量要求。

4.“三同时”制度的形成与执行

“三同时”制度要求一切企业、事业单位在进行新建、改建、扩建时，其中的污染防治设施必须与主体工程同时设计、同时施工、同时投产。这是中国最早出台的一项环境管理制度，同环境影响评价制度相辅相成，是防治新污染的两大措施。1972 年 6 月，在国务院批转《国家计委关于官厅水库污染情况和解决意见的报告》中第一次提出了“工厂建设和‘三废’利用工程要同时设计、同时施工、同时投产”的要求。1973 年 11 月，国务院批转《关于保护和改善环境的若干规定（试行草案)》中也有“三同时”规定，并要求“正在建设的企业没有采取防治措施的，必须补上。各级主管部门要会同环境保护和卫生等部门，认真审查设计，做好竣工验收，严格把关”。但在 1979 年《中华人民共和国环境保护法（试行)》颁布之前，大中型项目“三同时”实际执行率不到 44%。

5. 中国第一批限期治理项目

1973 年 8 月，在国家计委上报国务院的《关于全国环境保护会议情况的报告》中提出：对污染严重的城镇、工矿企业、江河湖泊和海湾，要一个一个地提出具体措施，限期治理好。从此，“限期治理”这项措施开始在环保工作中发挥影响，各地以不同形式运用限期治理手段防治污染。但在“四人帮”干扰破坏的政治气氛下，很多重大污染问题当时未能得到应有解决，特别是对人体危害严重且有蓄积作用的重金属和高浓度有机污染物仍然有增无减。粉碎“四人帮”后，国家计委、国家经委、国务院环保领导小组提出了一批名单，于 1978 年 10 月以“两委一组”的名义正式下达限期治理通知。主要涉及冶金、石油、轻工、纺织、建材、五机部等 7 个部门、167 个企业、227 个重点项目。截至 1985 年，除少数项目撤销外，大部分均已完成，总投资近

10 亿元。经过限期治理，重金属污染得到明显控制。其间，各省区市也相继下达了多批限期治理项目，总数达 12 万项之多。

（四）中国环保事业迎来新曙光

1976 年 10 月，粉碎了“四人帮”，“文革”十年浩劫得以终结。1978 年 10 月，中共中央召开十一届三中全会，开始全面纠正“文革”及以前的“左倾”错误，作出了把工作重点转移到社会主义现代化建设上的战略决策，这一伟大历史性转折把环保事业也推向了新时期。

1. 环境保护首次纳入我国《宪法》

1978 年 2 月，五届全国人大一次会议通过了新《宪法》，规定：“国家保护和改善生活环境和生态环境，防治污染和其他公害。”这是新中国历史上第一次对环境保护作出的明确规定，为环境法制建设和环保事业发展奠定了基础。

2. 中共中央批转《环境保护工作汇报要点》

1978 年 12 月 31 日，中共中央批转了国务院环境保护领导小组的《环境保护工作汇报要点》，指出：“我国环境污染在发展，有些地方达到了严重的程度，影响广大人民劳动、工作、学习和生活，危害人民群众健康和工农业生产的发展，群众反映强烈。”“消除污染，保护环境，是进行社会主义建设、实现四个现代化的一个重要组成部分……我们绝不能走先建设、后治理的弯路。我们要在建设的同时就解决环境污染的问题。”这是历史上第一次以中共中央名义对环保工作做出指示，引起了各级党组织的重视，是巨大的推动。

三、改革开放时期环境保护事业的发展与环境政策的形成（1979—2009年）

（一）不断提升环境保护的战略地位

1. 环境保护基本国策的确立

1979年9月，五届全国人大十一次常委会通过的《中华人民共和国环境保护法（试行）》，规定："国务院所属各部门、地方各级人民政府必须切实做好环境保护工作，在制订国民经济计划的时候，必须对环境的保护和改善统筹安排，并认真组织实施。"1981年4月，国务院《关于在国民经济调整时期加强环境保护工作的决定》强调，"管理好我国的环境，合理地开发利用自然资源，是现代化建设的一项基本任务。"

为了总结10多年来环保事业的经验教训，确定今后的目标、方针和措施，国务院于1983年12月31日至1984年1月7日召开了第二次全国环境保护会议，时任副总理的李鹏代表国务院宣布，环境保护是中国现代化建设中的一项战略任务，是一项基本国策。李鹏说："如果我们现在不注意，不抓紧环境保护工作，到本世纪末，我国的环境污染和生态破坏的状况也许会像今天的人口问题一样，成为非常难以解决的问题。"[7]曲格平局长对于国策曾做过如下阐述："所谓国策，就是立国之策，治国之策。只有那些对国家经济建设、社会发展和人民生活具有全局性、长期性和决定性影响的谋略和策略，才可称为国策。"今年9月，李鹏在回顾这段历史时说，"提出环境保护是我国现代化建设的一项战略任务，是一项基本国策。这样，摆正了环境保护在现代化建设中的位置，对搞好环境保护工作才能正确地对待，有统一的思想基础。"[8]曲格平回忆说："虽然在征询意见时，对'环境保护是一项基本国策’有很大争议，但由于有理有据，国务院赞成这个建议。回头看看 30 多年的实践，也证明环境保护国策地位的确立是完全必要和正确的。”[9]

2. 国务院环境保护委员会的成立

1984 年 5 月，正当国家大力清理撤销非常设机构时，国务院根据形势发展和工作需要，把环保作为特例，决定成立国务院环境保护委员会。环委会主要任务是研究审定有关环境保护的方针、政策，提出规划要求，领导、组织和协调全国环保工作，由时任副总理的李鹏兼任环委会主任。他回忆说：“环委会如何开展工作？一要抓重点，二要加强环境管理，三要干实事。一个季度开一次会，研究决定一些重大问题，总结检查工作，使工作不断落到实处。我主持国务院环委会工作 4 年期间，坚持从环境保护的实际出发，突出重点，针对当时环境保护工作中的一些重大问题，做出 20 项政策规定，先后就防治煤烟型污染、加强乡镇企业环境管理、引滦入津水质保护、特区和经济开放地区环境管理、城市环境综合整治、建设项目环境管理、防治水污染、自然环境和资源保护、环境保护计划、污染治理资金等重大问题，组织调研、讨论和审议，制定政策，做出决定。”“从 1985 年开始，在全国各省、市、县连续安排了办实事的计划。1985—1987 年的 3 年中，各地共办环境保护实事 4 700 多件，更新改造近 4 万台锅炉，建设了 600 多个烟尘控制区，整治了 340 多条河流、河段和湖泊，取得明显的经济、社会和环境效益，受到人民群众的好评。一位曾参与了这段工作的同志对我说，国家环保局的规格虽不高，但凭借国务院环委会这个平台，监督管理工作做得有声有色，这是特别值得怀念的一段历史。”[10]

3. 强化环境监督管理

1989 年，国务院召开第三次全国环境保护会议，重点是强化环境管理，在全国推行“老三项”、“新五项”政策措施。同年，《中华人民共和国环境保护法》经10年试行后修订并重新颁布，加强了法律基础。1990年，国务院发布《关于进一步加强环境保护工作的决定》。1993年，在第二次全国工业污染防治会议上，提出了“三个转变”（从“末端治理”向全过程控制转变，从单纯浓度控制向浓度与总量控制相结合转变，从分散治理向分散与集中治理相结合转变）。

为了强化环境管理，国家环保机构在35年间逐步提升。起先是国务院下属的非常设机构（国务院环保领导小组办公室，1973年）；9年后在城乡建设环境保护部下设立环境保护局（1982年，局级）；2年后成立国务院环境保护委员会，城建环保部管的环保局改为国家环保局，作为国务院环委会的办事机构（1984年）；4年后国家环保局升格为国务院直属机构（1988年，副部级）；10年后升格为总局（1998年，正部级）；再10年变成环境保护部（2008年，国务院成员单位）。

各级人大也不断加强对环保工作的领导。原八届全国人大常委会副委员长王丙乾说，“我一直认为，环境保护只有走向法治，才能提高到一个新的水平。1993年，第八届全国人大第一次会议决定设立全国人大环境保护委员会，次年更名为环境与资源保护委员会。当时为什么在多个要求建立的专门委员会中，中央只同意设立环境保护委员会呢？就是因为它是一项关系全局的重大问题，人大和政府都要加强领导，下大力气抓，否则，就为时太晚了。环资委建立后的实践证明，建立这个机构是完全必要的。他们抓了执法监督，推动了政府部门依法对环境和资源的管理；他们抓了‘中华环保世纪行’，揭露矛盾，宣传环保，提高了人们的环境意识和法制观念；他们同时也在抓立法工作，初步建立起环境法律的框架体系。”[11]

（二）环境法律法规与管理制度的不断完善

经过几十年的努力，中国主要的环境法律法规已逐步建立与完善。

截至2008年5月，制定环境保护法9部、自然保护法15部、环保行政法规50余项、部门规章和规范性文件近200件、军队环保法规和规章10余件；修订后的《刑法》增加了“破坏环境资源保护罪”和“环境监管渎职罪”的规定；批准和签署多边国际环境条约50余项；各地人大制定的环境法规和地方政府制定的规章1 600余件；制定国家环境标准630多项。从1981年到2005年的25年间，国务院为加强环保工作，先后发布了5个《决定》，这在国务院各部门中是相当罕见的（表2）。从表2可以明显地看出，中国环境政策从初期着重于强化环境行政管理机构和完善环境法律法规，努力加强环境管理，随后则越来越突出经济与环保的协调和“双赢”。

表2 联合国和中国有关环境保护的重大决策与行动

年份	重大决策与行动
1972	• 联合国人类环境会议（UNCHE）在斯德哥尔摩召开 • 国务院批转《关于官厅水库污染情况的报告》，成立“官厅水库水资源保护领导小组”
1973	• 国务院召开第一次全国环境保护会议 • 国务院批转国家计委《关于保护和改善环境的若干规定》 • 国家计委、国家建委、卫生部批准颁布中国第一个环境标准——《工业“三废”排放试行标准》
1974	• 国务院环境保护领导小组成立
1975	• 国务院环境保护领导小组将《关于环境保护的10年规划意见》和具体要求印发各省、市、自治区和国务院各部门参照执行
1979	•《中华人民共和国环境保护法（试行）》颁布
1981	• 国务院发布《关于在国民经济调整时期加强环境保护工作的决定》
1982	•《中华人民共和国宪法》首次明确规定“国家保护和改善生活环境和生态环境，防治污染和其他公害”、“国家保障自然资源的合理利用，保护珍贵的动物和植物，禁止任何组织或个人用任何手段侵占或者破坏自然资源” •《中华人民共和国海洋环境保护法》颁布 •《中华人民共和国文物保护法》颁布 • 在城乡建设环境保护部下，设立环境保护局 • 国务院发布《征收排污费暂行办法》 •《国民经济和社会发展第六个五年计划》将“加强环境保护，制止环境污染的进一步发展，并使一些重点地区的环境状况有所改善”列为10项基本任务之一，还为环境保护专设一章

年份	重大决策与行动
1983	• 国务院召开第二次全国环境保护会议，宣布“环境保护是中国的一项基本国策” • 国务院发布《关于结合技术改造防治工业污染的几项规定》 • 国务院发布《关于严格保护珍贵稀有野生动物的通知》
1984	• 国务院发布《关于环境保护工作的决定》，成立国务院环境保护委员会，各省、市、县相应成立 •《中华人民共和国水污染防治法》颁布 •《中华人民共和国森林法》颁布 • 国务院发布《关于加强乡镇街道企业环境管理的决定》 • 设立国家环境保护局，归城乡建设环境保护部领导，也是国务院环境保护委员会的办事机构
1986	•《中华人民共和国矿产资源法》颁布 •《中华人民共和国土地管理法》颁布 • 国家环境保护局首次发布环境统计数据——1985 年环境统计公报，决定今后每年公布一次
1987	•《中华人民共和国大气污染防治法》颁布
1988	•《中华人民共和国野生动物保护法》颁布 •《中华人民共和国城乡规划法》颁布 • 国家环境保护局（NEPA）升格为副部级的国务院直属机构
1989	• 国务院召开第三次全国环境保护会议，强化环境管理，推行“老三项”、“新五项”政策措施 •《中华人民共和国环境保护法》经过 10 年试行后修订并重新颁布
1990	• 国务院发布《关于进一步加强环境保护工作的决定》
1991	•《中华人民共和国水土保持法》颁布
1992	• 联合国环境与发展会议（UNCED）在里约热内卢召开 •《中国环境与发展十大对策》宣布中国要实施可持续发展战略，确定了 10 方面的重大政策
1993	• 在第二次全国工业污染防治会议上，提出了“三个转变”（从“末端治理”向全过程控制转变，从单纯浓度控制向浓度与总量控制相结合转变，从分散治理向分散与集中治理相结合转变） • 国务院发布《核电厂核事故应急管理条例》
1994	•《中国 21 世纪议程》发布 • 国务院发布《中华人民共和国自然保护区条例》

年份	重大决策与行动
1995	•《中共中央建议》提出，实施两个根本性转变（经济体制从计划经济转变为社会主义市场经济，经济增长方式从粗放型转为集约型） • 国务院发布《淮河流域水污染防治暂行条例》 •《中华人民共和国固体废物污染环境防治法》颁布 •《中华人民共和国草原法》颁布 • 国家环保局和农业部联合进行“全国乡镇企业污染情况调查”
1996	• 国务院召开第四次全国环境保护会议，发布《关于环境保护若干问题的决定》，要求排放污染物的企业限期达到国家标准，并在全国实施“总量控制”和“绿色工程”两大举措 •《中华人民共和国环境噪声污染防治法》颁布 •《中华人民共和国矿产资源法》修订并重新颁布 • 国务院发布《野生动物保护条例》 • 国家环保局、中共中央宣传部、国家教委联合发布《全国环境宣传教育行动纲要（1996—2010）》
1997	• 中共中央召开基本国策座谈会，中央与地方领导人讨论人口、资源与环境问题，成为一项制度 • 国务院发布《关于加强土地管理切实保护耕地的通知》 •《中华人民共和国节约能源法》颁布 • 国务院发布《全国草地建设规划》
1998	• 国家环保局升格为正部级的国家环保总局（SEPA） • 国务院批准发布《全国酸雨控制区和二氧化硫污染控制区划分方案》 •《中华人民共和国森林法》修订并重新颁布 •《中华人民共和国土地管理法》修订并重新颁布 • 国务院发布《全国生态环境建设规划》 • 国务院发布《关于进一步加强自然保护区管理工作的通知》 • 国务院发布《关于保护森林资源制止毁林开垦和乱占林地的通知》 • 国务院发布《关于限期停止生产销售使用含铅汽油的通知》 • 国务院发布《建设项目环境保护管理条例》
1999	•《中华人民共和国海洋环境保护法》修订并重新颁布 •《关于加大污水处理费的征收力度建立城市污水排放和集中处理良性运行机制的通知》

年份	重大决策与行动
2000	•《中华人民共和国大气污染防治法》第二次修订并重新颁布 •《中华人民共和国渔业法》颁布 • 国务院发布《关于加强城市供水节水和水污染防治工作的通知》 • 国务院发布《全国生态环境保护纲要》 • 国务院发布《关于禁止采集和销售发菜制止滥挖甘草和麻黄草有关问题的通知》 •《当前国家鼓励发展的环保产业设备（产品）目录》（第一批）公布 •《中国湿地保护行动计划》 • 西部大开发强调加强基础设施建设与生态保护
2001	•《中华人民共和国海域使用管理法》颁布 • 国务院发布《农业转基因生物安全管理条例》 • 国务院等有关部门发布《报废汽车回收管理办法》 • 国家环保总局发布《畜禽养殖污染防治管理办法》 • 国家环保总局发布《建设项目竣工环境保护验收管理办法》 • 国家环保总局发布《淮河和太湖流域排放重点水污染物许可证管理办法（试行）》
2002	• 世界可持续发展首脑会议（WSSD）在约翰内斯堡召开，提出“水、健康、能源、农业、生物多样性”为5个重点 • 国务院召开第五次全国环境保护会议 •《中华人民共和国荒漠化防治法》颁布 •《中华人民共和国草原法》修订并重新颁布 •《中华人民共和国水法》修订并重新颁布 •《中华人民共和国文物保护法》修订并重新颁布 • 国务院发布《排污费征收使用管理条例》 • 国务院发布《危险化学品安全管理条例》 • 国务院发布《退耕还林条例》 • 进行中西部地区生态环境状况调查
2003	•《中华人民共和国清洁生产促进法》颁布 •《中华人民共和国环境影响评价法》颁布 •《中华人民共和国放射性污染防治法》颁布 • 国务院发布《排污费征收使用管理条例》 • 国务院发布《医疗废物管理条例》 • 国家环保总局发布《专项规划环境影响报告书审查办法》

年份	重大决策与行动
2004	•《中华人民共和国行政许可法》颁布 •《中华人民共和国种子法》颁布 •《中华人民共和国固体废物污染环境防治法》修订并重新颁布 •《中华人民共和国渔业法》修订并重新颁布 •《中华人民共和国土地管理法》修订并重新颁布 •《中华人民共和国野生动物保护法》修订并重新颁布 •《全国生态功能区划》 • 国务院有关部门联合发布《危险废物经营许可证管理办法》 • 国家环保总局发布《环境保护行政许可听证暂行办法》 • 国家环保总局和国家统计局联合组织开展"关于绿色 GDP 的研究"
2005	•《中华人民共和国可再生能源法》颁布 • 国务院发布《关于落实科学发展观加强环境保护的决定》 • 国务院发布实施《促进产业结构调整暂行规定》 • 国家环保总局发布《废弃危险化学品污染环境防治办法》 • 中共十六届五中全会首次提出加快建设"两型社会" • 国家发改委、国家能源领导小组办公室和国家统计局联合印发《关于建立 GDP 能耗指标公报制度的通知》 • 中国和联合国环境规划署共同举办中非环保合作会议，并在刚果（布）援建了联合国环境规划署中国非洲环境合作中心
2006	• 国家环保总局发布《环境影响评价公众参与暂行办法》 • 监察部和国家环保总局联合发布《环境保护违法违纪行为处分暂行规定》 • 国家统计局印发《关于建立单位 GDP 能耗等相关指标报送制度和修订能源统计报表制度的通知》 • 国务院召开第六次全国环境保护会议，提出做好新形势下的环保工作，加快实现"三个转变" • 国家环保总局和国家统计局联合发布《中国绿色 GDP 2004》 •《环境影响评价公众参与暂行办法》实施
2007	• 中共十七大政治报告提出"建设生态文明" •《应对气候变化国家方案》发布 • 国家环保总局发布《环境信息公开办法（试行)》从 2008 年 5 月 1 日起施行
2008	• 十一届全国人大一次会议决定组建环境保护部，加大环境改革、规划和重大问题统筹协调力度 • 国务院发出"限塑令"，于 6 月 1 日起正式实施 •《水污染防治法》修订通过 •《循环经济促进法》通过 •《中国应对气候变化的政策与行动》白皮书发布
2009	• 全国污染源普查 •《规划环境影响评价条例》发布施行 •《放射性物品运输安全管理条例》发布，自 2010 年 1 月 1 日施行

资源来源：根据《中国环境保护行政二十年》[12]、历年《中国环境年鉴》[13]和中国政府网站资料[14]整理。

（三）工业化与城市化发展阶段环境保护同环境破坏的艰难博弈

环境污染与生态破坏带来巨大的经济损失。表 3 列举了有关中国的一些研究结果。世界银行 1997 年研究报告指出[15]，1995 年中国以大气污染为主的损失约占当年 GDP 的 7.7%。它建议中国大大增加污染控制投资，最好能占到 GDP 的 2%。10 年后，世界银行新的研究报告估算，中国 2003 年因大气和水污染造成的健康与物质损失占当年 GDP 的 5.78%。

表 3　关于中国环境问题经济损失的几项主要研究结果的比较

承担研究的单位或作者	研究基准年	环境污染损失		生态破坏损失		环境问题总损失	
		亿元	占 GDP/%	亿元	占 GDP/%	亿元	占 GDP/%
过孝民、张惠勤	1983	381.55	6.75	497.52	8.9	883.08	15.6
金鉴明等	1985			1 039.5	12.47		
美国东西方研究中心	1990	367	2.1	952.5	5.4	1 325	7.5
国家环保局政策研究中心	1992	1 096.5	4.5				
联合国大学及中国合作者	1993	1820	5.3				
中国社科院环发研究中心	1993	1 085.1	3.16	2 360.5	6.87	3 445.6	10.03
世界银行	1995	4 430	7.7				
中国环境与发展国际合作委员会	1999	971.44 亿美元	9.7				
世界银行	2003	7 810	5.78				
国家环保总局、国家统计局	2004	5 118	3.05				

资料来源：根据徐嵩龄，1998[16]；Fu-Chen Luo et al.，1999[17]；CCICED，2002[18]；国家环保总局、国家统计局[19]；世界银行[20]等资料整理。

（四）环境外交与环境保护参与综合决策

1987 年，联合国报告《我们共同的未来》一发表，中国便翻译出版。围绕保护臭氧层、应对气候变化、保护生物多样性等公约谈判和 1992 年联合国环境与发展会议的准备与召开，中国积极参与环境外交，维护发展中国家的权益。环发大会结束不到两个月，《中国环境与发展十大对策》发表[21]，提出了 10 个方面的政策，宣布要实施可持续发展战略。1994 年，《中国 21 世纪议程》公布[22]，这是全球第一部国家级的《21 世纪议程》。1995 年，中国确定“实施两个根本性转变”（经济体制与经济增长方式），开始了对污染严重的淮河流域的治理。1996 年，随着“九五”计划的实施，国务院召开第四次全国环境保护会议，发布《关于环境保护若干问题的决定》，要求排放污染物的企业限期达到国家标准，并在全国实施“总量控制”和“绿色工程”两大举措，力求基本控制住环境恶化加剧的趋势[23]。自 1997 年起的每年 3 月，中央召开基本国策座谈会，中共中央、国务院、各省区市和各部门的负责人汇聚一堂，集中讨论人口、资源与环境问题，明确对策，这已成为一项制度。

（五）落实科学发展观与建设生态文明

2005 年 12 月，国务院先后发布了《促进产业结构调整暂行规定》[24] 和《关于落实科学发展观加强环境保护的决定》[25]（以下简称《决定》）。《决定》是一个系统创新、全面推进、重点突破的环境保护攻坚时期的纲领性文件，总共 32 条，9 600 余字；内容具体，要求很严。《决定》明确，“环保总局要会同监察部监督检查本决定的贯彻执行情况，每年向国务院作出报告。”即动用国家行政督察的强制力量，以确保《决定》实施。其中引人注目之处有：（1）强调环境形势严峻的状况仍然没有改变，未来 15 年人口将继续增加，经济总量将再翻两番，资源、能源消耗持续增长，环境保护面临的压力越来越大。要把环境保护摆上更加重要的战略位置，用科学发展观统领环境保护工作，痛下决心解决环境问题。(2) 强调要“在发展中解决环境问题”。积极推进经济结构调整和经济增长方式的根本性转变，切实改变“先污染后治理、边治理边破坏”的状况。(3) 切实解决 7 项突出的环境问题。其中，饮水安全和重点流域治理排在第一位。(4) 通过认真评估环境立法和各地执法情况，完善环境法律法规，加大对违法行为的处罚，重点解决“违法成本低、守法成本高”的问题。(5) 运用市场机制推进污染治理，建立健全有利于环保的价格、税收、信贷、贸易、土地和政府采购等政策体系。(6) 完善生态补偿政策，尽快建立生态补偿机制。中央和地方财政转移支付应考虑生态补偿因素，国家和地方可分别开展生态补偿试点。(7) 促进地区经济与环境协调发展，大力发展循环经济。(8) 强化环保科技基础平台建设，将重大环保科研项目优先列入国家科技计划，并把环境与健康作为攻关新方向。

原中共中央政治局委员、九届人大副委员长姜春云说：“党中央确立的科学发展观，是马克思主义发展理论的重大发展，是对人与自然、发展与环境资源关系认识的深化和飞跃，是实现可持续发展、又好又快发展的行动准则和根本保障。由于科学发展观深刻揭示了经济、社会发展与资源、环境之间的客观规律，对发展的核心、要义、内涵及其相互关系做了科学界定和统筹联结，故一经实践便会产生出乎意料的良好效果。全国环保模范城市、生态市和环境优美乡镇的涌现（目前全国已有 67 个生态环境模范城市，11 个生态县、区，629 个环境优美乡镇，24 个国家级生态村），一些焕发青春活力、‘绝路逢生’的资源枯竭城市转型的成功例证（全国确定的 44 个资源枯竭城市，已有相当一部分通过转变发展方式而‘枯木逢春’，如焦作、鹤壁、阜新、大庆、伊春和皖北煤电集团祁东煤矿等），都充分说明树立和落实科学发展观，是走出生态环境恶化困局、实现可持续发展的必由之路。”[26]

随着工业化、城镇化和新农村建设进程的加快，经济社会发展与资源环境约束的矛盾越来越突出，环境形势十分严峻，环境压力继续加大。环保问题已成为影响和制约现代化建设全局的一个关键问题。主动有效地破解这一难题，唯一正确选择就是大力建设生态文明。生态文明既是理想的境界，也是现实的目标。积极建设生态文明，努力促进人与自然和谐，是推进环境保护历史性转变的目标指向。改革开放 30 年是中国环保事业大发展的 30 年，也是不懈探索中国特色环保新道路的 30 年，既有成功的经验，也有沉痛的教训。探索中国环境保护新道路，本质上就是推动生态文明建设。

当前，中国环境保护将从 4 方面加大努力：（1）大力发展绿色经济和绿色产业；（2）毫不松懈地推进主要污染物减排；（3）充分发挥环评制度的宏观调控作用；（4）切实解决城镇环境问题。2009 年《规划环境影响评价条例》的发布施行，又是一大进步。因为单个项目的环评实际上处于决策的末端，而规划环评的意义在于能在项目决策的前端就把好环境关。2002 年的《环境影响评价法》虽然对规划环评有了规定，但一直处于试点中。根据新条例，几乎所有政府及部门编制的规划都要受规划环评条例的规范。长远看，该条例对政府各部门规划制定权力的分配具有重要规范作用，当环境因素成为规划制定过程中的重要环节，它将是一层有力的制度保障。形势要求提高环境准入门槛，严格控制“两高一资”建设项目。2008 年，国家环保部对总投资 4 737 亿元的 156 个“两高一资”项目不予受理、审批或暂缓审批。此外，到 2008 年年底，中国投资 1 000 多亿元建成 3.63 亿 kW 燃煤脱硫装机容量，成为全球脱硫装机规模最大国；投资 2 000 多亿元建成 1 550 多座污水处理厂，日处理规模 8 600 万 t，是世界上污水处理规模第二大的国家[27]。联合国环境规划署 6 月 3 日发布的《2009 年全球可持续能源投资趋势报告》显示，中国在 2008 年的绿色能源投资超过 156 亿美元，比 2007 年上升 18%，其中投资最活跃的仍然是风能发电和生物燃料项目。中国已跃居成为世界第二大风能市场，同时还是世界上最大的太阳能光伏设备制造者。

四、中国环境政策的特点[28]

在中国环保起步阶段，有一位地方环保局长曾直言不讳地说："要想搞好环保，一要有权，二要有钱。"确实，在美国、日本等发达国家，公害出现之后，公众的环保运动风起云涌，机构、立法、资金、科技等很快就跟上了，问题也较快地解决了。而在中国这样的发展中国家，环保刚起步，要权没权，要钱没钱，甚至远比不上同样是基本国策之一的计划生育。而且，当时基本上都是国有企业，后来又有大批乡镇企业出现，对此，环境管理难度很大。中国环境政策十分注意汲取发达国家经验，密切结合中国国情，主要特点如下。

（一）充分运用命令-控制手段

公害往往都是由于产生污染的企业或其他建设项目事先没有对项目的环境影响审慎地进行评价并采取相应对策的后果。为此，中国引进了环境影响评价制度（一切建设项目在批准立项建设之前必须审查批准其环境影响报告），自主创造了"三同时"制度（污染防治设施要与生产主体工程同时设计、同时施工、同时投产使用），并把它们纳入 1979 年的《环境保护法（试行）》，用于防止新污染的发生。实践表明，这对多数企业是相当有效的，但对"后台"很硬的大企业和什么都不怕的乡镇企业，控制作用不大。因而，不得不加上"限期治理制度"（对污染严重、危害大的污染源，由各级政府下达限期治理的任务）和新闻媒介所称的"环保风暴"（通过执法检查，对违法企业实行"关、停、并、转"或补办手续，并处以罚款）。同时，为了增强环境执法机构的权威性和参与综合决策的可能性，不断提高环保机构的级别，逐步建立类似于美国联邦环保局及其 10 个分局和 50 个州的环保局这两套共存的系统，以加强监督和协调能力，避免地方政府的不当干预。

（二）努力筹集环境保护资金

中国环境保护搞了 30 多年，但很长一段时间内，在中央财政和地方财政中一直没有专门的环境污染控制资金科目。新项目的环保设施可以在基建投资中列支，老企业的污染治理投资则从何而来呢？为此，根据“污染者付费”原则，引进国外的排污收费制度。从排污收费汇集的资金中，起先是 80%返回给原来缴纳排污费的企业，作为治理污染投资的一部分；后来改为“污染治理专用资金”，企业可以借贷，有偿使用，视减排的成效而酌情减免偿还。应该说，这在当时资金奇缺的情况下，解决了一些紧迫的污染问题。但排污费收费标准偏低也会产生误导。由于“违法成本低，守法成本高”，有些污染企业宁愿交排污费也不去治理污染，从而使排污收费难以达到预期目的。排污收费中的 20% 按规定则可用于地方环保机构的能力建设。实际上，当时有些县级环保局工作人员从县里领不到工资，而只能从这 20%中开支。这又造成了有人指责环保局可能存在着“怪圈”的口实，即“污染治好了一排污费少收了一不想治污染”。1998 年之后，所有在编的人员费用都由国库开支，排污费的征收与使用也进行了改革，“怪圈”问题逐步解决了。在亚洲金融危机之后，中国加大了对于环保基础设施的投资。对于城市居民生活污水和垃圾的收费问题，从 1990 年起争论到新世纪才得以落实，而“环境税”迄今还在讨论中。对于排污收费标准过低以及如何充分用好各种经济手段等问题，仍有待进一步完善。

（三）明确谁应承担保护环境的责任

各级环保局作为各级政府的环境行政主管部门，如果未按法律授权行事，对于环境的统一监督管理不力，当然应该承担其监督管理不力的责任。但是，一个地方的环境质量好不好，应当由谁来负责呢？对此，1989 年全国人大审议《环境保护法（草案）》时曾有过争议。有人说，“大火烧毁森林，林业部要负责；同样，环境有问题，环保局要负责。”环保部门据理力争说，“森林由国家投资让林业部种植和养护，并由林业部领导的森林警察来看管。大火烧毁森林，林业部当然要负责。但是，污染是由国有企业造成的，其布局规划都是各级政府部门决定的，甚至连对于污染企业的搬迁和限期治理也都要由地方各级政府批准，环保局除了法律授予的统一监督管理权以外，什么手段都没有，怎么能为环境质量负责呢？”最后审议通过的《环境保护法》第 16 条是：“地方各级人民政府，应当对本辖区的环境质量负责，采取措施改善环境质量。”这就从法律上明确了责任。需要指出的是，乡镇政府也属于一级政府。在 1992 年的《中国环境与发展十大对策》中，又进一步指出：“我国实践表明，在经济发展水平较低、环境投入有限的情况下，健全管理机构，依法强化管理是控制环境污染和生态破坏的一项有效手段，也是具有中国特色的环境保护道路中一条成功的经验。发达国家‘经济靠市场、环保靠政府’的有益经验应该借鉴。在政府机构改革和经济体制改革中，环境保护作为政府的基本职能将更显突出。”“各级党政领导部门要支持环保管理部门依法行使监督权力，做到有法必依、执法必严、违法必究；继续积极推行各项行之有效的环境管理制度，全面加强环境管理。”只有明确了各级政府保护环境的责任后，才能确保环境管理的落实。“新五项”政策手段中的“环境保护目标责任制”、“城市环境综合整治定量考核”等制度，对于“绿色 GDP”的研究与试点，以及污染减排的问责制，也正是基于环保法的这项规定和国际社会的有益经验，以明确并督促各级政府负起责任。

（四）鼓励“防治结合”和“综合利用”

中国环境政策继承了历史上朴素的生态学原理和资源永续利用思

想，1973 年第一次全国环境保护会议所确定的环境保护“32 字方针”，即强调了规划布局、综合利用和群众路线等理念。实际上，做好规划布局、执行环境评价、“三同时”和“排污许可证”等制度，都是重要的“源头控制”，而不是被动的“末端治理”。至于 20 世纪 70 年代所说的“综合利用”同后来的“循环经济”、“资源节约型社会”也都是一脉相承的。这些政策在发达国家是有效的，在中国等发展中国家同样非常必要。只是在中国这样的教育水平、环境意识和法制观念相对较低的现状下，实行起来更为困难而已。中国环境政策反映在推动生态农业、可再生能源、清洁生产和循环经济等方面一直非常积极，先后颁布的《中国环境与发展十大对策》《节约能源法》《清洁生产促进法》和《可再生能源法》以及生态农业与生态工业园试点、绿色 GDP 试点和循环经济试点等，都充分表明了这一点。

（五）较早体现对外开放和国际合作

1972 年出席联合国人类环境会议的中国代表团带回了全球环境浪潮中的大量信息与资料，其中，《只有一个地球》等 10 本书随即被翻译出版而广为传播，有关的公害案例与环境政策更引起国务院的重视。尽管中国的改革开放政策是从 1979 年之后开始的，但在环保领域，可以说从 1972 年就开放了。此后，中国不断派团出访考察，联合国环境规划署、世界自然保护同盟等也相继来华交流，欧、美、日的经验教训与环境政策引起了中国的极大兴趣，“污染者付费”原则、环境影响评价、排污收费等重要政策也在那时很早都引进了。1979 年之后，环保领域的交流更为活跃，国外有什么好经验或新趋势，几乎很快就会引起中国的关注并进行试点。中国积极参与世界环境与发展委员会的活动，推动联合国环境与发展会议的筹备与召开，在此基础上，很快推出了《中国环境与发展十大对策》和《中国 21 世纪议程》。中国环境与发展国际合作委员会（CCICED，简称“国合会”）于 1992 年成立，这是国务院的国际性高级咨询机构，旨在就环境与发展的综合决策向中国政府提出建议，进一步加强国际合作与交流。国合会由 50 名左右的国内外委员组成，他们都是国内外的知名专家或高级官员。下设 10 个由等额的中外专家组成的工作组或课题组，就重大问题进行调查研究、政策示范和项目示范，提出政策建议。这些建议对于中国环境与发展的综合决策（如资源价格、自然保护、能源战略以及有关立法等）发挥了重要影响。分管环境事务的宋健国务委员、温家宝副总理、曾培炎副总理曾先后担任第一、二、三届国合会的主席，李克强副总理是现任第四届的主席。中国还同很多国家的政府、国际机构以及非政府组织开展环境领域的合作。

五、中国环境政策的演变

这些年来，中国环境政策经历了五大变化[29]：（1）地位从基本国策到可持续发展战略；（2）重点从偏重污染控制到污染控制与生态保护并重；（3）方法从末端治理到源头控制；（4）范围从点源治理到流域与区域环境的治理；（5）管理从以行政命令为主导到以法律与经济手段为主导多种手段综合管理。

（一）地位从基本国策到可持续发展战略

1983 年，国务院宣布环境保护是两项基本国策之一，强调了环境同人口一样是中国的紧迫问题。9 年后，《中国环境与发展十大对策》宣布，实施可持续发展战略。1994 年《中国 21 世纪议程》发布后，各部门与各地方也纷纷制定本部门、本地方的《21 世纪议程》，并分别从计划、法规、政策、传播、公众参与等不同方面推动实施。1996 年，“九五”计划将可持续发展同科教兴国并列为两项基本战略。从国家各部门到地方省市县，都以可持续发展为目标编制发展规划，要求用环境与发展相统一的观念来指导本部门或本地区的工作。

（二）重点从偏重污染控制到污染控制与生态保护并重

20 世纪 70 年代初，中国环境保护从治理工业“三废”（废水、废气、固体废物）起步。80 年代和 90 年代前期，重点仍是污染控制。近年来，中国污染防治投资不断提高，“九五”期间（1996—2000 年）达 3 460 亿元，占 GDP 的 0.93%。“十五”期间（2001—2005 年）达 8 400 亿元，2006—2007 年 2 年投资为 5 950 亿元。环境保护支出科目于 2006 年被正式纳入国家财政预算科目[30]。

1998 年，长江发生特大洪灾，使全国上下深切地认识到大力保护自然生态的紧迫性，为此实施了一系列政策措施，如：全面停止长江、黄河上中游的天然林的采伐；把生态恢复与建设列为西部大开发的首要措施；制定了“退耕还林（草）、封山绿化、以粮代赈、个体承包”的政策等。这标志着中国环境政策发生了历史性的转折。据第 6 次森林清查（1999—2003 年），全国森林面积 1.75 亿 hm^2，森林覆盖率 18.2%，森林蓄积量 124.56 亿 m^3。

截至 2008 年年底，全国有各种类型、不同级别的自然保护区 2 538 个，约占国土面积的 15%；已建成生态示范区试点地区和单位 500 多个，其中，已命名的国家级生态示范区 200 多个。

（三）方法从末端治理到源头控制

20 世纪 90 年代初，中国工业污染防治开始实行“三个转变”，限制资源消耗大、污染重、技术落后产业的发展，并利用世界银行贷款开始了清洁生产的试点。“九五”期间，围绕经济结构调整，关停了 8 万多家 15 种重污染的小企业。到 2000 年底，全国 23.8 万家污染企业基本实现达标排放。这些都从源头上减少了资源破坏和环境污染。同时，积极扶持高新技术产业和第三产业的发展，推进经济与社会的信息化，1995年以来，全国工业废水和工业COD的排放量有所下降，而工业产值仍保持高速增长（表4）。

表4　中国近年废水排放量和主要污染物总排放量

年份	废水排放量/亿t			COD排放量/万t			氨氮排放量/万t		
	生活	工业	合计	生活	工业	合计	生活	工业	合计
1995	133.7	281.6	415.3	610.3	1 622.9	2 233.2	—	—	—
1996	—	205.9	—	—	—	—	—	—	—
1997	189.0	227.0	416.0	684.0	1 073.0	1 757.0	—	—	—
1998	194.8	200.5	395.3	695.0	801.0	1 496.0	—	—	—
1999	203.8	197.3	401.1	697.2	691.7	1 388.9	—	—	—
2000	220.9	194.2	415.2	740.5	704.5	1 445.0	—	—	—
2001	230.3	202.6	432.9	797.3	607.5	1 404.8	83.9	41.3	125.2
2002	232.3	207.2	439.5	782.9	584.0	1 366.9	86.7	42.1	128.8
2003	247.6	212.4	460.0	821.7	511.9	1 333.6	89.3	40.4	129.7
2004	261.3	221.1	482.4	829.5	509.7	1 339.2	90.8	42.2	133.0
2005	281.4	243.1	524.5	859.4	554.7	1 414.2	97.3	52.5	149.8
2006	296.6	240.2	536.8	886.7	541.5	1 428.2	98.9	42.5	141.4
2007	310.2	246.6	556.8	870.8	511.1	1 381.8	98.3	34.1	132.3

资料来源：根据历年《中国环境统计公报》和《中国环境统计年鉴》整理。

（四）范围从点源治理到流域和区域的环境治理

中国以往实行的“谁污染、谁治理”政策着力于点源控制与浓度控制。1996年，国家计委、国家经贸委、国家环保局联合下达了《“九五”期间全国主要污染物排放总量控制计划》，对12项主要污染物（烟尘、粉尘、二氧化硫、化学需氧量、石油类、六价铬、氰化物、砷、汞、铅、镉、固体废物）的排放实行总量控制。此前，为了弥补乡镇企业污染物排放量数据的缺失，通过1995年国家环保局和农业部联合进行的“全国乡镇企业污染情况调查”，对各省、市、自治区1995年的主要污染物排放总量做了一次较大的调整。“九五”期间，全国普遍加强污染治理，同时，开展大规模的环境基础设施建设。

1996—2005年，中国实施《跨世纪绿色工程规划》，重点是“三河”、“三湖”加上“两区”（SO_2污染控制区和酸雨控制区）、“一市”（北京）和“一海”（渤海），后又扩大到黄河和长江的中上游、三峡库区、松花江。在这些重点流域和区域，多渠道争取资金（如世界银行、亚洲开发银行、日本国际协力银行、欧洲一些国家的政府贷款、BOT以及国内资金等），采取综合性措施，加大治理力度。包括实施总量控制政策、排污收费政策和“以气代煤、以电代煤”的能源政策，推动企业达标排放和加快城市环境基础设施的建设，努力使这些地区的环境恶化状况有所改善。

（五）手段从以行政命令为主导到以法律、经济手段为主导

通过多年实践，参照国际经验，中国环境政策扩展到4个方面。表5为目前常用的环境政策手段。为了加强经济手段的激励效果，国务院有关部门正在按照“污染者付费、利用者补偿、开发者保护、破坏者恢复”的原则，在基本建设、综合利用、财政税收、金融信贷以及引进外资等方面，制定与完善有利于环保的经济政策措施。对于流域性的环境整治，中央政府曾给予政策支持与资金支持，如：对于在建的城市污水处理厂和垃圾处理场，东部地区，中央政府补贴1/6的建设资金；中部地区，补贴30%；西部地区（如三峡库区），补贴70%。将逐步提高排污收费标准，并研究实施环境税。

表5　中国目前常用的环境保护政策手段

命令控制手段	市场经济手段	自愿行动	公众参与
污染物排放浓度控制	征收排污费	环境标志	公布环境状况公报
污染物排放总量控制	超过标准处以罚款	ISO 14000环境管理体系	公布环境统计公报
环境影响评价制度	二氧化硫排放费	清洁生产	公布河流重点断面水质
“三同时”制度	二氧化硫排放权交易	生态农业	公布大气环境质量指数

命令控制手段	市场经济手段	自愿行动	公众参与
限期治理制度	二氧化碳排放权交易	生态示范区（县、市、省）	公布企业环保业绩试点
排污许可证制度	对于节能产品的补贴	生态工业园	环境影响评价公众听证
污染物集中控制	生态补偿费试点	环境保护非政府组织	加强各级学校环境教育
城市环境综合整治定量考核制度		环保模范城市、环境优美乡镇、环境友好企业	中华环保世纪行（舆论媒介监督）
环境行政督察		绿色 GDP 核算试点	

资料来源：作者整理。

六、国际社会对中国环境政策的评论

（一）世界银行

世界银行在其 1997 年出版的《碧水蓝天：2020 年的中国环境》报告中，高度评价了中国的“总量控制”和“绿色工程”。该报告说，“很多国家只承诺模糊不清的环境保护任务，而中国却提出了一套清晰的、可以考核的目标。”[31]

世界银行在 2005 年出版的《中国国别援助评价报告》[32]中评论说：“中国面临着严重的环境问题，而且由于是一个大国，某些方面的影响（如温室气体排放）也是世界性的。在 20 世纪 90 年代，中国政府越来越重视环境问题。一些有影响的外国报告以及国内的一些事件提高了环境意识。1994 年在工业化程度较高的华北平原，饮用淮河水的人口出现大规模的病患，这是政府在环保方面的一个转折点，并最终导致了 75 000 家严重排污的小乡镇企业被关闭。1997 年和 1998 年的洪灾推动了在敏感地区的砍伐禁令的出台。政府也采取了一些温和的措施，包括更加公开的环境报告制度，价格激励制度，以及新的法律法规。

领导人经常在重要讲话中谈到环保问题，而且中国已经把‘可持续发展’作为第十个五年计划的一项指导原则。”“由于这些政策的转变，中国在扭转和遏制环境退化方面已经取得了一些进展，但仍存在着一些严重的问题，今后的发展还难以确定。

（1）尽管在单位 GDP 的一次能源消耗方面，中国是主要经济体中效率最低的国家之一（2001 年是美国的 3.3 倍，比印度高 40%），但在 1995—2001 年间，中国的单位能耗改善了 30%。从 20 世纪 90 年代后半期开始，尽管工业产出持续增长，工业污染排放急剧下降。

（2）20 世纪 90 年代，尽管中国的物种多样性有所下降，但森林面积扩大。

（3）黄土高原的水土流失已经得到控制，这不仅有利于生活在那里的人们，而且有利于黄河水质的改善，并影响到北京沙尘暴天气的好转。

（4）近年来，中国通过大幅度减少消耗臭氧层物质排放，对全球环境做出了重要贡献。”

（二）联合国开发计划署（UNDP）

UNDP 的《2002 年中国人类发展报告》[33]全面地分析了中国环境的大背景、现状、同社会的相互关系、挑战和前方的选择，尖锐地指出，“快致富，后清理”战略对中国特别不实际。眼下出现的环境退化很多重要部分已不可挽回。生物多样性一旦丧失，河流生态系统一旦破坏，农田一旦沙化，地下水一旦污染，其损失都是难以挽回的，至少是用合理的代价换不回的。“快致富，后清理”战略至多也只是一种成本效益最低的方法。

UNDP 在《2004 年中国国别评估报告》[34]中指出，“中国连续 25 年实现了非凡的经济增长，使 3 亿多人口脱了贫。中国发展异常迅速，全国 33 个省区市和港澳特区的人类发展指数（HDI）达到了中等或高水平。预期寿命超过了 70 岁。但是，导致这些感人成就的经济增长也带来了新的挑战和关注。”该报告进一步指出，除了社会发展外，“由于空前的经济增长，在环境领域面临同样巨大的挑战。传统的方法已经不足以战胜这些挑战，需要有更多的创新的思想和整体的方法来确保环境与能源的可持续性。特别需要重视的领域包括：(1) 防治土地退化的系统方法；(2) 把生物多样性保护纳入全面发展的主流；(3) 提高水的利用效率并确保饮用水的安全；(4) 提高能源利用效率和采用可再生能源；(5) 加强环境管理；(6) 改善废物处置与卫生设施；(7) 加强预防和应对灾害的能力。”

UNDP 在 2005 年的《关于中国的国别项目纲要（2006—2010）》[35]中指出，“中国面临的紧迫挑战是如何平衡经济增长与环境保护。强化环境管理并推动绿色增长是极其巨大的挑战，它要求加强部门协调、全面规划及有效监控。”

（三）日本

日本非政府组织“日本环境会议”编著的《亚洲环境白皮书》，连续 4 卷都有对中国的环境问题与环境政策详尽的评介。其中第一卷对于中国环境问题的特征，归纳为 5 点[36]：“(1) 中国环境问题并不是未来的问题，而是当今正在发生的危机；(2) 中国的自然条件特别不利；(3) 几千年的文明发展、列强侵略、内战和失误等，都对中国大地造成了巨大的影响；(4) 历史性地形成了以重工业为中心、煤炭消耗为主、环境负荷沉重的经济结构，改革开放后仍无根本性的改变；(5) 从 20 世纪末到 21 世纪上半叶，城市与乡村都将相继进入大量消费和大量废弃的社会。”“中国在发展经济的同时，是否不得不以环境的持续破坏为代价吗？”该书作者认为，这样的批评并不见得过分。

日本桃山学院大学教授竹歳一紀[37]对中国的环境库兹涅茨曲线

(Environmental Kuznets Curve，EKC）进行了研究。他采用《中国统计年鉴》和《中国环境年鉴》1993—2002 年间的数据，推导了中国大陆 29 个省市区（西藏、重庆未计算）的 EKC 模型，得出了 COD、SO_2和烟尘相应于人均 GDP 的拐点。其推导结果及同其他文献的对照见表 6。从目前研究结果看，中国 EKC 的拐点有可能比已往发达国家 EKC 的拐点为低，但必须切实加强环保。

表 6 不同研究者对于环境库兹涅茨曲线（EKC）拐点的研究结果

指标	竹歳一紀，2005 中国案例			Shafik，1994	Grossman & Krueger，1995	Selden & Song，1994	松冈・松本・河内，1998 日本案例
	元，GDP/人 1990 年价格	美元，GDP/人 2000 年价格	美元，PPP/人	美元，PPP/人	美元，GDP/人	美元，GDP/人	美元，GDP/人
COD/人	2 766	622	2 960		7 583		
SO_2/人	7 130	1 603	7 630	约 4 000	4 053	8 916	8 747
烟尘/人	5 075	1 141	5 431		6 151		

资料来源：根据晃洋書房出版《中国の環境政策：制度与对策》（竹歳一紀，2005）第八章数据整理。

（四）美国

美国外交问题评议会亚洲研究部长伊丽莎白・依考诺梅在 2004 年出版了一本专著，题为《河流越流越脏：环境问题挑战中国的未来》[38]。该书从淮河的死亡开题，论及中国文明与环境破坏的历史、爆炸性的经济增长及其环境代价、中国环境保护的应对、新的环境政治学（非政府组织的作用)、国际社会与中国的环境问题、国外的经验教训和环境危机的预防，最后落脚到中国未来环境的 3 种情景——究竟是环境优美的中国？还是由惯性而继续恶化？甚至是环境彻底崩溃？——以及美国的作用。作者研究了有关中国环境的古今文献，访谈了若干重要人士，对中国环境问题及其对中国未来的影响敲起了警钟。

此外，根据由美国耶鲁大学和哥伦比亚大学发表的《2006 年环境绩效指数》(Pilot 2006 Environmental Performance Index[39]，EPI，图 1)，中国得分 56.2，位列 133 个国家或地区中第 94 名。EPI 是按照 6 个政策类别（环境健康、空气质量、水资源、生物多样性与栖息地、生产性自然资源，以及可持续能源政策）中的 16 项指标进行计算。中国在亚洲邻国中位居中游。EPI 体现了中国在某些环境领域中的进步，如对于生物多样性与生产性自然资源的保护，但也显示中国仍需在空气质量、水资源以及可持续能源政策等方面投入更多的精力。

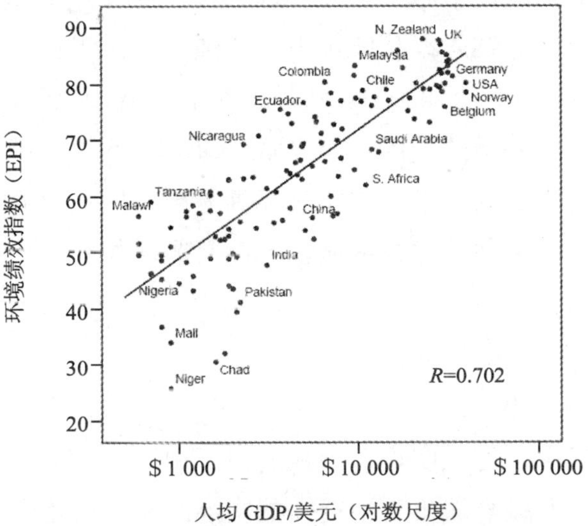

图 1　人均 GDP 与 2006 年 EPI（环境绩效指数）关系

（五）经合组织（OECD）

2006 年 11 月，OECD 完成了对中国环境绩效的评估，提出了 51 条建议[40-41]。OECD 指出，中国经济年均增长率达 10.1%，已是世界第四大经济体，但贫困仍然是中国农村的严重挑战。中国正在用“和谐社会”“科学发展观”的思想，制订国民经济与社会发展计划和现代环境法制，加强环保机构和强化环境与自然资源的管理。OECD 认为，中国当前一是要加强实施环境政策的效果与效率，二是要在经济决策中提高综合关注环境的程度。

在减少在环境政策实施的差距方面，OECD 建议：继续促使地方领导人承担起保护环境的责任；把国家环保总局升格为部委（国务院组成单位）；扩大市场机制的使用；增加环保资金来源并使其多样化等。

在把对环境的关注纳入经济社会的决策之中方面，OECD 建议：要评估自然资源的价格水平，并考虑进行环境税方面的改革；把对环境的关注从制度上纳入经济政策中；加强环境民主；向穷人和农民提供良好的环境服务；更加关注环境退化对于健康的影响等。

在加强环境领域的国际合作方面，OECD 建议：建立连贯的有关气候变化的国家计划；继续淘汰破坏臭氧层物质；政府加强对中国公司在海外运作的关注；重视区域性环境问题，如酸雨；增加环境方面的财政资助等。

结语：中国环境政策的未来

从来自世界银行、联合国开发计划署、日本、美国、经合组织等的报告或专著中，可以明显看到他们对于中国环境问题的担忧。中国目前正处于工业化与城市化中期，据国际经验，这也是环境事故的高发期。松花江、太湖、阳宗海等地相继发生的污染事故，加深了公众和外界的忧虑。但是，在“物极必反”这个成语里包含着一个真理，即面对挑战，人们不会任其发展到不可收拾的地步。从中国环境与发展政策的形成与演变中，可以看到中国坚定地走可持续发展之路的决心与行动。温家宝总理说，“十一五”计划提出了 5 年内单位 GDP 能源消耗降低 20%左右、主要污染物排放总量减少 10%的目标，这是针对资源环境压力日益加大的突出问题提出来的，具有明确的政策导向。

全国上下3年多来的努力，已取得了明显成效。

胡锦涛主席今年9月在联合国气候变化峰会上庄严宣布[42]，到2020年，中国单位GDP二氧化碳排放将比2005年有显著下降；要大力发展可再生能源和核能；大力增加森林碳汇；大力发展绿色经济，积极发展低碳经济和循环经济等。

低碳经济是一种正在兴起的经济形态和发展模式[43]，它包含低碳产业、低碳技术、低碳城市、低碳生活等一系列新内容，是人类社会继原始文明、农业文明、工业文明之后的一大进步。其目标是应对气候变化、确保能源安全和实现可持续发展；特征是低能耗、低排放、低污染；核心是技术创新、制度创新和发展观的转变。它通过大幅度地提高能源效率，大规模地使用可再生能源与低碳能源，大范围地研发应用温室气体减排技术，以建设低碳社会，维护生态平衡。发展低碳经济，是一场涉及生产方式、生活方式、价值观念、国家权益和人类命运的全球性革命，又是全球经济不得不从高碳能源转向低碳能源的一个必经阶段。

现在，“建设生态文明”的号角已经吹响，政府、企业、公众都要发挥各自应有的作用，面对气候变化、能源安全和“绿色经济”国际竞争，及早筹划向低碳经济转型是可持续发展的必由之路，也是实现环保协同效应、抢占世界新技术高地、由大国变强国的极好机遇[44]。中国的环境保护还有很长的一段路要走。

参考文献

[1] 张坤民. 关于中国可持续发展的政策与行动. 北京：中国环境科学出版社，2004.

[2] 中国科学院国情研究小组. 生存与发展；机遇与挑战；开源与节约；城市与乡村. 北京：科学出版社，1989.

[3] 世界环境与发展委员会. 我们共同的未来. 北京：世界知识出版社，1988.

[4] 国家环保局．中国环境保护行政二十年．北京：中国环境科学出版社，1994：3-6.

[5] 国家环保局．中国环境保护行政二十年．北京：中国环境科学出版社，1994：7-20.

[6] 国家环保部．辉煌的成就．中华人民共和国成立 60 年周年成就展资料，2009.

[7] 国家环保局．中国环境保护行政二十年．北京：中国环境科学出版社，1994：21.

[8] 李瑞农．贯彻环境保护基本国策 实现可持续发展——就我国改革开放以来环境保护事业发展访李鹏同志．中国环境报，2009-09-09.

[9] 郭薇．中国环境政策思路的演变与发展——访原全国人大环资委主任委员曲格平．中国环境报，2009-09-28.

[10] 段松君．加强环境法制建设 促进环保事业发展——访原八届全国人大常委会副委员长王丙乾，中国环境报，2009-09-18.

[11] 国家环保局．中国环境保护行政二十年．北京：中国环境科学出版社，1994.

[12] 中国环境年鉴 (1990 年至 2008 年各卷)．北京：中国环境年鉴社.

[13] 中国中央政府网站，http：//english.gov.cn/，2006-03-03.

[14] 世界银行．碧水蓝天——2020 年的中国环境．北京：中国财政经济出版社，1997.

[15] 徐嵩龄．中国环境破坏的经济损失计量：实例与理论研究．北京：中国环境科学出版社，1998.

[16] Fu-chen Lo，Yu-qing Xing．China’s Sustainable Development．Tokyo：The United Nations University，the Institute of Advanced Studies，1999：20-21.

[17] Jeremy J．Warford and Li Yining，Economics of the Environment in China，A Publication of the CCICED．USA：Aileen International Press，2002.

[18] 环保总局，国家统计局．中国绿色国民经济核算研究报告 2004．http：//www.xinhuanet.com，2006-09-07.

[19] The World Bank．Cost of Pollution in China：Economic Estimates of Physical Damages．2007：17-18.

[20] 中国环境与发展十大对策//中国环境年鉴 1992．北京：中国环境科学出版社，1993.

[21] 中国 21 世纪议程．北京：中国环境科学出版社，1994.

[22] 国家环境保护“九五”计划和 2010 年远景目标．北京：中国环境科学出版社，2004.

[23] 国务院．促进产业结构调整暂行规定．http：//www.xinhuanet.com，2005-12-08.

[24] 国务院关于落实科学发展观加强环境保护工作的决定．http：//www.Gov.cn/zwgk/2005-12/13/content_125680.htm，2006-12-14.

[25] 陈廷榔．以科学发展观为指导 实现发展与环保同步双赢——专访原中共中央政治局委员、九届全国人大常委会副委员长姜春云．中国环境报，2009-09-14.

[26] “绿色变革”推动中国经济“绿色转身”．新华网，2009-06-11. http：//news.xinhuanet.com/ fortune/2009-06/11/content_11525715.htm.

[27] 张坤民，温宗国，彭立颖．当代中国的环境政策：形成、特点与评价．中国人口·资源与环境，2007，17(2)： 1-7.

[28] 曲格平．见证中国环境与发展的巨大变化//中国环境与发展国际合作委员会第五次会议文件汇编．北京：华文出版社，2002.

[29] 中华人民共和国国务院新闻办公室．中国的环境保护（1996—2005）．http：// news.xinhuanet. com/newscenter/2006-06/05/content_46466745．htm，2006-06-05.

[30] 世界银行．碧水蓝天——2020 年的中国环境. 北京：中国财政经济出版社，1997：29-30.

[31] 世界银行．中国国别援助评价报告 2005．http：//www.worldbank.org/oed.

[32] 瑞典斯德哥尔摩国际环境研究院/联合国开发署．中国人类发展报告 2002：绿色发展必选之路．北京：中国财政经济出版社，2002.

[33] UN Country Team China. Common Country Assessment 2004: Balancing Development to Achieve An All-Round Xiaokang and Harmonious Society in China，2004.

[34] UNDP．Country Programme for PRC (2006—2010)，2005：4-5.

[35] 日本环境会议编辑委员会．亚洲环境情况报告第一卷．北京：中国环境科学出版社，2005.

[36] 竹歲一紀．中国の環境政策：制度与对策．东京：晃洋書房，2005：142-156.

[37] Elizabeth C. Economy. The River Runs Black: The Environmental Challenge to China's Future．USA：Cornell University Press，2004.

[38] Yale University & Columbia University. Pilot 2006 Environmental Performance Index.

2006．http：//www.yale.edu/epi．

[39] OECD. Environmental Performance Review of China：Conclusions and Recommendations，2006．www.oecd.org/dataoecd/58/23/37657409.pdf.

[40] Kiyo Akasaka，Speech at the SEPA Press Point on Environmental Performance Review of China，2006，9．www.oecd.org/dataoecd/38/60/37659805．pdf.

[41] 胡锦涛．在联合国气候变化峰会上的发言．http：//www.xinhuanet.com，2009-09-23．

[42] 张坤民．低碳世界中的中国：地位、挑战与战略．中国人口·资源与环境，2008，18（3）：1-7．

[43] 张坤民．中国走低碳发展之路：必要性与可行性//低碳发展论．北京：中国环境科学出版社，2004：69-84．

第二篇

可持续发展从理念到行动

环境保护和经济发展须综合决策*

今年世界环境日的主题是“贫困与环境——摆脱恶性循环”。这是去年联合国环境与发展大会关注问题的延续。贫困是一个复杂的多方面的问题，有其国内的和国际的深刻根源。消除贫困和饥饿，实现社会收入的公平分配，合理开发自然资源，改革不公正的国际政治、经济秩序，这正是全球面临的共同挑战。

人类正处于历史的抉择关头。我们或者继续实施现行的政策，保持国与国之间的经济差距，在世界各地继续增加贫困、疾病和文盲，继续使维持我们生命的地球生态系统恶化；要不然，我们就得改变政策。

在去年联合国环发大会之后，我国政府及时提出了关于中国环境与发展的 10 条对策，其中第一条就是“实行持续发展战略”。它明确指出，以大量消耗资源和粗放经营为特征的传统发展模式，不仅会造成对环境的极大损害，而且使发展本身难以持久。转变发展战略，综合决策，走持续发展道路，是加速我国经济发展、解决环境问题的正确选择。

综合决策是针对过去决策“单打一”提出来的。以往，很多决策都是由不同的部门独立制定和负责实施的，而决策中又往往把经济因素、社会因素和环境因素分割开来。其结果是不考虑环境的经济带来

* 本文写于 1993 年初，刊于《人民日报》1993 年 6 月 5 日第 3 版，署名：国家环境保护局龚浦。

了加倍的不经济性。日本四日市、水俣、神通川三大公害案例，以确凿的事实和数据，论证了公害造成的损失和赔偿费用远远高于公害防治费用。这是不能重演的教训。

如何做到综合决策？根据国内外的经验教训，应当着重抓住以下4个方面：

（1）要改进或改变决策程序。在各级决策中要采用能够反映长期情况和跨部门的方法，注意发展过程中涉及的各种经济、社会和环境问题之间的相互关系。对于经济方面的、环境方面的和各部门的政策、战略、计划都要进行国家级的审查，并促进公众更广泛的参与；要系统地使用社会、经济、发展、生态和环境数据，克服封闭式的做法。综合决策，不但要坚持对建设项目进行环境影响评价，还应该扩大到对区域的和对政策的评价。要建立制度，用一些全面恰当的指标来衡量经济、社会和环境方面的变化，以监测和评估实现持续发展的速度。在考核各地经济工作和干部政绩时，不但要看发展速度和经济效益，还要考核社会效益和环境效益。

（2）制定有效的法律法规并严格执法。市场经济必须是法制经济。在政府机构改革和经济体制转换中，环境保护作为政府的基本职能将更显突出。为了有效地把环境与发展纳入国家的政策和实践中，需要依据周全的社会、生态、经济和科学原则，制定和执行综合的、可操作的和有效的法律法规，其中包括对违法行为的惩罚、补救和预先遏制；需要改变狭隘的、封闭型的决策行为，逐步实现跨部门的全面协调和合作；需要定期评价已制定的法律法规，检查执法情况，建立司法和行政程序，将不合法的或违法的、影响到环境与发展的行为诉诸法律，加以纠正。

（3）有效地利用经济手段以及其他鼓励措施。应当把环境代价纳入生产者和消费者所做的决定中，要坚决扭转把环境视作“免费品”的观念，或将环境代价等转嫁给他人、别国或后代的做法；应当促进社会代价、环境代价同经济活动更充分地结合，使各类价格比较恰当地反映自然资源开发利用过程中的实用情况，以有助于防止环境的变化；应当充分运用各种经济手段来促进持续发展，取消那些不利于持续发展的限制和规定。

（4）逐步建立环境与经济的综合核算制度。传统的国民经济核算制度只限于计算有偿的商品生产和服务。我们要尽快制定更好的办法，用来衡量环境在提供资源和处置废物这两方面的重大作用以及其他贡献的价值，纠正土地、水、能源和其他自然资源的价格扭曲情况；要努力开发自然环境核算办法，扩大国民经济核算制度，把环境因素和社会因素纳入核算体系。国民经济核算机构应当同国家环境统计部门以及自然资源部门密切协作，使这种核算制度能够在国家发展决策过程中发挥重要作用。

环境伦理道德研究要大大加强*

很感谢罗校长作为中国伦理学会会长，支持中国环境伦理学研究会的成立。这是一件好事。刚才余谋昌同志说，国家环保局支持了这个学会。我觉得我们不能这么说。应该说，是你们大家支持了环保事业，支持了我们环保局的工作。

一、法律法规、经济分析、道德伦理，对于环保缺一不可

这一段时间，我跟几个大学有接触，对环境伦理道德研究很感兴趣。说说我思想变化的过程吧。我是学环境工程的，有段时间一直认为，解决环保问题要以工程为主。1985 年调到国家环保局工作以后，慢慢认识到了，工程其实只是微观控制，真正要解决问题，还应该加强法律，提倡和加强法制化。我就抓紧学习环境法律法规。确实学了一点，不过钻得不深。有一点启示是，凡是制定法律法规，就要用经济分析，只有用经济分析才能说服决策者和各类利益相关者。要使他们了解，我们不搞这些法律法规，将会损失多少？搞了法律法规会给我们带来多少利益或避免多少损失？同时，执行法律法规又要付出多大代价？ 1991 年，我在中央党校学习了 3 个月的《资本论》，兴趣逐

* 本文是作者于 1994 年 8 月 25 日在中国环境伦理学研究会成立大会上即席讲话的录音整理稿，刊于《环境伦理学通讯》1994 年第 1 期。

步转移到了经济学。这也是我跟中国人民大学环境经济研究所联系较多的一个原因。

对于领导干部，提出一个大问题，如果能够同他算清账，他就会重视。记得“基本国策”的提法，就是在 1983 年，环保局请了理论界做过一项研究，结论是中国在 80 年代初，由于环境污染和生态破坏，光经济损失就有几百亿元。领导同志一听，大吃一惊。当时全国的国民生产总值一年才几千个亿。他说，这样大的问题，应该研究。据说中央政治局也讨论了。最后，由当时的李鹏副总理到第二次全国环境保护会议上宣布：环境保护是中国的一项基本国策。基本国策的背景就是这样的。所以说，算清经济账，能够震动领导人。后来发生了一些事又使我觉得，光有法制和经济分析，还不行。因为现在公众环境意识普遍还比较低。

刚才这位同志（指詹万生）讲了一个生动的例子（德育老师到长城游览，有的向车外乱扔东西）。我自己也经历过一件事，感触很深。有一次，我在火车上碰到两个到中国旅游的日本女大学生。我们在一起交谈，问她们对中国有什么印象。她们说了 3 点：第一是中国很大；第二是中国的杭州、苏州很美；第三点，我没想到，她们说中国人喜欢乱扔东西。她们乘坐很好的旅游车到十三陵去，那里很好看，可是有些中国人居然从窗口往神道上乱扔东西。她们当时说得很严肃，我作为国家环保局的副局长，听了很不是滋味。确实，我们旅游地的环境问题一向是个大问题，我们每次去也很有感触，可回来以后就不当回事了。认为这是旅游局管的、环卫局管的。但是，日本女学生对此竟有这么强烈的感受，把它当做是到中国旅游的第三感官。我想，公众对乱扔东西这类的事，应该说普遍都是不当回事儿的。在国外有许多垃圾箱，大人小孩都把垃圾扔进去。中国呢？有些人就没有这个习惯。尽管有垃圾箱，有人也往里扔，很多人却不往里扔。中国在一件事上有道德观念，就是不能当众随地大小便，吐痰则就是其次了，扔东西就更其次了，不认为这也是一种很不文明的、十分耻辱的、损人不利己的行为。这说明，我们在这方面确实落后了。

另外，我也参加过几次国际环境教育会议。在这些会议上或者联合国关于环境问题的会议上，也经常把环境伦理道德作为环境教育的一个内容，作为环保工作的一个内容。但是，我们在思想上还是比较忽视。今天来参加这次会议。对我来说，也是一次很好的教育。

两年前，在苏州召开了第一次全国环境教育工作会议。我在会上做过一个工作报告。我记得当时提到过环境伦理的一些问题，主要是受到联合国会议和一些国际会议的影响。但当时体会还不深。这两年我在这方面略有进步。特别是刚才罗校长以及其他几位教授讲的话，对自己很有触动。我们国家环保局在宣传教育领域的重要工作之一，就是应该充分依靠全国广大的，在伦理道德、哲学等方面工作的同志的努力。在这些领域中，要有个新的、比较大的突破。你们在研究或其他方面做了许多工作，但是要把它变为我们环保界一支很强的声音，可能还需要我们做很多配合工作。你们研究的目的是要教育大家。全国宣传思想工作会议上提出，“要以高尚的精神塑造人”。我理解，在环境保护方面，确实也有这个问题。我们要用高尚的精神塑造人，不能允许那些对环境不讲道德的、损人不利己的思想与行为横行。

现在有些决策者不顾别的地区、不顾子孙后代就做决策了，这也是没有道德的表现。但是，他自己并不认为没有道德，可能还自以为在为民造福呢，有一个典型例子：在云南石林的风景区旁边，县领导人决定建一个水泥厂。当然，石林地带有很好的碳酸岩，做石灰、做水泥是很有效的。但是，他没想到，石林在全世界就这么一个，烧掉了怎么办？他当然不会把那几个最要紧的景点烧掉，他是在边上烧。边上烧也会破坏风景区，同时还有大气污染呢！他们根本不考虑。环保部门去干预，晓之以法。他居然说，你们的环保法是软的，是理论上的。最后还是万里同志严厉批示，叫他坚决停下来。停下以后，他还找我们，要我们同意他继续上马。据说已经花了一两千万元，得让他们生产 3 年，把本捞回来再说。他就是这个认识。为了脱贫致富，根本不为周围地区考虑，也不为子孙后代考虑。他并不认为自己不道德。

我刚才说的这个过程，说明我自己的认识有过片面性。现在我认识到，光从法律、光从经济还不行，还是跛腿。环境道德伦理是很重要的一个方面。只有我们在这方面能够掌握有说服力的道理，才能够打动领导、打动群众。所以，你们这个研究会非常重要，可能还成立得晚了。但是现在还来得及，只要我们急起直追。

我听说王耀先同志支持了你们一下，可是只支持了几千元钱，太少了！从明年起，应该适当再增加一点。我们国家环保局是一个穷单位，今年，我的局长基金 10 万元已经花完了。但是，从明年起一定支持你们。我们支持的一点钱，是象征性的，只是支持你们能够出版一点东西，或者同中国环境科学出版社达成个协议：你们有价值的学术著作出版，应该不光考虑市场规律，要考虑学术价值，全力支持你们的工作。

二、全球和中国的环境问题以及环保工作情况

关于当代世界环境问题，我的看法是可以分为 3 个时期。70 年代初联合国人类环境会议召开前后，是公害显现和污染防治时期；80 年代是全球环境问题挑战与应对时期；90 年代进入了人类转变发展模式、接受并实行可持续发展战略时期。1972 年的“人类环境会议”是个重大的历史转折，1992 年的联合国环境与发展大会，是人类发展史上又一个新的里程碑。20 年来，在当代环境保护思想史上，人类的认识已经从 70 年代前后的被动防治，到 80 年代的全球环境问题挑战与应对，进而到 90 年代开始主动实行发展战略转变，走可持续发展之路，这是质的飞跃。

80 年代以来，全球性环境问题开始集中地反映出来，比较突出的是臭氧层、气候变暖和生物多样性保护问题。

中国的环境问题，应该说现在确实很严重。我国的环境污染和生态破坏的严重情况，比一般人认识的要严峻得多；如果我们现在还不注意，有可能像 50 年代的人口增长问题一样，对 21 世纪的中国发展带来难以挽回的损失。

分析中国环境问题，原因当然很多。从经济方面的原因说：第一，经济高速增长，经济效益不佳，主要是拼人力、拼设备、消耗环境；第二，基础工业发展快、污染治理严重滞后；第三，城市不断扩大，但基础设施落后；第四，乡镇企业崛起，环境保护被忽视；第五，能源结构以煤为主，占能源消耗的 76%；第六，决策上有失误，认识上有很大差距。

怎么改变这种状况？我认为要实现 3 个转变：

第一，要转变发展战略。要改变那种以大量消耗能源、资源和粗放式经营为特征的传统发展战略，实行可持续发展战略。这就要实行一系列的改进，要通过技术改造，搞清洁生产。

第二，要转变决策程序。这种决策方式改变不仅是中国要实行。联合国环发大会时专门有一个文件《21 世纪议程》，提倡实行综合决策。它讲到，现在世界各国的决策都是单打一，经济的搞经济、环保的搞环保、社会的搞社会。联合国提倡要改变决策程序，要综合运用经济的、社会的、生态的、环境的各方面的数据，要考虑到长远的影响；要改变封闭的、狭隘的决策方法。同时，提到要制定有效的法律法规，严格执行法律法规；要运用经济手段和其他激励手段；要把自然资源的核算纳入国民经济计划之中。总之，就是要改变认为环境是一种免费品，谁都可以占有、利用、浪费的状况。

第三，要转变人的观念。在经济学理论中，有一种叫“公用品”的理论。一般来说，在公共牧场，自家放的牛越多越好。这样，这个牧场就有两种前途：如果加上有秩序的管理和分配、有规划、有道德、有伦理，这个公共牧场还能够维持。否则，牧场的前景必然是毁灭。中国的很多地方已经在实践这个理论。我们的草原退化，就因为它是“公共”的，环境基本上是免费的。在地壳里面，黄金、白银含量都是很少的，但人类并不感到它的稀缺，因为通过价格就体现了它们的稀缺性，人们就知道爱惜。而水和空气包围着地球，但是，现在你要得到清洁的水、新鲜的空气，是何等艰难！就是因为这些是免费的，就可以浪费。而像豆油，菜子油、花生油，我们绝不会随便扔掉。自来水龙头哗哗流却没人管，因为水太便宜了。环保部门经常大声疾呼：一吨水的价值都顶不上一根冰棍的时代应该结束了。要大力提倡和树立资源的稀缺性观念，爱护资源的道德观念，对子孙后代应负责任的观念。我看到一本书，现在还没有翻译出来，叫《给后代一个公平的世界》。考虑到当代和后代之间的利益分配，没有理由在这一代就把地球资源消耗完了。这些观念，我们都要很好地研究，不仅要停留在书院里研究，而且要普及，让每个决策者、生产者、消费者都能听到和理解。

环境不是免费的，环境也是有价值的。爱护环境是有道德的，不爱护环境是不文明的、不道德的。要使这些观念深入人心：高级的要有理论基础，普及的要进入小学课本。只有这样，才能改变我们民族的意识。

三、对研究会提几点希望

第一，希望环境伦理学研究会能够充分发挥你们的优势，团结广大的伦理学工作者和环保工作者，活跃这个领域的研究气氛，提高这个领域的理论水平。现在看来，在这方面的研究，我们的力量还不够，虽然有些前辈和先行者做了些工作，但是还需要大大加强。

第二，希望研究会能够紧密结合我国环保的实际问题，对现实提出来的问题提供伦理学方面的基础。这个基础应该具有前瞻性、实践性、战略性。这方面，建议以下几条：(1) 希望我们的研究会能够综合古今中外的研究成果，能够系统地确立环境伦理的一个合理的理论框架体系。(2) 围绕现实的环境问题，提出几个重要的研究课题。开始时，限于人力、物力、财力比较少，但可以由小到大。(3) 经济是有规则的。你为什么必须付这笔钱（指排放污收费、资源费），得讲清楚道理。有人说，垃圾里面有文章，垃圾问题可以做博士论文，环境伦理也有很多大文章可做。

第三，要制度化、规范化，再加一个普及化。请你们把环境道德的研究最后落实到制度、规范，然后再加以普及。我想无论是前辈，还是先行者、中青年，都要充分注意普及。最好能抽出一定时间，对一些研究比较成熟的问题，以专著或者小册子和文章形式发表出来，或者写出教材。文章，我们有《中国环境报》，可以投稿，它有个专门的理论园地，如果有水平的文章他们不发表，你们来找我，因为不支持是不对的。希望把你们的成果化为公众的精神财富，真正落实为“用高尚的精神塑造人”。

你们研究会成立，我们是非常支持的，当然，我不可能到你们研究会任什么职务，但我可以做你们的有力支持者，主要是道义上的支持者。

教育是确保可持续发展的关键*

1992 年，联合国环境与发展大会一致通过的《21 世纪议程》指出："教育是促进可持续发展和提高人们解决环境与发展问题的能力的关键。教育对于改变人们的态度是不可缺少的，对于培养环境意识和道德意识、对于培养符合可持续发展和公众有效参与决策的价值观与态度、技术和行为也是必不可少的。"《21 世纪议程》还提出了下列目标：(1) 80%的男女学龄儿童接受小学教育，成年人的文盲率至少比 1990 年水平减少一半；(2) 在全世界范围内，使社会各阶层都尽快具有环境与发展意识；(3) 使各阶层民众从小学年龄到成年都接受同社会教育相联系的环境与发展教育；(4) 提倡把环境与发展概念列入所有教育方案内，尤其是要分析当地的重大的环境与发展问题，参考现有的最佳科学证据和其他适当的知识来源，并特别强调各阶层决策者的进修。

1994 年，国务院常务会议审议通过的《中国 21 世纪议程》指出："加强对受教育者的可持续发展思想的灌输。在小学《自然》课程、中学《地理》等课程中纳入资源、生态、环境和可持续发展内容；在高等学校普遍开设《可持续发展与教育》课程，设立与可持续发展密切相关的研究生专业，如环境学等，将可持续发展思想贯穿于从初等到高等的整个教育过程中。"

---

* 本文写于 2000 年底，是作者为祝贺《环境教育》成功创办 5 周年而作，刊于《环境教育》2001 年第 1 期，原文题名为"可持续发展　教育为本"。

1996年，国家环保局、中共中央宣传部、国家教委联合发布的《全国环境宣传教育行动纲要（1996—2010）》指出："环境教育是提高全民族思想道德素质和科学文化素质（包括环境意识在内）的基本手段之一。环境教育的内容包括：环境科学知识、环境法律法规知识和环境道德伦理知识。环境教育是面向全社会的教育，其对象和形式包括：以社会各阶层为对象的社会教育，以大、中、小学生和幼儿为对象的基础教育，以培养环保专门人才为目的的专业教育和以提高职工素质为目的的成人教育4个方面。"

27年前，尽管当时的中国还处于"文革"动乱之中，但在周恩来总理的关怀下，1972年6月，一个庞大的中国代表团参加了在斯德哥尔摩召开的联合国第一次人类环境会议，带回了大量的资料和信息。代表团回国后，随即翻译出版了《只有一个地球》等10本书，开始了在中国大地上的环境宣传教育工作。1973年，国务院环境保护领导小组及其办公室、各省区市的环保机构相继成立，"三废"治理、环境立法从此起步。很多老同志在回顾这段历史时，都异口同声地说："中国环保工作是靠宣传起家的。"

正如曲格平同志在《我的期待与梦想》一文中所概括的，中国环境保护经历了起步、开拓、发展等几个阶段，其中，环境教育一直起到了先导、基础、推进和监督的作用。同时，广大环保工作者、大中小学教师、社会上热心环保的志愿者们迫切希望能有一份有关环境教育的杂志问世。

1995年年底，中国环境科学出版社在各方的支持下，创办了《环境教育》杂志。它一出版，便出乎意料地受到了大、中、小学热心环境的教师和领导者的欢迎，立即就有了不少订户。5年来，这份容量并不很大的季刊刊登了相当多的论文、报道和信息，我们从中可以清晰地感受到中国环境教育前进的步伐。

特别是从1996年《全国环境宣传教育行动纲要》发布以来，在中宣部和原国家教委的大力推动下，全国的各种传播媒体、全国的大中小学，都纷纷以环境教育为己任，积极投入，开拓进取，取得了不少喜人的成果。尽管全国的《绿色学校标准》迄今尚未正式颁布，不少中小学早就在开展各项活动，争创绿色学校。清华大学在全国大学率先提出创办“绿色学校”的目标：建设绿色校园，开展绿色教育，发展绿色科技。一些省区市制定了本地区的环境教育大纲，编写了本地区的环境教材，开展了丰富多彩的课堂教学和课外活动。联合国开发计划署、环境规划署、教科文组织等国际机构也积极支持中国的环境教育活动。

回顾历史，人类经历了采猎文明、农业文明、工业文明 3 个阶段，饱尝了产业公害、区域与全球环境问题的苦果，决心走可持续发展之路。展望新世纪，必将是生态文明（绿色文明）喷薄而出蓬勃发展的新时期，环境教育也将随之而向深度和广度进军。可以预期，在 2010 年之前，环境教育作为素质教育的一部分，将名正言顺地登堂入室，进入基础教育的有关环节，环境有关课程也将成为师范院校的必修课程；人口、资源、环境所需的专业人才将得到更严格的培养；各级党政干部和企业决策者将接受更有效的培训进修；不同专业的技术人员、研究人员都将获得环境与发展方面的继续教育；环境方面的教材、参考书、报纸、刊物、电子读物、广播电视等也都将更加丰富多彩。

在艰巨的任务和大好的形势面前，愿已有 5 年刊龄的《环境教育》勇当重任，走在落实《全国环境宣传教育行动纲要》的前列，继续加强与扩大同全国乃至全球热心环境与发展教育的人士的联系，争取一切可能争取的支持，调动一切可能调动的积极因素，团结奋斗，大有作为。

新形势下的环境管理与政策*

2003 年 3 月底，我在中国环境与发展国际合作委员会秘书长 5 年任期届满之后，应聘到日本立命馆亚洲太平洋大学研究生院作全时的专任教授，指导研究生，讲授“可持续发展理论”、“环境政策”、“中国环境问题与对策”、“东北亚环境问题与对策”等课程。2006 年聘期满后又到美国、加拿大参观考察了半年，出国整整 3 年半。同许多同志一样，我身在海外，心系祖国，每天都看《人民日报》海外版和新华网，牵挂着国内的环保进展。新年的两委座谈会上发言同志多，没有机会发言。不过我给科技委写了 4 份建议表（包括 2 项宏观的、2 项具体的）。同时，我在国外起草、回国定稿的文章《中国环境政策：形成、特点与评价》已经发表在今年 3 月《中国人口・资源与环境》第 2 期上。这些都反映了我目前的认识和希望。

世界银行在总结联合国环境与发展会议后续行动的《里约后五年》一书中，鲜明地提出了一个观点：“管理比技术更重要”。我虽然学理工，也接受这个观点。国务院 2005 年底的《关于落实科学发展观加强环境保护的决定》中，强调了经济与环保要“并重、同步与综合”这些体现历史性转变的要求，也就是要彻底改变过去客观存在的“重增长轻环保”、“先增长后环保”以及某些“单打一”的做法。这次座谈

* 本文是作者于 2007 年 7 月 31 日在国家环境咨询委、科技委暑期座谈会上的发言要点。部分发言曾刊于《人民日报》2007 年 8 月 9 日第 16 版。

会，感谢总局领导创造了很好的条件。下面我想就新形势下的环境管理与政策，概要地提几点想法。

第一，抓住大好时机，尽最大可能，理顺环境管理体制

30多年来，全国上下为环保付出了不懈的努力，虽有一定效果，但不太理想。根本原因之一是体制不顺。不少国家的环境压力并没有中国大，但早就有环境部，同时还有总统或总理的专门办公室或委员会，指导和协调全国环境管理。我国在1982年就宣布环保是基本国策之一，但管理体制上一直没有完全落实，经验教训不少。相信人事司对国内外情况会有详细的调研报告，不细说了。这次“十七大”和接着的政府换届，是确保中国环保历史性转变的必要的组织保证，进一步理顺环境管理体制这件事一定要落实。主要体现在3个方面：

一是国家环境行政主管部门在政府序列中应有的地位和权限，这也直接影响到地方上环保部门的地位与权限。

二是与生态和环境有直接关系的综合部门及资源管理部门同环保部门的事权划分，以及如何保证环保部门能够依法履行“统一监督管理”的职责。同时，如何从制度上确保“把对于环境的关注纳入每一项重大的经济决策之中”。

三是全国几大区域和几大流域的环境管理体制如何进一步改革以适应需要。

说到这里，还有一件大事，即，是否应郑重要求恢复设立国务院环境保护委员会，并由一位副总理担任主任。历史已经证明，有没有国务院环委会，关系十分重大。

第二，进一步明确并落实保护环境的责任所在

1989 年的《中华人民共和国环境保护法》第三章“保护和改善环境”专门设了 8 条。其中第 16 条明确规定：“地方各级人民政府，应当对所辖区的环境质量负责，采取措施改善环境质量。”可见，环境质量及其改善的责任属于地方各级政府。而现在社会上往往误认为环境一出问题，都是环保局的责任。有时，地方环保局的正确意见不为地方政府领导采纳而由此出了问题，上级部门、公众和媒介却往往都责怪环保局。我认识一位地方环保局长，他认为这个局长实在没法当了，申请去当市体育局的副局长。可能这只是个别特例，但责任不清确实是个实际问题。

建议法规司组织专家认真研究一下国内外的法规与执法经验，进一步明确国务院不同部门、地方各级政府以及从国家到地方各级环保局分别的不同职能、权力与责任，将其法规化，切实做到“各司其职，各负其责”。

关于国家同地方环保部门之间的关系，环保总局已经在全国各大区建立了一些监督站，这是吸取国内外经验、强化管理的必要措施之一。建议及时总结其实施效果，不断改进。尽管确实存在有的地方政府违法行事的现象，但在中国建立监督站是一件新事物，也会有一些新问题产生。关键还是如何分清职能、落实责任。

环境问题具有逐步积累性。有的开始可能还过得去，继续放任，日积月累，必然爆发。所以，凡是重大规划或措施的决策、重大项目的环评、重大工程的设计、施工和是否正常运行等，都是关键。究竟谁批准的？谁执行的？谁审核的？谁管理的？都要有人负责。我国危险废物的生产、销售、使用、处置等采用联单制，这是吸取了美国危险废物的教训而强化管理的一个例子。不可能每件事都这样要求。但

是，各级环保局在奋力投身于节能减排的同时，也要能够适应日益严格的“问责制”，准备有越来越多的投诉、控告以及起诉。在法规建设上要有安排。

第三，创建、巩固和发展一系列涉及环保的财政金融政策

2006 年，环境保护开始正式列入国家财政预算，这是一个重大突破。如何编制好国家环保财政预算？建议仔细研究美国、日本、韩国、新加坡等国的有关经验，使我国的这项财政新政策在新时期发挥其应有的作用。

同时，财政、税收、银行等部门正对有利于环保的一些税收、金融政策表现出越来越大的兴趣。这类政策如果设计得好并且执行得好的话，可以充分发挥其“看不见的手”的巨大作用，这正是我们多年来所期盼和努力的。建议总局有关司处，抓住时机，主动配合，尊重上述部门的积极性，提供一切方便，参照国内外经验，加快研究制定有关政策方案，进行试点，并不断发展。

第四，继续加大公众参与的力度与效果

建设资源节约型、环境友好型社会是造福当代、惠及子孙的事业，是全社会共同的责任。要完成这项伟大的事业，需要两个方向的合力：一个是自上而下的决策者的政治意愿；一个是自下而上的全方位的公众参与。公众参与需要在全社会树立科学发展观与和谐社会观，形成保护环境、节约资源的良好风尚，使每个部门、每个单位和每个社会成员都能负起责任、积极参与和主动创新。面对环境挑战，要发动一场由政府主导的“人民战争”，就像八年抗战那样，就像抓计划生育那样，需要全社会动员和全民参与。为此，建议重视以下 4 个方面：

一是需要落实现代企业的三大责任——经济责任，社会责任和环境责任；

二是需要充分发挥大众媒介的社会公器作用；

三是需要支持鼓励环保民间组织、绿色社区、绿色村庄等有益活动；

四是需要继续加强制度设计的保证、支持与规范（类似于 2006 年《环境影响评价公众参与暂行办法》和 2007 年《环境信息公开办法（试行)》等)。

第五，重视环境投资的成本有效性

有同志告诉我，随着环保更受重视，将来环保的权限大了，钱也多了，担心稍一疏忽，巨额的投资花出去了，效果究竟会怎么样？尽管投资主管部门不止一个，但环保部门肯定有不可推卸的责任，特别是涉及全国重点流域、重点区域污染防治项目的投资。

为了防患于未然，一方面需要加强环境规划与环境科技，另一方面建议加强对全国环境投资、特别是重点流域和重点区域环境投资的统计与分析，及时发现问题，随时予以纠正。一定要使这些宝贵的投资真正发挥作用，而且经得起国家的审计、公众的监督和历史的检验。

此外，在治理环境过程中，也有可能存在不同部门的利益集团或行业垄断问题值得警惕。例如，城市污水处理厂的建设费用居高不下，似乎也同房价一样，只升不降。其中有没有上述问题？建议做些调查，因为这牵涉国家和老百姓的很大一笔开支。

和谐社会需要环保支撑*

在新世纪，党中央更加鲜明地强调“科学发展”与“和谐社会”，这非常好。切合中国实际，也很紧迫。环境保护同“科学发展”与“和谐社会”关系尤其紧密。问题是，中国作为一个发展中的大国，在 21 世纪想要“自立于世界民族之林”，想让每个中国人都能过上有尊严的生活，这并不容易。国际国内，天上地下，在 2010 年，好像是一个“多事之年”。

多事也不怕。中国历来讲“多难兴邦”。中国现在正处于“压缩型的工业化与爆炸式的城镇化”阶段，从南到北，从东向西，间不断地就会冒出一些环境事故来。从环保工作看，我们要尽力把坏事变成好事。为此，有如下 4 条建议：

（1）通过典型案例，进一步加强法制建设。虽然几十年来环保方面已经立了不少法，但还远远不够。最迫切的有 3 个法：《环境基本政策法》《生态保护综合法》《环境损害赔偿法》。日本的经验教训（如水俣病）是，只有当受害人的合法权益得到充分保障的情况下，环境才能真正得到保护。同时，结合暴露出来的典型事例，根据“预防优先”原则，还要继续大力加强环境标准的制定与修订工作。

（2）通过典型案例，进一步加强队伍建设。我们的环保队伍总体上是相当不错的，像最近全系统学习的好干部，还有固镇这样能顶得

---

* 本文是作者于 2010 年 8 月 17 日在国家环境咨询委、科技委 2010 年暑期座谈会（黑龙江伊春）上的发言提纲。

住的环保干部。但是，我们不同层次干部的来源、视野、知识、作风、预测本事，实干能力等，在如此严峻的环境形势下，都有必要大大提高。干部培训、考核和提升等环节，要更重实效。环保部门同其他有关部门的协调与配合，也要更加积极与主动。

（3）通过典型案例，进一步加强公众参与。环境事故，公众不满，严格问责，共同解决，这就是把坏事变好事的过程，也是对干部、对群众最具体、最深刻的环境教育。美国、日本正是通过这种公害受害与治理的过程，提高了环境意识，推动了整个国家的环保工作。因此，我们对于这些环境事故，不要轻易地放过了。要作深入的调查分析，总结经验教训，整理成案例，成为各级干部和大、中学校的教材。党中央、国务院要求各级部门实行信息公开之后，事实证明，这有助于问题的解决和社会的稳定。环保部门在这方面应该做得更好些。

（4）最急迫的是，要总结中国当代环境保护将近 40 年的历史，以及环境保护参与从“五五”到“十一五”7 次国民经济与社会发展五年计划的经验，结合国家强调“加快经济发展方式转变”的要求，从环保部门的权限职责出发，除了编制好国家环境保护“十二五”规划外，还要积极参与国家的综合决策。其中突出的是：①从科学发展的基点出发，确定全国和地区合理的发展规模和不能突破的资源与能源用量。②明确要求大江大湖沿岸石油、化工企业的布局服从国家规定与行业规范，并有现状改进措施和应急预防方案，防患于未然。③在“压缩型的工业化与爆炸式的城镇化”阶段，我国需要采取的、必要的监管手段与措施（这同国家其他部门应有所分工，环保部门宜加强预防和信息公开。我于 1992 年在美国就看到过涉及危险品的企业的信息公开网站，有关数据和应对方案都有。平时公众对此有知情权，一旦出事，按应对方案办，不会乱，使损失降到最低）。④继续尽力推动“绿色 GDP”的研究与试行，继续推动有利于“两型社会”与低碳发展的经济手段和财税政策，如环境税、碳税、国内碳交易等。总之，要尽到环保部门应尽的作用。

第三篇

可持续发展的环保产业与科技

积极发展环境保护产业的时机已趋成熟*

一、为什么要积极发展环境保护产业

1. 环境保护产业是解决我国环境问题的物质和技术基础

保护环境是我国的一项基本国策。做好环境保护工作需要两个方面的努力：一是强化环境管理，通过一系列法规、制度和措施促使全社会采取保护环境的行动；二是增强物质和技术支持能力，以保证这些行动能取得预期的效果。环境保护产业就是这种支持能力之一。

十几年来，我国环境保护产业已初具规模，提供了大量产品和服务，做出了积极贡献。全国目前从事环境保护设备和综合利用技术装备的生产厂家已有 2 000 多家，产品品种达到 2 000 多种，一些产品已出口到 30 多个国家。各种环境治理工程为减轻环境污染发挥了重要作用。

但是，从总体上看，我国环境保护产业还处在发展初期，基础比较薄弱，主要表现在：①产业规模小，年产值仅几十亿元，不能很好地满足环境保护事业的需要；②环境保护产业内部结构很不平衡，环

---

* 本文写于 1991 年 4 月，是作者在国务院环境保护委员会审议《关于积极发展环境保护产业若干意见》时的说明，收入《积极发展环保产业》一书，该书由中国环境科学出版社于 1992 年 3 月出版。

境保护工业有一定的基础，其他行业则比较弱；环境保护产品的系列化程度不高，品种缺口较大；③一些产品和工程的质量较差，使大量环境保护设施不能正常运行；④普遍存在着技术水平低、生产条件落后、经济效益不稳定的状况。

可以说，环境保护产业的发展状况已经在一定程度上制约了我国环境保护事业的进一步发展。目前，我国每年用于环境保护的投资约有 70 亿元，其中大部分要通过环境保护产业提供的产品或服务来实现。为了保证这些投资取得预期的环境效益和一定的经济效益，我们必须积极发展环境保护产业。

2. 环境保护产业是环境科学技术转化为现实生产力的必要环节

环境科学技术应用于环境保护实践必须要通过环境保护产业这个环节。我国环境科技的发展目前已经达到了一定的水平，但由于环境保护产业不发达，相当数量的科技成果未能及时转化为环境保护服务的现实生产力，造成了一方面先进的科技成果不断研究问世，另一方面实际应用技术没能及时推广的脱节现象。因此，积极发展环境保护产业是使环境保护更好地立足于科学技术进步的重要措施。

发展环境保护产业，将为环境保护专业人才提供大量施展才能的岗位。我国每年有 2 000 多名环境科学技术类的不同专业的大专学生、研究生毕业。一方面环境保护需要这些人才，另一方面这些毕业生又遇到一定的求职困难，有些人只得改行。这是一支重要的力量，应该很好地利用起来。发展环境保护产业，既能解决一批环境保护专业人才的合理使用问题，又能为国家分担就业压力。

3. 环境保护产业是社会主义有计划商品经济的组成部分

发展环境保护产业，将使环境保护事业中的一部分由纯粹公益型事业转到商品经济运行轨道上来，有利于探索适应经济体制改革、有特色的环境保护道路，这是环境保护工作上新台阶的一个有力措施，其意义是深远的。

4. 国外环境保护产业向我们提出了严峻挑战

随着我国对外开放，国外环境保护产业、产品正在积极打进我国市场。美国世界资源研究所在一份题为《净化：美国的废物管理技术与第三世界发展》的报告中指出："美国环境技术公司可能最容易在第三世界的一些新开始工业化的国家里找到市场"，"一些美国公司，已经在第三世界积极开拓市场……其他的一些公司也可以通过当地公司的合伙经营而打入第三世界的市场"。该报告还为美国公司如何打入第三世界国家市场提出了若干对策建议，其中一条是积极研究适合第三世界国家具体情况的技术。

事实上，境外厂商已经占领了我国的一部分市场，特别是高技术领域的市场，如几个大型引进项目附属的环境保护设施，就是从国外成套引进的，耗资达数亿元。还有，据广东的同志介绍，广东有的企业把治理污染的工程承包给港商，400 万元中就让港商净赚 100 万元，还有的港商，承包了几个污水治理工程就发了起来，数年后赚了近亿元，大量"肥水"外流。这说明，积极发展我们自己的环境保护产业，管理好国内环境产业市场，已到了刻不容缓的地步。

二、积极发展环境保护产业的时机已趋成熟

1. 政策环境

《国务院关于当前产业政策要点的决定》强调调整产业结构，并明确地将环境保护机械列入优先发展的产业、产品目录。将治理污染列为重点支持的行业，这为发展环境保护产业创造了良好的政策

环境。

2. 市场条件

党的十三届三中全会提出的“治理整顿和深化改革”的方针，为清理整顿环境保护产业市场，创造适合于环境保护产业健康发展的市场条件提供了有利时机。环境保护产业现存的主要问题之一是宏观调控弱，市场紊乱。通过治理整顿和深化改革，将有利于提高宏观调控水平，提高企业素质和产品质量，改变散、乱、差的状况。

3. 需求前景

从需求角度看，由于环境管理日益强化，对环境保护产业的需求将会保持稳定增长的势头，加上我们一部分环境保护产品可供出口，市场前景将是乐观的。

三、对《关于积极发展环境保护产业若干意见》的具体说明

1. 指导方针

在《若干意见》中提出了“在治理整顿和深化改革中，注重提高企事业单位的管理水平和技术水平；提高环境保护产品和环境工程的质量，发展系列产品和成套工程服务；提高经济效益”的指导方针。这个方针的核心就是注重优化结构和提高质量，把力量放在内涵发展上，避免出现一哄而上，单纯铺新摊子的现象。

2. 发展方向

为了指明当前环境保护产业的发展方向，《若干意见》概要地从污

染治理、综合利用、能源利用、环境工程、集中处置、生态农业等列出了几个方面，作为优先发展的产品和项目目录，也是实施国家宏观产业政策的具体措施。它揭示了环境保护产业目前比较薄弱的方面，只要这几个方面有较大的发展，环境保护产业就具备了较强的实力。

3. 发展途径

关于环境保护产业的发展途径，根据我国目前环境保护产业现状和当前深化改革的要求，在《若干意见》中提出了 3 点要求：一是依靠科学技术进步；二是发挥专业化经营效益和规模经济效益；三是实行对外开放，外向发展。

4. 宏观调控

发展环境保护产业要坚持宏观调控，这是为了两个目的：第一，要有计划地稳妥发展，防止盲目发展，大起大落；第二，要创造平等竞争的市场条件，防止不平等竞争和过度竞争。为此，在《若干意见》中要求建立标准体系和实施统一检验，并保持必要的调控手段（如许可证制度、产品评优等）。

5. 协调机构

环境保护产业目前主要分布在机电、化工、能源、冶金、轻工、航空航天、农业、林业、建设、商业、劳动、公安、水利、军队、环境保护等部门。《若干意见》明确提出要发挥和依靠各部门、各系统的积极作用，明确规定各级环境保护行政主管部门不准成立直属的环境保护公司。为了加强各部门之间的统筹协调工作，《若干意见》中提出在国务院环境保护委员会之下设立环境保护产业发展协调组。建议这个协调组由机电部、冶金部、建设部、化工部、农业部、林业部、国家环境保护局等组成，主要任务是提出环境保护产业方面的规划、政策、协调建议等。

6. 优先项目

这次提出了《当前环境保护产业优先发展目录（草案）》，分为监测仪器类、污染治理及综合利用装置类、环境工程及新技术类、生态工程及新技术类和新材料类等，列出了当前一个时期内重点支持的产品或项目，它可以考虑作为国家产业政策的一个补充。

核能：一种可持续发展能源*

一、发展核能大势所趋

1. 技术进步的趋势

经过近 40 年的努力，目前核能已在全世界得到广泛的应用。有 30 个国家和地区建有核电站，1990 年，运行中的核电站的发电量已达全球用电量的 17%[1]，见下表。

运行中和在建中的核电站[1]（截至 1990 年 12 月 31 日）

国家	运行中的核电站		在建中的核电站		1990 年的核供电量		到 1990 年 12 月 31 日为止的全部运行经验	
	总发电反应堆数/座	能力/MW（电）	总发电反应堆数/座	能力/MW（电）	kW·h（电）	占总供电量比例/%	年	月
阿根廷	2	935	1	692	6.6	19.8	24	7
比利时	7	5 500	1	1 245	40.4	60.1	100	7
巴　西	1	626	2	1 906	2.1	1.0	8	9
保加利亚	5	2 585	2	1 762	13.6	35.7	53	8
中　国	20	13 993	3	2 148	68.8	14.8	243	1

* 本文写于 1991 年 4 月，刊于《核科学与工程》第 11 卷第 4 期（1991 年 12 月），原文题名为“核能发展与核废物管理”。

国家	运行中的核电站		在建中的核电站		1990年的核供电量		到1990年12月31日为止的全部运行经验	
	总发电反应堆数/座	能力/MW（电）	总发电反应堆数/座	能力/MW（电）	kW·h（电）	占总供电量比例/%	年	月
古　巴	—	—	2	816	—	—	—	—
捷克斯洛伐克	8	3 263	6	3 336	23.0	28.4	60	1
芬　兰	4	2 310	—	—	18.1	35.0	47	4
法　国	56	55 778	6	8 305	297.7	74.5	598	8
德　国	26	24 430	6	3 319	139.1	33.1	406	5
匈牙利	4	1 645	—	—	12.9	51.4	22	2
印　度	7	1 374	7	1 540	5.1	2.2	86	1
伊　朗	—	—	2	2 392	—	—	—	—
意大利	—	—	—	—	—	—	81	0
日　本	41	30 917	10	9 012	186.4	27.1	472	8
韩　国	9	7 220	2	1 900	50.2	49.1	54	1
墨西哥	1	654	1	654	2.9	2.6	1	9
荷　兰	2	508	—	—	3.3	4.9	39	9

注：总量统计中包括中国台湾的下列数值：

——6个反应堆在运行中，总发电能力为4 890 MW（电）；

——1990年核发电量为31.6 kW·h（电），占其总发电的35.2%；

——全部运行经验为56年零1个月。

2. 能源需求的趋势

我国为了实现第二个“翻一番”任务，能源需求很大。1986年，我国人均电力消耗量只有480 kW·h，还达不到发展中国家的平均值（500 kW·h），仅为工业化国家平均值（7 200 kW·h）的7%。到2000年，我国电力增长要从现在的1.2亿kW装机容量增加到2.5亿kW以上，平均需要每年增加1 300万kW的电力。即使水电能够加快发展，使今后10年煤电的比例从80%降到70%，每年煤电增加量仍需要920万kW以上，这就要求原煤生产能力每年递增2 700万t，而这远高于目前全国统配煤矿的实际增长率。我国可供开发的水电资源有3亿多kW，但多在西南。新中国成立后虽经大力开发，但迄今仅利用 9%左右，到 2000 年，水电利用最多也不会超过 30%[2]。因此，核电作为解决我国能源需求的重要途径之一，必须提到议事日程上。

3. 经济比较的趋势

发电厂的成本，无论用核能，还是用煤炭、石油或天然气发电，都要受到以下因素的制约：(1) 发电厂基建费用；(2) 通货膨胀的影响；(3) 规划、批准以及基建所费的时间；(4) 燃料费用和设备维修成本；(5) 为确保安全运行而采取的防护措施的费用；(6) 废料处理费用（土地、大气和水污染控制）以及电厂寿期终结时的退役费用。所有这些因素随不同国家各自不同的机构、法律以及财政安排而各有差异。

尽管核电站的基建费用高、建设周期长，但各国核电成本仍比煤电低 15%～85%。这主要是因为核电燃料费在运行成本中所占不到四分之一，而煤电却占 60%以上。

目前，我国煤、油价格的扭曲，肯定是非改革不可的。如果我国的价格改革进行到近乎国际价格的程度，我国的核电成本也同样有可能接近甚至低于煤电成本。30 多年来，我国已经建成一套相当完整的核工业体系，并具备足够的机电加工能力，只要正确选定堆型、合理规划、适当引进消化、进行批量生产，设备成本也有可能大幅度降低。

4. 环境保护的趋势

早在 70 年代，国内外不少专家就已着手分析核电与煤电排出物对环境的影响，明确提出了"从保护环境角度看，有必要加快核电建设"。

近年来，随着新的全球环境保护高潮的掀起，矿物燃料已经成为持续发展的难题，因为它会造成 3 种互为关联的大气污染问题：(1) 全球性气候变暖；(2) 城市工业化大气污染；(3) 环境的酸雨问题。世界气象组织和联合国环境规划署共同组织的专家研究表明：工业化前，大气中CO_2的浓度，体积分数达280×10^{-6}，1990年已达340×10^{-6}，随着经济发展，预计在21世纪中期到末期，若不改变能源消耗结构，节制化石燃料燃烧，CO_2体积分数有可能达560×10^{-6}，即翻一番。由此产生的“温室效应”，可能导致全球平均表面温度上升1.5～4.5℃，海平面上升25～140 cm，许多国家的经济、社会乃至政治结构都将面临灾难。

但是，经济总是要发展的。第41届联合国大会通过的《发展权宣言》指出，每个人和所有各国人民均有权参与、促进并享受经济、社会、文化和政治的发展，发展权是一项不可剥夺的人权，它既是个人人权，也是国家或民族的集体人权[3]。我国作为发展中国家的一员，高度重视发展权。我们绝对不能同意发达国家在实现工业化过程中过度消耗了全球的环境资源之后，却来限制发展中国家的发展权。当然，要实现发展权，需要各国政府根据本国的国情，制定切合实际的发展战略和有关政策，以促进本国经济、社会的发展，确保公民政治权利和经济、社会及文化权利的实现。同时，在发展中必须保护环境，因为环境是人类生存的条件和持续发展的基础。

如何找到一条可行的道路，它既能避免大量排放CO_2而又不降低经济发展速度呢？从能源政策方面说，除了尽可能地提高能源效率之外，就是要寻找合适的替代能源。

过去20多年中，全球核能每年以约15%的速度增长，曾给人们留下极为深刻的印象。切尔诺贝利事故之后，一些国家对核能的态度发生了很大变化。各国政府的立场可分为以下3种：（1）保持无核状态并开发其他能源；（2）认为本国目前的核电容量是必需的，但在一定期间内将过渡到选择更为安全的能源；（3）采用并开发核能，认为其伴随的问题与危险可以解决也必须解决，能达到国内和国际上都可接受的水平。中国、法国、日本、德国、捷克斯洛伐克、波兰、英国、美国和前苏联持最后一种立场，而澳大利亚、奥地利、丹麦、卢森堡、新西兰、挪威和瑞典持无核或逐步消除的政策，芬兰、意大利、荷兰、瑞士和南斯拉夫则重新研究。

世界环境与发展委员会（WCED）的结论是[4]：“只有对于核能所带来的问题切实得到解决之后，核能生产才是站得住脚的。因此，研究和开发于环境有益而又经济可行的替代能源，以及研究和开发提高核能安全性的方法，应当放在最优先的地位。”

总之，在没有可行的新的替代能源的情况下，核能必然要作为一个强有力的竞争者出现在世界上，也出现在我国。这是大势所趋。

二、国际合作必不可少

据国际原子能机构（IAEA）公布的资料，1990 年底，世界上有 423 座商用反应堆在运转，装机容量达 3.26 亿 kW，总共已经积累了 5 623 堆・年的经验，因此，从多方面积极开展国际合作，显然是对我们有益的。

1. 经济合作

对于核电站建设（包括核废物管理）的资金问题，可以考虑通过国际债券方式集中游资，或利用国际低息贷款来解决。据报道，印度从 90 年代起，每年出售核电收入将超过同年核电基建投入（约 10 亿美元），到 2000 年，每年核电收入将超过 25 亿美元，下世纪初可收回全部投资（指 1 000 万 kW）。现在国际上对全球环境问题如此关切，有无可能借机利用外资兴建核电站和解决废物问题，这值得探讨。

2. 法规合作

WCED 曾经提出，由于核能有潜在的跨国界影响，关键是需要各国政府进行合作，制定出国际上都能接受的关于核能的技术、经济、社会（包括人体健康和环境各方面）以及政治等各项因素在内的行动准则。特别是希望在以下具体项目方面达成国际协议：

（1）各国政府全面批准国际原子能机构（IAEA）新近制定的《核事故尽早通知公约》和《核事故或放射性紧急事件援助公约》；（2）事故应急训练——包括事故控制以及受害地点、人员及生态系统的去污和长期净化；（3）所有的放射性物质（包括燃料、乏燃料及废物）通过陆地、海洋或空中的跨国界运输；（4）责任和赔偿的实施准则；（5）操作人员培训和国际性许可证发放的标准；（6）关于反应堆运行，包括最低限度的安全标准；（7）核装置的常规排放和意外排放的报告；（8）有效的、国际协调的最低限度的辐射防护标准；（9）一致同意的选址标准以及与核能有关的重要民用装置定点前的协调和通知；（10）废物贮存库的标准；（11）达到寿期的核反应堆的去污和退役；（12）发展核动力运输所带来的问题。

对于 WCED 的建议，需要组织专家认真进行论证或参加其磋商工作。如协定内容无损于我国利益和发展中国家利益，应当积极合作。

3. 技术合作

IAEA 在 1989 年 5 月向联合国提交的一份题为《核能与环境》的报告中说[5]，“放射性废物管理与处置的目的在于将其控制、包容并与生物圈隔离以保护环境和防止健康危害。尽管 WCED 声称‘核废物处置问题尚未解决’，这只是反映了一般公众的认识，而本机构所会见的科学家们和工程师们，一些年来始终认为，对于安全处置任何放射性废物，包括乏燃料这样的高水平放射性废物，已经不需要额外的技术突破了。”

由于人们对环境问题的关注日益增加，使许多国家更加重视放射性废物管理。因而，IAEA 也增加了对废物管理的重视。近年来，废物管理问题的一系列国际会议频繁召开，为我们对废物管理进行广泛合作创造了条件。

有必要强调的是，绝非只有核电厂才有废物管理问题，正如 IAEA 在《核能与环境》报告中所指出的：放射性废物同工业、农业活动产生的废物相比，特点是数量很小，并且其危害将随着时间而减少，而一个燃煤电厂除了释放大量的 CO_2、SO_2 和 NO_2 外，还会产生大量有毒的重金属，这些重金属的数量比生产同样电力的核电站的乏燃料总量还要多，并且，这些重金属将永远保持毒性。

三、安全管理仍需努力

早在 1982 年，国家环保部门就明确宣布过对于核电所持的态度[6]，即："积极支持，严格要求"。因而，对于核设施和核废物，要通过行政、法律、经济、技术和教育等各种手段来强化管理，确保安全。

1. 行政手段

国家环保局成立后，国务院明确规定，全国的放射环境保护工作由环保部门负责，并实行国家级和省级两级管理制度。国家环保局专设一个处，一些省也有专门机构或专职人员，严格执行核设施和伴有辐射工程项目的环境影响报告书的审评程序和工程项目的审批、验收工作。通过全国放射性水平调查和省级城市放射性废物库的普遍建立以及核电厂监测站的建设，培养和锻炼了一批骨干，装备了必要的仪器，初步形成了具备审批、管理、监督监测和废物集中管理等职能的队伍。国家环保局还聘请了在核科技领域中有权威的专家、学者组成了"专家技术审评组"和"专家审评委员会"，发挥了很好的作用。

但是，必须看到，随着核能利用和核技术的推广，我国的核废物管理和放射环境管理任务将会越来越重，因此，必须认清我国环保部门应负的历史使命，抓紧建立健全管理机构，充实提高监测力量，按照法令赋予的职权开展好各项工作。

2. 法律手段

近年来，国家环保局会同有关部门组织制定了 30 多项与核环境有关且急需的行政规章和技术标准，如：《辐射防护规定》《放射性同位素与射线装置放射防护条例》《放射环境管理办法》《城市放射性废物管理办法》《核电厂环境辐射防护规定》《核电厂环境影响报告书内容与格式》等。这些规章和标准开始起到很大的作用。

但是，鉴于核污染防治的复杂性，要建立起完善的放射环境管理法规体系，还有很多工作要做。《核污染防治法》要尽快审批颁布，有关放射性排污许可证以及排污收费办法和标准也急需颁布实施。对本领域的法规体系，需要充分地加以研究和落实，否则，就有可能在立法中出现主次不分，缓急不辨的现象，甚至出现法规不配套、法网有缺口的情况。

3. 经济手段

国内外实践证明，在环境保护中实行“污染者付费原则”是十分有效的。要想真正解决核废物处理的费用（包括土地、大气和水污染的控制）和核设施的退役费用，必须事先以合理的份额计入核能的成本之中[7]。美国的《1982 年核废物政策法》做出规定，从每度电费中扣出千分之一美元，作为核废物管理的专项费用[8]。我国也应考虑，从第一座核电站起，就做出明确规定，以确保有关经费来源。否则，单靠国家拨款来解决废物管理资金的愿望，将是很难实现的。

4. 技术手段

虽然 IAEA 认为，核废物的安全管理不需要额外的技术突破，同时，我国也已进行过多年的工作，并具备幅员辽阔的优势，但是，核废物管理毕竟是一项高技术、高敏感的任务，在我国要实现安全管理，还必须认真借鉴国外的经验教训，逐个解决技术难关。要从上述核废物管理专项基金以及其他经费来源中，安排出足够的经费，鼓励和支持科技人员开展必要的科学研究，建设示范工程，把有关技术逐一掌握。要同有关部门密切配合，争取建立国家级放射环境管理的技术后援中心，以期把安全管理提高到一个新的水平。

5. 教育手段

公众教育与专业培训，两者不可偏废。要向公众（包指各级领导人、决策者）以各种生动活泼的形式提供足够的科学知识和事实论据，使他们相信，核能并不是一颗隐藏的炸弹，也不是对人类的威胁，从而乐意支持和配合核能的发展[9]。要对专业人员进行严格的培训，使他们既掌握必要的技能，又能满怀责任感和献身精神，愿意承担起继往开来的重任。

总之，只要目标明确，同心协力，严格要求，保证投入，安全管理是能够实现的。

参考文献

[1] The World Resources Institute．World Resources (1990—1991) ．Oxford University Press，1990．

[2] 戴传曾．核电是解决我国中长期电力需要的重要途径．光明日报，1988-06-16．

[3] 发展权是不可剥夺的人权．人民日报，1990-11-01．

[4] 世界环境与发展委员会．我们共同的未来．国家环保局外事办公室，译．北京：世界知识出版社，1989.

[5] IAEA．Nuclear Energy and the Environment，The IAEA’s Contribution to Sustainable Development，1989.

[6] 曲格平．中国环境问题及对策．北京：中国环境科学出版社，1984.

[7] 张坤民，李国鼎．核废物安全处置对策的探讨．核科学与工程，1986，6（3）.

[8] 国务院环境委员会办公室．放射性废物的处理和处置，国外辐射防护规程汇编第十册. 1987.

[9] J. G．艾科尔兹. 核动力的环境问题. 李国鼎，等译. 北京：原子能出版社，1985.

关于可持续发展理论研究的若干思考*

一、对于可持续发展的一些认识

“可持续发展”这个词首次出现在 1980 年的《世界自然保护大纲》中，1987 年由世界环境与发展委员会于《我们共同的未来》报告中正式提出其定义，经 1992 年 6 月的联合国环境与发展大会为各国所接受，在 1992 年 8 月的《中国环境与发展十大对策》文件中被宣布作为中国将要实施的战略。其主要观点如下。

（1）可持续发展的思想不是从天上掉下来的，也不是人的头脑里所固有的。可持续发展的思想最早源于环境保护，现已成为世界上许多国家指导经济社会发展的总体战略。

（2）可持续发展的思想十分关注自然资源的合理开发与节约使用。虽然《增长的极限》中的有些结论不正确，但它关于人口爆炸和不可再生资源日趋耗竭的警告确是值得我们注意的。人口应当控制，经济增长方式应当转变，代内公平与代际公平都应当实现。这些都需要通过一系列适当的行政、法律、经济、科技、教育等手段来确保其实现，

* 本文是作者于 2001 年 1 月在中国可持续发展研究会和《中国人口·资源与环境》编辑部联合召开的座谈会上（济南）的发言，合写者为清华大学博士生王灿，刊于《中国人口·资源与环境》2001 年第 11 卷第 3 期 13～18 页，收入《中国环境年鉴》2001 年卷。

尤其需要强调综合决策、公众参与与经济分析。

（3）可持续发展强调了人口、资源和环境这三大方面，因为这是人类生存与发展的基础。在可持续发展的研究与实施中，需要始终抓住若干涉及经济社会发展的重大课题，如：人口控制、自然资源、环境保护、人类聚居、消费模式、能源消耗、清洁生产、科技进步、经济手段、法制建设、公众参与、指标体系、对外贸易、国际合作、能力建设等。

（4）在当今不合理的国际政治经济秩序下，灾难深重的中华民族要想跻身于世界民族之林，13 亿～16 亿的中国人及其后代要能过上体面的生活，这都需要正确评估与选择发展战略。可持续发展尤其适合于中国这样的人口众多、人均资源水平较低和生态环境脆弱的发展中国家。舍此别无更好的选择。

（5）尽管“只有一个地球”日益深入人心，“为生存而结成伙伴关系”的思想在《里约宣言》《21 世纪议程》等国际文件中也体现得相当充分，但不同国家，尤其是南北双方，在一些涉及可持续发展的全球环境问题的认识与应对上分歧不少。这种既有合作又有斗争的局面将会长期存在。

（6）可持续发展这个新词的面世虽然只有 20 多年，但人们对于自然资源企盼实现永续利用的愿望，以及通过实践认识到一些生态规律，并在法律上加以规定，这些可以追溯到 2 000 多年以前。世界各国都各有其经验教训值得我们借鉴，而国内的正反案例更应该认真加以总结并传播。

二、可持续发展的理论与实践在发展

（一）可持续发展推动着全球经济结构的调整

1. 循环经济脱颖而出

20 世纪 90 年代以来，欧、美、日正在把发展循环经济、建立资源循环型社会看做是实施可持续发展战略的重要实现形式。所谓循环经济，即切实遵循生态规律，合理利用自然资源，实现经济活动的生态化。循环经济把清洁生产和废物利用融为一体，本质上是一种生态经济。传统经济是一种由“资源—产品—污染排放”所构成的物质单向流动的经济（线性消费的经济）。循环经济则要求把经济活动按照自然生态系统的模式，构成一种“资源—产品—再生资源”的物质循环流动的过程，以使生产与消费过程基本上不产生或只产生少量的废物（循环消费的经济）。其基本战略是优化产品的长效性，而不是低效产品的大量生产、大量消费和大量废弃。其显著特征是自然资源的低投入、高利用和废物的低排放，并从根本上有助于消解环境与发展之间的冲突。其主要做法为：（1）要有合理的设计，力求物尽其用。设备应易于拆卸、更换和升级换代，而不必整机报废，电脑、复印机、汽车等都可以这样做。（2）推行清洁生产。（3）实行废物“三化”（资源化、减量化和无害化）。（4）严格加强管理（曲格平，2000）。

事实上，信息经济、知识经济等，其发展方向必然也要走向循环经济。

2. 中国的经济结构调整

2000 年 3 月，朱镕基总理在《政府工作报告》中指出：“要积极实施可持续发展战略，促进经济结构调整，提高经济整体素质，推动经济与社会协调发展。”这段话点出了经济结构调整对于可持续发展的关键作用。

（1）调整产业结构。产业结构落后与企业技术水平低下所导致的结果是：一方面，传统低档产品过剩；另一方面，高技术含量产品却需要大量进口。如，中国每年进口的高档面料高达 60 多亿美元；粗钢年产量已达 1.1 亿 t，而 80%的不锈钢仍要进口；年产塑料折合乙烯 700 万 t，但电器用塑料需要进口 800 万 t。1997 年，国家经贸委等发布首批《淘汰落后生产能力、工艺和产品的目录》。在 1999 年发布的目录中，涉及煤炭、冶金、建材等 10 个行业的生产总量控制限值，并限期淘汰 114 项落后生产能力、工艺和产品。这标志着速度已经不再成为中国经济发展的唯一确保指标。全国关闭“十五小”和整顿新“五小”（小高炉、小炼油、小水泥、小炼钢、小火电机组），既大大降低了污染负荷，也是产业结构调整的重要手段。

（2）节能与改善能源结构。在实施可持续发展战略的过程中，能源政策与环境政策有着密不可分的关联。1996 年 5 月，国家计委、国家经贸委和国家科委联合制定了《中国节能技术政策大纲》，提出了节能方向与目标。随后，又推荐了 106 项重点推广的节能科技成果。同年 9 月，国家经贸委支持的《中国绿色照明工程》启动。1997 年 11 月，《节能法》颁布。国家重视可再生能源的开发利用，将其作为一项战略性措施列入《中国 21 世纪议程》和《“九五”计划纲要》。国务院批准了《关于新能源和可再生能源发展报告》和《1996—2010 年新能源和可再生能源发展纲要》。水力、风能与太阳能等能源的开发利用也在加快。关于可再生能源发电配额制的政策问题，国家计委和中国环境与发展国际合作委员会仅于 2000 年一年间就开过两次国际研讨会。

（3）加快基础设施的建设。1998 年和 1999 年，2 100 亿元长期国债带动了 4 200 亿元银行贷款和自筹资金，用于基础设施投资，建设了

5 100 多个项目。2000 年的 1 000 亿元长期国债，重点投向了水利、交通、通信等基础设施建设、科教设施建设、环境整治与生态建设以及企业的技术改造。

（4）实施西部大开发。已确定的重点是：加快基础设施建设；加强生态环境的保护与建设；积极调整产业结构；大力发展科技教育，加强人才培育、引进与使用，促进社会进步。

（5）重视信息产业的发展。信息技术是当今社会发展的“火车头”，成为各国竞争态势优劣的决定因素之一。中国的信息产业起步虽晚，但在急起直追。北京中关村正努力争取建成中国的“硅谷”。

（二）可持续发展推动着不少地区的试点

在全球发展中国家实施可持续发展方面，中国可以说是最积极的。既有《中国 21 世纪议程》及其优先项目行动计划，又有部门级和省市县级的《21 世纪议程》或《中国 21 世纪议程》的地区行动计划。通过全国上下的共同努力，不少地区已经可以看到一些可喜的成果。

1. 生态农业县和生态建设示范区的试点

1993 年底，农业部、财政部、原国家环保局等 7 个部门在全国 50 个县启动首批生态示范县试点。农业部提出了详细的指标及试点工作提纲，提供了部分经费，进展很好。根据生态保护与污染防治并重的方针，应各地的要求，国家环保局从 1995 年起进行生态示范区建设试点，5 年来发展到 213 个试点，包括地市县和 3 个省。到 2000 年底，经验收合格获得“国家级生态示范区”称号的已有 33 个点。

2. 社会发展综合实验区的试点

社会发展综合实验区有助于推动可持续发展战略在地区层次上的有效实施。该工作从 1986 年开始试点，成效显著。原国家科委会同国家计委等部门，在以往社会发展综合示范试点工作的基础上，又在全国逐步建立起一批可持续发展综合实验区。

3. 清洁生产的试点

原国家环保局于 90 年代初利用世界银行贷款在一些企业进行清洁生产试点，目前已有 50 多个试点。国家经贸委于 1999 年起在 10 个城市（北京、天津、上海、重庆、兰州、沈阳、济南、昆明、太原和阜阳）和 5 个行业（石化、化工、轻工、冶金和船舶）首批推行清洁生产。此外，江苏省、安徽省、山东省和山西省太原市的进展较快，清洁生产越来越受到企业的欢迎。江苏省仅 100 多家省级清洁生产审计企业获得的直接经济效益就超过 2.6 亿元。1999 年，江苏省出台了《关于加强清洁生产步伐的若干政策意见》，对实施清洁生产的单位在税收、信贷、规费减免等方面给予优惠。国家正在起草《清洁生产法》。

4. 江西“山江湖工程”的实践

山江湖是位于江西省境内流入鄱阳湖的赣、抚、信、饶、修五条江河及其流域的简称。该工程是一项流域可持续发展工程，旨在保持生态系统的良性循环，实现经济与环境的协调发展。从 1985 年至今，在山江湖的不同区域先后建立了 9 大类 26 个试验示范基地（试点），辐射出 127 个推广点，为当地的可持续发展工程提供了多种样板与综合技术（甘师俊，1998）。

5. 广州市天河区可持续发展的实践

1999 年 4 月，天河区成立了可持续发展实验区协调领导小组，区委书记任组长。下设管理办公室，由区政府拨出专门经费。1999 年 10 月，《天河区可持续发展实验区总体规划》出台，提出了天河软件园、天河生态走廊（生态保护区）等 15 项优先建设项目（曹鉴燎，2000）。

（三）经济手段在环境与发展中的运用和环境经济学的发展

1. 里约会议后的政策创新

里约会议的共识是，环境与经济发展密不可分。宏观经济决策会影响到环境。其中，有些是正面的，如：纠正价格扭曲可以提高资源的利用效率；有些则是负面的，如：经济自由化可能导致生产量增加和污染物增多，从而出现新的环境问题。过去，最常用的方法是通过制定与实施环境法规去直接管理市场行为，但是，这已被证明既昂贵又复杂。利用市场或在没有市场的地方创建市场则是一种政策创新，它通过对补贴的改革以消除价格扭曲；通过利用税、费来提高价格以反映社会成本；创建新的市场使排污许可证或资源开发权可以进行交易。让公众知情并推动公众参与也是一种高效方法，这可以通过环境教育、生态标志、公布污染物排放数据或建立使公众直接参与资源管理等制度来实现。世界银行对这 4 类政策手段归纳成 1 个政策矩阵，如表 1（汉密尔顿，1998）所示。

表 1　政策矩阵——可持续发展的政策手段

主题	政策手段			
	利用市场	创建市场	实施环境法规	鼓励公众参与
资源管理与污染控制	减少补贴	明确产权	标准	信息公开
	环境税	权力分散	禁令	生态标志
	使用费	可交易的许可证或开发权	许可证/配额	公众知情
	押金-退款制度	补偿制度		公众参与
	专项补贴			

2. 排污权交易

可交易的排污许可证制度在一些国家获得了成功。如，新加坡对消耗臭氧层物质实行的许可证、美国 SO_2 的可交易许可证等。其经验是，首先，许可证必须确实地建立了产权（如果产权有疑问，企业将不会参与交易）；其次，必须公平地进行许可证的初始分配；最后，交易过程中必须不存在任何的人为障碍。原国家环保局从 1993 年起，在包头、柳州、太原、平顶山、贵阳、开远等市试行 SO_2 和烟尘的排污权交易。近年来，在辽宁本溪、江苏南通、山西太原等地继续试点并进一步开展地方立法。

目前，一些发达国家有将国内实施的排污权交易移植到国际环境公约中的动向。对此，既不应漠然置之，也不宜简单否定。需要通过认真研究，综合考虑多种因素，找出公平合理的对策。同时，也要注意“抓住机遇而不可丧失机遇”，以利于我国的环境和发展。

3. 环境经济学学科的发展

作为一门新兴学科，环境经济学既能为可持续发展提供重要的理论基础，本身又是一项有力的决策工具。回顾近年来的发展历程可见，随着可持续发展研究的深入，环境经济学相应发生了如下变化（张坤民，1998）：

（1）从认为经济增长同环境质量是一对不可调和的矛盾，到认为通过适当的干预，可以在经济适度增长的同时改善环境质量并实现可持续发展。

（2）环境经济学不断开发并完善关于自然资源价值评估的理论与方法。这为优化配置资源、影响政府决策、提高公众意识等提供了基础和信息。

（3）环境经济学的研究与应用的中心正从发达国家转向发展中国

家。由于发展中国家在经济起飞与全球经济一体化中所面临的挑战，他们必须谨慎评估与选择其发展模式，以求增强其经济实力和改善国民福利。这使环境经济学有了更大的用武之地。

(4) 从以往仅注重不可再生资源而转向对各种自然资源的研究。一方面，因为可再生资源对于经济发展具有重要意义；另一方面，可再生资源管理的许多问题又都同经济增长模式及政策选择相关。同时，环境经济学还把环境消纳废物的能力（环境容量）也看做是一种可再生资源。并提出了有别于传统经济学的资源配置理论与方法。

(5) 从研究局部问题与区域性问题到探讨全球性问题。环境经济学在探讨全球共有资源的配置以及全球合作机制方面，有可能并正在发挥着日趋重要的作用。近年来，可持续发展经济学、全球变暖经济学等方面的专著相继出版。

（四）可持续发展推动着公众意识的提高

可持续发展意味着人的价值观与行为方式的变革，其实施也必然会推动以新的价值观为核心的公众意识的提高。中国政府各部门及社会团体举办了大量培训班，并通过各种媒介广泛普及可持续发展的思想。1996 年 12 月，原国家环保局、中宣部、原国家教委 3 部门联合发布了《全国环境宣传教育行动纲要（1996—2010)》。一些热心环保事业的非政府组织，如“自然之友”、“地球村”的活动越来越活跃。同国际接轨的“生态标志”、“ISO 14000”、“环境审计”、“绿色学校”等在中国正大力推广。当然，中国作为一个发展中国家，教育水平总体尚不高，环境保护与可持续发展意识仍需进一步加强。

二、近期关于可持续发展理论研究似应加强的重点内容

可持续发展尽管是一个翻译过来的新词，但其思想早已体现在

2 000 多年以前中国先民的典籍、法令与实践之中。中国当代的有关部门及知识分子，出于其自身的职责及其忧国忧民的情怀，一直十分关注可持续发展的进展。当《世界自然保护大纲》和《我们共同的未来》先后一出台，原国务院环境保护领导小组办公室和原国家环保局随即分别组织将其译出并传播。里约会议后，54 个部门联合编制了《中国 21 世纪议程》；一些部门与地方还分别编制了本部门、本地区的《21 世纪议程》；国家计委、国家科委、国家经贸委、国家环保局、中国科学院、北京大学、清华大学以及一些地方都分别编印过不少宣讲可持续发展的书籍，并分别组织过若干专题研究，中国可持续发展研究会和 21 世纪议程管理中心等也为此做了大量工作。这些对于推动可持续发展的传播与实施起到了重要作用。如果说，90 年代初，公众对可持续发展理论不了解、不理解，现在，相当多的人则对国内有关论著感到不满足、不解渴，或感到同正在进行中的大规模的实践不适应。这或许是由于近年来国内未能更有系统地、更有针对性地、投入更大地组织可持续发展的理论研究所致。

对于可持续发展的理论研究，近期应加强以下内容。

（一）关于中国未来的消费模式与经济结构

《21 世纪议程》指出，“全球环境不断恶化的主要原因是不可持续的消费和生产模式，尤其是工业化国家的这类模式。”要达到较好的环境质量和可持续发展目标，需要从根本上改变这类消费模式和经济结构，尽量减少浪费和最充分地利用资源。

1. 消费模式

现在，公众对于“白色污染”深恶痛绝，也开始拒绝某些“一次性消费”。但是，从温饱到小康，再从小康到更加富裕，究竟应该采取何种消费模式，似乎尚无清晰的构想和科学的规划。如，到人均 GDP

为 5 000 或 10 000 美元以上时，中国人将主要消费什么？是更讲究的吃喝？是到国外的旅游？还是私家的汽车？或豪华的住房？对于这样的消费，土地、道路、外汇、能源是否能承受？13 亿人到 15 亿人的被乘数将乘上未来何等水平的人均消费量？同时，工业、交通、建筑等的节能在中国究竟应达到何种程度？如何确保其实现？这些都应予深入研究。

2. 经济结构

作为世界上人口最多的一个发展中国家，在经济全球化中，究竟应该或者可能选择何种经济结构？重化工产业该发展到多大比例？加工工业应占多大比例？信息产业、环保产业、生命科学产业等新兴产业如何去占领全球市场的一定份额？循环经济如何具体设计和实施？服务行业该朝什么方向发展？教育或教育中的一部分究竟能不能作为一种产业来发展？这些对中国的可持续发展又将有何种影响？

（二）计量经济在可持续发展中的应用

并非任何经济活动都能产生出理想的社会效益和经济效益，尤其是当决策未曾考虑环境因素时，出现这种不经济性的情况将更加普遍。为了衡量可持续发展的实际进展，需要在资源消耗、环境污染等多方面进行计量经济学的分析。

1. 资源消耗的经济损失

在可持续发展方面，自然资源价格是否合理尤具重要意义。资源价格偏低，既不利于节约使用，也不利于环境保护。需要研究的是：什么样的资源价格是有利于环境的？现有资源价格是否包括了生产成本、环境成本和用户成本这 3 大要件？如何合理计算？中国环境与发展国际合作委员会曾组织力量对水、煤炭、原木等的定价进行过研究

（中国环境与发展国际合作委员会，1997），但尚需细化。

2. 环境污染的经济损失

80 年代以来，原国家环保局、中国社科院、世界银行、美国东西方中心、联合国大学以及国内外的一些学者曾对中国环境污染的经济损失进行过定量研究。结果表明，其占 GDP 的比例很高（表 2）。

表 2 关于中国环境问题经济损失的几项主要研究结果的比较

承担研究的单位或作者	研究基准年	环境污染损失		生态破坏损失		环境问题总损失	
		亿元	占 GDP 的%	亿元	占 GDP 的%	亿元	占 GDP 的%
过孝民、张惠勤	1983	381.55	6.75	497.52	8.9	883.08	15.6
金鉴明等	1985	—	—	1 039.52	12.47	—	—
中国社科院环发研究中心	1993	1 085.1	3.16	2 360.5	6.87	3 445.6	10.03
国家环保局政策研究中心	1992	1 096.5	4.5	—	—	—	—
美国东西方研究中心	1990	367	2.1	952.5	5.4	1 325	7.5
世界银行	1995	4 430	7.7	—	—	—	—
联合国大学及中国合作者	1993	—	—	—	—	—	8.92

资料来源：徐嵩龄，1998；Fu-Chen Luo et al.，1999。

环境污染经济损失的计算是一个很复杂的问题，世界银行曾有意向同中国合作开展深入研究，但投入较大，迄今尚未落实。

3. 环境影响评价的经济学分析

环境影响评价作为支持经济发展同时又保护环境的一项有力措施，早在 20 多年前就已从国外引进，并在 1979 年颁布的《中华人民共和国环境保护法（试行）》中做出过规定。通过环评的大量实践活动，确有很多方面值得总结与改进，如：不仅需要加强对具体开发项目的评价，还要开展对重大政策、战略和规划的评价；不仅应重视事前评价，还应进行事后评价等。同时，人们越来越深刻地认识到，环评内容中如果不加强经济分析的话，便不能得到有充分说服力的结果。但是，环境影响往往是很难进行量化的，更难以货币化。所以，经济分析始终是环评中的难题之一。对此，世界银行专著的新版本已出（Dixon，1997），新版的中译本将于 2001 年年初出版。当然，若能有结合国情的中国专著问世，无疑将更有意义。

4. 全球变暖

全球变暖的产生与应对，实际上都同经济增长模式及本国利益直接有关（佐和隆光，1999）。某些西方大国在签署《联合国气候变化框架公约》之后，迟迟不愿履行其义务，原因也在于此。近年来，关于全球变暖的经济学研究已经相当深入，对气候变化的各种情景及其对策的经济分析都有大量文献不断发表，但反映发展中国家的实际情况及其正当权益的研究仍十分缺乏。这应该作为理论研究的重点之一。

5. 循环经济中的生命周期分析

从循环经济的角度看，对一个经济系统的输入、输出及其环境影响评估，必须立足于整个过程和整个系统，而不仅仅涉及其中的某个环节或局部。生命周期分析是循环经济的理论基础与技术手段。它要求从物质与能量的整个流通过程，即从开采、加工、运输、使用、再循环、最终处置 6 个环节对系统的资源消耗与污染排放进行分析，从而得到全过程、全系统的物流、能流情况及其环境影响，由此评估该系统的优劣（褚大建，2000）。国外近年来对此发展很快，我国也应加强研究。

6. 下游用水户对上游居民保护水源的补偿

这是多年来关于生态环境补偿费中议论很多的一例，但至今尚未见到系统的研究，更谈不上成功的案例。而它对于从根本上克服水资源的不合理利用、解决中国严重的缺水问题、协调地区经济的均衡发展以及促进西部大开发，都有现实的与深远的意义，应该抓紧研究。

7. BOT 方式（建设—运营—转交）的规范化与法制化

BOT 是现代项目融资的一种常用方式，它有利于把民营企业的高效率引入公用事业项目，并能分散转移项目的风险；它有利于基础设施市场化的进程，促进污染治理的集约化、专业化和社会化，从而加快基础设施项目的建设。目前，我国应用 BOT 方式主要有以下 3 个领域：(1) 电厂，如来宾电厂、沙角 B 电厂、深圳电厂等；(2) 交通，如广州轻轨铁路、武汉铁路等；(3) 城市环境基础设施，如成都第六水厂、大闸污水厂等（卢家仪，1998）。但是，目前的运作方式都是逐个项目开展谈判，花费时间多、管理成本高、条款不规范。应当通过深入研究，支持主管部门及早形成合理的、可操作的规章，以确保各方的利益。

（三）衡量可持续发展的指标体系

为了衡量可持续发展的进展，需要建立合理的指标体系。目前国内外指标体系研究中的主要问题是：(1) 指标数量太多，不便操作；(2) 理论与实践脱节；(3) 数据来源有缺口，统计口径不统一；(4) 研究资金不足，案例研究缺乏。联合国可持续发展委员会曾提出过 CSD 指标体系，包括 134 个指标，并在 22 个国家进行过测试。最近，他们拟进行改革。国家环保总局、清华大学、北京大学等曾利用世界银行提出的“真实储蓄率”作为综合指标在山东烟台和福建三明进行过案例研究（指标体系研究组，1999）。该研究取得了可喜的成果，认为真实储蓄率有可能进行不同城市或地区的横向与纵向比较。其难点在于资源耗费经济损失和环境污染经济损失的主要源项的确定及计算。不同地区的资源种类与污染类型及其对当地的环境影响不同，如何使其规范化，需要仔细研究。

（四）绿色国民经济核算体系的设计与试行

对此，国内外已有不少研究成果及论著发表。总的看法是，可以做出一套绿色国民经济核算体系的设计，作为现行国民经济核算体系的一种补充。即需要有两本账，一本是体现可持续发展思想的、带有改革性的绿色核算体系，一本是同以往保持连续的、可以进行比对的现行核算体系。需要把已有研究成果进一步变成可操作的规章，可以考虑在某些计划建“生态省”的省份先行试点。

（五）全球资源管理的法理与伦理

“全球资源管理”在《世界无末日》（皮尔斯等，1996）等一些关于可持续发展的专著中列有专章讨论。但是，自然资源均位于各个主权国家的领土内，强调全球资源管理的法理依据是否充分，这是一个问题。同时，从全球环境问题的成因与应对来看，又可能无法回避全球资源管理的伦理问题，这是又一个问题。对于这两个问题，人们实际上已经面临了，但答案究竟是什么？

（六）八大全球环境问题及中国应采取的对策

联合国环境规划署、美国航天局和世界银行出版的《保护我们的地球，保护我们的未来》（Watson，1998）对全球环境问题共列出了 8 项：气候变化、平流层臭氧耗竭、生物多样性消失、森林砍伐及其非可持续性利用、荒漠化与土地退化、淡水退化、海洋环境与海洋资源退化、持久性的有机污染（POP）。其中，保护臭氧层看来进展较好，生物多样性稍差，而气候变化问题则进展甚微，联合国气候变化框架公约第六次缔约方大会（COP6）（2000 年 11 月，海牙）分歧很大，无果而终。其他 5 个问题也各有难度。这 8 个问题均宜在国家可持续发展协调领导小组的统一安排下，由主管部门具体组织，汇集有关领域的专家，保证足够的资金，有计划地、连续地、深入地开展研究。

（七）环境伦理学同中国国情的结合及其在中国的传播

国外的环境保护与可持续发展一开始就把伦理学作为其理论基础之一。在《美国环境百科全书》（Cunningham et al.，1998）和《绿色经典文库》（吉林人民出版社，1998）等著作中，都可以看到伦理学的重大影响。中国的科学家们及时注意到了环境与可持续发展中的伦理学问题。90 年代初，中国环境伦理学研究会在北京成立，一些国内学者编写的环境伦理学专著相继问世。最近，中国社会科学院杨通进等翻译的《环境伦理学》出版（罗尔斯顿，2000），该书论述了大自然的价值以及人对大自然的义务。陈锦华在《中国与可持续发展》一文中强调："当代人能为后代人留下什么样的基础，是当代人的崇高责任，是我们必须严肃对待的重大问题。现实的发展，应为未来的发展提供更具发展潜力和空间的基础，当代人不能一味地利己主义。从这种意义上理解，可持续发展是人类的伦理道德问题。"（陈锦华，2000）但是，多数关心或从事可持续发展的研究人员，更不用说普通群众，对可持续发展涉及的伦理学都了解甚少，迫切需要同中国国情相结合进行研究并予以传播。

（八）为实施可持续发展战略所需的能力建设

《21 世纪议程》对可持续发展的能力建设有过明确和全面的阐述："一个国家的可持续发展能力在很大程度上取决于在其生态和地理条件

下人民和体制的能力，具体地说，能力建设包括一个国家在人力、科学、技术、组织、机构和资源方面的能力的培养和增强。能力建设的基本目标就是提高对政策和发展模式评价和选择的能力，这个能力提高的过程是建立在其国家的人民对环境限制与发展需求之间关系的正确认识的基础上的。所有国家都有必要增强这个意义上的国家能力。”从中国现状来看，需要加强以下几方面的能力建设：(1) 可持续发展管理体系的能力建设；(2) 可持续发展监测统计系统与信息系统的能力建设；(3) 可持续发展科技支持的能力建设；(4) 可持续发展人力资源开发的能力建设；(5) 舆论监督与公众参与的能力建设。

四、希望与建议

1. 希望引起重视并切实加强的方面

(1) 密切注视国外发展的新动向，尽力吃透其实质内容，掌握其实施条件。

(2) 立足于中国大地，着眼于解决中国的实际问题，尤其是用可持续发展战略指导解决长远规划问题与地区发展中的若干政策问题。

(3) 从世界潮流与中国国情出发，利用环境经济学等工具，进行定量或半定量的研究，从经济分析中得出结论，并力求形成在实践中可操作的规章或规范。

(4) 对全球环境问题和环境伦理学要加强研究。

(5) 理论与实践并重，提高与普及并行。

2. 关于加强理论研究主要措施的建议

(1) 组织领导。在可持续发展理论研究方面，中国应该也有可能做出较大的贡献。建议国家可持续发展协调领导小组以及中国可持续发展研究会与中国 21 世纪议程管理中心等进一步加强组织领导，充分调动各方面的积极性。要支持有关部门、大学、研究院所结合任务与学科特点开展深入研究。

（2）经费保证。建议科技部将其列为国家发展战略的基础研究项目与重点应用研究项目，拨出足够的经费予以支持。研究课题可以进行招标。

（3）成果运用。鼓励各单位选择国内急需的有关可持续发展的课题，抓紧进行理论研究，尤其要鼓励结合理论研究的实地调查、案例研究和立法探索，以期将研究成果及早用于试点或推广。

（4）经验交流。建议《中国人口·资源与环境》从季刊及早改为双月刊或月刊；建议有关方面根据可能条件及时组织一些高水平的专题研讨会，进行学术交流。

参考文献

[1] Fu-Chen Luo et al. China's Sustainable Development Framework. Tokyo：United Nations University，1999.

[2] J. A Dixon. L. F. Scura，R. A Carpenter，P. B Sherman. Economic Analysis of Environmental Impacts（new edition）. London：Earthscan Publications Ltd.，1997.

[3] R. T. Watson，J. A. Dixon，S. P. Hamburg，et al. Protecting Our Plant，Securing Our Future. Nairobi：UNEP，Washington，D. C.，U.S.NASA，WB.

[4] 曹鉴燎，王旭东，郑奔. 可持续发展：我们共同的道路. 北京：经济科学出版社，2000.

[5] 陈锦华. 中国与可持续发展. 经济日报，2000-11-21.

[6] 褚大建. 从可持续发展到循环型经济. 世界环境，2000，3.

[7] 汉密尔顿，J. 迪克逊，谢剑，A.昆特. 里约后五年——环境政策的创新. 张庆丰，译. 张坤民，校. 北京：中国环境科学出版社，1998.

[8] 卢家仪，卢有杰．项目融资．北京：清华大学出版社，1998．

[9] 罗尔斯顿．环境伦理学．杨通进，译．许广明，校．北京：中国社会科学出版社，2000．

[10] 皮尔斯，J.沃福德．世界无末日——经济·环境与可持续发展．张世秋，译．张坤民，校．北京：中国财政经济出版社，1996．

[11] 曲格平．循环经济与环境保护．光明日报科技周刊，2000-11-20（B1）．

[12] 徐嵩龄．中国环境破坏的经济损失计量．北京，中国环境科学出版社，1998．

[13] 张坤民．可持续发展论．北京：中国环境科学出版社，1997．

[14] 张坤民，何时缚住苍龙——关于中国环境问题的几点断想//中国环境年鉴（1998）．北京：中国环境年鉴社．

[15] 张坤民，温宗国．中国的政策改革与环境保护．中国环境年鉴（2000）．北京：中国环境年鉴社，2000．

[16] 中国环境与发展国际合作委员会．中国自然资源定价研究．北京：中国环境科学出版社，1997．

[17] 中国城市可持续发展指标研究组．中国城市可持续发展指标体系研究手册．北京：中国环境科学出版社，1999．

[18] 佐和隆光．防止全球变暖——改变20世纪的经济体系．任文，译．张坤民，校．北京：中国环境科学出版社，1999．

可持续发展的科技能力建设：现状与对策*

1992 年联合国环境与发展大会之后，联合国机构和许多国家在可持续发展的能力建设方面进行了积极的探索。中国政府对此也非常重视，实施了一系列国际合作项目，开展了从中央到地方、由观念到行动的能力建设工作。目前，我国已确定了 8 个省、市共 16 个试点开展地方可持续发展能力建设的试点工作，建立了国家级社会发展实验区 34 个，地方省（市）设立的省级实验区 40 多个。“十五”期间，各部委将继续在可持续发展领域的法制建设、西部大开发、产业结构调整和人才培养等方面加强能力建设，为我国的可持续发展提供强有力的支持。可以说，可持续发展的能力建设是顺利实施《中国 21 世纪议程》、推动我国可持续发展战略实施的必要保证。

联合国《21 世纪议程》指出，“能力建设指的是一个国家在人力、科学、技术、组织、机构和资源方面的能力的培养与增强。”大量的理论与实践证明，科技能力是实施可持续发展的重要支撑力量。本文首先论述了科技能力对可持续发展的作用，然后分析我国的科技能力现状，最后提出了 21 世纪初加强我国科技能力建设的对策与建议。

---

* 本文写于 2001 年初，合写者为清华大学博士生王灿，刊于《环境保护》2001 年第 11 期，《新华文摘》全文转发于 2002 年第 3 期 154～157 页。

一、科技能力是实施可持续发展战略的根本保证

21 世纪上半叶，中国将把“国家经济发展指标的实现、国际竞争能力的提高、发展进程中主要“瓶颈”的突破、人民生活质量的改善、可持续发展能力的增强”5 大方面的全面实现，寄希望于中国科学技术实力的支持和带动。尤其是面临世界新一轮竞争迅速地转移到经济发展、智力资源、市场占有、科技能力等方向上，各国为夺取经济制高点和实现可持续发展，争相发展高新技术和关键技术，这已经成为国际社会的主流。在可持续发展战略的实施中，有关农业与粮食、人口与健康、资源与能源、生态与环境、效率与公平等的全面解决，必须从根本上依靠科技，特别是高科技的发展。

首先，科学技术是第一生产力，能够创造巨大的经济效益和社会效益。20 世纪 50 年代后，科技对国民经济增长的贡献越来越大。1991 年，世界银行对发展中国家的技术进步状况进行了分析，结果显示，技术进步对国内生产总值的贡献为 14.3%。而发达国家的科技进步对经济增长的贡献早已取代了资本与劳动，上升为首要位置，达到 60%～90%。1996 年 7 月，美国国家科学技术委员会提出《为了国家的利益发展技术》报告，该报告在总结过去几十年经济发展的经验后指出：“技术进步是决定经济是否持续增长的一个最重要的因素”，“技术和知识的增加占生产率增长的要素的 80%左右。”

其次，要使环境污染和生态破坏的趋势从整体上得到缓解和抑制，必须依靠科技进步。从可持续发展战略的高度考察，生态环境“瓶颈”的克服有赖于整体的技术变革。

再次，科学技术以多种方式推动了社会进步，是促使社会变迁的重要力量。如：科技水平的提高，可以以较少的成本生产较多的商品，从而使技术成为提高生活水平的主要动力；科学技术产生了过去从未

有过的工程师与技术人员的社会分工；科学技术导致的运输革命与通信革命，已经使各国在经济上产生了新的相互依赖和社会上新的相互影响。

世界银行《1998/1999 世界发展报告》专门以“知识与发展”为题。该报告强调：“知识对于发展是至关重要的，我们所做的一切事情都依赖于知识”，而这一点“对发展中国家提高其利用知识的能力的必要性来说，怎么强调也不过分”。中国长期以来，采用的是传统的速度型发展战略，经济增长速度虽快，但资源、能源的浪费大，既造成环境问题，也不能持续发展。我国社会经济发展面临的各种矛盾和难题，不论是调整产业结构，还是培育未来新的经济增长点；不论是提高市场竞争力，还是开拓新的市场空间，归根结底，有赖于科技水平和创新能力的提高。因此，依靠科技进步、快速提高我国的科技实力和整体水平，是实施可持续发展战略的根本途径。

二、中国的科技能力现状

1. 整体水平较低，依靠科技解决社会问题的能力不足

“九五”以来，在党中央和国务院的领导下，科技工作以提高经济竞争力和优化经济结构为重点，围绕国民经济和社会发展的热点、难点，通过各项科技计划的持续实施，取得了显著成就，推动了经济发展，增强了综合国力。但从整体技术水平看，中国落后于世界先进水平 20～30 年。中国农业技术的整体水平（机械化、电气化和规模经营等）相当于美国 20 世纪 60 年代以前的状况。工业技术仍很落后。据统计，中国工业生产设备役龄超过 30 年的达 32%，且大多数为 20 世纪五六十年代的水平。每生产 1 美元的国民生产总值，中国的能耗相当于德国的 4.97 倍，日本的 4.43 倍，英国的 2.97 倍，美国的 2.1 倍，

印度的 1.65 倍；当前，中国的劳动生产率只相当于美国的 1/12，日本的 1/11。

污染控制、资源开发和综合利用技术还不能有效地保护环境和提高资源的利用率。主要表现为：环境质量呈逐年恶化趋势；单位国内生产总值（GDP）的能源、资源消耗均高于发达国家；环保、医药和住宅产业在 GDP 中所占的比例很小，同经济增长速度不相称。例如，全世界环保产业的产值约为 3 000 亿美元，成为同信息、医药等相当的产业。每年以 5.5%的速度增长，而中国 1993 年环保产业的年产值只有 83 亿元人民币，1995 年为 331 亿元；1993 年，世界医药市场的销售额接近 2 000 亿美元，中国只有 64 亿元人民币。

科技对经济增长的贡献较小。据分析，1979—1992 年间，技术进步对产出增长速度的贡献为 24%左右。90 年代以来，我国科技水平有了较快的发展。据统计，农业科技进步对农业的贡献率由新中国成立初期的 20%上升到了现在的 42%，但对国民经济的贡献率仍只有 30%左右，远远低于发达国家的水平。

2. 企业科技竞争力不足

在 2000 年瑞士洛桑的《国际竞争力报告》中，中国科技竞争力排名再次下滑，由 25 位降至 28 位。在该报告构成科技要素的 26 个单项指标中，同企业技术创新直接相关的指标有 15 个，中国在这 15 项指标的排名普遍落后，一定程度上反映了我国企业的科技竞争能力与技术创新能力的薄弱。究其原因，是企业尚未成为科技开发的主体。我国企业研究与发展（R&D）投入仅占全国科技投入的 45%左右，同多数市场经济国家企业科技投入占全国科技投入的 70%～80%的情况相差甚远。中国大中型企业 R&D 经费占销售额的比重平均仅为 0.5%，而发达国家企业的这一指标一般为 3%左右，高技术企业则在 5%以上，有的达到 10%。另一个重要原因是人才紧缺。尽管中国科技人力资源总量居世界前列（排名第 4），但是，中国企业家仍然感到，在国内劳动力市场上合格的工程师与信息技术人才短缺，这是由于科技人才大量外流、人才结构不合理、教育方式及内容落后等所致。

3．科技产出能力较弱

1993—1998 年，中国企业与公民获得专利权数的年均增长率呈下降趋势，平均下降了 12.7%。专利授权的绝对数量也相对较小，以 1996 年为例，当年我国的专利授权量为 43 780 件，而我国台湾省就达到了 19 481 件，韩国是 11 409 件。在专利种类中，技术含量最高的发明专利比重很低，1997 年仅占专利授权量的 6.9%，这也反映出我国技术产出能力的薄弱。

4．技术引进有余而消化吸收不足

目前，我国仍存在着重引进、轻开发；重新建、轻改造等现象。在 1980—1995 年的 15 年间，大约花了 2 000 亿美元引进国外的设备与技术，从而有效地提高了生产能力。但是，中国的技术装备仍处于落后境地。据国家经贸委调查，截至 1994 年，中国企业装备达到国际水平的仅占 3%，达到国内先进水平的也不过 13%。技术引进对缩小同先进国家的差距相当重要，但引进后的自我开发、吸收和创新，则是赶上并超过技术先进国家的根本所在。我国在引进设备、技术方面投资很大，但对于消化吸收与创新则往往不能相应地加大投入，用于国内消化吸收与技术引进的资金比例不足 1：6，而日本、韩国的这一比例则高达 3：1。

5．科研经费的投入量不足，投入结构不尽合理

中国近年来的科技研发经费投入比重只有 0.6%～0.7%，大大低于发达国家的 2%～3%，也低于新兴工业化国家韩国与新加坡（1.5%～

2%)，甚至低于发展中国家的印度与巴西（0.9%～1%)，仅相当于发展中国家的平均水平。同时，我国基础研究经费在 R&D 支出中的比例，近年来只有 6%～7%的水平，大大低于德国、法国的 20%和美国、英国、日本等国 15%左右的水平。就基础研究在执行部门的分布来看，同多数国家的大学拥有较多基础研究经费的分配格局差距很大，我国大学分配到的基础研究经费较少，仅约 25%。

三、加强科技能力建设的对策

1. 建立技术创新机制

科技进步加速了全球经济一体化的进程。新技术群的不断兴起，广泛而深刻地影响到可持续发展的各个领域，极大地改变了世界经济竞争的本质与范围。技术创新的能力正在取代价格等传统因素，成为国际竞争最具决定性的因素。这一局势对各国的可持续发展提供了新的机遇和挑战。通过知识积累与技术创新活动，可以协调和解决经济与资源、环境的矛盾，使人类社会系统同周围的自然系统保持和谐。为此，当前需要开展以下工作。

（1）建立符合可持续发展的新的技术创新理论

传统的技术创新理论和活动忽视可持续发展目标，这是造成当今诸多环境问题的原因之一。技术创新过程包括技术评估、筛选、扩散、生产及管理，所有这些环节都应当从可持续发展角度进行评价和控制。有必要以可持续发展战略为指导，对此进行系统的分析和评价，提出新的体系和方法，建立新的理论。

（2）建立国家创新体系

1997 年，中国科学院提出《迎接知识经济时代，建设国家创新体系》报告，指出我国的发展战略应该从单纯的国家技术创新系统向国家创新体系转移，从工业化向工业化和知识化协调发展转移，并建议立即开始建设国家创新体系。目前，知识创新工程（中科院在试点）、技术创新工程（由国家经贸委组织）和“211”工程（由教育部组织）可以说是我国政府组织实施的三大“国家创新工程”，要通过试点工程逐步建立起国家创新体系。

（3）建立企业的技术创新体系

国际上的技术创新、成果转化、实现产业化并立足于市场竞争，已经由以政府投入为主，迅速转移到以企业投入为主。只有把技术创新的主体真正落实到企业层次，才能有效地发挥科技进步的支撑作用。

2. 实施“技术跨越”发展策略

对国内外若干支柱产业的发展动向与“绿色”趋势进行密切跟踪，超前布局，真正实现“跨越式”发展，这是我国追赶发达国家的必由之路。我国在六七十年代，大胆实行技术跨越，成功地研制了“两弹一星”；90 年代后期，在纳米技术、转基因技术、正负电子对撞机、同步辐射加速器、重离子加速器方面，同样取得了一大批成果，达到或接近国际领先水平；与我国同属发展中国家的马尔代夫、毛里求斯等国家，直接采用新技术，一步跨越了金属导线和信号模拟阶段，在电信网络数字化领域取得了后来居上的成绩。

我国在实施技术跨越发展方面具有一些现实的优势，如：改革开放使我国有了更多的渠道去学习、吸收国际的先进技术；具有后发展优势，可根据国情与需要，直接从较高起点上跨越；有一大批优秀科技人才；综合国力增强，在集中力量办大事上比以往任何时候都好得多。为切实有效地实施技术跨越发展，应注意加强国家的宏观部署、确立优先领域，并做好相关的教育培训等能力建设。

3. 制定有利于科技进步的政策措施

政府通过行政、经济和法律手段积极地促进科技能力建设，对加快科技进步、提高科技水平十分重要。

（1）以产业技术升级和关键技术为龙头，调整科技力量的组织方式

我国原有的科技管理是按照研究开发、试验生产、扩散推广等阶段分层设置的，各个阶段又分属不同部门。这种彼此隔离、相互脱节的状况，严重妨碍科技进步。实行以产业技术升级和关键技术为龙头、以大项目为突破口的运作体系，是国际上通行的做法，如美国的阿波罗登月计划、信息高速公路计划，欧洲的尤里卡计划等，其优点是总目标明确，同各子项目间能够形成较强的关联，并建立起较严格的反馈调整系统。根据需要设置若干重大项目，便于发挥国家的整体优势，打破部门分割，促进科技成果直接转换为生产力。

（2）拓宽筹资渠道，解决科技投入不足问题

增加财政对科技的投入，使政府对科技的投入高于财政支出的增长幅度；积极拓宽筹资渠道，提高企业科技研究与开发投入的比重；突出重点，缩小国家技改投资覆盖面，加大关键领域的投资强度；对亏损企业拍卖或租赁所得收入可用于同类行业的技改投入；增设产业发展基金，增加从社会的直接筹资规模；建立健全适应高技术产业发展的投融资体系，加快建立其风险投资机制。

（3）加强国际科学技术合作，积极参与有关的国际规则的制定与实施

现代科技发展的综合性与复杂性使一些大型科技项目必须采取国际合作的形式。应该在保持和加强自主研究开发基础的前提下，积极参与国际合作，分享和吸纳国外先进技术与知识，以增强我国的创新能力；积极参与电子贸易、信息技术产品贸易、国际知识产权以及新产品技术标准等一些新规则的制定，争取制定一些对我国更为有利的

条件或规定，避免陷入被动，受制于人。

4. 建立可持续发展的技术支撑体系

世界资源研究所原所长J. 斯佩思说：“我们必须抛弃20世纪的技术，迅速采用21世纪的技术。我们在环境方面的宿敌——现代技术——应当成为我们的朋友……只有技术能拯救我们。关键问题是：应当采用哪些技术？”目前对可持续发展的技术支撑体系尚无严格的分类和归纳。世界资源研究所的学者在文献调研与专家采访的基础上，列举了12个对环境可持续发展具有重要意义的技术领域；日本在其《新阳光计划》中，提出开发太阳能电池、沥青煤炭液化等10余种实用技术，以提高能源及其他自然资源的利用效率，减少环境破坏。根据中国特点，可持续发展的技术支撑体系应着重加强以下几方面的建设：

（1）环境无害化技术

环境无害化技术主要是指预防污染的少废或无废的工艺技术和产品技术，也包括治理污染的末端技术。1997年，中国组建环境无害化技术转移中心（CESTT）；1998年10月，该中心全面运作，推动环境无害化技术的转移和应用。不过，很多企业仍然缺乏识别、评价、消化和应用环境无害化技术的能力，其推广和应用工作仍需加强。

（2）资源综合利用技术

在国家政策的鼓励与引导下，我国资源综合利用规模不断扩大，技术水平不断提高，取得了较好的经济效益、环境效益和社会效益。面向21世纪，应进一步拓宽途径，重点开发一批用量大、成本低、附加值高、效益好的技术。

（3）能源技术

主要包括洁净能源技术、新能源技术、高能效技术3个方面。洁净能源技术主要是洁净煤技术和洁净核能技术。新能源技术包括太阳能、生物质能、风能、海洋能、地热能和氢能等，它们的研发与推广将为可持续发展提供广阔的前景。在能源利用效率方面，全世界有66%的能源被白白浪费掉。同时，我国的能源利用效率同发达国家比还有很大差距。因此，高能效技术将是我国21世纪的重要技术。

5. 组织涉及可持续发展的若干重大问题的研究

“九五”期间，我国开展了许多针对可持续发展的科学研究、技术开发和政策研究工作。科技部专门设立了《中国21世纪可持续发展专项行动计划》，还专门设立了“中国可持续发展能力建设”课题。从1996年到1999年，国家有关部门开展了可持续发展重大战略和政策、可持续发展科技专项行动、促进可持续发展的税收政策、可持续发展态势分析和可持续发展指标体系等专题研究，同时，还编写了《中华人民共和国可持续发展国家报告》。

为了有效地提高对于可持续发展的科技支撑能力，还需要进一步组织如下若干重大问题的研究：（1）开展关于环境污染与生态破坏的经济损失的定量研究，尽快在一些部门和地区试行资源环境核算制度；（2）开展同能源与环境问题相关联的人体健康、气候变化、国家安全、未来发展等多视角的综合研究；（3）逐步建立可持续发展风险评估系统。

指标：监测城市生态可持续发展的重要手段*

一、引言

当前，创建可持续发展的生态城市正成为国内外的热点之一。1972年6月，联合国在斯德哥尔摩召开了第一次人类环境会议，会议发表的《人类环境宣言》提出，“人类的定居和城市化工作必须加以规划，以避免对环境的不良影响，并为大家取得社会、经济和环境三方面的最大利益。”生态城市令人向往，其概念与实践都在积极探索之中。

1975年，美国生态学家瑞吉斯特（R. Register）等人成立了“生态城市建设者”组织，在他和其他人的推动下，先后召开过5届国际生态城市大会，在全球产生了广泛的影响。在马世骏、王如松等中国学者和前苏联城市生态学家亚尼茨基（O.Yanitsky）、澳大利亚社区活动家恩格维特（D. Engwicht）等众多专家的努力下，生态城市研究得到了蓬勃发展，其内涵不断得到丰富。

联合国环境规划署、联合国人居中心、亚太经济合作组织（APEC）等国际机构都曾推出过一些可持续城市发展计划方案，投入了不少人力、财力开展研究。从霍华德（E. Howard）1903年设计的田园城市（英

* 本文是作者于2002年8月在第5届国际生态城市大会（深圳）上的报告，合写者为温宗国、杜斌、宋国君，收入该届会议文集。

格兰的莱奇沃思和韦林）到近年来印度的班加罗尔，巴西的库里蒂巴和桑托斯市，澳大利亚的怀阿拉市，新西兰的怀塔克尔市，丹麦的哥本哈根市，美国的伯克里、克利夫兰和波特兰都市区等，国际上都在探索生态城市的内涵及其建设。我国的江西宜春、安徽马鞍山、山东烟台和日照、江苏扬州和特大城市上海、广州等，也都在不同程度上开展过有关生态城市的研究、规划与建设。

但是，迄今为止，全球还没有一个公认的真正意义上的生态城市，甚至对于生态城市也还没有一个公认的定义和清晰的概念。通过理论探讨和若干实践，人们开始逐步认识到，建设可持续发展的生态城市，这是一个渐进的过程。生态城市同经济、社会和环境的可持续发展密切相关；生态城市绝非仅仅是一种理想或愿望，而是通过努力可以逐步实现的目标。

二、生态可持续发展指标体系的功能和意义

生态城市应能实现经济发展、社会进步和生态保护的相互协调，以及物资流、能量流、信息流的高效利用。只有在生态系统限度内发展的生态城市才是可持续发展的。因此，可持续发展必然也是生态城市的一个明显标志。

评估一个国家、地区和城市所用的指标体系，至少应该起到 3 种工具的作用。一是作为描述性工具，将可持续发展的概念变成有实际意义的内容；二是作为导向型工具，通过政策导向，尽力影响到各方面的思想和行为；三是作为业绩评价工具，它可以衡量为实现可持续发展目标而做的努力是否取得成效。

生态城市不能自封，也不能抽象化，它需要建立一套可监测、可比较的指标体系，以便为决策者与公众提供决策依据的信息和发展趋势的信息，起到导向作用。当前，全球关于国家或地区的可持续发展

指标体系的研究正在继续进展中，而关于城市生态可持续发展指标的研究则尚处于概念性层次上。尽管面临困难，但这是一个无可回避的问题，因此，国内外都在结合本地的特点努力进行研究。

三、对国内外生态可持续发展指标体系和评价模型的调研

1. 国内外现有可持续发展指标体系的进展

1992 年以来，许多国际机构、非政府组织以及一些国家都提出了各自的指标体系。如：联合国可持续发展委员会（UNCSD）的“驱动力—状态—响应”（DSR）指标体系、联合国统计局（UNSTAT）的可持续发展指标体系框架（FISD）、国际科学联合会环境问题科学委员会（SCOPE）的可持续发展指标体系等。同时，在国际、国家、地区和部门等不同层次的可持续发展指标体系也不断涌现。在地区一级，具代表性的有加拿大的阿尔伯达省、美国俄勒冈州等。在城市和社区一级，美国、英国、丹麦、挪威等国都分别提出了典型的“可持续发展城市”或“绿色城市”的指标。如美国的西雅图建立了社区可持续发展指标体系。

此外，国外近年来提出了一些新思路：采用综合的集成指数方法，开发“可替代指数”，反映可持续发展的不同侧面，弥补广泛使用的经济指数所遗漏的范围。它是高度集成的，结合了能够描述机构、地区或经济部门业绩的最重要的指标，通常可把复杂系统简化为一个数值，这对决策者很有用。例如，已经开发了如下一些可替代性指数，逐步为人所知：（1）人类发展指数（Human Development Index，HDI）；（2）可持续发展指数（Sustainable Process Index，SPI）；（3）社会发展指数（Social Progress Index）；（4）可持续发展经济福利指数（Index for Sustainable Economic Welfare，ISEW）；（5）单位服务的物质投入

(Material Input Per Service Unit)；(6) 生态足迹 (Ecological Footprint, EF) 等。

中国的一些政府部门和研究机构在可持续发展指标体系上也开展了相当的研究和实践，并在不断深入中。如一些部门提出的全国或省市可持续发展指标体系，在不同层次和不同地区取得了一些成果，但迄今尚无一致公认的中国可持续发展指标体系。在以城市为背景的指标体系研究中，上海市曾对若干国际大都市的经济、社会、环境指标做过比较系统的调查。广州市计委于 2001 年提出了生态城市指标体系，包括生态城市规划指标体系和生态城市评价指标体系。国家环保局在城市环境指标方面及其考核曾做过较长时间的探索，分别于 20 世纪 80 年代末和 90 年代末制定实施了《城市环境综合整治定量考核指标》和《环境保护模范城市考核指标》。国家环保总局于 2002 年 7 月发布了《国家环境优美城镇考核指标》。此外，宜春、南宁、北京、扬州、日照等市也都做过有益的探索工作。

2. 现有可持续发展评价模型评述

根据方法学来分类，现有可持续发展评价模型主要有 3 类，这些模型测量的角度不一，在方法学上都各有其不可避免的缺点。

(1) 系统工程的理论与方法。联合国可持续发展委员会的指标体系、普芮思考特-阿兰 (Prescott-Allen，1995) 提出的"可持续性晴雨表"(Barometer of Sustainability) 模型、中国科学院可持续发展研究组 (牛文元，1999) 提出的"中国可持续发展指标体系"等，都是用系统工程理论与方法构建指标体系的代表。他们一般都采用综合评价方法进行分析与计算。由于指标体系内涉及的不同指标在规模与量纲上都有很大的差异，描述的对象也不一致。因此，这类方法的主要问题在于数据的集合和指标的综合。

(2) 货币化评价。以世界银行的"国民财富 (或真实储蓄)"指标，以及当前一些发达国家为修正国民经济核算体系而建立的指标体系，即“绿色净国内生产总值”（绿色 GDP），其中以达莱等（Daly，1989）提出的“可持续经济福利指数”（ISEW）和考勃等（Cobb，1995）提出的“真实发展指标”（GPI）为代表。货币化技术在评估可持续发展时存在着如下缺陷：① 价格不能真实反映自然资源的稀缺性；② 难以确定贴现率，资源消耗不可逆；③ 自然资产和人造资产之间难以替代和互补。

（3）生物物理量衡量。以瓦克纳戈尔（Wackernagel）等提出的“生态足迹”模型为代表。把生态足迹模型的计算结果同自然资产提供生态服务的能力相比较，即能反映出在特定条件下，社会经济活动同生态承载力间的差距。但是，它只反映经济决策对环境的影响，而忽略了土地利用中的其他重要影响因素，如城市化、污染和侵蚀等造成的土地退化情况等。

四、城市可持续发展评估及生态可持续发展指标体系设计的技术路线

我们采用国外比较有代表性的 5 个模型进行测量对比：基于经济学的货币化模型——（1）环境近似调整后的国内生产净值（Approx Environmental-Adjusted Net Domestic Product，AEANDP）和（2）真实储蓄率（Genuine Saving Rate，GSR）；基于生态学的模型——（3）生态足迹（Eco-Footprint，EF）；基于社会政治学的指标——（4）真实发展指数（Genuine Progress Indicator，GPI）和（5）可持续经济福利指数（Index of Sustainable Economic Welfare，ISEW）。这 5 个模型分别从经济学、生态学和社会政治学的不同角度进行研究，可以覆盖城市可持续发展的主要方面。

表 1　用于分析城市现状的几种国际上相对比较成熟的衡量可持续发展的方法

类别	方法	度量标准	特点
经济	GSR（真实储蓄率）	百分比	弱可持续性检验：国民经济如果能够使其储蓄增长大于人造资本和自然资本的贬值，那它就是可持续性的
	AEANDP（环境近似调整后的国内生产净值）	货币	对传统的国民经济核算体系进行修正，给自然资源定价，并考虑环境损失。若 AEANNP 降低，则社会收入的可持续性水平也降低
生态	EF（生态足迹）	土地面积	强可持续性检验：计算在一定的人口和经济规模条件下，维持资源消费和废弃物吸收所必需的生物生产面积和区域范围所能提供的生物生产面积，进行比较，由此判断一个国家或区域的生产消费活动是否处于当地生态系统承载力范围内
社会	ISEW（可持续经济福利指数）	货币	反映可持续发展的经济福利的衡量方法，衡量社会成员的生活质量
政治	GPI（真实发展指数）	货币	包含社会、经济和环境 3 个账户的核算，分析各自的效益和成本，从而衡量区域的可持续发展水平

在对城市的生态、经济、社会分析的基础上，通过指标筛选与比较，提出一套基本适合案例城市情况的城市生态可持续发展指标(ESDI)，并建立起综合评价方法。步骤如下：

（1）根据指标体系设计，收集和整理 5 个子系统在分析时间段内的基本数据；

（2）对各个子系统的指标数据进行标准化；

（3）根据上一步结果，对资源（R）、环境（A）、经济（E）、社会（S）和体制（I）5 个子系统，运用主成分分析方法确定每个子系统在各个年份的综合发展水平 L。

（4）对各个子系统的 L 值采用平均权重进行加权综合。在得出该数值之后，对结果进行分析，对可持续发展水平进行评价。

五、城市可持续发展评估及生态可持续发展指标体系设计的案例研究

针对城市可持续发展的评估及生态可持续发展指标体系的设计，本研究对 C 市进行了案例研究。采用 C 市 1991—2000 年间的数据，按照多学科多模型进行评估的思路，除了采用较有代表性的 5 个模型进行计算对比外，还通过本研究所建立的指标体系进行衡量（图 1）。

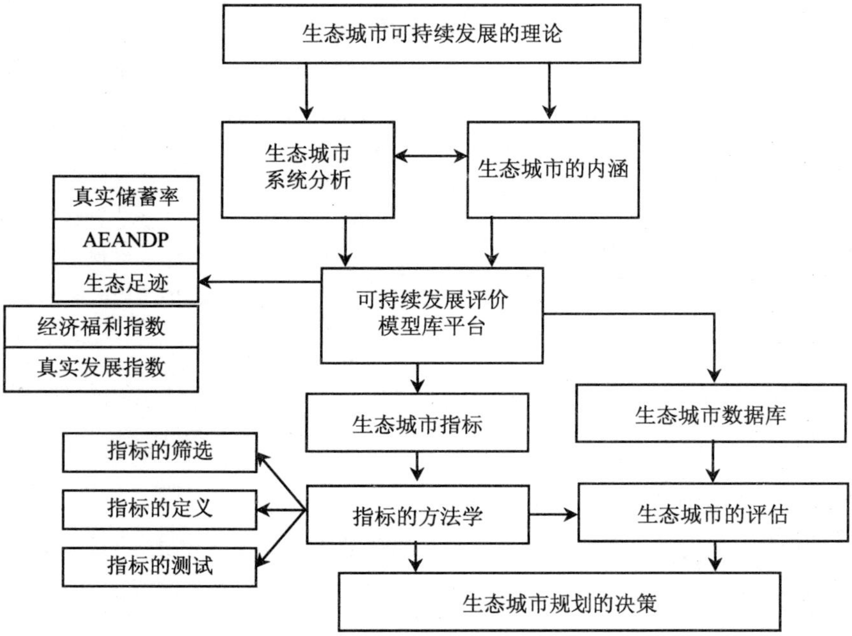

图 1　研究的技术路线

(一)城市可持续发展评估

1. AEANDP(环境近似调整后的国民生产净值)

AEANDP 是总资本(人造资本加自然资本)存量减去当年付出的环境补偿量。如果资本存量增加或者技术进步,AEANDP 都会有所提高。若 AEANDP 降低,则社会收入的可持续性水平也降低。本研究中的 AEANDP 由 GDP 扣除 3 项后计算得出,这 3 项分别为:经济过程中所消耗的人造资本折旧、环境资源折旧和环境污染损失。

对 C 市的测算结果表明,AEANDP 逐年增长,在 GDP 中的比例保持在 70%~80%,大体上与 GDP 保持同步增长。表明该市通过了“弱”可持续性检验(图 2)。

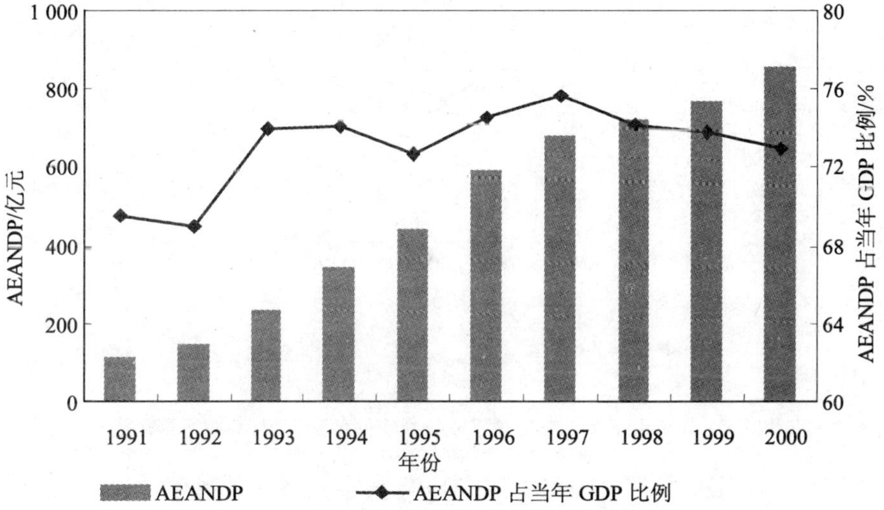

图 2 C 市 1991—2000 年 AEANDP 计算值

2. GSR(真实储蓄率)

1995 年,世界银行在其研究报告《环境进展的监测》中提出了真实储蓄率的概念，即考虑一国和地区在自然资源损耗和环境污染损害之后真实的储蓄率，并以此作为衡量国民经济发展状况及潜力的一个新指标。其政策含义在于：持续负的真实储蓄最终必将导致福利的下降。

从 GDP 中减去社会消费、私人消费和国外借款，得到某城市在统计期内的总储蓄；从总储蓄中扣除产品资本的折旧，可以得到净储蓄，因此，以净储蓄为基础，从中扣除自然资源的折旧，以及环境污染对国民经济所造成的损害，再减去一些长期环境影响造成的损失（如 CO_2 排放和消耗臭氧层物质 ODS 的排放等），从而可以得到一个城市的真实储蓄。而真实储蓄除以 GDP 就得到了真实储蓄率。

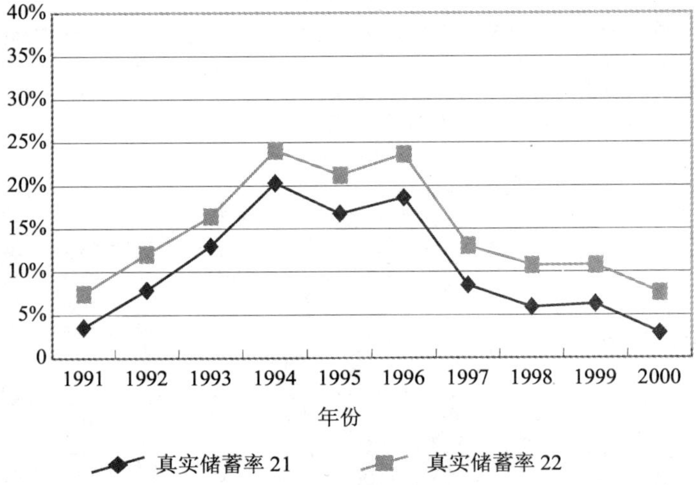

注：真实储蓄率 21 计算中采用污染损失下限；真实储蓄率 22 计算中采用污染损失上限。

图 3　C 市 1991—2000 年真实储蓄率计算值

计算结果表明，尽管 C 市的真实储蓄率值较高，且未出现负值，但其发展趋势在近 5 年来是逐渐降低的（图 3）。其总储蓄值高的重要原因是由于 C 市的全社会总消费较低，因而总投资较高所造成的。可以认为，目前 C 市还处于可持续状态，但朝向不可持续状态转变的可能性极大。

3. EF（生态足迹）

生态足迹模型是由加拿大生态经济学家威廉（William）及其博士生瓦克纳戈尔（Wackernagel）于 90 年代初提出的。它从生态学角度出发，主要用来计算在一定的人口与经济规模条件下，维持资源消费和废物消纳所必需的生物生产面积（Biologically productive area）。将其同国家或区域范围内所能提供的生物生产面积相比较，就能够判断一个国家或地区的生产消费活动是否处于当地的生态系统承载力范围之内。当一个地区的生态承载力小于生态足迹时，即出现“生态赤字”。

经计算，C 市 1991—2000 各年的生态足迹结果显示在图 4 中，可以直观地看出其生态足迹增长很快，反映了 C 市属于资源消耗型的经济增长模式。C 市人均生态承载力很小，为 0.28 hm^2，从而生态赤字很大，2000 年达到 3.55 hm^2。生态赤字表明该地区的人类负荷超过其生态容量，要满足其人口在现有生活水平下的消费需求，该地区要么从地区外进口所欠缺的资源以平衡生态足迹，要么通过消耗自身的自然资本来弥补供给流量的不足。这都反映该地区的发展模式处于相对的生态不可持续状态（图 4）。

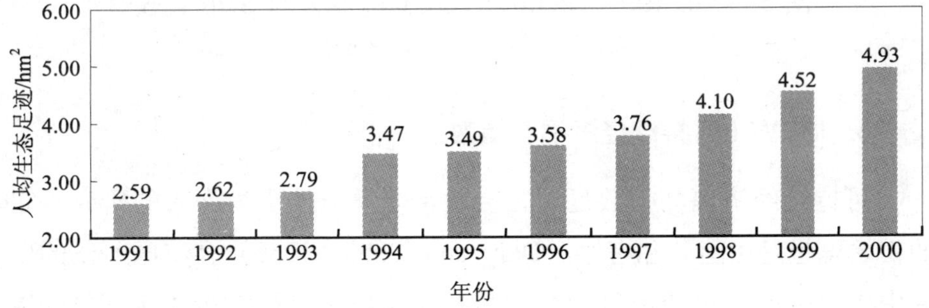

图 4　C 市 1991—2000 年人均生态足迹及构成

4. GPI（真实发展指数）

真实发展指数于 1995 年由 Redefining Progress 首先提出，并在美国、加拿大和英国得到应用。GPI 包含社会、经济和环境 3 个账户，从个人消费开始，做了重大的调整。它修正了一些因子（如收入不均指数），增加了一部分价值（如家务劳动的价值），减去了一部分成本（如犯罪和污染的成本）。C 市的 GPI 计算值表明，C 市的 GDP 连年高速增长，GPI 总量也以较低的速度在上升。单看 C 市这 10 年，可以说是处于可持续发展状态，但其总体水平呈下降趋势，发展质量有待改善（图 5）。

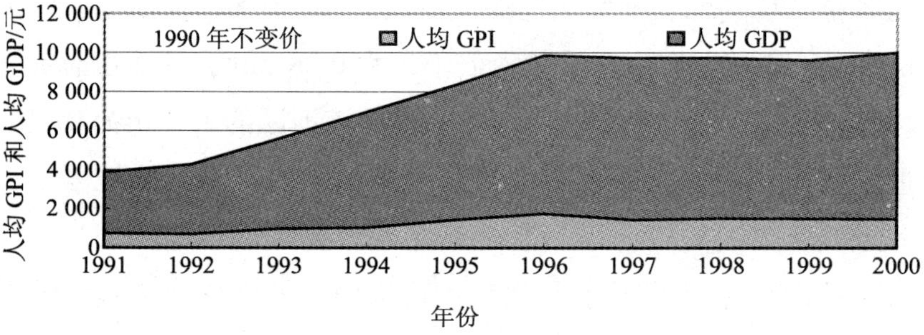

图 5 C 市 1991—2000 年人均 GPI 和人均 GDP 比较

5. ISEW（可持续经济福利指数）

可持续经济福利指数是对社会政治测量方法更为深入的研究，它的初始思想是由达莱和考勃（Daly and Cobb，1989）在美国所做的研究中提出来的，用于衡量社会成员的生活质量。研究中采用的 ISEW 通过如下方式计算所得：

ISEW＝个人消费＋非防护支出＋资产构成－防护支出－环境损害

费用－自然资产折旧

案例研究表明，C 市在 1991—2000 年这 10 年中的 ISEW 计算值总体上呈增长趋势，反映了其净社会福利的增加和居民生活质量的提高。但是，ISEW 的增长低于 GDP 的增长，发展比较缓慢，且在近几年持平或略呈下降的趋势，形势不容乐观（图 6）。

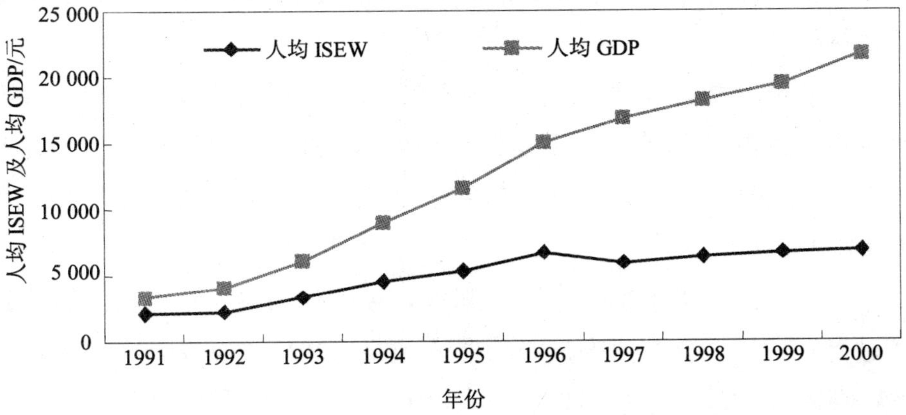

图 6　C 市 1991—2000 年人均 ISEW 和人均 GDP（当年价）变化趋势

6. 案例城市可持续发展评估

表 2 给出了 C 市通过模型计算与研究的结果。

表 2　C 市是可持续的吗？

研究角度	模型及指数	测量单位	可持续	边缘可持续	不可持续
经济学	AEANDP	万元	是	—	不是
经济学	GSR	百分率	不是	是	—
生态学	EF	hm^2/人	不是	—	—
社会政治学	GPI	元	是	—	—
社会政治学	ISEW	元	是	—	—

第一，经济学模型之一——环境近似调整的国内生产总值（AEANDP）测量表明，C 市整体的 AEANDP 是可持续的。但是，经济学模型之二——真实储蓄率（GSR）测量表明，C 市不是可持续的。

第二，生态学模型生态足迹表明，C 市目前已远远超出了它的承载能力。很清楚，以目前的能源和食物消费方式，C 市将是不可持续的。即，如果让目前的自然资源使用模式继续下去，C 市的承载能力必将是不可持续的。

第三，从社会政治学的两个模型：真实发展指数（GPI）和可持续经济福利指数（ISEW）的测试结果来看，大体属于可持续。尽管近年来 GDP 增长明显，但是 GPI 和 ISEW 上升不快，近年来持平，甚至略有下降的趋势。

可见，C 市当代人生活还不错，但要确保后代人至少同他们的父辈过得一样好，就必须降低所消耗的能源与其他资源量。这意味着环境资源应当更有效地使用和审慎地保护。

（二）案例城市生态可持续发展指标体系（ESDI）的建立及评估

根据指标体系的方法学，通过指标的筛选与测试，本研究设计了案例城市的城市生态可持续发展指标体系（ESDI）。该体系总共包括 5 个子系统，35 个指标，74 个变量。通过多指标综合评价方法，用该体系对 C 市 1996—2000 年间的城市生态可持续发展进行了测算。

根据所采用的计算方法和因子分析的最后结果，其特征根和相关系数均相当理想，置信度较高，提取之后都在 98%以上，表明该套指标体系能较好地反映城市生态可持续发展的水平（图 7）。

图 7 表明，5 个子系统的综合发展水平是在逐年提高的，且其发展速率相对平衡，但是，环境支持系统需要进一步加强。

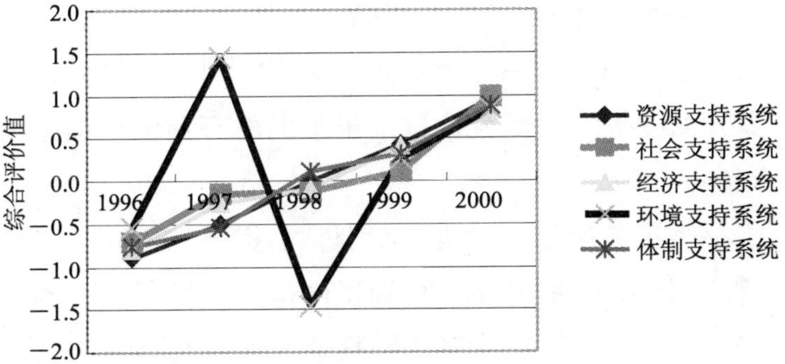

图 7　各个子系统的综合发展水平

雷达图能够反映不同系统的综合发展水平。结果表明，虽然在此期间，C 市各个子系统的发展的协调程度有一定的波动，但总体质量在不断改善。在 2000 年，各个子系统的协调发展程度较为理想，这十分有利于 C 市的可持续发展（图 8）。

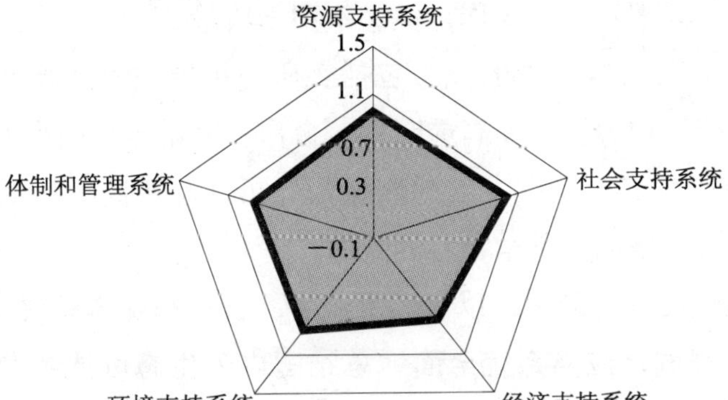

图 8　C 市 2000 年各子系统发展水平

六、结论

通过对国内外相关模型的调研，我们认为，可持续发展的测量应当采用多学科多模型评价方法。基本结论如下：

（1）目前若单用一个指标来测量，看来不可靠。可持续发展本身就是一个多方面的概念。而且，目前采用的所有指标在理论和实践上都有一定的缺陷。

（2）指标表征着所研究阶段的状况，但因方法不同，结论会有所差异。不同的指标向决策者和公众提供的信息类型不同。例如，真实储蓄率（GSR）关注各种资本形式的投资，而生态测量法（如生态足迹 EF、净初级生产力 NPP/C）关注的是能源需求。

（3）采用的所有指标在理论与实践上都各有缺陷，使用时要理解其弱点。如果从强调可持续性角度思考，基于货币化估价的指标体系并不能真正反映发展的持续性。但是，扣除环境成本仍是一种有益的尝试。基于系统工程理论与方法的指标体系，其结构过于复杂，操作性不强。而采用具体的生物物理量的衡量指标，由于不是采用货币化估值，比较容易理解和可操作，但又不便于决策。

（4）生态可持续发展的概念包括实质（扩展的时间跨度、规模更大的复杂系统）和过程（提高透明度、合作和舆论等）两个方面。

（5）对于生态可持续发展的测量与分析，从不同学科角度采取多模型评价，看来是比较科学和有创新的。

（6）指标要尽量简单，以便同决策者、公众和媒体有效沟通。

本研究强调，应当系统全面地总结国内外生态可持续发展指标体系和评价模型研究成果的优缺点，应用系统分析的方法，结合目标城市的特点，兼顾国内外城市的可比性，大力开展案例研究，从而得出可操作的、规范的指标及其统计方法，以利于科学地监测和评估城市可持续发展的状态和趋势，为城市政府和各级管理部门提供决策支持。

第四篇

在应对气候变化的背景下
实现可持续发展

坚持里约会议精神，走可持续发展之路*

——联合国第 19 次特别大会回顾

1997 年 6 月 28 日凌晨，为综合审议环境与发展问题而召开的联合国第 19 次特别大会在纽约总部降下了帷幕。本次会议的主题是审议 5 年前，即 1992 年在里约召开的联合国环境与发展大会通过的《里约宣言》和《21 世纪议程》的执行情况，为今后跨世纪的环境与发展国际合作注入新动力。

一、被称为“第二次地球高峰会议”的特别联大

联合国大会除每年举行一届例会外，经安理会或联大决定，或应半数成员国请求，或应一个成员国请求而得到半数以上成员国同意，可以召开特别联大或紧急特别联大，迄今为止已经举行过 18 次。本届联大是根据《21 世纪议程》有关中期评审的要求和 1996 年联大的决定而召开的。

本次特别联大得到了各国的普遍重视，共有 160 多个国家派团与会，共中 53 位团长是政府首脑级的（总统、副总统、总理、王储等），其他则为部长以上的高级官员。此外，还有约 70 个政府间组织和非政

---

* 本文写于 1997 年 7 月，合写者为博士生何雪炀，刊于《世界环境》1997 年第 3 期 5～7 页。

府组织作为观察员参加。从 6 月 23 日到 27 日，5 天时间内，各国代表团团长在大会发言中，回顾和评论了 5 年来本国和国际社会在执行《21 世纪议程》过程中取得的进展和存在的不足，对若干影响可持续发展的重大问题发表意见。同时，对在今年 4 月份联合国可持续发展委员会第 5 次会议上尚未取得一致的特别联大文件，继续进行谈判和磋商。

据联合国新闻发言人透露，本次特别联大原拟于 27 日通过一项包括 26 点内容的《政治声明》后闭幕，但由于争议颇大，经通宵磋商仍未达成一致，只得放弃。而对大会的最后文件的讨论，又在一些问题上发生分歧，以致闭幕推迟。最后，大会通过了题为《〈21 世纪议程〉进一步实施计划》的总结性文件，包括“承诺声明”、“进展评估”、“亟待行动的领域”和“国际机制安排”4 个部分。其中，“承诺声明”最后是以“77 国集团加中国”建议的文案为基础，经全体协商一致通过的，其中重申了《里约宣言》的所有原则和《21 世纪议程》的全部义务，明确强调不能对《21 世纪议程》重开谈判或有选择性地实施。

可见，被新闻媒介和某些团体称作“第二次地球高峰会议”的特别联大，面临着比上一次高峰会议更加不容乐观的形势。在此，有必要对 5 年前第一次高峰会议作一个简要回顾。

1992 年 6 月 3 日至 14 日，联合国环境与发展大会（UNCED）在巴西里约热内卢召开，期间，12 日至 13 日举行了首脑会议。170 多个国家的代表团、102 位国家元首或政府首脑以及联合国机构和国际组织的代表与会，这是联合国成立以来规模最大、级别最高、筹备时间最长、影响十分深远的一次盛会，是人类环境与发展史上的一座里程碑。通过各国，特别是广大发展中国家的不懈努力，这次盛会取得了重要成果。会议通过了《里约环境与发展宣言》《21 世纪议程》以及《关于森林问题的原则声明》3 个纲领性文件，《气候变化框架公约》和《生物多样性公约》开放签字。通过会议，国际社会就环境与发展密不可分、为了生存必须结成“新的全球伙伴关系”等达成共识，接受了体现可持续发展思想的重要纲领，即《里约宣言》和《21 世纪议程》，明确了发达国家与广大发展中国家“共同但有区别的责任”。会议一致同意把发达国家对全球环境恶化负有主要责任、应当提供“新的额外的资金”作为官方发展援助（ODA）并以优惠条件向发展中国家转让有益于环境的技术等重要原则写入文件。

UNCED 前后，许多有识之士纷纷指出，会议文件的通过并不是最终目的，更重要的是付诸实施。美国报业编辑学会主席西摩·托平在大会前夕指出，“在《地球宪章》（里约宣言）上取得一致的背后，隐藏着南北双方艰难地讨价还价的前景，这种形势将延续多年。包括美国、日本和欧洲工业化国家在内的北方必须首先努力满足南方最低限度的资金要求，以维护南北合作。”在先后两次地球高峰会议之后，再来回味这段话，不能不感叹这位老报人的评论入木之深。

二、环发大会 5 年来的进展与矛盾所在

在本次特别联大之前和会议期间，人们总结回顾了 5 年来在执行《21 世纪议程》方面所取得的成就和不足，对热点问题展开了讨论。普遍认为，5 年来取得了一些积极的进展，表现在：一是可持续发展的观念逐渐深入人心，渗透到人类经济、社会的各个方面，成为各国制定发展战略的指导思想；二是许多国家制定了有关的法律、战略和规划，加强了环保机构和执行《21 世纪议程》的国家协调机构；三是某些地区的环境有所改善，开发和利用可再生能源方面的进展比较明显；四是关于预防气候变暖、保护生物多样性和防治荒漠化的 3 个国际公约开始生效；五是环境领域的国际立法在稳步推进，在建立国际环境与发展合作基金机制方面进行了一些尝试，还在积极寻求拓宽多层次、多渠道的国际合作新途径等。

在肯定进展的同时，人们对存在的问题表示了极大的忧虑。已经

取得的成就离《21 世纪议程》所确定的目标距离甚远，全球环境日益恶化的趋势远未扭转。气候变暖、臭氧层空洞扩大、酸雨肆虐、森林植被破坏、耕地退化、荒漠化加剧、生物多样性日趋减少，洁净饮用水缺乏等问题，无一不在继续威胁人类的生存和发展。更重要的是，向发展中国家提供资金和转让技术的承诺不仅没有兑现，反而出现 ODA 连年下降的趋势，它在发达国家 GNP 的比例已从 1991 年的 0.35%下降到 1995 年的 0.27%，为 25 年来最低水平。

在对 5 年来的进展与问题的认识上，发达国家和发展中国家有着本质的区别。广大发展中国家指出，成绩主要是广大发展中国家通过其本国政府和人民的努力行动而取得的，同时指出在资金和技术转让方面进展甚微，强调发达国家应当切实兑现承诺。而一些发达国家则认为，进展主要在于国际环境立法和提高公众环境意识方面，而在森林、淡水、大气等具体领域方面进展甚微，强调应在一些具体领域加强实质性措施。

联合国秘书长安南在这次特别联大发言时指出，环境与发展问题仍然相当严重。发展中国家仍有 1/4 的人口生活在绝对贫困中，全球 1/3 的人口生活在淡水缺乏的地区，全球矿物燃料的消费量从 75 亿 t 石油当量上升到了 80 亿 t 石油当量，森林砍伐的数量虽有减少，但仍处于不可接受的水平，多数海洋鱼类的捕捞量已达饱和甚或过量。

第 51 届联大主席、马来西亚大使拉扎利指出，发达国家要求大力加强环境保护，却不愿承担调整生产与消费模式的负担，不愿公平地承担自己的全球责任，特别是 ODA 的金额已由 1992 年的 550 亿美元下降到不足 500 亿美元，并且没有出现扭转这一下降趋势的迹象。

坦桑尼亚总统姆卡帕代表七十七国集团在发言时指出，自里约会议以来，发展中国家在保护环境与可持续发展方面做出了巨大的努力。但发达国家反而大幅度减少援助，这直接影响着发展中国家执行《21 世纪议程》的进展。他强调，国际合作，包括建立一个更有利的国际经济环境，是成功地寻求可持续发展的基本先决条件。

古巴全国人大主席卡多·阿拉尔孔强调，发达国家不可持续的生产与消费其实是全球环境恶化的主要原因，他们应当支付这笔生态债务。

三、特别联大会内争论最大的问题

中国代表团团长、国务委员宋健在会上作了重要发言，他呼吁国际社会加强环发领域的合作。宋健同志在回答人民日报和新华社记者的提问时指出，就本次会议而言，争论最大的主要是三个问题：

一是减少温室气体排放量问题。欧盟和一些属于发展中国家的岛国主张就此立法，并提出具体气体减排限量，但美国和日本、加拿大等从本国利益出发，拒绝接受。

二是官方发展援助和技术转让问题。里约会议期间，大多数发达国家承诺提供占其国民生产总值（GNP）0.7%的官方发展援助。但 5 年以来，这方面的援助不但没有增加，反而减少了。不少发达国家对于技术转让态度消极。

三是森林保护问题。对于乱砍滥伐森林的现象，许多国家表示忧虑，要求尽快达成一项保护森林的国际公约，主张立即开始就有关条约进行谈判。但美国等出于自身利益考虑对此予以拒绝。

此外，在文件磋商过程中，对于环境与发展的指导原则等问题，有的发达国家和广大发展中国家围绕改写还是维护《里约宣言》和《21世纪议程》存在分歧。发展中国家强调，这两项已经达成国际共识的文件所包含的基本原则以及发达国家的承诺，绝不能以任何形式进行改写；强调要坚持“共同但有区别的责任”；反对有的发达国家力图把环境与贸易挂钩的做法；反对他们要求发展中国家同其“平摊义务”，并欲以文件形式将其推卸责任的立场予以“合法化”的企图。

四、从会外看特别联大

里约会议以后，在联合国内推选出 50 多个国家为成员，成立了“可持续发展委员会”（CSD），每年召开一次会议，对《21 世纪议程》中的领域和跨领域问题分批进行审议，迄今已开过 5 次会议。同时还设有一个“可持续发展高级顾问委员会”。该顾问委员会在为 CSD-5 和这次特别联大准备报告时也有相当的分歧。有人提出了对于环发大会信念和承诺的危机。还有一位来自发达国家的教授把里约会议执行中的问题归为三个，一是《21 世纪议程》设置的目标过于雄心勃勃；二是《议程》主要依赖于思想观念的转变；三是《议程》总是追求新思维。而他对有关发达国家承诺之事一字不提。

在 CSD-5 中，南北双方为准备本次特别联大的最后文件有过激烈的争论。最后文件原定 120 多段，经过近 3 周的磋商和谈判，初步达成协议的有 80 多段，尚有 40 多段问题未决，主要涉及“领域问题”、“跨领域问题”和一些不同价值观的问题。

关于领域问题，各方就淡水、海洋、化学品、危险废物、生物多样性、可持续的旅游等问题达成了一致，但在森林、能源、交通、大气、荒漠化、放射性废物、土地等方面尚有分歧。

关于跨领域问题和执行手段，约占整个文件的 2/3。其中大部分内容经过 CSD-5 的艰苦谈判初步达成了协议，未决段落主要集中在“有利的国际经济环境”、“资金”、“消费与生产模式”、“贸易与环境的关系”和“国际法律文书”等方面。在资金问题中，有关 ODA、“动员国内资金”和“创新筹资机制”等问题之所以未决，实质在于有的发达国家企图逃避责任、义务及其承诺。他们竭力要求将 ODA 的适用范围缩小到最不发达国家，同时要求将 ODA 的作用扩大到受援国的“政策改革”，企图对受援国的国内政策施加影响。他们还片面强调动员国内资金、各种创新机制、贸易政策等的重要性。在会下，有人竟然说，发展中国家想勒索他们。经过激烈的争论，由于 77 国集团和中国的坚持，强调了 ODA 对于发展中国家实现可持续发展的重要性以及发达国家在这方面的义务，强调各种宏观经济改革和有关经济手段的应用必须考虑到发展中国家的特殊情况。对于要求一部分发展中国家承担超越其历史责任和发展水平的义务，发展中国家予以有力抵制，仅同意提及“发展中国家应当避免发达国家的那种不可持续的消费模式”。在贸易与环境的关系问题上，反对那种贸易从属于环境的政策和措施，强调不能借环境或其他理由设置新的贸易障碍。

五、任务艰巨　前途光明

尽管这次特别联大暴露了里约会议以来在执行中的许多不尽如人意的问题，又未能产生一些鼓舞人心的结果，引起了一些国际环境组织的失望情绪，但这次会议结果基本上真实地反映了当今世界环发领域的现状，特别是面临的实际困难和矛盾分歧。联大主席拉扎利在会议结束前的记者招待会上表示，各国由于发展阶段和利益不同，因此在许多重大问题上的分歧一时难以弥合。不过，这次特别人会仍然是成功的。因为它再一次就环境恶化敲响了警钟。各国政府和人民应当采取有效措施，确保《21 世纪议程》的贯彻落实。

在本次特别联大上，一些发达国家表示了对即将于今年 12 月在日本京都召开的《气候变化框架公约》第三次成员国会议的期望。美国总统克林顿宣布，在京都会议上会带去美国的一个强有力的承诺，提出现实的、有约束力的限制，显著减少温室气体排放量。他还宣布在今后 5 年中，美国将提供 10 亿美元的援助，帮助发展中国家实现减排(实际上,美国的 ODA 占其 GNP 的比值,已从 1990 年的 0.21%降到 1995 年的 0.1%，为发达国家中比值最低者)。英国新任首相布莱尔表示，欧盟已确定到2010年把发达国家的CO_2排放量比1990年水平减少15%，英国准备进一步把目标定为20%。他还说，除非富国完成了目标，否则，穷国不会认真对待这些目标。全世界将继续注视着这些发达国家的表态与行动。

宋健国务委员讲得好，5年前在里约大会上就环发国际合作达成的共识，是国际社会对于人类与自然的认识上又一次质的飞跃，第一次从环境保护和经济发展有机结合的高度，提出了可持续发展的纲领，确定了面向21世纪的国际环发合作的原则。这是里约大会不可磨灭的功绩。

对于今后环发领域的国际合作，宋健代表中国政府提出如下几点主张：一是要大力推进环发领域的科技合作；二是要按照《里约宣言》和《21世纪议程》规定的原则，为发展中国家的经济发展与环境保护创造更有利的条件，使他们能够扩大贸易和利用外资增强自身的发展能力；三是要采取强有力的措施，扭转当前向发展中国家提供资金急剧下降的趋势；四是发展中国家在积极争取国际支持与援助的同时，要充分发掘自身的潜力，不要重蹈发达国家“先污染、后治理”的覆辙。

宋健坚定地表示，人类的发展与进步要求我们携起手来，本着“同舟共济”的精神，建立起富有成效的新的全球伙伴关系，共同克服困难，在实施《21世纪议程》的进程中最终实现全人类的可持续发展。我们的任务是艰巨的，前途是光明的。

京都会议与京都议定书：背景、形势和影响*

一百年前，瑞典科学家、诺贝尔奖金得主斯凡特·阿伦纽斯（Svante Arrhenius）曾经描述过矿物燃料燃烧与大气中二氧化碳浓度及整个大气温度上升之间的联系。尽管当时还没有复杂的全球大气环流模型，但阿伦纽斯对自己的如下断言深信不疑，即如果大气中二氧化碳浓度增加一倍，气温就会上升 4～6℃（DSTSUU，1996）。百年后的今天，气候变化问题已引起人们的广泛关注，成为国际社会的热点之一。1997 年底在日本京都召开的联合国《气候变化框架公约》第 3 次缔约方大会（以下简称 COP3），形成了《联合国气候变化框架公约京都议定书——全体委员会提出的决定草案》。京都会议之后，中国在气候变化问题上的形势如何？应当采取什么对策？要回答这些问题，需要进行广泛、深入、系统的研究和讨论，涉及自然科学、工程技术和社会科学等众多学科；对国家政策而言，则涉及外交、经济、外贸、环境、科技、能源等诸多政策领域。同时，气候变化问题最终涉及重大的国家利益，具有全局性影响。探索这样一个复杂而重要的问题，指导原则仍应是小平同志强调的“三个有利于”，即有利于社会主义生产力水平的提高，有利于综合国力的提高，有利于人民生活水平的提高，即从中国和人类的长远和整体的利益出发，以科学、务实和灵活的态度去寻找解决出路。

---

* 本文写于 1998 年 2 月，作者为邹骥、张坤民，刊于《世界环境》1998 年第 2 期 5～8 页。

本文拟从梳理历史脉络入手，对气候变化问题的国际背景及其发展趋势进行分析，对京都会议及京都议定书的主要方面进行评价，进而探讨中国面临的形势和所应采取的态度。

一、历史概述：从里约到京都

为了解决温室气体排放所引起的气候变化问题，经过 2 年的谈判，于 1992 年联合国环境与发展大会（里约会议）前达成的《联合国气候变化框架公约》（以下简称《公约》），截止到 1996 年底，缔约方已达 165 个（中国环境报，1997 年 11 月 22 日第 4 版）。根据公约第 7 条的规定，设立缔约方会议作为该公约的最高机构，促进公约的实施。1995 年 3 月 28 日至 4 月 7 日，在柏林召开了第一次缔约方会议（COP1）。经过激烈争论，通过了著名的《柏林授权》，就缔约方所应承担义务的充分性问题达成了协议，维护了公约的规定，明确不给发展中国家增加新的义务。会议决定建立“关于柏林授权的特别小组”（Ad Hoc Group on Berlin Mandate，AGBM），以启动在 2000 年前采取适当行动的进程。在所指的“适当行动”中，包括形成一项具有法律约束力的议定书来强化公约附件 I 所列缔约方① 所应承担的削减温室气体义务（IISD，1997）。

1996 年 7 月 8—19 日，在日内瓦召开了第二次缔约方会议（COP2）。议题集中在控制温室气体的政策与措施、定量排放限额与减排目标等方面。会议期间，AGBM 准备起草上述议定书的谈判文本。闭幕时发表了《日内瓦宣言》，表示赞成政府间气候变化委员会（IPCC）在第 2 次科学评估报告（IPCC，1996）中所述关于人类活动对大气中温室气体含量及气候的影响、气候模式模拟与预测能力改善等方面的结论；呼吁附件 I 所列缔约方制定具有法律约束力的限排目标和作出实质性的排放削减。会上，美国立场发生变化，开始转而支持形成一项具有法律约束性的协议以履行《柏林授权》所规定的减排义务。COP2 同样充分反映了发达国家之间、发达国家同发展中国家之间在减排问题上的尖锐分歧（IISD，1997）。

AGBM 自 1995 年成立至 1997 年 10 月底共开过 8 次会议，中心是为京都会议（COP3）提交议定书谈判文本做准备。在此过程中，评估了附件 I 所列缔约方可能采取的政策和措施；讨论了议定书可能的内容、结构和形式，特别提出要强化附件 I 缔约方在采取减排政策与措施方面所承担的义务和建立起确定时间的、定量的排放限制与削减目标。京都会议召开之前，在 AGBM 闭会期间，各方还就议定书所应包括的温室气体种类、数目、预算期或年度削减目标以及“汇”等问题进行过非正式磋商（IISD，1997）。整个议定书的准备过程，实际上就是各方观点交锋、协调立场的过程。至京都会议前夕及会议初始阶段，各主要缔约方形成了下列比较明确的立场。

(1) 小岛国家联盟提出，到 2005 年，将附件 I 缔约方的温室气体排放量从 1990 年的基准水平削减 20%（DSTSUU，1996；中国环境报，1997 年 12 月 4 日第 1 版）。

(2) 欧盟主张，附件 I 缔约方至 2010 年将温室气体排放量从 1990 年的水平削减 15%。

(3) 日本建议，附件 I 各缔约方有区别地在 2008 年至 2012 年之间实现在总体上从 1990 年的水平削减 5%的目标。这一方案被视为一项折中方案。

(4) 美国的初始立场最保守，提出附件 I 缔约方在 2008—2012 年将温室气体排放量控制在 1990 年的水平上。1997 年 10 月，克林顿总统在阐明美国立场的讲话中，要求发展中国家在温室气体减排努力中做出“有意义的参与”，而且还将美国的减排目标与此相联系。美国参议院在 1997 年夏天以 95 比 0 的投票结果通过一项决议：反对任何一项不包括发展中国家的条约（IISD，1997；中国环境报，1997 年 11 月 22 日第 4 版）。

（5）77 国集团加中国对欧盟提出的附件Ⅰ缔约方削减 15%的目标表示支持，并补充提出，到 2020 年将排放总量继续削减 35%。对美国针对发展中国家提出的要求，再次重申《公约》和《柏林授权》所确定的发展中国家在减排问题上不承诺任何新增义务的原则（IISD，1997；中国环境报，1997 年 12 月 4 日第 1 版）。

二、京都会议和对京都议定书主要内容的分析

1997 年 12 月 1—11 日，公约第三次缔约方大会（COP3）在京都召开。160 多个国家派出代表团，出席部长级会议的有 125 个国家。各国政府、国际组织、非政府组织代表和新闻界人士共 1 万多人出席大会。此可谓里约会议后在环发领域规模最大的一次会议。会议议题是要为履行公约通过一项具有法律约束力的、有明确数量与时间规定的、控制温室气体排放的议定书。围绕这一议定书的达成，对总量削减目标和时间表、不同发达国家减排目标的差别、所包括的温室气体种类、排放量的计算方法、排放额度的可交易性、发展中国家将来在排放总量控制中的作用等进行了辩论和谈判。会上，发达国家之间、发达国家同发展中国家之间从各自立场出发进行了艰苦的谈判，终于在会期延长 1 天后达成了《京都议定书》。

其主要内容如下：

（1）排放目标的设定。议定书第 3 条第 1 款规定："附件Ⅰ所列缔约方应个别地或共同地确保附件 A 所列出温室气体的人为二氧化碳当量总量不超过按照附件 B 中所记其排放量限制或削减承诺和根据本条规定所计算的其分配数量，以期这类气体的全部排放量在 2008 年至 2012 年承诺期间削减到 1990 年水平之下 5.2%。"

（2）有区别地向附件Ⅰ所列缔约方分配削减数额。在议定书的附录 B 中，明确规定了附录Ⅰ所列缔约方有区别的排放量限制或削减承

诺。其中，欧盟国家在 2008—2012 年承诺期间将其温室气体排放量削减至 1990 年水平之下 8%；美国为 7%；日本为 6%；俄罗斯、乌克兰和新西兰等与 1990 年的排放量持平；澳大利亚、冰岛和挪威届时的排放量将分别等于 1990 年水平的 108%、110%和 101%。

（3）排放量的计算：净变化概念。在议定书第 3 条第 3 款和第 7 款中都有温室气体排放净变化的概念。即“在自 1990 年以来直接由人为引起的土地利用改造和森林活动——限于造林、重新造林和砍伐森林——产生的源的温室气体排放和汇的清除方面的净变化，作为每个承诺期间储存方面可核查的变化来衡量，应该用来达到附件 I 所列每一缔约方在本条中的承诺”。这也就是说，森林、植被等作为二氧化碳的“汇”②，可抵消一部分二氧化碳的排放量。

（4）所包括的温室气体种类。议定书在其附件 A 中列入了 6 种受控温室气体：二氧化碳（CO_2）、一氧化二氮（N_2O）、甲烷（CH_4）、氢氟碳（HFCs）、全氟化碳（PFCs）以及六氟化硫（SF_6）。其中，除二氧化碳以外的其他 5 种温室气体都按照“全球升温潜能值”换算成为二氧化碳当量来计算。不同温室气体的全球升温潜能值表示的是它们对应的产生温室效应的能力。一般认为，甲烷、六氟化硫等的温室效应作用强度大大高于二氧化碳。所以，这类温室气体极少的排放量对全球升温造成的后果相当于很多的二氧化碳的排放量。

（5）可跨承诺期的排放量储存与结转。议定书第 3 条第 13 款指出：“如附件 I 所列（每一缔约方——引者注）在一承诺期间内的排放少于其依本条确定的分配数量，这一差额，经该缔约方的要求，应记入该缔约方以后的承诺期的分配数量。”也就是说，某一承诺方如果在承诺期内没有用完分配给它的排放指标，它可以将剩余指标储存起来，结转到以后的承诺期中去使用。这就为承诺排放的缔约方在使用排放指标的时间安排上提供了一定的灵活性。

（6）源与汇的可转让性、可交易性。议定书第 6 条规定：“附件 I

所列任一缔约方可以向任何其他这类缔约方转让或从它们获得由旨在任何经济部门削减温室气体的各种源的人为排放或增强各种汇的人为消除的项目产生的任何排放削减单位……”但是，任何与排放削减单位转让有关的项目“须能削减源的排放，或增强汇的消除，这一削减或增强是对任何以其他方式发生的任何削减或增强的补助”。而且，“排放削减单位的获得应是对方为履行第三条规定的承诺而采取的本国行动的补充”。也就是说，一国履行削减承诺的行动不应当主要依赖于排放削减单位的转让。

议定书第 16 条第 2 款规定：“《公约》缔约方会议应就特别是关于排放贸易的核查、报告和会计责任规定相关的原则、模式、规则和指南。为了履行其依本条规定的承诺，附件 I 所列任何缔约方参与排放贸易。这种贸易应是对为了履行这些承诺的目的而采取的本国行动的补充。”这为在附件 I 所列各缔约方之间的温室气体排放权交易提供了法律基础并指明了排放权交易在整个减排努力中的补充性地位。

（7）清洁发展机制（Clean Development Mechanism，CDM）。议定书第 12 条规定了一种清洁发展机制。“清洁发展机制的目的是协助未列入附件 I 的缔约方（主要是大多数发展中国家——笔者注）实现可持续发展和增进《公约》的最终目标，并协助附件 I 所列缔约方遵守依第 2 条规定的排放量限制和削减承诺”。“依清洁发展机制：(a) 未列入附件 I 的缔约方将获益于产生经证明的排放削减的项目活动；(b) 附件 I 所列缔约方可利用通过此种项目活动增加的经证明的削减促进遵守由作为本议定书缔约方会议和《公约》缔约方会议确定的依第 3 条规定的排放量限制和削减承诺”。因此，清洁发展机制有可能成为在温室气体控制过程中将发达国家与发展中国家联系起来的一种机制。它在某种意义上可以说是《公约》第 4 条第 2 款（a）中提及的附件 I 所列缔约方之间“联合履行”（Joint Implementation，JI）和 COP1 中提出的“共同执行行动”（Activities Implemented Jointly，AIJ）的新的演化，但具体内容尚不明晰。至于有关温室气体排放指标交易问题，各方存在严重分歧。

三、京都会议的意义与对京都议定书的评价

京都会议的意义表现在3个方面：

第一，经过数年谈判，这次会议总算达成了议定书草案，这是首次达成的在附件Ⅰ不同缔约方之间的有明确时间和明确减排数量的、具有法律约束性的规定。尽管这些目标和时间比1992年的承诺有所后退，但在公约通过5年之后总算前进了一步。

第二，有的发达国家背离《公约》和《柏林授权》精神，要求发展中国家“自愿承诺”新的、同其历史责任和现实能力不相符合的义务，但是，这方面的提案最终未被接受，使发展中国家的利益得到了维护。

第三，会议交流了各方的观点和大量信息，发展了逐步形成共识的条件，国际舆论也给予了空前的重视，这有助于提高全球防止气候变化的意识和紧迫感。

尽管议定书所规定的目标十分有限，但基本符合《公约》和《柏林授权》精神，这是值得欢迎的。当然，发达国家究竟能在多大程度上兑现其在《京都议定书》中的承诺，还有待于他们的实际行动。

《京都议定书》还有一些未解决的问题，主要是：

第一，用于管理附件Ⅰ缔约方之间的温室气体排放数额的国际交易规则和体制尚不清楚。这种排放数额交易市场的主体究竟是由附件Ⅰ所列各缔约方的政府组成，还是主要由私人厂商组成？政府的干预方式和程度如何？这些也都不清楚。

第二，用于实施操作“清洁发展机制”的规则和体制也不清楚，有待于明确化、具体化。目前处于试验阶段的“共同执行行动”（AIJ）

试点项目至2000年将结束其试验阶段并将对削减数量核查、削减额转让等问题做出评估。此前，在此问题上估计不会做出新决定，而在预定于1998年11月召开的第四次缔约方会议（COP4）上，将有更集中的讨论。

第三，对议定书遵守程度的判断标准和对违反议定书行为的罚则都还不明确。议定书本身有国际法约束力，但对缔约方违反议定书行为尚未规定出具体罚则。

第四，议定书对承诺期（2008—2012）之前的近期减排目标也未做出规定。这既不利于监督附件Ⅰ缔约方迅速采取减排行动，也不利于为他们的远期减排目标打下循序渐进的基础。同时，这还降低了附件Ⅰ缔约方通过将近期削减数额储存结转到未来承诺期这种方法来增加减排时间安排灵活性的可能，不利于实现减排措施的费用-效益的优化。

四、中国面临的形势和所宜采取的态度

中国作为一个发展中的大国，在李鹏总理1992年于里约会议上签署了《公约》之后不久，通过由中共中央、国务院批准的《中国环境与发展十大对策》的公开发表，向国内外宣布中国要实施可持续发展战略。该《对策》围绕“控制二氧化碳，减轻大气污染”等问题提出了多项政策和措施。这些年来，中国在努力控制人口增长、积极提高能源利用率、大力发展可再生能源以及植树造林、治理荒漠化、发展生态农业以增强吸收二氧化碳的汇4个方面做了大量的工作，为应对气候变化做出了贡献。

中国之所以不能接受有的发达国家想在《京都议定书》中塞入发展中国家“自愿承诺”条款的主张，这是因为如果同意这样做，就违背了《公约》和《柏林授权》的精神，就混淆了南北方“共同但有区别的责任”原则，就是无视发达国家的排放是“奢侈性排放”而发展中国家的排放是“生存性排放”这一基本事实，这既不公平、也不现实。

京都会议之后，中国面临着怎样的形势呢？这可从国际和国内两方面来讨论。

从国际看，由于气候变化问题涉及各国环境、经济、社会、政治、外交等方面的重大利益，南北方之间矛盾尖锐，但又都同样面临着全球气候变化带来的风险，在相互关系上存在着既有斗争又可能联合的特点。京都议定书签订之后，发达国家之间在此问题上的分歧和矛盾在一定时期内可能有所缓和，而有的发达国家今后会把矛头更加集中地指向发展中国家，施加更大的压力。一是迫使中国等国“自愿承诺”接受大大提前的约束性限排指标；二是要求中国等参加减排量交易或参加共同执行行动。克林顿政府宣称：在议定书中一些重要而存在争议的方面尚未得到解决之前，美国政府将不会把京都议定书提交给国会去审议和批准（Kopp et al.，1998），其中就包括所谓“主要发展中国家”对温室气体控制的“有意义的参与”。美国国会则明确地将“主要发展中国家”在温室气体控制中的“有意义的参与”作为批准美国加入京都议定书的前提条件（中国环境报，1997 年 11 月 22 日第 4 版）。所谓“有意义的参与”，实质上是指形成一项对发展中国家有约束力的温室气体未来排放限制（Kopp et al.，1998）。而所谓“主要的发展中国家”就是指中国、印度和巴西等国。可以预计，在阿根廷布宜诺斯艾利斯召开的 COP4 上，中国和其他发展中国家将面临更加艰苦的谈判形势。不仅如此，在今后一个时期内，气候变化问题还有可能上升成为南北方国家在整体外交和经贸关系中的一个新的热点问题。

从国内看，一是压力与机遇并存。今后几十年正是我国实施 2010 年、2020 年、2050 年远景目标的重要时期，也是全面完成两个根本性转变的关键时期。深入贯彻落实科教兴国战略和可持续发展战略无疑具有极为深远的意义。在这一时期，经济增长方式的转变和可持续发展战略的落实在很大程度上要体现在能源效率的进一步改善和能源结构的进一步调整及与之相关的大气污染控制的强化上；要体现在继续通过大规模植树造林等对生态环境的改善上。这些都是与控制温室气体排放总目标相一致的，属于“无悔行动”[③]。事实上，中国多年来在这些方面已经做出了巨大努力并取得了实效，80 年代以来中国能源弹性系数的显著下降就是明证。

二是采取实事求是的态度。在我国社会主义现代化进程中，需要合理、有效地利用外资，积极引进先进适用的技术，最大限度地发挥“后发者优势”。在防止气候变化的国际合作中，也可能在这些方面面临大量的机会。或者说，在防止气候变化与促进经济发展之间也会有不少“双赢”的可能。例如，除了上述提高能源效率、优化能源结构、大力植树造林以及控制人口增长之外，通过加强宣传教育、提高环境意识、推广清洁生产和可持续消费模式（如鼓励回收利用、提倡绿色照明、发展公共交通、分类收集垃圾等）以及完善法制建设和运用经济手段等，以减少源的排放和增加汇的吸收。因此，问题的实质是如何使防止气候变化的措施更符合中国的实际，而不是把它们对立起来。在达到中等发达国家水平之前，中国将根据自己的可持续发展战略，努力减缓温室气体排放的增长率。在此之后，才有可能仔细研究承担减排义务。

如果脱离中国实际、不考虑中国作为发展中国家的现实需要与可能，而从外界强加给中国什么限制，这不但于事无补，反而会失掉许多控制温室气体的机会。让国际社会更清楚地了解这一点是十分必要的。中国在跨入 21 世纪全面争取实现第二步战略目标的过程中，将变压力为动力，在防止气候变化问题上，坚持《公约》的精神，积极、主动地宣传我们的合理主张，并在“双赢”限度内持灵活态度，这将有利于中国树立更好的国际形象，也有利于推动经济增长方式的转变并通过外资引入和技术转让来促进技术进步和产业素质的提高。

总之，从“三个有利于”的原则出发，通过深入、广泛、多学科、多行业和多角度的研究，就一定能够在恰当的气候变化政策指导下，为祖国的前途和人类的命运做出更大的贡献。

参考文献

[1] DSTSUU. Policies and Measures to Reduce CO_2 Emissions by Efficiency and Renewables：A Preliminary Survey for the Period to 2005，a report presented to WWF Climate Change Campaign，the Netherlands：Department of Science，Technology and Society at Utrecht University（DSTSUU），1996.

[2] IISD. Climate Change 1995：The Science of Climate Change. UK：Cambridge University Press，1996.

[3] Kopp，J.Raymond，R. D. Morgenstern，M. A. Toman. The Kyoto Protocol：Unsolved Issues. Weathervane，1998. http：//www.weathervane.rff.org.

[4] 联合国. 联合国气候变化框架公约京都议定书（全体委员会提出的决定草案）. 京都：1997 年 12 月 1—11 日联合国气候变化框架公约第三次缔约方大会通过.

注释

① 《联合国气候变化框架公约》附件 I 所包括的缔约方共 37 个。由发达国家、向市场经济过渡的前苏联、东欧国家和欧洲共同体国家组成。

② 根据《联合国气候变化框架公约》的定义，"'汇'（sink）指从大气中清除温室气体、气溶胶或温室气体前体的任何过程、活动或机制"；"'源'（source）指向大气排放温室气体、气溶胶或温室气体前体的任何过程或活动"。

③ 从经济学角度理解，无悔行动特指那些不出现净成本的环境保护行动。例如，提高能源效率既可以具有减排温室气体的作用，又具有降低成本或提高效益的经济意义；植树造林既可以带来水土保持等生态效益和农业效益，又可以增加清除二氧化碳的"汇"，起到抑制温室气体浓度增加的作用。即使单纯从经济发展角度去考虑，也要采取上述行动。

气候变化与实施清洁发展机制（CDM）的展望*

全球气候变化源于“温室效应”。它本来是生命存在的一个必要条件。如果没有温室效应，地表的平均温度将是零下 18℃。然而，大气层中温室气体的浓度正在不断上升，它的影响可能非常巨大，包括：地区平均温度和降水量变化、海平面上升、气象灾害事件发生的频率与程度加剧等。发展中国家的经济活动，如农业、林业和渔业等受气候的影响较大，而由于技术、资金和能力建设方面的限制，无力采取有效的预防性措施，这就有可能使气候变化对发展中国家的影响更大。

一、《联合国气候变化框架公约》及其演进

1. 《联合国气候变化框架公约》的达成及其主要内容

1988 年，联合国环境规划署和世界气象组织联合组建了政府间气候变化专门委员会（IPCC）。IPCC 下设 3 个工作组，分别对温室气体与气候变化的科学认识、影响与对策评价以及气候变化的经济学问题 3 个方面进行研究。IPCC 于 1990 年发布的第一次评价报告中预测，如不采取任何措施，到下世纪末全球平均气温将上升约 3℃，海平面将上

* 本文写于 1999 年 9 月，合写者为博士生何雪炀，刊于《世界环境》1999 年第 4 期 10～14 页。

升 65 cm，尽管这种预测还存在着很大的不确定性，但国际社会已经普遍认可，全球变暖将给人类带来不可估量的损失。

基于 IPCC 评估报告的影响，认识到采取对策的必要性，联合国决定制定一项防止全球变暖的公约。该公约谈判始于 1991 年 3 月，终于在 1992 年 5 月通过案文（《联合国气候变化框架公约（UNFCCC）》，以下简称《公约》），于当年 6 月在里约环发大会上开放签字，于 1994 年 1 月 1 日正式生效。截至 1998 年底，缔约方已达 165 个。

《公约》的最终目标是，“将大气中温室气体的浓度稳定在防止气候系统受到危险的人为干扰的水平上”；并要求所有缔约方，在公平的基础上，依据“共同但有区别的责任”原则，以及各国自身的优先顺序、目标和情况，编制并提供温室气体的国家排放清单；合作执行适应和减缓气候变化的对策；促进信息交流和公共教育。要求附件Ⅰ所列发达国家缔约方率先采取行动，改变温室气体人为排放的长期趋势，到本世纪末将 CO_2 和其他温室气体的排放恢复到 1990 年的水平；并允许他们同附件Ⅰ所列其他缔约方联合履行本《公约》。

《公约》的这些原则在相当程度上维护了发展中国家的利益。但在另一方面，对于影响《公约》实施的一些关键性问题，如限控温室气体排放承诺的充分性、限控指标和时间表、履约的资金和技术转让机制以及联合履约等，各方存在着较大分歧，矛盾错综复杂。

针对温室气体的减排，《公约》中提出了“联合履约”（Joint Implementation，JI）①的概念，规定：附件Ⅰ所列发达国家缔约方之间可以共同执行有关的政策和措施，也可以协助其他缔约方为实现本公约的目的做出贡献。

2. COP1 与《柏林授权》

1995 年 3 月，《公约》的第一次缔约方会议（COP1）在柏林召开。会议通过了《柏林授权》（Berlin Mandate），决定建立“关于柏林授权的特别小组”，以启动在 2000 年前采取适当行动的进程，包括形成一项具有法律约束力的议定书来强化《公约》附件 I 所列缔约方所应承担的减排义务。

本次会议提出了“共同执行活动”（Activities Implemented Jointly，AIJ）的概念，并决定就 AIJ 开展一个试验阶段（Pilot Phase，AIJPP）。其目的是针对各方对合作减排的疑虑，提供一个试验与积累经验的缓冲期。

AIJPP 的基本原则包括：（1）AIJ 项目必须得到自愿参与合作的缔约方政府的事先批准；（2）AIJ 项目应当带来实际可测量的、长期的温室气体减排效益，同时，这种效益是东道国自己由于技术和资金条件的限制而无法实现的；（3）发达国家投资国为 AIJ 项目提供的必要资金援助须是不属于 GEF 以及其他 ODA 的额外资金，是谓“AIJ 资金机制的额外性”；（4）AIJ 应当符合并支持东道国的国家环境与发展优先领域与战略；（5）AIJ 项目中产生的温室气体减排量不计入任何缔约方应履行的减排义务；（6）AIJPP 只限于 2000 年底之前，根据积累的经验与教训，由未来的缔约方大会在 2000 年底之前就 AIJPP 及其前途做出结论性的决定。

3. COP2 与《日内瓦宣言》

1996 年 7 月，《公约》的第二次缔约方会议（COP2）在日内瓦召开。议题集中在控制温室气体的政策与措施、定量排放限额与减排目标等方面。会议通过了《日内瓦宣言》，表示赞成 IPCC 在第二次评估报告中所述结论；呼吁缔约方制定具有法律约束力的限排目标并做出实质性的减排。会上，美国立场发生变化，转而支持形成一项具有法律约束性的协议。

4. COP3 与《京都议定书》

1997 年 12 月，《公约》的第三次缔约方大会（COP3）在京都召开，目标为履行公约通过一项具有法律约束力的、有明确数量与时间规定的温室气体排放的议定书。会上，各方进行了艰苦的谈判，终于在会期延长一天后达成了《京都议定书》。主要内容为[②]：(1) 排放目标的设定；(2) 有区别地向附件 I 所列缔约方分配削减数额；(3) 排放量的计算：净变化概念；(4) 所包括的温室气体种类；(5) 可跨承诺期的排放量储存与结转；(6) 源与汇的可转让性、可交易性；(7) 清洁发展机制及其他灵活机制。

《京都议定书》中引入了 3 种灵活机制——排放贸易（ET）[③]、联合履约（JI）[④]和清洁发展机制（CDM）。允许附件 I 国家通过相互之间及其同发展中国家之间的合作，完成其有关限制和削减排放的承诺。其中第 12 条规定："清洁发展机制的目的是协助未列入附件 I 的缔约方（主要是大多数发展中国家——引者注）实现可持续发展和对完成《公约》的最终目标做出贡献，并协助附件 I 所列缔约方遵守其依第 3 条规定的排放量限制和削减承诺。"从某种意义上说，CDM 可以说是 COP1 中提出的 AIJ 的演化。

5. COP4 与《布宜诺斯艾利斯行动计划》

1998 年 11 月，《公约》第四次缔约方大会（COP4）在布宜诺斯艾利斯召开。大会审查了公约的各项承诺及条款的执行情况；讨论了上次京都会议的遗留问题，继续磋商如何采取措施，落实已经签署的《公约》，使发达国家在更有效地降低温室气体排放量的同时，增加对发展中国家的资金援助和技术转让。

会议通过了《布宜诺斯艾利斯行动计划》，就技术转让、财政机制、气候变化对发展中国家的不利影响、建立执行议定书机制的工作计划等 6 个方面做出了决议，确定了落实议定书的工作计划。

二、清洁发展机制

“清洁发展机制”（CDM）源于巴西代表团在京都会议上提出的清洁发展基金。它的初衷是对不能完成减排义务的发达国家处以罚款，把相应取得的资金用于发展中国家中减缓与适应气候变化的项目。然而，最终达成的 CDM 已经完全失去了最初的惩罚意味，而借用了“共同执行活动”（AIJ）中发达国家和发展中国家合作减排的内容。CDM 允许发达国家提供资金和先进技术设备，在发展中国家境内共同实施有助于缓解气候变化的减排项目，由此获得的经过核实的减排量，作为其遵守议定书规定的量化限控和减排承诺的一部分贡献。

1. 清洁发展机制（CDM）同《京都议定书》的其他灵活机制的异同

各种灵活机制所依据的经济学原理都是相同的：处于不同发展阶段和技术水平的国家和地区，为削减相同数量温室气体所需要的边际减排成本是不同的（这一原理还适用于不同的温室气体和不同的减排时间）。因此，通过合理选择低减排成本的项目，可以使全球在实现相同减排目标的前提下，大大减少总的减排成本。

当然，各种灵活机制在适用范围、实施手段等具体问题上又都有着各自的特点。例如，JI 和 CDM 是基于项目进行减排的合作机制。而 ET 则是在全球市场上对分配的排放限额（未来则可能包括减排活动所产生的信用）进行贸易的市场机制。

2. 灵活机制设计中的一些基本原则

（1）环境有效性。应确保所有的交易都以真实的减排为基础。

（2）经济效率。改善减排的成本有效性，以最小成本履行减排义务；要求管理上的可行性。

（3）公平。一是初始排放权的分配或者排放限额的分配中的公平性；二是在灵活机制的设计和实施中的公平性。

此外，机制在政治上必须可行。同时，3 种机制应当相容。

3. 清洁发展机制（CDM）的特点

CDM 比 AIJPP 增加了许多原则性的考虑，如：

（1）在机构管理上，将成立“执行理事会”，对 CDM 运行进行监督；同时，每个 CDM 项目活动产生的减排量须经审核和确认；

（2）在收益分配上，CDM 项目的部分收益将用于执行理事会的行政开支和资助易受影响的发展中国家缔约方的“适应费用”；

（3）在资金机制上，投资国可以通过执行理事会，从私营部门和多边金融机构借贷。CDM 将成为国际资金市场的组成部分；

（4）在时间安排上，允许发达国家缔约方自第一个承诺期开始之前投资于 CDM 项目，减排量可以储存起来，结转使用。

4. 清洁发展机制的方法学与技术问题

研究 CDM 方法学与技术问题的目的是，保障公约和议定书能够公正地、成本有效地和可操作地实现，包括：基准线的确定、额外性的评价、系统边界的确定、泄漏与减排增量成本的计算、减排量的监测与核实等。其中，额外性是 CDM 项目实施的政策基础，基准线是其技术上的保证。

三、基准线

基准线是指在没有 CDM 项目的情况下，按照东道国的具体技术、经济特征，最可能出现的国内项目的温室气体（GHG）排放水平。

相对于基准线，CDM 项目活动带来的温室气体减排量和减排效益的额外性以及减排增量成本将得以计算、评价、测量和核实。

（1）基准线的要素

对于工业与能源工程项目，基准线的要素包括：能耗指标、温室气体排放指标和财务指标。例如，对于节能技术改造 CDM 项目，基准线可以是被改造项目的现有技术设备或设施的技术经济指标和排放水平。对于新建 CDM 项目，基准线就是根据当地实情、东道国的技术政策及有关技术标准和法规，最有可能采用的商业化技术或优先技术所确定的排放情况。

（2）额外性

按议定书规定，CDM 项目活动产生的减排量相对于没有项目活动的情况而言应当是额外的。任何一个项目，只有通过额外性的检验，才可能成为 CDM 项目。

① 环境额外性。这是指 CDM 项目应当带来同缓解气候变化相关的实际的、可测量的和长期的环境效益，并且当不存在该项经核实的 CDM 项目活动时，该环境效益将无法以东道国国内其他途径得以实现。为此，需要掌握：项目的基准线；实际排放量同基准线之间的定量比较。由于发展中国家没有减排义务，也没有严格的排放清单，如果不把握好额外性这一原则，将很难保证在全球意义上的净减排量，从而会在某种程度上削弱附件 I 缔约方对减排义务的承诺。

② 项目资金额外性。这有一个简单的评价标准：如果 CDM 中没有获取减排使用的规定，该项目投资是否会发生。凡在任何情况下都会发生的项目将不是能够产生经核实的排放削减信用（CERs）的合格 CDM 项目。

参与 CDM 项目的附件 I 缔约方应向非附件 I 缔约方提供不同于该项目商业性投资资金的额外减排资金，用于补偿 CDM 项目的减排增量成本，使得该 CDM 项目相对于基准线方案具有可比的财务可行性；同时，附件 I 缔约方以获得相应的经核实的减排信用作为回报。因此，减排资金的额外性可用于确定减排效益的额外性。另外，减排资金的额外性还能促进非附件Ⅰ缔约方的可持续发展。如果非附件Ⅰ缔约方国内具有能带来减排效益的但尚未商业化的先进技术，则其成本往往较基准线技术昂贵，使得采用该先进技术的 CDM 项目在财务可行性方面难以和基准线技术竞争，这时需要额外于一般商业投资的所谓“减排资金”，用于补偿该项目的减排增量费用。

此外，还有减排技术的额外性（提供额外于东道国国内商业化技术的先进技术设备）和项目筹资的额外性（资金来源应当额外于官方发展援助和全球环境基金）等原则。

四、清洁发展机制的前景分析

1. 影响清洁发展机制成功实施的因素

从目前来看，CDM 的理论同实践之间存在着一定的差距：虽然议定书规定了 CDM 下的合作减排信用可以从 2000 年开始积累，但这一机制能否如期开始发挥作用尚不明了。其原因在于：第一，目前议定书中有关 CDM 本身还有很多不确定之处；第二，各缔约方对 CDM 还持有一定的保留态度。

（1）清洁发展机制自身所具有的不确定性

就目前而言，CDM 本身尚有很多不确定性。例如，议定书规定将由执行理事会对 CDM 进行监督，排放量的削减需要运营实体的证明。但截至目前，执行理事会的组成与功能以及运营实体的选择标准等尚不具体，甚至 CDM 本身是作为合作的综合管理机制还是仅仅作为一系列的原则与规定而出现，目前也并不明晰。上述不确定性的消除仍是实施 CDM 的前提之一⑤。

（2）从“共同执行活动实验阶段”（AIJPP）看清洁发展机制的实施

AIJPP 的进展实际并不理想，各方对此存有疑虑。从发达国家方面，问题主要被归结为：

- ◆ 由于试验阶段的减排信用并不计入任何缔约方，因此私有部门对此缺乏投资热情。
- ◆ 试验阶段的项目从甄别、批准、实施到基准线的确定都十分复杂且充满着不确定性，过高的交易成本阻碍了项目的开发。

实际上，随着 CDM 的逐步建立，排放信用的计入将会促进私有部门的投资热情，项目开发的经验也会得到逐步积累，因而附件Ⅰ国家的参与热情能够得到激发，上述障碍也将逐渐消失，这一点从世界银行宣布将推动《碳投资基金计划》后的积极响应即可略见一斑。

发展中国家对于 AIJPP 的疑虑在于以下几方面：

- ◆ 排放控制及贸易最终必将同排放权的分配相关。发展中国家担心国际社会在未来不能公正地分配碳权，从而有可能使发展中国家承担同其历史责任和发展水平不相符合的义务，从根本上影响其自身的经济发展。
- ◆ 发展中国家希望能够利用边际减排成本低的优势来获得资金和先进技术，而不是仅仅作为发达国家减排的廉价工具，并使自己在今后面临过高的减排成本。CDM 的实施能否成功实现资金和技术的转移，这是关注的焦点。
- ◆ 发展中国家担心在项目谈判和实施中，由于自身在技术与能力建设上的欠缺，从而有可能在项目实施和利益分配中处于不利地位。同时，由于项目实施需要东道国的配套资金，发展中国家担心 CDM 项目投入面临过高的机会成本。

（3）有关清洁发展机制的地区会议中传出的信息

对 AIJPP 的疑虑在 CDM 的建立和实施中依旧存在，国际能源机构（IEA）在 COP4 之前召开了一系列地区会议，重点包括：执行理事会的授权与组成；项目基准线的定义；资金的额外性；“适应基金”的计算及收取；各国的可持续发展应当由自己来认定等。一言以蔽之，问题实质依然是CDM实施中的公平性。只有保证发展中国家参与CDM时的正当权益，才可能使之真正发挥作用。

这些地区会议中也传递出如下信息：虽然存在上述的疑虑和不确定性，但CDM毕竟提供了一种可能性，在以成本有效的手段进行减排的同时促进发展中国家的可持续发展。如能得到良好的设计和实施，则CDM可能有利于减缓全球气候变化和全球经济的健康发展。

2. 清洁发展机制所提供的潜在机遇

CDM 可能代表着一种良好的合作前景。其实施可能有利于减缓全球气候变化。包括：(1) 全球排放总量的减少；(2) 尽早减排的可能性。

对于发达国家而言，CDM 不仅带来了更为成本有效的减排方案，也提供了更广阔的技术转让渠道与市场。

对于发展中国家而言，CDM 的有效利用则有可能为促进国家的可持续发展提供更多的机遇。其中包括：(1) 减少气候变化带来的不利影响；(2) 拓宽融资渠道、获取先进技术；(3) 促进发展中国家的能力建设；(4) 减少区域性污染物的产生；(5) 其他机遇，例如，有可能在消除贫困与地区差异方面做出贡献。

3. 清洁发展机制实施中的需求与供给[⑥]

(1) 需求

根据议定书中规定的附件B国家的总体排放削减额度，IEA预测，按照“常规”方案计算，附件B中的OECD国家到2010年时需要减排其预测排放量的27%，相当于1 036 Mt C（百万吨碳）。其他研究机构对这一数据所做的估算范围在625M～1 350 Mt C。因此，大致可以判断在承诺期内每年有10亿t碳的需求量。

（2）供给

对于附件 B 国家而言，有 4 种减排方案：① 国内行动；② 从其他附件 B 国家转移“分配数额”（第 17 条）；③ 通过 JI 获得“排放削减单位”（第 6 条）；④ 通过 CDM 获得“减排信用”。

关于经济转型国家因经济滑坡而出现的多余的分配数额——“热空气”⑦，IEA 预测 2010 年时可得的“热空气”为 170 Mt C，其他预测的范围是 3M～220 Mt C，该报告使用的估计值为 165 Mt C。经济转型国家可以通过国家减排产生出额外的分配数额或者减排单位，可能的减排额度估算为 2010 年预期排放量的 25%，约为 250 Mt C。其他研究估算的范围为 185 M～305 Mt C。

就 CDM 而言，可以按照非附件 I 国家在 2010 年的预期排放量的 25%来计算供给，约为 900 Mt C，这是针对能源效率的潜力来计算的。其他预测的范围在 650 M～1 125 Mt C 之间。

（3）补充性

如上所述，《京都议定书》中针对 3 种灵活机制的使用都规定了其对国内活动的“补充性”。目前，国际上有关补充性的讨论主要集中在 3 种可能性上：① 建立定性的大纲，但是不进行定量的限制；② 对通过所有 3 种灵活机制所取得的关于排放的抵消额加以定量限制（总体限制）；③ 只对通过 CDM 所取得的关于排放的抵消额加以定量限制。后两种形式的限制应当单独针对每个工业化国家。

下面考察所有这些情形的影响，假设：① 热空气永远是抵消碳排放的首选的国际渠道，因为它比其他几种机制都便宜；② 热空气将得到所允许的最大限度的利用；③ 对 JI 和 CDM 的利用同预计的潜力成正比，这里假设这些机制有着相同形状的供给曲线；④ 发展中国家可以提供预期的经核实的排放削减信用（CERs）。

① 不加限制。根据上述估计，并假设不对通过国际合作取得的关于排放的抵消进行限制。那么，附件 B 中的 OECD 国家将通过国内行

动减少 10 亿 t 碳中的 10%，而 16%通过 JI，17%通过“热空气”，57%通过 CDM。

② 总体限制。这是指对可以通过 3 种灵活机制获得的总减排量做出限制。有一种观点认为，“补充”就意味着少于一半（49%或更少）。然而，目前尚未就参照线达成一致：究竟是什么的 49%？主要有如下 2 种可能：(a) 从 1990 年的水平开始削减的 49%。在这种情景下，OECD 国家通过灵活机制可得的减排量最多为附件 B 规定的 49%。这将迫使上述 10 亿 t 碳中的 79%需通过国内行动来进行，其余为：17%的热空气、1%的 JI 和 3%的 CDM。但这种情形的可能性不大，因为从工业化国家的角度看，79%依靠国内行动的比价太高，对于发展中国家而言，这种方案所带来的资金流量太少。(b) 从常规方案（BAU）开始削减 49%。这一情景要求每个 OECD 国家都通过国内行动完成 10 亿 t 碳减排中的 51%，其余为：热空气仍占 17%，JI 占 27%，而 CDM 占 26%。总体限制意味着各种机制下所取得的碳削减量都具有相同的价格，那么碳的总参考价格（机会成本）将由排放交易确定，因为这是最便宜而又方便的途径。然而，3 种机制中，只有 CDM 需要支付《议定书》规定的管理成本、适应费用和核实成本，因此，有可能使 COM 处于不利境地。

③ 只对 CDM 进行限制。《公约》第 6 条和第 17 条使用了“补充性”，而第 12 条使用了“一部分”，因此，有可能对不同机制的补充性做出不同的解释。如果只对 CDM 设置限制，同时将补充性理解为 49%，且削减是从常规情景开始计算，则最多可以通过 CDM 削减 4.9 亿 t 碳，其余 51%则分别为热空气（1.65 亿 t 碳）、JI（2.50 亿 t 碳）和国内行动 (0.95 亿 t 碳)。这在本质上同不加限制的情景是完全一样的。

（4）影响

从发展中国家的观点来看，存在 2 个问题：

① 发展中国家能否确实产生每年 490 Mt C 的节余量？

按照国际能源机构的预测，发展中国家在 2008—2012 年期间的累积排放量为 37 850 Mt C。因此，在不加限制的情形下，CDM 的销售将达到发展中国家整个期间累积排放量的 6.5%。据 IPCC 的估算，发展中国家可以将其能源效率提高 10%～30%，如果再加上新的可再生能源、燃料替代和碳的固定等，发展中国家应当有能力产生支持 CDM 所需要的碳节余。

② CDM 对发展中国家的环境可持续发展将会有什么样的影响？

分析认为，CDM 的长处不在于其所能引导的资金流量，而在于如果 CDM 能得到适宜的设计，那么，它有潜力将私人投资“绿化”。例如，在能源、交通和精炼等行业，通过 CDM 的实施，在稳定或加强投资的同时，可以提高技术上的清洁程度。

五、对于清洁发展机制实施的展望

1. 中国的基本观点立场[⑧]

（1）坚持《公约》通过的“共同但有区别的责任”原则、大力发展可再生能源的原则、增加温室气体的“汇”的原则以及提高能源利用效率的原则。

（2）在达到中等发达国家水平之前，不可能承担减排温室气体的义务。

（3）认真实施既定的可持续发展战略及《中国 21 世纪议程》，实施一系列能够有效控制温室气体排放的“无悔”政策与措施，努力减缓温室气体排放的增长率。

（4）中国在全球气候变化领域的主要行动计划包括：坚持可持续发展、环境保护和计划生育；改善能源结构、提高能效；增强吸收二氧化碳的能力；完善法制建设和政策研究，充分运用经济手段；提高技术支持能力；加强公众教育。

2. 中国面临的基本形势

在联合国开发计划署、世界银行和全球环境基金的协助下，中国完成了《中国的温室气体排放控制：问题与对策》等一系列研究，初步估算了气候变化对中国的潜在影响，探讨了中国温室气体排放估算清单，分析了各种减排方案的成本效益等。同时，国外对中国也有不少研究。这些研究的结论是：

（1）中国是温室效应可能的最大受害者之一。例如，范克豪泽（Fankhauser）和托尔（Tol）分别估算了 CO_2 浓度倍增情况下的世界上不同区域的货币损失，预计中国的损失将占 GDP 的 4.7%或 5.2%，而相应的全球损失平均值则只有 1.4%或 1.9%。

（2）能源利用产生了严重的环境问题和影响。除温室气体排放之外，烟尘排放量的 70%和 SO_2 排放量的 90%都来自于燃煤。上述污染物排放的主要影响包括酸沉降对自然生态的破坏以及燃煤引起的二氧化硫（SO_2）和总悬浮颗粒物（TSP）引起的健康损失。据世界银行的《碧水蓝天——2020 年的中国环境》，1995 年中国主要由大气污染造成的经济损失约为 540 亿美元，占当年 GDP 的 7.7%。IPCC 估计，削减大气污染所得利益可以抵消为减轻气候变化所花费用的 30%～100%。

（3）经济发展同环境保护有着密切的关联。如果中国经济停滞不前，将会因缺乏必要的资金来进行技术改造和燃料替代而必将减缓控制温室气体排放的步伐，同时，由于贫困而导致的人口问题和植被问题等很可能加剧包括温室气体在内的一系列环境问题。据研究，在低增长、高增长这两种方案下，前者在 2020 年的 GDP 比后者低 30%以上，而温室气体的排放量只减少了 10%。

（4）中国的能源利用效率亟待提高。虽然中国的能源强度在迅速降低，但是绝对值依然很高。一方面，产业结构调整已经并将继续为能源强度的迅速降低做出贡献，另一方面，能源强度的迅速降低也在某种程度上掩盖了工业能源效率依然很低这一事实。实际上，中国总的单位能耗比国外高出 1/3。

（5）中国面临的压力。虽然中国的人均排放量很低，但是年排放总量却已经超过全球总量的 10%，成为位居美国之后的全球第二大户，并有可能在 2010—2020 年间成为全球排放量最大的国家。同时，中国也是世界上人为排放甲烷最多的发展中国家。虽然目前并不需要承担减排义务，但在今后——特别在成为温室气体排放的第一大户时——将会面临巨大的国际压力，特别是在贸易等方面。

（6）有效的 CDM 有可能为中国的经济发展做出贡献。中国在发展过程中，无论是资金还是技术，都还有一定困难。如果能够在公平的基础上适当利用 CDM，争取资金与技术，用于更新改造现有设施，不仅可以降低能源消耗，减少污染，还可以减少温室气体排放，取得减排信用，从而有可能获得新的资金来源，为经济发展注入新的动力。如此看来，关键是如何妥善地争取完善与利用 CDM。这就需要针对不同类型的 CDM 项目的特点、实施的可能性和成本收益等进行进一步的深入研究，从而使之为中国的现代化进程做出贡献。

3. 中国可能的清洁发展机制项目领域

为了有效地完善与利用 CDM，必须从温室气体减排的潜力与效益出发，并同中国经济发展的优先领域与技术政策相结合。

（1）改善能源利用效率

在当前有可能实施的减排方案中，最有希望的是提高能源终端利用和煤炭燃烧中的效率。在提高能源效率方面，下述项目有较大的潜力，也符合国家发展的优先领域，有可能成为 CDM 下的项目。如：

- 高效的清洁燃煤技术，如 IGCC 等；
- 热电联产；

- ◆ 高耗能工业的工艺技术、工艺流程的节能改造；
- ◆ 高效率低损耗电力输配系统、电力需求侧管理（DSM）；
- ◆ 工业及民用燃煤锅炉窑炉，包括炼焦窑炉的技术改造；
- ◆ 水泥工业过程减排二氧化碳的技术改造；
- ◆ 工业终端通用节能技术，如变频调速高效马达、高效风机水泵等；
- ◆ 建筑节能示范项目。

（2）开发替代能源

在中长期内，大规模开发替代能源将是更有前途的方案。如：

- ◆ 水力发电；
- ◆ 煤矿煤层甲烷气的回收利用；
- ◆ 生物质能的高效转化系统，集中供热、供气和发电示范工程；
- ◆ 大容量风力发电场示范项目；
- ◆ 太阳能发电场示范项目。

（3）减排潜力同清洁发展机制项目的关系

上述项目是否能够成为有效的 CDM 项目，还有待于“进一步的政策优先领域的研究与确认”。例如，工业锅炉的改造与能效提高对于控制温室气体的排放有着显著的效益，但是，由于大量工业锅炉是分散的、小规模的，因此，单独合作的成本将会很高，从而会影响到项目的可行性。又如，运输部门的终端使用极为分散，减排的收益又难以精确计算，因此，如何在运输部门具体实施 CDM，也还需要深入研究。

注释

① 在气候变化公约谈判时，由挪威代表团首次提出，将其作为降低全球温室气体减排成本的措施。

② 参见邹骥、张坤民，京都会议与京都议定书，世界环境，1998 年第 1 期。

③ 第 17 条：公约缔约方应就排放贸易，特别是其核查、报告和责任确定相关的原则、方式、规则和指南，为履行其依第 3 条规定的承诺的目的，附件 B 所列缔约方可以参与排放贸易；任何此种贸易应当是对为实现该条规定的量化的限制减少排放的承诺之目的而采取的本国行动的补充。

④ 第 6 条：为履行第 3 条承诺之目的，附件 I 所列任一缔约方可在向任何其他此类缔约方转让或从它们获得由任何旨在减少温室气体的各种源的人为排放或者增强各种汇的人为清除项目所产生的减少排放单位，其中这一减少或增强对于任何以其他方式发生的减少或增强是额外的。

⑤ 此外，目前 CDM 的有关规定中没有明确“汇”的项目的合格性。但是，汇的项目是最为成本有效的减排手段之一，且 JI 的有关规定中肯定了汇的项目的合格性。

⑥ 援引世界资源研究所《清洁发展机制工作论文（初稿）》（1998 年 10 月）中的研究成果进行分析。

⑦ 热空气是指不经过实际的减排行动而出现的减排信用。例如，一些经济转型国家由于经济衰退，其预期的温室气体排放量将低于议定书所规定的排放限额，因此，无须减排就已经拥有实际的减排信用。

⑧ 根据国家计委副秘书长张国宝 1998 年 11 月代表国家气候小组在中国环境与发展国际合作委员会二届二次会议的发言整理。

面对气候问题的积极态度*

——《气候保护倡议》中译本的译者前言

1998 年 5 月，我在联合国纽约总部率团参加可持续发展委员会第 6 次会议期间，看到了美国世界资源研究所发表的几份报告。尽管这些报告是赶在 1997 年 12 月京都会议（《气候变化框架公约》第三届缔约方会议，COP3）之前编写的，当时读了，仍感到很有意思。

我清楚地记得，在京都会议刚刚闭幕之时，国务委员宋健博士（主管科技与环保等事务）曾经指示：《中国环境报》要立即全文刊登《京都议定书》，有关专家要加强对《京都议定书》的研究与评论。当时，我作为国家环保局的一名副局长，认真地照办了。我还同中国人民大学环境经济研究所副所长邹骥博士一起，就京都会议与《京都议定书》写过一篇评论文章。

当时，我还感到，除了一些专业研究人员能够直接从外文了解有关气候变化的国际文献外，在这方面可供广大干部和公众阅读的中文读物实在太少了。为此，在组织翻译日本经济学家、京都大学教授佐和隆光的新著《防止全球变暖》的同时，我同世界资源研究所（WRI）联系，商讨可否将这些报告译成中文。此事先后得到该所副所长阿伦·莱斯特、所长乔纳森·拉什、研究员吴昌华等人的支持：该所无偿地提

* 本文写于 2000 年 1 月 22 日。《气候保护倡议》一书由张坤民同清华大学博士生何雪炀、温宗国合作翻译，中国环境科学出版社 2000 年 12 月出版。

供了中文版的版权，介绍了他们在 1999 年新出版的几篇报告和短文，并为中文版的翻译出版争取了少量资助。在这些友好支持的鼓励下，我让清华大学的博士生何雪炀承担了主要的翻译任务，并让另一位博士生温宗国协助做了一些翻译与整理工作，我本人也动手做了少量翻译工作和全书的审校工作。此书本应于 1999 年底之前出版，但由于是年分外繁忙，遂不得不延到 2000 年之春才交给出版社。

在这 8 篇报告或短文中，篇名都很醒目，观点也很鲜明，读者从中不难看到，作为一家非营利民间研究机构的 WRI 对气候问题所抱的积极态度、迄今所汇集的典型数据或案例以及作者本人的观点。这些材料对我们无疑是很有价值的。当然，作者们尽管力求公允，仍会带有一定的美国特色。

我相信，随着全球气候变化问题的发展和科学认识的深入，还会不断地有新的著作问世。希望有关人士能够随时发现并尽快将其介绍到国内，以有助于全民环境意识的提高和国家气候政策的决策。

最后，谨向上述 WRI 的有关人士和所有对本书的翻译出版做过贡献的朋友们表示衷心的感谢。

推动京都进程　确保人类未来*

一、《京都议定书》是人类文明进步的一个标志

1. 气候变化是威胁人类未来的严重灾难

气候变化是全球热点问题之一。它不仅是气候与全球环境领域的问题，而且是涉及人类社会的生产、消费和生活方式等经济社会发展很多领域的重大问题（刘江，2001）。

根据政府间气候变化专门委员会（IPCC）的第三次科学报告（IPCC，2001），在过去的1个多世纪里，地球表面温度已经上升了0.4～0.8℃；到2100年，地球表面温度将比1990年上升1.4～5.8℃。冰川在全球范围内出现了消融迹象，海平面于1900—2000年上升了10～20 cm，从1990—2100年将上升15～95 cm。厄尔尼诺现象出现的频率上升，规模扩大；发生极端气候事件的频率上升，程度加剧，如干旱、洪涝、热带风暴、龙卷风、火灾和瘟疫等（世界资源研究所，2000）。今年德国、意大利、捷克的水灾再次证明了这一点。

全球气候变暖是一个严峻和无情的事实。尽管其变化的速度和影

---

* 本文是作者于2002年10月在日本立命馆大学第10届学术交流会上的两个基调报告之一，同中国人民大学博士生崔大鹏合写。

响还有多方面的不确定性，但是，气候变化的威胁是真实存在的，人类应当采取预防性措施。对此，国际社会已基本达成共识。正是在此共识的基础上，诞生了《联合国气候变化框架公约》和《京都议定书》(邹骥，张坤民，1998)。

2. 《京都议定书》的深远历史意义及其前景

《京都议定书》是对于《联合国气候变化框架公约》的具体实施方案，是朝实现该公约最终目标迈出的重要一步，是国际气候合作的一座里程碑，是人类文明进步的一个标志。可以说，1997 年的《京都议定书》将永远同京都这座美丽的历史名城联系在一起。

实践证明，以大量生产、大量消费、大量废弃为特征的 20 世纪工业文明模式已经无以为继，人类必须选择新的可持续的生产与消费模式。在工业文明向生态文明转换的过程中，能源首当其冲。《京都议定书》正确地指出了人类必须控制化石能源消费的方向。

中国古代著名诗人陶渊明曾说过："悟已往之不谏，知来者之可追。"各国政治家应该站在历史的高度，把握人类正确的发展方向。1992 年的联合国环境与发展大会以及《联合国气候变化框架公约》与《京都议定书》都体现了人类理性的精神。2002 年 8 月，世界可持续发展首脑会议（联合国环境与发展大会 10 年后的再一次首脑会议）在南非约翰内斯堡召开。这次峰会把能源列为当前最紧迫的 5 个重点问题之一，受到了各国代表和 NGO 的高度重视，这标志着全球对于能源与环境的关联加深了认识，人类文明又取得了新的进步。

然而，2000 年 11 月的海牙会议（COP6）的挫折也清楚地显示了，要使《京都议定书》生效是何等的困难。2001 年，美国宣布退出《京都议定书》，使其效力大幅度下降，因为美国的温室气体排放量占全球总排放量的 1/4 (邹骥等，2001)。2001 年 11 月的马拉卡什会议（COP7）虽然取得了突破性进展。但由于缔约各方在谈判中做出了一系列妥协，致使《京都议定书》的义务条款已经大量缩水。

截至 2002 年 7 月 24 日，共有 76 个国家批准（包括欧盟 15 国和日本），已批准或接受《京都议定书》的附件 I 国家其排放量占附件 I 国家总排放量的 36%。朱镕基总理在高峰会议上宣布，中国已经核准了《京都议定书》。还有一些国家表示即将批准或接受《京都议定书》，其中包括俄罗斯（UNFCCC，2002）。2002 年 10 月，COP8 第二阶段会议将在新德里举行。这对《京都议定书》来说是绝好的机会，可以借助世界峰会的东风，继续加速京都进程。可以说，《京都议定书》很有希望被足够多的国家批准而在近年内生效。

道路是曲折的，前途是光明的。气候变化给人类带来的挑战不容回避。但是，在面对代价高昂的风险时，人类的理性不会选择无所作为，而会选择明智的出路。为生存而结成伙伴关系，为长远利益而放弃部分眼前利益，人类的智慧与勇气一定能够在国际气候谈判的困境中找到防止气候变暖的可行方案，继续推动京都进程。

3. 《京都议定书》的性质与基本特征

《京都议定书》是继世界贸易组织（WTO）谈判之后的又一项重要的国际谈判，其目的是要形成保护全球气候的国际制度。《京都议定书》作为国际公共物品的全球大气环境资源（温室气体排放容量资源）产权的部分界定与划分，事关以确定环境权益为表现形式的国际政治经济新秩序的发展，涉及未来世界各国的长期的经济、能源与环境发展空间和相关的权利与责任的确定，故对于国家经济竞争力具有很大的影响。

从国际政治经济学分析，《京都议定书》具有如下 6 个特征：

（1）参与国家多，影响大。全球绝大多数国家几乎均已参与，他们在是否核准《京都议定书》问题上必须做出抉择，而这将对各国的能源政策与经济发展带来很大影响。

（2）谈判民主制。不存在任何超国家的权威机构来强制执行《京都议定书》。谈判民主制的游戏规则是进退自由。各国都是在自愿的基础上决定是否批准《京都议定书》。美国退出《京都议定书》虽使气候谈判受挫，而大多数国家仍在继续推动京都进程。

（3）容易"搭便车"。地球气候环境是一种全球公共物品。所有国家都可能从一个或多个国家采取的减排温室气体的行动中受益。除非有通过谈判与博弈达成的国际制度来控制，否则，很容易出现"搭便车"行为。

（4）发达国家的历史责任无可否认。应该说，《联合国气候变化框架公约》和《京都议定书》已达成共识，由于历史的责任和现实的能力，《京都议定书》第一承诺期减排温室气体的义务主要由发达国家和经济转型国家（附件Ⅰ所包括的38个国家）承担。

（5）发展中国家的参与理应得到补偿。一些发达国家已经意识到，只有在足够多的国家决定批准并实际采取行动的情况下，《京都议定书》才能真正发挥其效力。而这需要研究和制定出合适的补偿机制来吸引发展中国家合理地参与实际减排行动。

（6）3个"京都灵活机制"可能成为有效工具。对于工业化国家，排放权交易（ET）和联合履约（JI）使《京都议定书》规定的减排目标和时间表比较容易接受，减排成本也有可能减少。对于发展中国家，清洁发展机制（CDM）可使他们以逐个项目的形式参与减缓全球变暖的行动，并从中获得发展机遇。故3个灵活机制是《京都议定书》有效运转的关键。

二、《京都议定书》面临的困难及其前途

1. 国际气候谈判的环境外交格局

在防止全球变暖的国际合作中，由于温室气体减排涉及国家利益，

因而各国在历史责任的划分、发展空间的分配、采取对策的时限和减排方式的选择等方面均存在着相当多的矛盾与分歧，既有合作，又有冲突。

欧盟在气候谈判中扮演着类似于“火车头”的作用。欧盟主张：以国内减排行动为主、补充性地利用京都机制；反对减排措施过分地依赖碳汇作用；主张较严格的履约机制。

美国等伞形国家要求实施自由的排放权交易和灵活执行《京都议定书》。尽管美国退出了《京都议定书》，并提出了新方案，但日本等国顾全大局，较早批准了《京都议定书》。

77 国集团和中国等发展中国家强调“共同但有区别的责任”原则，要求发达的工业化国家率先减少温室气体排放量，要求建立南北补偿机制，并要求给予发展中国家足够的发展空间。他们支持严格执行《京都议定书》。

总体而言，在全球气候谈判的国际合作中存在着两大关系。一是欧盟同美国等伞形国家之间的关系，其实质是要不要严格减排的问题。美国强调市场工具，即通过排放权交易来“有弹性地”履约；而欧盟要求地区限额减排，防止因“有弹性地”履约而转移温室气体的排放，使全球减排目标落空。二是南北之间的关系，其实质是公平问题。发展中国家希望保护自身的发展空间，而根据历史与现实，温室气体主要源于发达国家，发展中国家的人均排放量远远低于发达国家，故不应该也做不到过早地承诺减排或限排；而部分发达国家违背《联合国气候变化框架公约》已经明确的“共同但有区别的责任”原则而坚持认为，如果没有发展中国家的参与，他们就不愿意兑现规定的温室气体减排目标。这两大关系实际上构成了并不断改变着国际气候合作中的环境外交格局。尽管外交谈判是艰辛的，但是，我们坚信，人类文明的前途终究是光明的。

2. 关于《京都议定书》谈判的博弈分析

目前，各国学术界普遍利用博弈论来分析国际气候谈判。地球气候是全球性的公共物品，各国的温室气体排放情景展示着一种消极的外部性。在防止气候变暖问题上，各国之间是高度相互依存的。由于并不存在一个能强制执行《京都议定书》的“世界政府”，博弈分析在国际气候谈判中显得特别重要。《京都议定书》的谈判，可以说是一种“囚徒困境式”的博弈。这种博弈图式可以概括出国际气候合作的本质。

囚徒困境式博弈说明了人类社会客观存在着的一种现象，即个体理性并不能自动地导致集体理性，却往往会导致集体非理性。这就是著名的《公地的悲剧》所述的故事。静态囚徒困境博弈只存在 1 个纳什均衡解，而这个纳什均衡解是帕累托无效的。不过，动态囚徒困境博弈由于其重复进行所产生的“未来效应”，而为集体合作提供了新的可能性，即博弈者的个体理性要求根据其自身的未来支付价值大小来决定其是选择合作还是选择背叛。即使囚徒困境在某个阶段博弈中被克服了，博弈双方能够成功地进行合作了，但是，这种合作仍然是不稳固的，它总是处于个体理性背叛的压力之下。例如，美国克林顿政府签署了《京都议定书》，但布什政府却宣布退出《京都议定书》。

《京都议定书》作为一份国际法律文书或一项国际制度，本质上就是国际合作的一项游戏规则或博弈规则。在国际气候谈判中，不可能一开始就能够建立起一个最有效率的、理想的国际制度。国际制度本身的完善也是一个不断博弈的过程。国际气候谈判首先必须让这个制度（规则）建立和运转起来，然后再不断地改进和完善这个国际制度。因为制度（规则）是产生各种博弈均衡结果的前提和根源。《联合国气候变化框架公约》生效之后，从 COP1 到 COP8 的 7 年漫长而艰难的谈判历程，从动态博弈角度可以充分说明国际制度形成的博弈过程，这也符合国际制度形成与完善的必然规律。明确了这一点，对于参与谈判的国际制度的设计者与今后的执行者都具有重要意义，对于关注该问题的每个人也都很有益处（Finus，2001）。

3.《京都议定书》的 3 个难题

《京都议定书》目前面临着 3 个难题。其头号难题是排放配额的分配。几乎关于排放权交易的所有的经济学研究都把涉及分配的政治问题当成头等大事。因为它牵涉 190 多个国家，时间长达好几十年，而且在排放配额的分配上，目前缺乏一个达成共识的公平有效的游戏规则。尽管《京都议定书》的谈判成功证明排放配额的分配问题是可以得到解决的，但是，美国退出《京都议定书》和后来的一系列艰难的谈判说明，排放配额的分配问题仍然是个大难题。实际上，这是个复杂的博弈难题，并不像一般人想象的那样简单。因为它要分配的是价值大约 2 万亿美元的排放权，这需要各缔约国的巨大财政投入（Victor，2001）。国际社会难免担心：能够形成一个公平和有效的全球排放权交易市场吗？

《京都议定书》的第 2 个难题是监测问题。《京都议定书》的目标针对 6 种温室气体，即二氧化碳、甲烷、一氧化二氮等。问题在于很难监测其中多数气体的排放，因为导致排放的行为尚未得到充分认识。尽管燃烧化石燃料产生的二氧化碳气体是较易测量的，但是，监测涉及敏感的国家主权。如果不能进行精确测量，就不能令人信服地分配排放配额，也无法准确判断完成了多少减排义务。因此，监测数据的可得性与可靠性是必须解决的问题。

履约问题是第 3 个难题。由于不存在“世界政府”，国际协议的履行一直是国际法的老大难问题。如果能建立起一个有强制性的国际机制，有可能改变这种状况，但在国际环境法中还没有这种先例。《京都议定书》设计的排放权交易体系有可能提供一个体面的解决办法。其前提是在排放权交易市场中流通的许可证是真实可信的，问题的关键是实行“卖方责任制”还是“买方责任制”。如果出现不真实的许可证，就可能会导致排放权交易体系的瓦解。

4. 可能突破京都难题的综合方案

要解决《京都议定书》的博弈难题，需要有一些新思路。可以考虑设计一套更完善的工具组合和规则系列，使得减排二氧化碳的国际机制，既能较好地满足公平原则，又能较好地满足效率原则。可以设想把一些可供选择的工具手段综合加以利用，形成一套可行的综合方案，这也许有可能突破气候合作的困境。

根据环境经济学理论，政策制定者有 3 类可以选择的方法。第一类是“限量与交易”方法（科斯手段），即设定排放限额，通过排放权交易的市场机制来减少达到排放限额所需要的成本。这类方法实际上就是《京都议定书》所体现的“限量与交易”结构。第二类是碳税方法（庇古手段），即各国政府就履约行动所能承受的成本通过谈判达成一致，并由市场机制决定最后达到的排放水平。也就是说，只限定成本，而不限定排放量。这种方式就是各国协调征收二氧化碳税。第三类是作为管制手段的“政策与措施”（PAMs）方法，即各国政府直接去引导生产者和消费者的决策，这类方法也许更有弹性也更易见效。

这 3 类方法都离不开政府的作用。科斯手段需要政府界定产权，庇古手段需要政府定税收税，管制手段更需要政府管制查处。如果出现政府“寻租”的情况，科斯手段会比庇古手段和管制手段可能更有效。而如果法制不健全，排放者数量很多，交易成本较大，则科斯手段失灵。总之，3 类方法各有利弊，采用何类方法须酌情而定。所谓综合方案，是把 3 类方法有机地结合起来，优势互补，组合成公平有效地解决气候变暖问题的工具箱。当然，这还需要通过专家设计与政府谈判被各缔约方接受才行。

三、中国对于国际气候合作的态度与贡献

1. 中国认真实施可持续发展战略并积极支持《京都议定书》

中国历来重视全球变暖问题。早在 20 世纪 80 年代，当保护全球气候问题刚刚被提出来时，作为安理会常任理事国和人口大国，中国十分关注并积极参与了联合国的有关会议、决议和《联合国气候变化框架公约》的谈判工作，1992 年率先签署了《联合国气候变化框架公约》，1998 年签署了《京都议定书》，现已宣布核准。中国强调，应从可持续发展战略高度，充分认识全球气候问题的重要性，坚持“共同但有区别的责任”原则，积极参与国际合作，推动履约进程。在国际气候谈判过程中，中国始终强调要考虑发展中国家的实际情况和需要。这些都是出于以下的理由：

首先，造成全球气候变暖的原因，发达国家和发展中国家的贡献不一样。发达国家在产业革命过程中排放了大量的二氧化碳，使今天（1999 年）大气中的二氧化碳浓度比工业化开始时（约 1750 年）增加了 33%。在发达国家过去大量排放二氧化碳时，中国和很多发展中国家都还很穷。即使在今天，中国的二氧化碳人均排放量也不到美国的十分之一。因此，《里约宣言》和《联合国气候变化框架公约》都确定了“共同但有区别的责任”原则。在这次峰会上南非总统姆贝基、巴西总统卡多佐等国家元首在发言中都重申了这条重要原则。

其次，包括中国在内的发展中国家，按照《联合国气候变化框架公约》和《京都议定书》的规定，目前并没有具体的削减二氧化碳排放的任务。尽管如此，中国仍然做了大量工作，采取了多项措施，以利于延缓全球气候的变化。这些措施包括：控制人口增长的速度；降低煤炭的生产量和消费量；提高能源的使用效率；开发一些不排放或

少排放二氧化碳的能源，如水能、太阳能、潮汐能、风能，积极利用核能；植树造林以扩大吸收二氧化碳的“汇”；大量利用沼气等。这些措施都减少了二氧化碳的排放。《中国 21 世纪议程》明确规定了各领域的有关行动。

最后，由于中国的经济基础仍然薄弱，人民的生活水平仍然很低，发展经济、消除贫困、提高人民生活水平仍然是当前及今后相当长时期内的首要任务。今后，中国化石能源消费量以及随之产生的温室气体排放量将不可避免地继续会有所增加（刘江，2001）。

中国在国际气候谈判中，是从兼顾世界各国的共同利益和中国自身的国家利益出发，根据问题本身的实际情况，独立自主地决定自己的立场与政策。在南北关系上，反对单边主义，维护发展中国家的生存权和发展权，致力于推动建立公正合理的国际政治经济新秩序。发达国家既然是造成全球变暖的主要责任者，应当率先履行承诺，减排温室气体，同时兑现向发展中国家提供必要的资金补偿和技术转让的承诺，以加强发展中国家参与全球应对气候变化活动的能力。中国是一个负责任的大国，对已经批准的国际协议必将履行自己应尽的义务，也希望其他国家顾全大局，履行各自的承诺。

2. 中国在能源方面已经做出了较大贡献但也面临着巨大挑战

能源是左右气候变化与可持续发展进程的关键因素之一。目前，发展中国家有 20 亿人口用不上电，而发达国家的人均化石燃料的年消耗量却达到发展中国家的 10 倍，成为全球温室气体的最主要来源。这次世界峰会明确指出，如果全世界都采取发达国家的消费方式，那么，还需要 2.6 个地球才能满足全人类的需求。因此，能源成为这次峰会的 5 个重点议题之一便是理所当然的了。各国代表曾就如何制定出具体的指标和时间表、提高可再生能源在能源结构中的比例等展开了激烈的讨论。

据预测，世界能源消耗量在未来 20 年内仍将以平均每年增长 2%的速度上升。如何以可持续发展的方式满足不断增长的能源需求，既是挑战，也是机遇。这不仅要求国际社会继续采取有效措施，帮助全球贫困人口能够享受到现代能源技术的恩惠，更重要的是有赖于采用先进技术提高化石燃料的效率，推广洁净煤技术，以及增加可再生能源的使用量等，这样才能从总体战略上解决全球的能源与环境问题，同时实现当代人的公平和代际公平。

1990—2000 年间，中国经济快速增长使得能源消费量不断增加，但是，中国采取了有效措施，在能源利用方面取得了明显进展，对延缓全球变暖做出了巨大贡献。主要表现如下：

（1）节能。中国每万元（1990 年价）GDP 的能耗由 1995 年的 3.97 t 标准煤下降到 2000 年的 2.77 t 标准煤，累计少用能源达 4.1 亿 t 标准煤。1996—2000 年间按直接节能的价值计，约 660 亿元；按污染物排放量计，相当于减排 SO_2 800 万 t、CO_2（以碳计）1.8 亿 t。

（2）新能源和可再生能源产业迅速发展。到 2000 年底，全国太阳能热水器年产量达 610 万 m^2，拥有量达 2 600 万 m^2，居世界第一位；累计建成 26 个大型并网风电场，形成 34 万 kW 的发电能力；沼气年生产能力约 6 亿 m^3/a，地热电站总装机容量约 30 MW。

（3）能源结构不断优化。在一次能源消费总量中，煤炭消费量所占比重由 1990 年的 76.2%降为 2000 年的 61.03%；石油、天然气和水电等的比重逐步提高，由 1990 年的 23.8%上升为 2000 年的 38.97%。

（4）大力开展植树造林，不断增加碳汇。通过 1998—2001 年 3 年间在 24 个省（区）的试点，共完成退耕还林面积 480 万 hm^2。到 2010 年，全国还将继续退耕还林达到 3 200 万 hm^2。届时，全国陡坡耕地将基本实现退耕还林，31%的沙化耕地得到治理，新增林草植被面积 3 200 万 hm^2，水土流失控制面积达 8 670 万 hm^2，防风固沙控制面积 1 亿 hm^2。可为当地提供近 4 000 万个就业机会，每年将产生直接经济效益 925 亿元左右，生态、社会方面的间接经济效益 1 200 亿元左右。

（5）能源方面的法制建设与规划日臻完善。1999 年颁布了《节约能源法》，2002 年 6 月又颁发了《清洁生产促进法》。国家经贸委还制定了《节约和替代燃料油“十五”规划》《能源节约与资源综合利用“十五”规划》《新能源和可再生能源产业发展“十五”规划》，国家计委也制定了《能源发展重点专项规划》。这些规划都提出了十分明确的目标和重点（见下表）。如果实现了上述规划，预计在 2000—2005 年，中国总节能量可达 3.0 亿～3.4 亿 t 标准煤，相当于减排 CO_2（以碳计）1.5 亿 t 左右。

几项国家专项规划中关于能源节约与利用的目标与重点

国家专项规划	目标（2005 年）	重点发展领域
节约和替代燃料油“十五”规划	节约和替代燃料油 1 600 万 t、成品油 500 万 t	电力、石油石化、钢铁、化工、建材、交通运输
能源节约与资源综合利用“十五”规划	每万元 GDP（国内生产总值）能耗降至 2.2 t 标准煤（1990 年不变价），累计节约和少用能源 3.4 亿 t 标准煤	节约和替代石油技术、洁净煤技术、节电技术、多联供技术、余热余压回收技术、建筑节能技术
新能源和可再生能源产业发展“十五”规划	年开发利用量（不含小水电和生物质能传统利用）达 1 300 万 t 标准煤，相当于减少近 1 000 万 t 碳的温室气体及 60 多万 t 二氧化硫、烟尘的排放	太阳能光热利用、风力发电、生物质能高效利用、地热利用
能源发展重点专项规划	一次能源生产量 13.2 亿 t 标准煤，同 2000 年相比，煤炭比重下降 3.88 个百分点。能源效率达到 36%，比 1997 年提高 4 个百分点，单位产值能耗下降 15%～17%	煤炭、石油天然气、电力、新能源与可再生能源、提高能效

但是，随着经济和社会的发展，中国对能源的需求不断增加，2000 年能源消费总量达到 12.8 亿 t 标准煤，比 1990 年增长了 30%。从可持续发展角度看，中国在能源方面面临着以下挑战：

（1）人均能源占有量低。中国人均能源占有量远低于世界平均水平。如天然气人均 930 m^3，是世界人均占有量的 1/22；液化石油气人均仅 29 t，是世界人均的 1/10；人均煤炭占有量是世界平均水平的 1/2。

（2）能源资源分布不均匀。能源生产地集中在西部地区，而能源主要消费地却集中在东部地区。由此形成了长期以来“西煤东运、西电东送”的大运量、长距离输送的格局。

（3）以煤炭为主的能源结构对环境造成巨大压力。中国目前的能源消费结构同世界平均水平（煤炭 17.8%，石油 40.1%，天然气 22.9%，水电核电 19.2%）相比，差距十分明显。水电等绿色能源所占比例低；太阳能、风能等可再生能源虽然资源丰富，这几年发展也很快，但限于资金与技术等因素尚未普及。

（4）能源利用效率较低。尽管中国已经大大降低了能源消费弹性系数。但能源工业的技术水平和管理水平仍不高，能源平均利用率仅 32%，比发达国家低 10%左右。单位产值能耗是发达国家的 3～4 倍，主要工业产品能量单耗是发达国家的 1.4 倍。当然，这种情况也为开展 CDM 项目提供了大量机会。

可见在 21 世纪前半期，中国在步入中等发达国家的进程中，能源形势不容乐观。由于中国能源结构以煤为主，石油资源短缺，能源发展与环境保护的矛盾将日益突出。

3. 来自中国学术界的一些建议

中国科学院、国家计委与电力公司等部门的科研机构和清华大学等重点大学，近年来对气候变化及其应对进行了多方位的研究（张坤民，温宗国，2001）。学术界的建议概述如下。

（1）积极推动京都进程，为减缓气候变化多做贡献

积极履行《联合国气候变化框架公约》为不同国家规定的不同义务，推动《京都议定书》批准生效。实施低资源耗费与低污染的可持

续发展战略，加快实现经济增长方式从粗放型向集约型的转变。提高公众保护全球气候的意识，建立有助于减少温室气体排放的生产方式和消费模式。加强气候变化的科学研究，提高中国参与国际气候合作的能力（刘江，2001）。

（2）坚持“共同但有区别的责任”原则

对造成全球变暖负有历史责任的发达国家应当率先采取减排行动。中国作为发展中国家，目前不能承诺任何同历史责任及自身发展水平不相适应的义务。任何给发展中国家设定新的不该接受的义务的企图，甚至以此作为批准《京都议定书》的条件，都只能引起激烈的政治对抗，破坏国际合作。

（3）坚持把“人均二氧化碳排放指标”作为确定对全球变暖现实责任的一项公平标准

人均指标是具有普遍性的人权标准，有利于维护每个人的生存权与发展权。从理论上讲，只有在各缔约方累计的人均排放量同目前的人均排放量达到相等时，减排的义务与责任才相同。开展国际气候合作，必须首先满足公平原则。尽管有各种各样的公平标准，但是，人权标准是最基本的。

（4）力争建立公平有效的配额分配机制、补偿机制和排放权交易机制

坚持按人均年排放量的标准分配各国的配额，并要求给予发展中国家以合理的配额补偿。这种补偿一方面应考虑发达国家的历史责任；另一方面要给予发展中国家足够的经济发展空间。同时，在启动全球排放权交易时，宜设定排放权交易的最低价格，以保证交易各方的收益均衡（收益均衡才是真正的“双赢”或“多赢”）。

（5）对无悔行动也应当研究建立合理的奖励机制

对发展中国家采取的无悔减排行动和自愿减排行动应当给予相应的奖励。也可以考虑在发展中国家采取无悔减排行动时，其减排量经

过核实后算做增补配额，并直接进入全球排放权交易市场。如果没有奖励机制，就等于鼓励增加排放，而不是鼓励减排。而目前往往是增加排放有利于在气候谈判中赢得更多的配额分配。

（6）对清洁发展机制（CDM）应设定体现公平原则的前提条件

积极支持实施 CDM 项目，即要求发达国家通过 CDM 的项目形式实现已经承诺的资金支持和技术转让，并支持发展中国家的能力建设。同时，需要限定通过 CDM 获得减排信用（CERs）的最低价格，以保证合作双方的收益均衡。

（7）坚持在达到中等发达国家之前不承诺减排义务

中国在达到中等发达国家之前不应该承担减排义务，这一方面是因为发达国家的历史责任所致，中国只有到中等发达时承担减排义务才是公平的；另一方面，据初步研究表明，如果中国的减排时间提前，即便减排率很低，GDP 的损失也将急剧增加。有的国家强调的所谓发展中国家“有意义地参与”将会严重制约发展中国家的经济发展。

（8）积极开展国际合作与交流

国际合作与交流对有关各方都有益处。20 多年来，中国坚定不移地实施改革开放政策，大大推动了同国际社会的融合和各方面的进步。在延缓全球气候变化方面同样也会如此。节约能源、提高能效、开发利用可再生能源与新能源，这些都是全球关心的热点。中国应该也愿意在平等互利的基础上积极推进国际合作与交流。

从上述建议可以看出，中国在气候变化问题上的态度是积极而慎重的，在气候谈判中的基本思路是“补偿原则+人均原则”，这是南北气候合作的框架条件。毫无疑义，中国作为《联合国气候变化框架公约》与《京都议定书》的缔约方，只要签了字，就会信守协议，履行义务。

虽然在国际气候合作中难免会有矛盾分歧，但是各国都应当顾全大局，积极协商谈判，寻求公平有效的解决方案。在当今世界上，“只有一个地球”、“为了生存结成伙伴关系”的思想已经逐步成为全球共识。目前，国际气候合作已进入关键时期，随着全球环境意识的提高和国际气候谈判的深入，包容、平等和渐进的国际合作意识正在日益增强，开放、健康和互利的国际合作局面终将形成。中国正是在全球化、多极化、多样化和不断变化的历史进程中，通过博弈与合作，寻求和建立国际政治经济新秩序，推动人类文明的不断进步。

参考文献

[1] Finus Michael. 2001. Game theory and International Environmental Cooperation. Edward Elgar Publishing Limited etc. Cheltenham. UK & Northampton. MA. USA.

[2] 高广生，李丽艳．气候变化国际谈判进展及其核心问题．中国人口·资源与环境，2002，12（3）．

[3] 国家经贸委．节约和替代燃料油“十五”规划//走向市场经济的中国环境政策全书（2002）．北京：化学工业出版社，2001．

[4] 同[3]．

[5] 同[3]．

[6] 国家计委．能源发展重点专项规划//走向市场经济的中国环境政策全书（2002）．北京：化学工业出版社，2001．

[7] http://www.peopledaily.com.cn/GB/jinji/222/7803/index.htm．

[8] http://www.unfccc.de．

[9] IPCC Working Group I．Climate Change 2001：the Scientific Basis．Cambridge：Cambridge University Press，2001.

[10] 刘江．中国可持续发展战略研究．北京．中国农业出版社，2001：447．

[11] 潘家华．美国温室气体减排新方案剖析．可持续发展研究，2002（3）．

[12] Victor D．G. 2001．The Collapse of the Kyoto Protocol and the Struggle to Slow Global Warming．Princeton University Press.

[13] 世界资源研究所．气候保护倡议．张坤民，何雪炀，温宗国，译．北京．中国环

境科学出版社，2000.

[14] 张坤民，温宗国. 能源效率、能源多样化和实现可持续发展. 上海环境科学，2000，19（2）：47-49.

[15] 张坤民，温宗国. 中国关于全球变暖的观点与对策. 中国软科学，2001（7）：6-11.

[16] 张坤民. 关于中国可持续发展的政策与行动. 北京：中国环境科学出版社，2001.

[17] 中华人民共和国可持续发展国家报告.北京：中国环境科学出版社，2002.

[18] 邹骥，张坤民. 京都会议与京都议定书：背景、形势和影响. 世界环境，1997（4）：6-7.

[19] 邹骥. 布什政府撤回控制温室气体排放承诺的原因和影响. 环境观察与评论，2001.

第五篇

中国发展低碳经济的挑战与机遇

低碳世界中的中国：地位、挑战与战略*

火的发现与利用曾经极大地促进了人类进化和文明发展。伴随着生物质能、风能、水能、化石能、核能等的使用，人类逐步从原始文明走向农业文明和工业文明。但是，随着全球人口和经济规模的不断增长，除了可再生能源外，地球上的能源储量终究是有限的。同时，能源使用带来的环境问题及其诱因不断地为人们所认识，不止是烟雾、光化学烟雾和酸雨等的危害，阿伦尼乌斯 1896 年预测的大气中二氧化碳（CO_2）浓度升高将带来的全球气候变化，也已被确认为不争的事实。在此背景下，“碳足迹”、“低碳经济”、“低碳技术”、“低碳发展”、“低碳生活方式”、“低碳社会”、“低碳城市”、“低碳世界”等一系列新概念、新政策应运而生。而能源与经济以至价值观实行大变革的结果，有可能为逐步迈向生态文明走出一条新路，即摈弃 20 世纪的传统增长模式，直接应用新世纪的创新技术，通过低碳经济模式与低碳生活方式，实现可持续发展。

---

* 本文是作者于 2007 年 11 月在日本北海道的演讲，中文稿刊于《中国人口·资源与环境》第 16 卷第 3 期 1～8 页，修改补充后收入《低碳经济论》文集（中国环境科学出版社，2008 年 5 月，25～40 页），日文稿收入吉田文和等编著的《可持续发展的低碳社会》（北海道大学，2009 年，205～218 页）。

一、低碳经济的内涵及国际动向

1. “低碳经济”的提出

“低碳经济”最早见诸政府文件是在 2003 年的英国能源白皮书《我们能源的未来：创建低碳经济》。作为第一次工业革命的先驱和资源并不丰富的岛国，英国充分意识到了能源安全和气候变化的威胁，它正从自给自足的能源供应走向主要依靠进口的时代，按目前的消费模式，预计 2020 年英国 80%的能源都必须进口。同时，气候变化已经迫在眉睫。

布朗首相于 2007 年 11 月阐述英国的主张是，努力维持全球温度升高不超过 2℃。这就要求全球温室气体排放在未来 10～15 年内达到峰值，到 2050 年则削减一半。为此，需要建立低碳排放的全球经济模式，确保未来 20 年全球 22 万亿美元的新能源投资，通过能源效率的提高和碳排放量的降低，应对全球变暖。

英国认为，全球范围低碳能源部门产生的全部高附加值，到 2050 年，每年将达 3 万亿美元的规模，并可为 2 500 万人提供就业岗位。假如英国能够保持在此增长中的份额，那么，英国环境产业在未来 20 年内，将有 100 多万个就业岗位可提供给就业者。

英国的目标是：2020 年 CO_2 比 1990 年减排 20%，2050 年减排 60%，并创建低碳经济。其措施有：①鉴于城市产生温室气体最多和 80%的化石燃料燃烧源于建筑物和交通，英国皇家环境污染控制委员会提出“低碳城市”政策，要求所有建筑物在 2016 年实现零排放。②设立气候变化税。重工业企业如自愿签订协议，则其减排温室气体的投资可以获得免税。③通过《气候变化法案》，为排放量设定总量限制。④计划建成世界上第一个商业 CO_2 捕集和封存（CCS）清洁煤电厂项目，以示范 CCS 的全过程。并与欧盟一起同中国合作启动煤炭的零排放项目，为中国燃煤电厂示范 CCS 全过程，以使更多的发电站采取这一措施。⑤推动建立全球碳交易市场，通过加强市场力量来建立碳的全球价格，英国认为这是一种最有效最具创新性的行动。在欧盟碳排放交易框架基础上，伦敦作为其中心，全球碳交易市场 1 年的价值约 200 亿欧元，到 2030 年这一数字将是目前的 20 倍。

2. 英国《斯特恩报告》

英国政府于 2006 年 10 月发布的《气候变化的经济学：斯特恩报告》对全球变暖的经济影响做了定量评估。《报告》认为，气候变化的经济代价堪比一场世界大战的经济损失。应对这场挑战，目前在技术上是可行的，在经济负担上也比较合理。行动越及时，花费越少。如果现在全球以每年 GDP 1%的投入，即可避免将来每年 GDP 5%～20%的损失。《报告》呼吁全球向低碳经济转型，主要措施有：提高能源效率；对电力等能源部门“去碳”；建立强有力的价格机制，如对碳排放征税和进行碳排放交易；全球联合对去碳高新技术进行研发和部署等。斯特恩指出，走向低碳经济可以有各种发展方向，如开发风能、太阳能、核能和潮汐能等，或者发展 CCS 技术，具体选择由各国根据国情做出。

3. IPCC 的第四次评估报告

2007 年 2 月至 11 月，IPCC（政府间气候变化专门委员会）陆续发布第 4 次评估报告，提供了关于气候变化新的更有力的科学依据，包括：①20 世纪后半叶北半球平均气温是过去 1 300 年中最为暖和的 50 年；过去 100 年间，世界平均气温上升了 0.74℃；最近 50 年间，气温上升的趋势是过去 100 年间的 2 倍左右；②全球范围冰川大幅度消融；③世界各地气象异常事件频发（暴雨、洪水、干旱、台风、酷热）；④20 世纪全球平均海平面上升了 17 cm；⑤这种趋势如不扭转，意味着 21 世纪末气温将上升 4℃，海平面将上升 60 cm，对生态系统、食物与水供应以及人类居住都将带来持久深入的影响。

IPCC 报告指出，对于所有涉及温室气体排放的行业部门，当前已有许多低碳技术选择，一些新技术，如可再生能源、CCS、热电联产、氢能，均有较大的减排潜力。许多技术确实是负成本，如节能灯、建筑节能等。但有的技术如氢能、CCS 等，目前尚处于初期开发阶段。

4. 低碳经济的国际动向

2007 年是全球高度关注气候变化和推动低碳经济的一年。3 月，欧盟首脑会议决定，2020 年比 1990 年水平减排 20%～30%；4 月，联合国安理会把气候变化列为涉及国际安全的辩论议题。同月，中国环境与发展国际合作委员会召开低碳经济和能源与环境政策研讨会；9 月，联合国大会和亚太经济合作组织（APEC）会议分别召开，气候变化为其重要议题；12 月，空前规模的联合国气候大会在印尼召开，旨在为 2012 年以后控制温室气体制定《巴厘岛路线图》。同时，欧盟计划实施气候变化项目和碳交易；美国加利福尼亚州立法严格要求企业减排 CO_2。

二、中国在世界经济中的地位

1. 国际能源机构的预测和联合国开发计划署的评论

2007 年 11 月，经合组织的国际能源机构（OECD/IEA）发布了最新的《全球能源展望》（WEO，2007），该报告聚焦于中国和印度的能源发展，并按“参考情景”（延续现有趋势不作政策改变）、“替代政策情景”和“高增长情景”3 种假设，进行了大胆的预测。

IEA 认为，中国在世界经济中占有越来越重要的地位（表 1）。如按市场汇率计，中国 2005 年的 GDP 占全球的 5%，居世界第四位；如按购买力平价计，达 14.5%，居世界第二位（笔者注：按世界银行新发布的"2005 年国际比较项目"结果，购买力平价值为 9%，仍居第二位）。

表 1 中国在世界经济中的重要性（占世界总量的比率，%）

项目	1980 年	1995 年	2000 年	2005 年
GDP（2006 年美元，按购买力平价计）[a]	3.2	5.5	6.8	9.0
GDP（2006 年美元，按市场汇率计）	2.9	2.5	3.8	5.0
对外贸易	0.9	2.7	3.6	6.7
外国直接投资	0.1	11.0	3.0	8.0
化肥生产	17.0	27.0	29.0	43.0
钢铁生产	8.2	13.0	15.5	31.2
水泥生产	9.0	33.6	37.4	46.6
通信设备生产	—	—	6.7	20.4

a：GDP 购买力平价值已按世界银行"2005 年国际比较项目"作了调整。

资料来源：IEA secretariat calculations based on database of IMF，CEIC，ADB，IISI，WTO and WB。

IEA 按"参考情景"预测的中国能源需求是：①到 2030 年，世界能源需求将增长 50%，其中的 40%是由中国和印度两国导致的；②中国 2030 年的一次能源需求至少将翻一番，其中一半的增长源于煤的需求；③中国刚刚变成了煤的净进口国，2030 年煤的净进口量预测为 130 Mt；④2030 年中国石油净进口量将增长 4 倍，达到每天 1 310 万桶，进口石油占总需求的份额为 80%；⑤2030 年每千人拥有的轻型车辆数将由今天的 20 辆增加到 140 辆。

IEA 按"参考情景"预测的中国能源相关 CO_2 排放情况是：①CO_2 排放量将从 2005 年的 50 亿 t 急剧增长到 2030 年的 110 亿 t，尽管该水平仍低于 OECD 目前的人均排放水平；②中国和印度下一个 10 年新增燃煤电厂装机容量是锁定技术，它将极大地决定 2050 年以及随后的 CO_2 排放量；③中国 2030 年可避免的 CO_2 排放量中，不同措施的贡献为：核能 6%，可再生能源与生物燃料 17%，从煤转向气并改善终端效率 8%，终端用电效率的改善 28%，终端燃料效率的改善 41%。其中约 70%是能源效率改善和经济结构调整的贡献。

2007 年 12 月，联合国开发计划署（UNDP）发布 2007/2008 年人类发展报告《应对气候变化：分化世界中的人类团结》对于“碳足迹”作了如下评论：“一个国家的碳足迹可以通过存量和流量进行衡量。国家碳足迹的深浅同过去和现在的能耗方式密切相关。尽管发展中国家总的碳足迹在加深，但发达国家更应承担排放的历史责任。工业化时代时起所排放的每 10 t CO_2 中，约有 7 t 是发达国家排的。英国和美国的人均历史排放量约达 1 100 t CO_2，而中国和印度的人均水平分别为 66 t 和 23 t。”“如果从存量转向流量，情况又将不同，其中一个显著特征是排放集中在少数几个国家中。美国是最大的排放国，约占全球总量的 1/5。中国、印度、日本、俄罗斯和美国是前五大排放国，共占全球总量的一半以上。”“碳足迹的深浅程度同工业发展的历史有关，也反映出富裕国家累积的沉重“碳债务” ——这是对地球大气的过度剥削。富裕世界日益担心发展中国家所排放的温室气体，却不太关注自身在全球 CO_2 排放量分布中所处的地位。”“中国可能超过美国成为世界上最大的 CO_2 排放国，但人均排放量只有美国的 1/5。印度排放在上升，但人均碳足迹还不到高收入国家的 1/10。美国自 1990 年以来人均碳排放量的增加量（1.6 t）高于印度 2004 年的人均排放量（1.2 t）。加拿大自 1990 年以来人均碳排放的增加量（5 t）高于中国 2004 年的人均排放量（3.8 t）。”

表 2 列出了若干国家的碳足迹。

表 2 若干国家的碳足迹 单位：t CO_2/人

年份	美国	加拿大	俄罗斯	日本	英国	法国	中国	巴西	印度
1990	19.3	15.0	13.4	8.7	10.0	6.4	2.1	1.4	0.8
2004	20.6	20.0	10.6	9.9	9.8	6.0	3.8	1.8	1.2

资料来源：UNDP，2007/2008 年人类发展报告。

2. Kaya 公式对于碳排放推动力的揭示

日本学者茅阳一的 Kaya 公式揭示出，碳排放的推动力主要有 4 个因素：

碳排放量=人口×人均 GDP×单位 GDP 的能源用量×单位能源用量的碳排放量

公式右侧第 1 项，人口。不言而喻，人多，碳排放就多。即便中国超过美国成为全球碳排放最多的国家，这也不足为奇，因为中美人口相差 4 倍多。再者，自 20 世纪中国实行计划生育以来，少生了 3 亿人。如按 2004 年世界人均年排放 CO_2 为 4 t 计，等于中国 1 年少排 12 亿 t CO_2。

第 2 项，人均 GDP。这是宏观经济指标，反映生活水平，人们当然希望它能持续提高。发展中国家人均 GDP 起点低，近年来增长迅速，其碳排放相应也将不可避免地增长。

第 3 项，单位 GDP 的能源用量，称“能源强度”。产业不同，如农业、工业、服务业，其能源强度不同。工业中，重化工的能源强度则远高于一般制造业。同一行业中，技术水平低则能源强度高。提高能源效率和节约能源，就是降低能源强度，这是减排的有效方向之一。

第 4 项，单位能源用量的碳排放量，称“碳强度”。能源种类不同，碳强度差异很大。化石能源中，煤的碳强度最高，石油次之，天然气较低。可再生能源中，生物质能有一定的碳强度，而水能、风能、太阳能、地热能、潮汐能等都是零碳能源。核电站在运行过程中也不排放碳。

美国麻省理工学院（MIT）的 J. W. Tester 等人[1]运用 Kaya 公式，对中、日、欧、美和世界 1980—1999 年间的碳排放同 4 个驱动因素的关系进行了定量分析。由表 3 可见，尽管 20 年间中国的能源强度年平均降低了 5.22%，碳强度年平均降低了 0.26%，但由于人口多，加上人均 GDP 年增长为世界的 6.6 倍，而碳强度年均降低不到世界的 58%，使得碳排放年均增长达 4%。

表 3　不同地区 1980—1999 年间的年平均变化率　　单位：%

地区	人口	人均 GDP	能源强度	碳强度	碳排放
中国	1.37	8.54	−5.22	−0.26	4.00
日本	0.41	2.62	−0.57	−0.96	1.47
OECD-欧洲	0.53	1.74	−1.00	−1.06	0.18
美国	0.96	2.15	−1.64	−0.21	1.23
世界	1.60	1.28	−1.12	−0.45	1.30

资料来源：J. W. Tester，2005。

三、中国面临的挑战

坚持走可持续发展之路，是中国不可动摇的选择。为此，从“九五”计划起就明确要加快经济增长方式的转变。但是，要走出一条投入小、消耗少、能循环、可持续、科技含量高的新型工业化道路并不容易。对于有关低碳经济的理念和措施，中国一直抱着密切注视和积极探索的态度。如中国科学院[2]、中国社会科学院[3-4]、清华大学[5]、中国环境与发展国际合作委员会[6]、国家发改委能源研究所[7]、上海市环境科学研究院（陈长虹等，上海低碳发展与排放情景，2004 年 5 月等，都较早开展了有关的国际合作研究，初步探讨与分析了低碳经济在中国实施的可行性，对中国面临的挑战加深了认识。

1. 能源禀赋——人均能源资源拥有量不高

中国拥有居世界第一位的水能资源，第三位的煤炭探明储量，第十一位的石油探明储量。已探明的常规商品能源总量为 1 550 亿 t 标准煤（toc），占世界总量的 10.7%。但中国人均能源资源探明量只有 135 t 标准煤，相当于世界人均量的 51%，其中，煤、石油和天然气分别为世界人均水平的 70%、11%和 4%。即使水能资源，按人均量也低于世界人均量（国务院新闻办公室，中国的能源状况与政策，2007-12-26）。而以煤为主的能源结构在碳排放强度方面又是特别不利的。

2. 发展水平——能源基础水平及能效较低

中国是处于工业化初期的发展中国家，经济增长方式粗放、能源结构不合理、能源技术装备水平低和管理水平相对落后，导致单位 GDP 能耗和主要耗能产品能耗均高于主要能源消费国家平均水平。中国目前的人均能源消耗量仍较低，同时还有几千万人没有用上电，能源消费尚属于生存型消费，今后几十年能源消费必然增长，关键是如何降低碳强度，控制 CO_2 排放的增长速度。

3. 总量突出——剖析碳排放总量和“内涵能源”

所谓碳排放总量，人口是其中的重要因素。中国人口占世界的 20%，目前的排放总量显眼。但从历史累计量看，中国自 1950 年到 2002 年，化石燃料 CO_2 排放只占同期世界排放量的 9.3%，人均 CO_2 排放量居世界第 92 位。

所谓“内涵能源”，是指产品上游加工、制造、运输等全过程所消耗的总能源。鉴于中国当前的经贸结构，必然存在巨大的“内涵能源”出口净值。据 2007 年由英国政府资助廷德尔（Tyndall）气候变化研究中心的研究，中国 2004 年净出口产品排放的 CO_2 约为 11 亿 t。世界自然基金会支持的中国社科院平行研究，得出的数值超过 10 亿 t，两者不谋而合。这表明，中国 2004 年的一次能源消费及产生的温室气体中，约有 1/4 是由出口产品造成的。世界自然基金会同挪威科技大学联合编写的另一份研究报告显示：在 2001—2006 年，中国出口挪威的产品在制造过程中排放的 CO_2 几乎增加了 3 倍，达到 680 万 t。平均到每个挪威家庭，数值为 3.4 t，接近中国 3.8 t 的人均排放值。该报告的作者之一，来自 WWF 挪威分会的 Rasmus Reinvang 指出："像挪威这样的西方国家将温室气体的污染转移给了中国以及其他发展中国家。欧洲各国因此节省了数十亿欧元的购买碳减排额度的支出，并一定程度上隐藏了全球变暖的真正责任。"他表示："初步估计，每年发展中国家为西方消费者生产商品所排放的 CO_2，其价值高达 510 亿欧元。也就是说，如果这部分商品由发达国家自己生产，他们将不得不花这么多钱去碳交易市场购买相应的减排额度。这暗示了发达国家在减排领域的技术转让，起码需要给发展中国家提供同样数额的资金支持。"

4. 锁定效应——将会影响今后几十年的决策后果

所谓"锁定效应"，系指基础设施、机器设备、个人大件耐用消费品等，一旦投入，其使用年限均在 15 年乃至 50 年以上，其间不大可能轻易废弃。英国提出低碳经济，除了应对全球气候变化外，还有其数十家燃煤电厂及核电厂正面临寿终更新的现实背景。英国的工业化已经一二百年，更新设施的资金与技术，应该说问题不大。而中国在积极发展电力的过程中，想要避免传统燃煤发电技术的弊端，推广整体煤气化联合循环、超（超）临界、大型流化床等先进发电技术和以煤气化为基础的多联产技术，倘无综合的国家决策和落实的国际合作，其巨额资金与高新技术难度极大。倘若继续沿用传统技术，当未来中国需要承诺温室气体减排或限排义务时，却可能被这些投资"锁定"。如何在发展过程中，超前运筹，避免锁定效应的束缚，是一项紧迫而现实的挑战。

四、中国采取的战略

1. 构建可持续发展的能源对策框架

早在 1992 年 8 月，联合国环境与发展会议结束刚 2 个月，中国即发布了《中国环境与发展十大对策》[8]，第 4 条对策是“提高能源利用效率，改善能源结构”。内容为：“为履行气候公约，控制二氧化碳排放，减轻大气污染，最有效的措施是节约能源。目前，我国单位产品能耗高，节能潜力很大。因此，要提高全民节能意识，落实节能措施；逐步改变能源价格体系，实行煤炭以质定价，扩大质量差价；加快电力建设，提高煤炭转换成电能的比重；发展大机组，淘汰、改造中低压机组以节能降耗，实现能源部规划的‘2000 年全国供电煤耗每千瓦时比 1990 年降低 60 克’的目标；逐步提高煤炭洗选加工比例；鼓励城市发展煤气和天然气以及集中供热、热电联产，并把优质煤优先供应城市居民用。要逐步改变我国以煤为主的能源结构，加快水电和核电的建设，因地制宜地开发和推广太阳能、风能、地热能、潮汐能、生物质能等清洁能源。”

1994 年 3 月，国务院常务会议讨论通过的《中国 21 世纪议程——中国 21 世纪人口、环境与发展白皮书》[9]，其中第 13 章“可持续的能源生产和消费”设置了 4 个方案领域：①综合能源规划与管理；②提高能源效率和节能；③推广少污染的煤炭开采技术和清洁煤技术；④开发利用新能源和可再生能源。

2. 坚持不懈地节能减排

节约能源，是中国缓解资源约束的现实选择（国务院新闻办公室，中国的能源状况与政策，2007-12-26；能源发展“十一五”规划，国家发展和改革委员会，2007 年 4 月）。中国坚持以政府为主导、市场为基础、企业为主体，在全社会共同参与下，全面推进节能，明确了“十一五”期间节能 20%的目标。主要措施是：①推进结构调整；②加强工业节能；③实施节能工程；④加强管理节能；⑤倡导社会节能。这些措施的节能效果显著。1980—2006 年，中国能源消费以年均 5.6%的增长支撑了国民经济年均 9.8%的增长。按 2005 年不变价格，万元 GDP

能源消耗由 1980 年的 3.39 t 标准煤下降到 2006 年的 1.21 t 标准煤，年均节能率为 3.9%，扭转了近年来单位 GDP 能源消耗上升的势头。能源加工、转换、储运和终端利用综合效率为 33%，比 1980 年提高了 8 个百分点。单位产品能耗明显下降，其中钢、水泥、大型合成氨等产品的综合能耗及供电煤耗与国际先进水平的差距不断缩小。

2007 年是节能减排政策组合出台的关键年，国家采取了一系列引人注目的举措。除了全国统一行动拆毁所有燃煤小电厂和积极推动有效开发利用煤层气（瓦斯）外，上半年，取消了 553 项高污染、高耗能和资源性产品的出口退税；下半年，先后出台了天然气、煤炭产业政策，以推动能源产业结构优化升级，优化能源使用结构。从 12 月 1 日起，实施新修订的《外商投资产业指导目录》，明确限制或禁止高污染、高能耗、消耗资源性的外资项目准入，同时进一步鼓励外资进入循环经济、可再生能源等产业。中央财政于 2007 年安排 235 亿元用于支持节能减排，力度之大，前所未有。同时，建筑物强制节能、家用电器节能标准等也正在逐步进入实施阶段。

据 IEA 预测，如果替代政策合理，会有良好效果。如：①仅靠对空调与冰箱实施严格的能效标准，则 2020 年前所节约的电量将相当于一座三峡大坝；②由于能效的改进，燃料的转换以及经济结构的变化，2030 年中国的一次能源需求有可能降低 15%；③新政策在 2030 年有可能削减交通用油量每天 210 万桶，大部分节约来自燃料效率更高的汽车；④旨在加强能源安全及减排 CO_2 的政策也有助于减轻局地污染，如 SO_2、NO_x、$PM_{2.5}$ 等。

3. 高度重视全球气候变化

中国在应对气候变化方面一直是负责任的一员。面对全球性挑战，各国均应在环保上相互帮助、协力推进，共同呵护人类赖以生存的地球家园。

（1）《气候变化国家评估报告》

中国第一部《气候变化国家评估报告》由科技部、中国气象局、中国科学院等 12 个部门 88 位专家编写，于 2006 年 12 月发布[10]，包括 3 部分：①中国气候变化的科学基础；②气候变化的影响与适应对策；③气候变化的社会经济评价。该报告明确提出："积极发展可再生能源技术和先进核能技术，以及高效、洁净、低碳排放的煤炭利用技术，优化能源结构，减少能源消费的 CO_2 排放"；"保护生态环境并增加碳吸收汇，走低碳经济的发展道路"。

（2）《应对气候变化国家方案》

这是中国第一部针对全球变暖的国家方案，于 2007 年 6 月发布（中国应对气候变化国家方案，2007 年 6 月）。方案记述了气候变化的影响及中国将采取的政策手段框架，包括：转变经济增长方式；调节经济结构和能源结构；控制人口增长；开发新能源与可再生能源以及节能新技术；推进碳汇技术和其他适应技术等。

（3）《应对气候变化科技专项行动》

科技部会同其他 13 个部门于 2007 年 6 月联合发布《应对气候变化科技专项行动》以落实上述国家方案。明确其重要任务为：①气候变化的科学问题；②控制温室气体排放和减缓气候变化的技术开发；③适应气候变化的技术和措施；④应对气候变化的重大战略与政策。

4. 大力发展可再生能源

2007 年 8 月，国家发展和改革委员会发布中国《可再生能源中长期发展规划》：可再生能源占能源消费总量的比例将从目前的 7%大幅增加到 2010 年的 10%和 2020 年的 15%；优先开发水力和风力作为可再生能源，为达到此目标，到 2020 年共需投资 2 万亿元；国家将出台各种税收和财政激励措施，包括补贴和税收减免，还将出台市场导向的优惠政策，包括设定可再生能源发电的较高售价。

表 4　中国可再生能源中长期发展规划（装机容量，kW）

装机容量	全球开发现状 2005	中国资源潜力 2005	中国开发现状 2005	中国发展目标 2010	中国发展目标 2020
水力	0.85 G	0.54 G	0.12 G	0.19 G	0.3 G
生物质	50 M	1 G toc	2 M	5.5 M	30 M
风力	60 M	1 G	1.26 M	5 M	30 M
太阳能	64 M	6 M	0.007 M	0.03 M	1.8 M
地热能	9 M	3.3 G toc	—	4 M toc	12 M toc
减排 CO_2	—	—	—	0.6 G t	1.2 G t

资料来源：笔者根据 2007 年国家发改委《可再生能源中长期发展规划》制表。

5. 积极推进核电建设与科学发展替代能源

国家发展和改革委员会于 2007 年 10 月发布中国《核电中长期规划》，指出目前核电占中国装机容量的 1.6%，2020 年规划目标是占 4%。

同时，未来新能源的研发（R&D）也在加快步伐。例如，同济大学研制的第 4 代燃料电池汽车已于 2007 年亮相。氢燃料电池自行车也在上海上市。该车现售 2 万元，大量生产后，可降低 4 000 元，同目前的铅蓄电池电动车有竞争力。

6. 中国能源战略

2007 年末的能源白皮书把中国能源战略概括为（国务院新闻办公室，中国的能源状况与政策，2007-12-26）："坚持节约优先、立足国内、多元发展、依靠科技、保护环境、加强国际互利合作，努力构筑稳定、经济、清洁、安全的能源供应体系，以能源的可持续发展支持经济社会的可持续发展。"

五、综合性的问题需要综合性地解决

低碳经济既是经济问题，又是环境问题，也是社会问题。对于这样的综合性大问题，应力求避免“单打一”的思维和决策，而要充分认识其中包含的不同问题之间的关联并努力寻求“多赢”方案，包括：①如何认识存在于各个问题之间的关联；②如何考虑恰当的替代政策方案，以满足经济、环境和社会诸多方面的紧迫需求，而不是在单个领域内流行的那些处理单个问题的方法；③如何选择那些对于各个国家和全球都能产生多重效益并提供最大机会的相关政策，并且无须让各国（尤其是发展中国家）增加过多的成本。总之，要通过统筹的方法，在各个系统之间的整体性和关联性上，进行综合决策并协调行动，以谋求协同效果。

还要充分把握全球问题同国内问题的关联性：①在经济全球化和应对气候变化的大形势下，国家的能源安全与环境安全势必同全球密切相关；②为解决全球环境问题，需要每个国家、城市、社区、企业和所有地球人都行动起来。国际谈判仅是一个方面，而真正的基础在国内；③中国目前正处于能源与环境压力最严重的工业化阶段，必须清醒认识面临的巨大压力，深入研究低碳经济的理念并创新，才有可能化压力为动力；④中国是一个负责任的大国。在研究和实现低碳经济的进程中，探索创新的低碳机制、低碳技术和低碳产品，有可能为中国和全球的可持续发展做出新的贡献。

当前，要让更多的决策者和公众了解低碳经济，从各个领域和行业着手研究，布局试点和实践，以便为制定切实可行的实施低碳经济的全国战略、规划和综合政策进一步提供科学依据。同时，结合气候谈判，加强国际合作，利用中国碳足迹流量大存量小、全国总量大而人均量小的比较优势，争取更好的发展机遇。

参考文献

[1] J. W. Tester，et al. Sustainable Energy：Choosing among Options. US：MIT Press，

2005.

[2] 陈勇．中国能源与可持续发展//中国可持续发展总纲：第 3 卷．北京：科学出版社，2007.

[3] 潘家华．低碳发展的社会经济与技术分析//滕藤，郑玉歆．可持续发展的理念、制度与政策．北京：社会科学文献出版社，2004：223-262.

[4] 庄贵阳．中国经济低碳发展面临的机遇和挑战//中国社科院环境与发展研究中心．中国环境与发展评论：第 3 卷．北京：社会科学文献出版社，2007：335-345.

[5] 胡鞍钢．中国如何应对全球气候变暖挑战．国情报告，2007（29）.

[6] 曲格平．能源环境可持续发展研究//曲格平文集：第 11 卷．北京：中国环境科学出版社，2007.

[7] 崔民选．2006 中国能源发展报告．北京：社会科学文献出版社，2006：3-4.

[8] 张坤民．关于中国可持续发展的政策与行动．北京：中国环境科学出版社，2004：845-848.

[9] 中国 21 世纪议程——中国 21 世纪人口、环境与发展白皮书．北京：中国环境科学出版社，1994：98-106.

[10] 《气候变化国家评估报告》编写委员会．气候变化国家评估报告．北京：科学出版社，2007：413.

加强对气候变化的关注 推动低碳经济的实现*

说到环境问题，气候变化可以说是全球面临的最大威胁。中国作为一个负责任的大国，同时又是人口最多的发展中国家，十分关注气候变化对世界和中国的影响、对策和为此的全球博弈。

2006 年末，中国发表了《气候变化国家评估报告》，在这份政府报告中，首次明确了中国要走低碳经济之路。2007 年，曾培炎副总理在“六五”世界环境日座谈会上的讲话，以及环保总局周生贤局长、科技部万钢部长、清华大学胡鞍钢教授等在谈话或文章中，都强调了低碳经济。今年公布的《“十一五”国家环境保护规划》中，也特别提到了应对气候变化和控制二氧化碳问题，突破了“九五”、“十五”、“十一五”规划中的污染物总量控制的范围，国际反映甚好。

但是，什么是低碳经济？英国和欧盟为什么热心低碳经济？中国怎么实现低碳经济？会面临哪些挑战？在全球博弈中，中国应该采取什么战略？这些都要深入加以研究。

这次在印尼巴厘岛召开的联合国气候变化大会开得很激烈，联合国和不少国家都认为，中国在会上的表现很出色。这次会议除了减排目标外，还强调了另外 3 个以往较受忽视的问题：一是适应气候变化

---

* 本文是作者于 2007 年 12 月 26 日在国家环境咨询委、科技委会议上的发言稿。

问题；二是技术开发和技术转让问题；三是资金问题。这 3 个问题是广大发展中国家极为关切的。从 1992 年联合国环境与发展会议开放签署《联合国气候变化框架公约》以来，15 年了，这些问题进展甚微，这次有所强调是件好事。但是，究竟如何实现可操作的技术开发与转让？究竟如何获得可实现的资金支持？这些也都需要深入研究。有关这些要害问题的实际进展，对于帮助中国应对气候变化、实现低碳发展，至关重要。

我赞成周生贤同志刚才提到的要把两委会办成像国合会那样的想法。国合会充分体现了对外开放和国际合作，而两委会专家多、部门广，可能更有利于结合中国的实际与需要，也有可能会对某些战略性问题走前一步。正像刚才吴晓青副局长在工作报告中提到的，“两委会委员，作为环保总局的‘外脑’，有智力资源优势”；同时，“两委会作为我国环境与发展的高层决策咨询机构，应当在战略性工程中发挥领军作用”。我认为，采用低碳经济的战略来应对气候变化，如果真能在我国付诸实施，许多环境与发展问题都有可能迎刃而解。我们两委会中拥有一大批涉及或关心气候变化的专家，在这里的研究可以不限于技术性的研究（如钢铁工业温室气体减排），也可以在战略性研究方面（包括低碳经济、技术开发与转让、资金机制等）出主意，做贡献。

中国走低碳发展之路：必要性与可行性*

一、20 年的切身体验

1. 初识气候变化

20 年前，在担任国家环保局副局长期间，我于 1989 年 11 月参加了在荷兰诺德威克举行的联合国气候变化与大气污染会议，这是《联合国气候变化框架公约》谈判前规模很大的一次会议，会议通过了《诺德威克宣言》，部署了后续工作。期间还安排参观了荷兰为防国土淹没的钢筋混凝土海堤，即著名的“三角洲工程”。荷兰地势低平，60%的国土海拔不超过 1 m，最低地面海拔－6.7 m，海岸线长 1 075 km[1]。昔日我们的祖先在崇山峻岭间，全靠人力搬运砖石，修筑了万里长城，旨在抵御外族侵略，而荷兰人为了与海争地所建的海堤，长度虽比不上长城，但工程之浩大，绝不是发展中国家所能负担得起的。

此前半年，我曾应邀于国家计委同德国经济部的中德经济计划年会上，做过《中国环境保护的过去、现在和未来》的报告[2]，结尾部分谈到了对全球环境问题的关注：

---

* 本文是作者于 2009 年 8 月为《低碳发展论》一书撰写的专稿。该文集由中国环境科学出版社于 2009 年 10 月出版，本文刊于 67～81 页。

“80 年代以来，臭氧层破坏、温室效应、有毒有害危险废物等全球环境问题引起了世界各国的关心，中国对此也很关注。今年上半年以来，中国已先后多次派出政府代表团参加巴塞尔会议、伦敦会议、赫尔辛基会议等国际会议，阐述了中国的观点，并努力促进会议的成功。中国的人口多，海岸线长，从全球环境问题的影响来说，受害最多的可能也是中国。我们理所当然地十分重视这些问题，始终持积极合作的态度。

全球环境问题的解决需要全球的共同努力。曲格平教授（时任国家环保局局长）认为，第一，发达国家人口虽只占世界人口的四分之一，却消耗着世界资源的 80%，它又拥有雄厚的资金和先进的技术，应该为解决全球环境问题做出更大的贡献。第二，中国的国土面积和人口数量都很大，对全球环境有一定的影响，我们要努力做好中国的环保工作，这也是对世界的贡献。第三，世界各国的合作十分重要，中国将积极参与双边和多边国际合作。

全球环境问题的发展，必将引起人类思维方式和社会观念的巨大变革，促使人类改变传统的经济增长和技术进步模式。我们正在努力开拓具有中国特色的环境保护道路，这还要在实践中不断完善。我们愿意同所有的外国朋友们一起合作，继续做出不懈的努力，以保护我们共同的环境。”

中国以煤为主的能源结构，带来了一系列的环境问题。应对气候变化，提倡节约能源，既能减排 CO_2，又能省钱和储备自然资本，还能减少烟尘、微细颗粒物、二氧化硫、氮氧化物等污染物排放，而植树造林除了吸收 CO_2 外，更是绿化祖国、涵养水源、恢复生态的无悔行动。作为环保工作者，我们确实理所当然地持积极合作的态度。而转变人的思维方式和经济增长模式的命题，则始终萦绕在我的脑中。

2. “为生存而结成伙伴关系”

1990 年 10 月，我参加了在内罗毕举行的为时 5 周的联合国环境与发展大会（UNCED）第一次实质性筹备会，接触以“可持续发展”战略为主题的大会筹备工作，开始逐字逐句谈判大会主要文件《21 世纪议程》。1991 年 8 月下旬，在日内瓦举行 UNCED 第三次实质性筹备会期间，在中国代表团招待 UNCED 主要负责人的一次午宴上，UNCED 秘书长莫里斯·斯特朗提出，当前在全球环境与发展问题上，反映北方观点的著述很多，而反映南方观点的专著甚少。他正在请圭亚那的施里达斯·拉夫尔爵士写一本书。这位世界自然保护同盟主席、圭亚那前外交部长和英联邦前秘书长，曾是研究当代重大国际问题的 5 个国际委员会的成员之一，一向以代表南方观点而著称。斯特朗问我，中国能不能翻译出版这本书？我在代表团的支持下，当即应允，回国后立即向曲局长报告，得到支持。1992 年 3 月，在纽约召开 UNCED 第四次实质性筹备会期间，施里达斯·拉夫尔爵士的新著《我们的家园——地球：为生存而结成伙伴关系》英文版在联合国总部举行首发式。他高兴地把亲笔签名的新著送给了我。回国后，经过夏堃堡等同志 1 年多的共同努力，中译本于 1993 年 8 月出版。

应该说，在斯特朗等人的积极推动和中国加“77 国集团”的团结一致与全力支持下，联合国环发大会的筹备和几项全球环境公约（包括气候公约）的谈判与签署都比较顺利。这主要是南北双方都有接受可持续发展的政治意愿，合作的气氛也比较好，这就是施里达斯·拉夫尔爵士新著的副标题点出之“睛”：“为生存而结成伙伴关系”。为可持续发展而互有所求，才能开创南北的对话合作，也才能在公约中明确“共同但有区别的责任”原则，并写上发展中国家履行公约的程度取决于发达国家资金支持和技术转让的程度这样的“弹性条款”。

UNCED 前后，许多有识之士指出，会议文件的通过并不是最终目的，更重要的是付诸实施。美国报业编辑学会主席西摩·托平 1992 年在施里达斯新著的序言中指出[3]，“在《地球宪章》（即里约宣言）上取得一致的背后，隐藏着南北双方艰难地讨价还价的前景，这种形势将延续多年。包括美国、日本和欧洲工业化国家在内的北方必须首先努力满足南方最低限度的资金要求，以维护南北合作。”17 年后，再来回味这段话，不能不感叹这位老报人的评论入木之深。至于为什么 UNCED 之后，美、日、欧的态度会后退，甚至连“最低限度的资金要求”都不愿意兑现？从这些年以来国际风云的变幻中，这不难找到答案[4]。

3. 艰难的《京都议定书》

自 1994 年到 1998 年，我连续 5 年带团去纽约参加联合国可持续发展委员会的年会，每次都要围绕 UNCED 一致通过的《21 世纪议程》中的若干领域与跨领域问题审议其进展，能源与气候问题自然常被涉及，而资金支持和技术转让这 2 个跨领域问题则几乎成了不断审议而始终进展甚微的“老大难”。温室气体减排关系到每个国家的利益，各国在历史责任的划分、发展空间的分配、采取对策的实现和减排方式的选择等方面均有较多的利益冲突[5]。我们看到，从 1992 年的《联合国气候变化框架公约》到 1997 年的《京都议定书》，谈判过程相当艰巨，整整花了 5 年时间[6]。而议定书直到 2005 年才正式生效，又整整费了 8 年。这时离 2008—2012 年第一个承诺期已屈指可数了。议定书的实施效果更差，附件 I 国家除个别外，非但没有履行承诺比 1990 年水平减排 CO_2 6%～8%，反而从总体上增排了 10%以上。

2007 年，政府间气候变化专门委员会（IPCC）发布第 4 次评估报告，根据最新研究成果，判定全球气候变化已经从“可能”到“很可能”，即 90%以上的可能。而迄今全球应对气候变化的努力，除了经过无数次会议与谈判、得到了 1 个《联合国气候变化框架公约》和 1 个行将落幕的《京都议定书》以外，人们已经花费了宝贵的 20 年时间。

据一些科学家分析，现在仅剩下 20 年时间可以用来扭转被动局面，即最好是在 2030 年之前全球达到 CO_2 排放的峰值，使地球升温不超过 2℃。这才有围绕《巴厘岛路线图》和哥本哈根后《京都议定书》的一系列忙碌活动。

4. 英美在能源规划与立法方面的新进展

应对气候变化，发展低碳经济，需要加强国际合作，密切关注国际动向。近 5 年来，先是英国于 2003 年发布能源白皮书《我们能源的未来：创建低碳经济》[7]，提出要大力发展低碳技术、产品及服务，推动低碳经济发展，到 2050 年把英国 CO_2 排放量在 1990 年水平上减少 60%。接着，英国于 2006 年 10 月推出《气候变化的经济学：斯特恩报告》[8]，对全球变暖的经济影响做了定量评估。斯特恩提出，全球以每年 GDP 1%的投入，即可避免将来每年 GDP 5%～20%的损失。

英国于 2008 年 11 月正式批准《气候变化法》，其中规定了到 2050 年减排 80%的目标，这使英国成为首个将减排目标写进法律的国家。2009 年 7 月，英国政府发布名为《英国低碳转型计划》[9]的国家战略文件，主要内容均以 2020 年为目标：到 2020 年，碳排放量要在 1990 年的基础上减少 34%，涉及能源、工业、交通和住房等多个部门。到 2020 年，40%的电力将来自低碳领域，包括 31%来自风能、潮汐能，8%来自核能。为完成这场降低化石能源依赖度的能源革命，将对能源项目投资 1 000 亿英镑，其中相当部分要由能源消费者埋单。到 2020 年，英国家庭的年平均能源支出将增加 75 英镑；政府将投资 32 亿英镑，用于提高 750 万户贫困家庭的能效；对那些在房屋中主动安装清洁能源设备的家庭有补偿。到 2020 年，新出厂汽车的碳排放标准在 2007 年基础上平均降低 40%。该文件还提出，所有英国政府机构都必须建立自己的“碳预算”，严格控制碳排放量，不达标者则受罚。文件预计，全球低碳产业市场规模已达 3 万亿英镑，还将不断增长。英国计划把自己打造成为世界绿色制造业中心，在 2020 年提供 120 万个“绿色经济”就业岗位。英国商务大臣彼得•曼德尔森指出，“我们决定通过制定清晰的政策，使英国在经济和环境两方面同时受益。”

美国众议院 2009 年 6 月通过的《美国清洁能源与安全法案》[10]，提出了以下目标：

- 设置碳排放总量控制限额，与 2005 年水平相比，到 2020 年排放的 CO_2 将逐步削减至 17%（相当于从 1990 年水平基础上削减 4%），2050 年削减至 83%（相当于从 1990 年水平基础上削减 80%）。
- 要求利用可再生能源发电并提高能效的方法满足部分电力增长需求，使其在 2012 年占总发电量的 6%，2020 年提高到 20%。
- 新的燃煤电厂如果在 2020 年后获得大气污染许可证，必须至少减少 65%的排放。2009 年到 2015 年获准修建的电厂必须采用 CCS，按规定的装机容量运行 4 年之内，应至少减少 50%的排放。新电厂获得奖励的资格有时间限制，因此鼓励尽早采用 CCS 技术。
- 能源部受命采用一个国家规范，根据所建年份，把新建住宅和商业建筑的节能提高到 30%～50%。

无论是出于本国利益角度对气候变化与能源安全的忧虑也好，或是从国际竞争与政党选举的考虑也好，英美两国这次看来真像是要动真格的了。

5. 中国最高领导层的明确表态

众所周知，中国在应对气候变化方面的政策与行动一贯是积极的和负责任的[11]。继胡锦涛主席于 2007 年 9 月、2008 年 6 月两次郑重谈到发展低碳经济后，2009 年 6 月 6 日新华社报道的《温家宝主持节能减排会议　部署八项举措应对气候变化》[12]，其中有 3 点特别引起我的注意。一是“严控‘两高’行业盲目扩张。严格执行国家产业政策和项目管理规定，强化用地审查、节能评估、环境影响评价，从严控制‘两高’行业低水平重复建设，继续控制‘两高一资’产品出口”。二是“积极参与国际合作。切实加强双边、区域和多边在节能、新能源和低碳技术研发等方面的合作”。三是“要把应对气候变化、降低 CO_2 排放强度纳入国民经济和社会发展规划，采取法律、经济、科技的综合措施，全面推进应对气候变化的各项工作”。这表明，国家决心继续从严控制高碳增长，积极鼓励节能、新能源和低碳技术研发。并昭示，应对气候变化和降低二氧化碳排放强度将会被纳入国家“十二五”规划，并会有一系列法律、经济、科技的综合措施出台。

6. 中国低碳发展的必要性

低碳经济，简言之就是通过提高能源效率、大规模应用可再生能源与新能源以及开发利用去碳技术（如碳捕集与封存技术，CCS）的一种新的经济形态。同时还要进行体制创新并引导消费行为，由此实现“一箭三雕”：一是尽力控制大气中的 CO_2 浓度不至于超过产业革命前的 2 倍，从而避免地表温度升高 2℃以上带来的一系列灾难；二是努力开发可再生能源（风能、水能、太阳能、地热能、潮汐能等）与新能源（核能、氢能等），以确保能源安全；三是将其作为 21 世纪国际新技术竞争的实质性内容和新的经济增长点。

（1）资源禀赋。中国人口占世界 20%，探明的化石燃料占有量仅为世界的 10%。2008 年中国一次能源消耗量中，煤炭仍占 72.2%（水电占 6.5%，核电仅 0.77%）[13]。且 2008 年中国的煤炭生产与消费量均在全球 42%以上（表 1、表 2)。中国要发展，只能主要靠自己的煤。同时积极增加可再生能源与新能源的比重，对 CCS 则要积极攻关。这是资源禀赋所迫，不得不如此。

（2）发展阶段。全国和多数省区目前尚处于工业化初期或中期，增长方式正面临着何去何从的抉择关头。从应对气候变化和长远发展考虑，我们不能再在东、中、西部之间重走“产业转移”的老路，不能盲目地去扩大多余产能和多排 CO_2。低碳发展正好提供给我们一个调整产业结构和跨越式发展的机会。

表 1 各国 1998—2008 年一次能源消耗量（以油当量计） 单位：Mt

年份	美国	加拿大	俄罗斯	德国	日本	英国	法国	中国	巴西	印度	世界
1998	2 219.2	283.9	602.3	333.6	496.9	222.0	246.3	917.4	173.8	272.1	8 888.5
1999	2 257.6	290.8	608.3	327.7	502.0	220.6	250.5	934.7	178.5	280.1	9 021.5
2000	2 309.5	300.9	625.1	329.5	510.2	222.9	253.9	967.3	182.9	295.1	9 262.6
2001	2 254.9	296.7	620.9	335.2	508.7	225.4	257.4	1 000.6	179.7	296.5	9 323.1
2002	2 289.2	301.4	653.3	329.1	505.7	220.3	255.5	1 058.3	183.6	307.8	9 502.8
2003	2 296.7	310.5	639.7	330.9	506.7	223.8	258.7	1 229.3	186.0	316.2	9 810.5
2004	2 341.9	313.7	647.2	329.1	517.0	225.2	262.2	1 429.0	193.2	343.9	10 258.8
2005	2 542.7	323.1	642.8	323.6	519.7	225.2	261.8	1 572.2	198.8	362.2	10 555.3
2006	2 323.1	319.8	676.1	327.8	520.4	222.4	259.5	1 722.6	205.9	378.8	10 820.8
2007	2 359.6	326.1	679.7	309.3	515.8	214.7	254.8	1 862.8	220.4	409.2	11 104.4
2008	2 299.0	329.8	684.6	311.1	507.5	211.6	257.9	2 002.5	228.1	433.3	11 249.9
年变化	−2.8%	0.9%	0.4%	0.3%	−1.9%	−1.7%	0.9%	7.2%	3.2%	5.6%	1.4%
占全球	20.4%	2.9%	6.1%	2.8%	4.5%	1.9%	2.3%	17.7%	2.0%	3.8%	100%

数据来源：BP Statistics Review of World Energy，June 2009。“年变化”指 2008 年与上年之比。

表 2 中国 1998—2008 年煤炭的消费量与生产量（以油当量计）

单位：Mt

	1998年	1999年	2000年	2001年	2002年	2003年	2004年	2005年	2006年	2007年	2008年	年变化	占全球
消费	651.9	656.2	667.4	681.3	713.8	853.1	983.0	1 100	1 215	1 313	1 406	6.8%	42.6%
生产	628.7	645.9	656.7	697.6	733.7	868.4	1012	1 120	1 205	1 282	1 414	10.0%	42.5%

数据来源：BP Statistics Review of World Energy，June 2009。

(3) 锁定效应。我国工业化、城市化进展快，绝不可能停步（表 3）。要降低碳排放强度，必须千方百计，早下决心。新增电力的增量，应当尽量从核电、水电和可再生能源方面提供。忍痛炸掉落后小煤电厂的事今后不能重演。新建筑物、新的交通等基础建设，也同燃煤电站一样，千万不能被落后的、高碳排放的耗能设施锁定了。这就牵涉下决心何时向低碳转型。

表 3　中国各地区工业化阶段的比较

阶段		四大经济板块	31 省市区
后工业化阶段（五）			上海、北京
工业化后期（四）	后半阶段		天津
	前半阶段	东部	广东、浙江、江苏
工业化中期（三）	后半阶段		山东
	前半阶段	全国、东北	辽宁、福建、山西、吉林、黑龙江、河北
工业化初期（二）	后半阶段	中部、西部	内蒙古、宁夏、湖北、重庆、陕西
			青海、新疆、云南、湖南、河南
			甘肃、江西、安徽、四川、海南
	前半阶段		广西、贵州
前工业化阶段（一）			西藏

资料来源：陈佳贵，2006。

（4）国际竞争。《国际歌》唱得好：“从来就没有什么救世主，也不靠神仙皇帝，要创造人类的幸福，全靠我们自己。”古人云：“天助自助者。”在国际竞争中，有的技术可以买，而核心技术只能靠自己。科技创新正是低碳发展的核心之一。

（5）就业岗位。中国的人口多，城市化转移的劳动力多，每年毕业的大中专学生也多。靠什么来提供新的就业岗位？靠低碳发展。联合国环境规划署的报告《绿色就业》[14]对此可供参考。

（6）发展模式。CO_2 排放总量大，从中国人口多来说，这不足为奇。联合国开发计划署《人类发展报告 2007/2008》指出[15]，“工业化时代时起所排放的每 10 t CO_2 中，约有 7 t 是发达国家排的。英国和美国的人均历史排放量约达 1 100 t CO_2，而中国和印度的人均水平分别为 66 t 和 23 t。”无疑，中国在碳排放的历史存量方面责任很小。有的西方国家要求我们现在同他们一样减排，这明显是不合理的，也是违背《联合国气候变化框架公约》和《京都议定书》规定的。但从当前流量及增长趋势看，如不及早规划部署低碳发展的话，对我们也很不利。问题是，中国原先人均排放量较低的优势正在逐渐丧失。据国际能源机构（IEA）2008 年统计[16]，中国 2006 年的一次能源消费量占全球的 16.2%，而 CO_2 排放总量却占全球的 20.2%。同年中国的人均 CO_2 排放量是 4.28 t，已同世界人均量相等（表 4）。据 BP 2009 年统计（表 1），中国 2008 年的一次能源消费量升到全球的 17.7%。中国工业化、城市化还在前进，如果延续传统的增长方式，CO_2 排放量增长将更为显著。而且，沿海地区某些城市的能耗水平和“碳足迹”已经越来越向西方国家接近，这怎么符合科学发展呢？国际谈判自然要据理力争发展中国家合理的生存与发展空间，而从发展模式说，向低碳转型不但是必要的，还要有紧迫感。

总之，中国走低碳发展之路，无论从人类命运还是从国家前途来说，都是一个发展中大国践行科学发展、审时度势的必然选择。

表 4　若干国家的碳足迹（以 CO_2 计）　　单位：t/（人・a）

年份	美国	加拿大	俄罗斯	德国	日本	英国	法国	中国	巴西	印度	世界
1990[a]	19.3	15.0	13.4	—	—	10.0	6.4	2.1	1.4	0.8	—
2004[a]	20.6	20.0	10.6	9.8[c]	9.9	9.8	6.0	3.8	1.8	1.2	4.3[c]
2006[b]	19.00	16.52	11.14	10.00	9.49	8.86	5.97	4.28	1.76	1.13	4.28

数据来源：a）UNDP，2007/2008 Human Development Report；
b）IEA，Key World Energy Statistics 2008；
c）World Bank，World Development Report 2009。

二、中国从节能减排到低碳发展，道路越走越宽

1. 节能减排 成效明显

国家一贯重视可持续发展和能源战略，多年来坚持不懈狠抓节能工作，目标明确，决心坚定，成效明显，影响深远[17]。面对新形势，如何搞低碳发展，要有新思路、新办法。

2. 调研座谈和现场考察受到的教育与启示

迄今全球尚无一国完全实现了低碳发展，中国能行吗？为了了解实际情况，在环保部领导、九三学社中央和地方有关部门的大力支持下，在编印《低碳经济论》之后的一年多来，我和崔大鹏教授除了分别应邀出席法国、德国、日本的低碳研讨会外，主要参加国内 4 次低碳发展现场调研。先后考察华北的天津、保定，长三角的南京、无锡、苏州、上海、杭州、宁波、湖州，珠三角的广州、珠海、东莞、深圳，山东的济南、烟台、青岛、日照、德州等地，加上开会去过的甘肃兰州、武威，海南三亚以及长住的北京，总共 10 个省（或直辖市），计 22 个大中城市。所到之处，同有关部门和企业代表召开调研座谈会，到试点单位现场考察，耳闻目睹了各地的一些实际进展和良好基础，感受到了干部群众对于低碳发展的极大积极性和创意行动，以及有关资金、技术和政策方面的迫切需求，印象十分深刻。最突出的是地方领导的科学意识和政治意愿。广东省黄龙云常务副省长说得好："广东国际交流方便，尽管国务院还没有正式安排，全社会已经逐步强化了这个意识。不少城市表达了要争做低碳城市试点的强烈愿望，全省也有推动'低碳广东'的积极动向。"确实，广东全民的积极性和科技水平，在考察的各个点上到处可见。无论是研究所、大型国营或民营企业，

都各有亮点。有的还是刚回国的“海归”带回来的世界前沿研究项目。以下按考察时间为序，把各地看到的亮点略述一二。好在有的单位已经撰稿，刊载在本文集中，可供参考。

我们看到，在华北地区，3 个城市各有千秋：

- 北京决心从“绿色奥运”加快扩展到“绿色北京”：“低碳技术发展”已列入北京市 2009 年 18 项科技专项之一；院士和专家们纷纷为“绿色北京”献计献策；北京市环境科学研究院完成了北京碳足迹的调查；延庆八达岭风力发电和张山营的沼气发电都很有规模和水平；北京环境交易所正为未来的“碳交易”摩拳擦掌。
- 天津“中国—新加坡生态城”建设提出了明确的低碳指标；天津环境交易所同样在为未来的“碳交易”积极准备。
- 保定作为“低碳城市”试点，市政府拟定了《保定市人民政府关于建设低碳城市的意见（试行）》，成立了保定市低碳城市研究会，开始实际行动；新建的“电谷锦江”大厦是太阳能发电的一体式建筑。

在长江三角洲，7 个城市做了不少实事：

- 南京的节能建筑，如苏远大厦，充分运用了太阳能和自然光；曼奈柯斯二期工程大面积新厂房采用德国技术，墙体门窗保温好，地源热泵应用得当，都实现了整体节能。
- 无锡低碳城市发展研究中心，经无锡市环保局倡议，有关部门、大学及相关企业支持，以“政产学研”相结合的形式，已在江南大学建立；江南大学数字化节约型低碳校园建设节能显著；无锡尚德太阳能公司吸引全球关注。
- 苏州新建化工节能区，迁建企业，集中管理，淘汰落后产能；同美国能源基金会、清华大学合作，进行高碳城市节能试点；工业园区在招商引资中注意按碳的测算来考虑。

- ◆ 上海迎2010年世界博览会，特色是“绿色世博”、“低碳城市”，计划通过搬迁旧企业、改变土地利用、开发可持续发展城市模型、采用低碳技术（如太阳能发电、新能源汽车、LED照明、生态绿化、江水源热泵、垃圾管理与节水、控温降温、智能化生态建筑等），以及多个CO_2减排计划和直接碳补偿项目来实现碳中和；上海已做过碳足迹调查。
- ◆ 杭州建设生态城市，扩大出租自行车网点；全市水泥企业实现余热发电；利用夜间峰谷电，把水变成半固体冰以储冷；农村电网改造，减少电网损耗；正在筹建“中国杭州低碳博物馆”。
- ◆ 湖州初步形成以蓄电池、太阳能利用设备制造为主的制造中心；开发利用生物质能与废弃物，如金山燃料公司一期年产5万t甲醇汽油，质量达国标；大为生物公司从废植物油中提取生物质柴油，技术与产能属国内前列；太阳能热水与建筑一体化的新房在销售。
- ◆ 宁波在节能中重视市场导向，着力推广新技术、新工艺、新产品。成立节能技术服务市场专委会，依靠中介服务机构协助完成全市近30%的节能量。城市照明经过技改后，2008年能耗降低2.56%。

在珠江三角洲，明显感到地方政府—企业—科研机构之间配合默契，充满活力，如：

- ◆ 广州：珠江啤酒集团节能低碳见效，经济效益显著；中国科学院广州能源研究所开发与储备一系列低碳技术（生物质、太阳、海洋、地热、固体废物、天然气水合物、高效热管换热、碳捕集与封存技术等），一些“海归”把世界前沿项目带回这里继续研究；迪森能源集团把农林废弃物（如秸秆）变成生物柴油、可燃气和固体燃料，从事“能源+设备+服务”业务；华德公司自主创新生产的蒸发冷凝式中央空调比传统风冷式空调节电

35%，订单多。

- ◆ 珠海：兴业幕墙工程公司从事光伏建筑一体化，产品包括：太阳能光伏电站、光伏建筑一体化幕墙、家庭用独立电源系统、光伏水泵系统（为陕西杨林开发）、光伏海水淡化系统、风光互补路灯等；金山软件公司 2 200 名员工，2008 年的万元产值能耗仅为 0.019 t 标准煤（全国 1.18 t）；远光软件公司在国内电力行业占有率超过 80%，有志参与智能电网开发。
- ◆ 东莞：南玻绿色能源产业园 2005 年启动，已有环保节能建筑工程玻璃、太阳能电子玻璃、太阳能电池、陶瓷科技 4 个子项目。全部建成投产后，年产值将超过 100 亿元。2008 年，园区实现税收 7 063 万元。
- ◆ 深圳：拓日新能源科技公司生产单晶硅、多晶硅、非晶硅太阳能电池芯片、太阳能电池窗和光伏电池幕墙、太阳能电池组件和供电系统、LED 照明和大型 LED 显示屏，完成了薄膜电池攻关项目；“深圳建科大楼”实践全过程精细化绿色建筑设计；比亚迪公司从事 IT 及电子零部件产业（镍电池、手机锂电池、手机按键占全球市场份额第一）和汽车制造与销售（开发油电混合动力车），1995 年创立，现为全球领先的二次充电电池制造商和电动汽车开发商；大亚湾核电站 2×98.4 万 kW 压水堆核电机组于 1987 年 8 月兴建，1994 年 5 月商业运行，总投资 40.72 亿美元，年发电能力近 150 亿 kW·h。广东核电上网电价已低于脱硫燃煤机组的上网标杆电价。

在山东省，也随处看到当地低碳发展的积极性：

- ◆ 济南 20 多层新建住宅采用太阳能热水分户的一体化建筑，装置成本 4 000 多元。
- ◆ 烟台因地制宜在其具备风能潜力的栖霞山区建设了连片的风力发电场，已运行。

- ◆ 青岛探索循环经济，为低碳发展开辟了道路，新天地静脉产业园和二啤成效都很突出。
- ◆ 日照名不虚传，确实得益于“能把共识付诸实践、富有远见的领导者”。
- ◆ 德州市政府正在筹办 2010 年世界太阳能大会，该市的皇明集团颇有雄心壮志。

国家已把甘肃列为“建设上千万千瓦大型风电场的省份”之一，将在酒泉风场建设“空中三峡”，向新疆和江苏方向输电。因地制宜发展风电和光伏发电，配之以温室农业、有机农业，河西走廊大有希望。海南自然条件得天独厚，更可实现低碳发展。

汇集文稿和浏览媒体时，不断发现亮点。座谈讨论认为，低碳发展犹同可持续发展，虽无一国已成，但大势所趋，非此莫属。星星之火，可以燎原。当然不能重复大炼钢铁和乡镇企业“村村点火、户户冒烟”的做法，而应该以政府为主导，周密规划，统筹兼顾，系统研究，大胆试点，重点突破，示范推广，稳扎稳打，有序发展。同时充分发挥产业、高校、科研及服务机构的积极性，务求实效。

三、若干亟待研究解决的课题

根据一年多来所见所闻所思，提出以下若干题目，可能不全面、不准确，仅为一孔之见。

- ◆ 摸清家底。建立统计与监管体系，定量了解国内各城市和主要耗能行业的碳足迹，研究制定适合国情的以碳为核心的低碳发展指标体系。
- ◆ 确定目标。研究确定列入国家规划的低碳目标，并研究有效的监督与激励措施。
- ◆ 制定规划。抓紧若干城市的试点，在总结国内外实践的基础上，制定国家低碳发展转型的总体规划和主要部门或行业的行动计划。

- ◆ 立法研究。低碳经济立法的可行性或其他相关法律的修订与实施条例的制定。
- ◆ 投资需求。深入分析中国低碳发展各阶段的投资需求、融资途径与重点投向。
- ◆ 基础研究。中国低碳发展碳排放基准线和峰值的研究，这关乎国内和国际大局。
- ◆ 国际谈判。深入研究在哥本哈根谈判中的中国对案，尤其是关于全球碳排放总量的确定、分配以及兼具公平和效率的明确意见。
- ◆ 去碳技术。似应加快碳捕集与封存技术（CCS）的国际合作研究，通过运行事实与可靠数据，确定其在中国实施的成本与可行程度。
- ◆ 重点合作。确定中美低碳发展合作的重点项目，同时也考虑同其他发达国家和发展中国家能够“双赢”的低碳合作。

参考文献

[1] 世界地图册．北京：星球地图出版社，1999：137.

[2] 施里达斯·拉夫尔．我们的家园——地球：为生存而结成伙伴关系．夏堃堡，译．北京：中国环境科学出版社，1993.

[3] 张坤民．关于中国可持续发展的政策与行动．北京：中国环境科学出版社，2004：771-775.

[4] 崔大鹏．国际气候合作的政治经济学分析．北京：商务印书馆，2003.

[5] 邹骥，张坤民．京都会议与京都议定书：背景、形势和影响．世界环境，1998（2）：5-8.

[6] 张坤民，关于中国可持续发展的政策与行动．北京：中国环境科学出版社，2004：

824-833.

[7] http：//www.berr.gov.uk/files/file10719.pdf.2003.

[8] http：//webarchive.nationalarchives.gov.uk/，/http：//www.hm-treasury.go.uk/media/5/9/Part_I_ Introduction_group.pdf，2006.

[9] http：//www.decc.gov.uk/en/content/cms/publications/lc_trans_plan/lc_trans_plan.aspx，2009.

[10] http：//www.serc.gov.cn/jgyj/ztbg/200907/W020090721580519185500.pdf.

[11] 张坤民. 低碳世界中的中国：地位、挑战与战略. 中国人口•资源与环境，2008，18（3）：1-7.

[12] 人民日报，2009-06-06（1）.

[13] BP Statistics Review of World Energy，2009：40-41.

[14] UNEP. Green Job，2008.

[15] http：//hdr.Undp.org/en/media/hdr_20072008_ch_chapter1.pdf.

[16] IEA. Key World Energy Statistics. http：//www.iea.org/textbase/nppdf/free/2008/key_stats_ 2008.pdf.

[17] 国务院新闻办. 中国应对气候变化的政策与行动. http：//www.gov.cn/zwgk/2008-10/29/content_1134378.htm.

发展低碳经济是中国的内在需求*

全球气候变化确实是一个深刻且涉及经济、社会、环境、国际政治的大课题。我的主要观点是：

第一，哥本哈根会议虽然现在国际反映是七嘴八舌，特别在西方社会。但是，会议还是取得了积极成果，凝聚了一些共识。昨天《人民日报》海外版发表的外交部易先良同志的文章讲得相当准确。国外有个说法，哥本哈根是一个冒号，不是一个句号。它不是结束，只是一个阶段总结和新的艰难的开端。国际气候谈判已经谈了近 20 年了，不可能在哥本哈根这十几天就取得大家都满意的结果。会议对于中国应该不会有什么消极影响，只能激发我们更加积极地工作，努力把中国的事情办好，对世界产生好的影响，起到我们发展中大国应有的作用。

第二，低碳经济是可持续发展的必由之路。我们不光要看到外部压力，更要看到我们的内在需求。走低碳经济之路符合我们的内在需求。

第三，发展低碳经济要有紧迫感。对此，我在去年 12 月 1 日第 23 期《求是》杂志上发表过一篇文章，题目就叫《发展低碳经济要有紧迫感》。关键是经济增长方式的转变和当前突出的问题要抓紧，规划试点、经济政策配套和体制改革要跟进。

哥本哈根开会时有一家报纸说，“无论发生什么，都将影响历史”。

---

* 本文写于 2010 年 1 月，刊于马克思主义理论研究基金会刊物《理论视野》2010 年第 2 期 26～28 页。

这次哥本哈根舞台上的激烈争议大家都看到了。这种国际博弈已经持续 20 年了。哥本哈根会前 3 个月，胡主席在联合国发表了重要讲话，这个讲话肯定是会载入史册的。随后，国务院常务会议确立了温室气体相对控制目标，包括联合国官员或一些跨国企业，对这个目标都是充分肯定的。

低碳经济是一种正在兴起的经济形态和发展模式，包含低碳产业、低碳技术、低碳城市、低碳生活等一系列新内容，是人类继原始文明、农业文明、工业文明后的一个大转变，也是涉及生产方式、生活方式、价值观念、国家权益和人类命运的一场全球性革命。党的十七大已经明确将生态文明作为我们的目标。

关于低碳经济的国际动向，英国最积极，2003 年首先在其《能源白皮书》里提出；2006 年推出了《斯特恩报告》；2008 年通过了《气候变化法》；2009 年 7 月公布了《低碳转型计划》，是像要搞低碳经济。日本强调建立低碳社会，20 世纪 70 年代就注意了要搞以知识密集型为中心的经济，脱离依靠重化工产业为中心的经济；日本的《节能法》比中国早了 20 年；它的国家新能源目标既强调提高能效，同时要在国外自主开发石油、天然气，自主程度要从 8%增加到 40%；前首相福田提出要把日本打造成为世界第一个低碳社会；2009 年文部科学省提出了《建设低碳社会研究开发战略》。美国从 2007 年民主党占议会多数席位后，有关气候法案 1 年就提了 7 项；《清洁能源与安全法案》在 2009 年以微弱多数在众议院通过，有待参议院审议；美国 8 000 亿美元的经济复兴计划突出新能源计划；奥巴马表示，“美国要么继续做全球最大的石油进口国，要么成为全球最大的清洁能源技术出口国。”在很多国家的经济刺激投资中，绿色投资都占有相当大的比例。

关于应对气候变化的目标，通过联合国政府间气候变化专门委员会（IPCC）的 4 次评估报告和国际多次高峰会议，现在科学家和政治家们普遍接受的一个目标是低于 2℃，即不能继续“一切照常”，而是要控制全球升温比产业革命前不超过 2℃。气候变化的危害对全球、对中国都很大。中国 13 亿人口有 8 亿多居住在海拔低的地区，面临着海平面上升的威胁。这些年来我们也都亲身感受到异常气候事件频繁的后果。中国 2008 年春节期间的暴风雪影响覆盖了 19 个省区，联合国环境规划署把它编入 2008 年的《年鉴》。这里，我想强调的是，应对气候变化、确保能源安全、发展低碳经济、参与国际竞争，在这些方面，我们不但面临外部压力，更有内部需求。内部需求可以从 5 个方面讲：

第一，从能源禀赋说，中国探明的人均化石能源拥有量实在是太低了，我们只有世界人均量的 51%，特别是我们的能源结构以煤为主，这在碳排放方面特别不利。对于能源可采量，拿煤来说，世界保证程度是 230 年，中国是 80 年；石油，世界是 45 年，中国是 15 年；天然气，世界是 60 年，中国是 30 年，中国可采量分别是世界平均水平的 1/3 或 1/2。

第二，从发展阶段说，我们绝大多数地区现在还处于工业化初期或中期，工业能耗跟世界平均水平比，高出 30%左右。城市化正在加快进展，人口比发达国家高得多，中西部还有几千万人没有用上电，今后若干年我们的能源消费必然增长，不可能现在绝对量减排，关键是逐步通过转变经济增长方式，改善能源结构，控制碳排放增长的速度，做到相对减排。

第三，从当前流量说，中国现在碳排放总量突出。西方国家抓住这个拼命压我们，光强调我们排放总量最大，而不说中国人口也是世界最多，而人均排放比西方国家低得多，他们是在强词夺理。还有“隐含能源”问题。据多项研究，中国碳排放中约 1/4（最近有新的研究说近 1/3）是因出口产品造成的。这种输出实质上是发展中国家的可持续性被迫输出。

第四，从“锁定效应”说，如果我们能够及早摆脱对化石能源的强烈依赖，才有可能真正走上科学发展新道路。我们有必要把“碳预算”好好算一算。经合组织的国际能源机构曾预测说，如按目前趋势不作改变，中国和印度 15 年内用现在技术新建的燃煤电厂，碳排放因“锁定效应”可能会影响到 2070 年，届时这个包袱就更大了。

第五，从边际成本说，随着多年的节能减排，现在节能难度在增大，因为边际成本在增加。成本低的节能减排措施有不少已经采取了，面临的将是越来越难和越来越贵的项目。唯有从技术创新和制度创新方面狠下工夫，才有可能夺取低碳技术制高点，增加国际竞争力。

日本学者茅阳一的“卡亚公式”[碳排放量=人口×（GDP/人口）×（能源用量/GDP）×（碳排放量/能源用量）]，联合国正广泛使用，可看出碳排放量取决于 4 个因素：其中，一是人口，中国人口最多，而且已经有效执行计划生育政策多年；二是人均 GDP，这个还要提高；三是能源强度（单位 GDP 的能源用量），这是“十一五”的强制性指标；四是碳强度（单位能源用量的碳排放量）。以前指标中没有包含，“十二五”要求的“碳排放强度”就是能源强度乘上碳强度，即单位 GDP 的二氧化碳排放量。“十二五”、“十三五”期间我们就要对此做文章。

美国麻省理工学院曾经比较过中国同其他地区在 1980 年到 1999 年间的变化，发现在这 19 年期间，中国人口年均增加 1.37%，比世界人口年均增长 1.6%为低；人均 GDP 年增长 8.54%，大大高于世界年均的 1.28%；能源强度每年降低 5.22%，优于世界的 1.28%；碳排放强度年降 0.26%，低于世界的 0.45%，因为世界上越来越多地利用天然气，天然气的碳排放比煤少得多。结果，中国碳排放年增 4%，有人讲，中国碳排放总量已经增加了 100%还多。中国在世界经济中的地位是越来越重要了，GDP 增长很快，能耗也增加很快。在 20 世纪 90 年代有过一段时间，能源弹性系数曾是 0.4%到 0.5%，但从新世纪以来，接近于 1，甚至还有超过 1 的时候。石油进口情况，2008 年接近 50%。尽管我们目前人均消费量比发达国家还低得多，但是由于消耗的能源总量在增加，碳排放总量在增长。

当然，要从人均碳排放看，中国是4 t多，美国20 t左右。一些发达国家虽然签署了《京都议定书》，承诺要比 1990 年水平削减，结果还是比 1990 年又增加了，所以这些国家实际上是言而无信。另外，据联合国统计，如果以七国集团的人均收入为基准，中国的人均收入同他们的差距实际上逐年还在扩大。这表明，尽管中国 GDP 总量在不断地赶超这些富国，但人均收入差距还在扩大。我们强调“共同但有区别的责任”原则，是有事实基础和法律依据的。事实是，据联合国开发计划署的报告，从工业革命到2004年，大气中二氧化碳每10 t中的7 t是由富国排放的，英国、美国人均碳排放存量达1 100多t，中国只有66 t，他们是4位数，我们是2位数。可见“共同但有区别的责任”原则合情合理，这项原则已经写入《联合国气候变化框架公约》和《京都议定书》中。一些西方国家尽管签署了公约，却老想从这个立场后退、不认账，甚至转移目标，这就是国际气候谈判艰难的根本原因。

开发利用可再生能源可以提供经济增长和生活改善对能源增长的需求。中国已经对可再生能源、核能、新能源等做了规划，并付诸行动。从全球范围看，从 1850 年到未来，能源利用趋势将从煤、石油、天然气，逐步过渡到以核能和可再生能源为主，煤和天然气还有一段时间可以利用。人类要实现全球升温控制低于 2℃，就要坚持节能，充分利用核能与可再生能源，研发去碳技术等，其投资是相当大的，据国际能源机构预测，从 2006 年到 2030 年，中国的能源供给基础产业投资将需要3.7万亿美元。

令人鼓舞的是，上面有国家领导层明确的政治意愿，胡锦涛同志早在 2007 年 9 月和 2008 年 6 月就反复讲过要积极发展低碳经济，全国人大常委会在2009年通过了相关决议，国务院也已做出了相应安排。下面则是我们从全国十几个省区市的调研中亲眼看到的，地方和企业都有很高的积极性。不管是循环经济也好，可再生能源也好，都有可能提供较多的就业岗位和产值。在山东济南，国家规定楼房太阳能热水器利用在 12 层以下要实现同建筑的一体化，而他们对 24 层楼也做到了一体化，分户式 1 套热水器的成本 4 000 多元；在广东也看到太阳能水泵、节能建筑、有自主产权的冷凝技术、啤酒厂回收沼气和二氧化碳等实例。风能在甘肃等地很有前途，农林废弃物用广州的设备都可以变成油、生物碳或可燃气，还可以发电。现在一些城市已在着手做低碳城市规划，像苏州的低碳城市战略规划，委托清华大学环境系已编制完毕。电动汽车、天津生态城、上海世博会等也都有不少低碳亮点。所以，低碳发展在中国不仅是必要的，而且是可能的。发展低碳经济恰恰是践行科学发展观、建设生态文明的必由之路。低碳发展并不意味着降低发展速度，也不意味着降低生活质量。当前，面对外部压力和内部需求，我们要统筹处理好国内外两个大局。据媒体报道，新能源产业振兴规划草案已经制定出 8 个多月了，国家发改委表示将择机公布。

最后，关于中国低碳发展的展望。一是要坚持节能优先，产业要实现节能高效，大幅度降低能源强度，从而降低碳强度；二是要提倡轨道交通和公共交通；三是要全面提高建筑能效，开创低碳建筑和低碳运行体系；四是要重新设计符合中国国情的低碳消费模式，防止盲目照搬和被动接受市场推动；五是要让能源消费逐步进入低碳增长阶段，同时努力发展短期内能够大规模供应的优质清洁能源（水电、核电、天然气）并研发应用可再生能源（风能、太阳能等）。重点任务方面，要摸清底数（各地的碳足迹，各部门和行业的碳排放情况），要科学定位，要制定规划，要提倡创新（制度要创新、技术要创新），要多渠道融资，要引导低碳消费。2009 年年底的中央经济工作会议精神非常明确，就是要在发展中促转变，在转变中谋发展，要从制度安排入手，完善政绩考核，在经济发展方式转变上要取得实质性的进展。产能过剩的行业要严格管住，要开拓低碳经济的思路。

低碳经济与可持续发展*

第一部分　可持续发展思想的由来与践行

可持续发展，从联合国环境与发展委员会发布《我们共同的未来》报告算起，已经讲了20多年了。回顾人类的历史，从最初的原始文明、农业文明、工业文明，至今已经历了好几个阶段。现在正在进入建设生态文明这个阶段。这张表上列出了不同发展阶段的若干特征。

实际上，中国古代关于可持续性的思想，或永续发展的思想，早就有不少萌芽了。像孟子、管仲等思想家都很强调这些，认为不能“竭泽而渔”（为了逮鱼，把水都淘干）。管仲当过齐国的首相，他曾严厉批评“童山竭泽”（童山是把整个山头的树像小孩剃光头那样都砍光），认为这是没有智慧的表现。20世纪70年代，在湖北云梦出土的1 100多支竹简中整理出不少古籍，其中的秦朝《田律》规定，早春二月，不准上山砍柴；不到夏天，不准捕鱼、猎兽、烧草等。这些禁令到7月才能解除。这已经是具体的法律规定。当然，在农业社会背景下，还不具备今天的条件。中央领导在1996年第四次全国环保大会召开时，曾概括说：“可持续发展思想最早源于环境保护，现已成为世界各国指

* 本文是作者于2010年5月20日在北京市第二期对外宣传干部培训班上的讲座记录稿。

导经济社会发展的总体战略。”十七大之后的“科学发展观”和“建设生态文明”则把认识提到了更新的高度。

18 世纪以蒸汽机发明为标志的工业革命，给世界带来了巨多财富，也带来严重的环境问题。革命导师恩格斯的经典著作《英国工人阶级状况》以及作家狄更斯的很多作品都揭露了这些事实。1858 年，英国杂志 Pench 上登了一幅漫画，死神在泰晤士河上游荡，问你“是要钱还是要命？”发达国家先后出现不少公害事件。这是美国多诺拉镇的烟雾事件，一夜之间使 17 人死亡，5 910 人患病，相当于全镇人口的一半。这张日本水俣病的照片，在日本书上见不到，在美国教科书里很普遍。水俣市的猫吃了水俣湾里受汞污染的鱼，跳海自杀；很多人也得了病，不少人死亡。造成污染的厂方受到起诉，必须承担赔偿和整治海湾的责任。

西方工业革命 100 多年后，到了上世纪五六十年代，环境问题日益突出。美国公众的环保运动从西海岸到东海岸，风起云涌。联合国遂于 1972 年在斯德哥尔摩召开了人类环境会议，这是第一次把环境问题作为关系人类命运的大事放到联合国议程上。尽管中国当时处于“文革”动乱期间，恰逢我国恢复联合国合法地位不久，周恩来总理决定派出庞大的代表团与会。会后带回了很多国外环境污染的信息和资料，译成 10 本书出版，从而大大推动了中国当代的环境觉醒。

日本环境厅曾总结过本国的 3 个典型案例。一是四日市的石油化工企业引起的哮喘病，事发之后较快采取了措施，所需费用比事先采取预防措施多了 4 成；二是水俣市，要赔偿所有的患者和死者，要整治被污染的海湾，还要设置拦鱼网等，比起预防措施，总共花了 104 倍的钱；三是神通川，这是一个老矿山，镉污染造成的“痛痛病”花了 4 倍的钱。如能早考虑到环境，早采取预防措施，本可以少花钱。日本环境厅对此总结了一句话，叫“不考虑环境的经济的不经济性”。“经济”本来应该注重经济性，但因为不考虑环境，这样的经济最后就不经济了。环发大会前夕，日本环境厅把这些整理成英文资料，后来又出版了日文书《日本的公害教训》，书的副标题就是上面这句话。我们很快就把它译成中文出版了。

第一次人类环境会议 20 年之后，1992 年联合国环境与发展会议前，虽然一些发达国家加强了环保，但又出现了一批新问题，不光限于水污染、大气污染这些局地性问题和酸雨等区域性问题，还有臭氧层破坏、全球气候变化和生物多样性消失等全球性问题。除了臭氧层公约在 80 年代已经达成外，在里约会议前，各国对气候变化和生物多样性问题分别通过谈判达成了公约。所以，里约大会的成果显著，除了宣言、21 世纪议程（贯穿可持续发展战略的主要文件），还通过了上述 2 项公约、1 项关于森林问题的声明、同意开始谈判荒漠化公约、决定成立联合国可持续发展委员会等。这在人类可持续发展历史上可以说是划时代的。

当时提出不少关于可持续发展的定义。下面举几个例子。一是世界环境与发展委员会（委员会的中国成员是中国科学院的生态学家马世骏先生），他们经过两年多时间在全球范围研究后的报告《我们共同的未来》中的定义是："既满足当代人的需求、又不对后代人满足其需求的能力构成危害的发展"。简单地说，各国都要发展，代内要公平，代际也要公平，不能做"吃祖宗饭断子孙路"的缺德事。二是联合国环境规划署和两个非政府组织提的定义——"在生存于不超出维持生态环境涵容能力的情况下，改善人类的生活质量"。三是世界资源研究所的定义（可以说是清洁生产或循环经济的定义）——"可持续发展是建立极少产生废料和污染物的工艺或技术系统"。四是由英国两位经济学家从经济学角度提出的定义——"当发展能够保证当代人的福利增加时，也不会使后代人的福利减少"。

10 年后，2002 年，世界可持续发展首脑会议在南非召开，强调坚持里约精神，制订执行计划，特别突出 5 项重点：水、健康、能源、生物多样性、农业。这 5 项重点都同我们今天讨论的气候变化与低碳经济有紧密联系。前面说过，气候变化并不是今天才提出来的，20 多年以前就提出来了，并且谈判通过了《联合国气候变化框架公约》。或者更早，在 100 多年以前，就有瑞典的化学家阿伦纽斯提出，二氧化碳浓度增高会造成气候变暖。当时没有电脑，他是用手算得出的，这个结论同今天电脑算出的结论很接近。可见 100 多年前，警钟就已经敲响了。

第二部分　气候变化是怎么回事

关于温室效应。北京有很多暖房，为什么地球也有温室效应呢？地球的温室效应来源，就是二氧化碳、甲烷气、氮氧化物，氟化物，这些气体加上水蒸气包围了地球，给地球创造了类似温室的条件。温室效应很重要。没有它，地表气温会降到零下 15℃，很多生命活不了。人类离不开温室效应。现在的问题是，二氧化碳、甲烷、氮氧化物和氟化物，随着工业化、通过人类活动是越来越多了。

6 种主要的温室气体是：二氧化碳，甲烷，一氧化二氮，以及 3 种氟化物。它们的主要来源，1/4 以上是能源供应，如烧煤、石油、天然气等化石燃料发电，工业生产占 20%左右，还有林业（林木砍伐后腐烂，也会放出二氧化碳和甲烷）、农业、交通运输业、交通、建筑和废物处理等，都会产生温室气体。

这些温室气体，按照它们的“地球变暖潜能”来比较（以二氧化碳为基准，叫 1 个二氧化碳当量）。甲烷的地球变暖潜能是 25 个二氧化碳当量，一氧化二氮近 300 个二氧化碳当量，氟利昂近 1 万二氧化碳当量，还有其他两种氟化物更高。

自然界存在着天然的碳循环，包括排放和吸收两大块。看看上世纪 90 年代的碳循环数值。由于化石燃料燃烧加上水泥生产，共排放二氧化碳 64 亿 t；土地利用改变，排放 16 亿 t；森林吸收 26 亿 t，海洋吸收 22 亿 t，总计是每年二氧化碳净增 32 亿 t。而二氧化碳在空中可以停留 100 年左右，逐年不断地累积。

我们搞外宣的同志要重视数据和事实。这张图表是世界银行《世界发展报告 2010》里的。它显示，从 1740 年到现在，开始是从冰核中钻取样品，1950 年以后是监测站实测的二氧化碳浓度，总的趋势是明显上升。接下来这张图显示，从 80 万年前起，地球的二氧化碳浓度一直波动，而工业革命后则明显上升。2007 年采样的是真实数据，2100 年是模型预测数据。同时，全球气温也相应变化。从 1000 年起，起先波动，1900 年后至今，上升趋势日益明显。2100 年的数据也是模型预测。控制得严一点，温升会低一点；控制不严，会更高，甚至上升 5℃左右。

根据政府间气候变化专门委员会（IPCC）第四次评估报告，温室气体累积导致的升温有一个定量数据，即从 1906 年到 2005 年，全球平均升温 0.74℃，到本世纪末还将升温 1.8～4.0℃。从 1880 年到 2007 年，最热的十年都在最近的十年。

气候变化的危害可以归纳为 6 个方面：冰川消融、海平面上升、极端性气候事件增多、物种灭绝、粮食减产、疾病传播。现在经常出现大旱、大涝。我今年 70 岁了，前些年全国也常有灾，但没有像现在的“五十年一遇”、“百年一遇”事件这么多。气候系统看来真乱了套了。

通过照片来看一些具体事例。这是联合国环境规划署《年鉴 2010》中的照片，格陵兰，北极圈边缘的许多冰架现在流动加速，推动了海平面上升。南极也一样。卫星照片可见，有的冰架过些日子就消失了。靠近南美洲的南极半岛气温升高了 2℃。格陵兰的融化水，10 年间竟流成了一条河，切出了一个峡谷。2 名科学家正走在峡谷上部，下面这条河变得很深了。科学家连续观测了北极圈的海冰范围，2007 年是海冰范围最小的一年。现在有人在动脑筋，当夏天时，北极圈冰少，能不能直接从欧洲北部航行到美洲北部，以节省运输费用。

我国云南丽江附近的玉龙雪山，近 20 年间，一号冰川已经退缩了 250 m。最近，中央电视台一位主持人，拿着 30 年前摄影家在长江源头姜根迪如冰川拍的照片，到原地重拍。去年车子坏了，没拍成功，今年成功了。这张图是 30 年前拍的，冰川很丰富；下面的是今年的，冰川已经退了整整 1 000 m。我本人 2006 年到加拿大考察时，曾登上哥伦比亚冰川。那是夏天，下面穿短袖衣，上去要穿棉袄。导游告诉我们，冰川已经退了 200 多米。可见冰川退缩是全球性的。印度报道过喜马拉雅山的冰川 35 年会消失，后来他们说数字不准确。35 年内不可能完全消失，但不断退缩则是确实的。冰川是空中水库，加速消融将带来一系列问题。

这是 10 多年前世界银行出版书中的插图。预测当海平面升高 1 m 时，孟加拉国将被淹没的土地。联合国人居中心也注意到，日本、韩国、朝鲜、中国、越南、马来西亚、印度尼西亚、孟加拉国、印度、巴基斯坦等，整个亚洲的沿海城市，都受到海平面上升的威胁。图上的红点或黄点都代表 100 万或 50 万以上人口的城市。

中国于 2006 年 12 月公布了《国家气候变化评估报告》，这是我国第一部国家级的评估报告。中国近百年气温升高幅度是 0.5～0.8℃，不同地区升幅不一样，辽宁升得比较高。气候变化将影响中国的江河流量、降水分布、农业生产，疾病传播等。西北降水有所增加但仍缺水，华东洪涝风险加大。2006 年的这份《评估报告》提出，“要走低碳发展的道路”。

关于气候变化的实际影响，2008 年南方雪灾，大家都记忆犹新，联合国环境规划署已经把它编入当年的《年鉴》中，其中有详细的中国地图和每个省的地名。可见联合国很重视中国气候异常的案例。而从去年到今年，西南连续干旱。如贵州全省 88 个县，86 个县旱情严重。水库干涸了，黄牛在库底行走，河里也看不见多少水了，只能从远处用汽车运水来抢种。

应对气候变化，除了采取“减缓”措施外，还有“适应”措施。“适应”包括作物品种和耕作方法要改变。如不改变，到 2050 年很多国家将减产。世界银行的这张图上，绿色表示会增产，红色表示会减产。中国也有一片绿色，从内蒙古、青海、新疆到西藏是绿的，但那里并不是主要产粮区。而华东、华南、华中等主要产粮区，红色面积相当大。可见气候变化对中国农业影响是弊多利少。

IPCC 报告预测，如果全球气温升高 2℃以上，将有近 30 亿人面临水短缺。现在全球 67 亿人口，意味着有一半人将会受到水短缺的威胁。饥饿、洪涝、疟疾人数则是它的 1/10 左右。科学家们希望升温能够控制在 2℃以内，不要突破。

英国经济学家斯特恩于 2006 年发表报告《气候变化的经济学》，认为气候变化的损失堪比一场世界大战。行动越早，损失越少。如果现在全球能以每年 1%的 GDP 投入，可以避免将来每年 5%～20%GDP 的损失。

前景如何？两种选择。一是全球行动，加紧控制二氧化碳浓度的升高。从现在起二氧化碳浓度肯定还将增加一些，争取到 2030 年往下降，慢慢恢复到工业革命以前，这是最理想的。二是一切照旧，将来甚至还可能升高到 5℃。

这个控制在升温 2℃的目标已得到全球认可。为了 2℃目标，需要充分运用各种手段，还要开发一系列技术。主要有 7 个方面：一是提高能源效率，成本较低；二是开发可再生能源，包括水能、太阳能、风能、地热能等；三是发展核能，提取核燃料和建设核电站都会排碳，但在运行后基本上是零排放；四是研发去碳技术，如碳捕集与封存（CCS），把化石燃料燃烧排放的二氧化碳抓住，压缩后运到可靠的地方封存起来，但是成本很高。去年我到珠江三角洲调研，了解到捕集 1 t 二氧化碳要 20 美元，压缩、运输、封存还要花钱，而且捕集时，发电效率会受到一定损失，这项技术需要深入研究如何能够更加有效和廉价；五是增加森林碳汇，目前世界森林面积在减少，而中国人工林的面积在增加，这值得自豪；六是加强对其他温室气体的控制；七是煤变气等，单纯烧煤是最原始的，通过化工手段提取一些有用物质之后再燃烧，可以增加财富，同时减少碳排放。

据最新的《世界能源展望 2009》中的数据，为实现 2℃目标或控制 450 ppm（体积分数为 450×10^{-6}）情景，到 2020 年这阶段，节能可以起到 2/3 的作用，可再生能源起到 1/5 的作用。

工业革命后，发达国家确实对排放二氧化碳负有不可推卸的历史责任，现在他们按人均排放量仍是最大的。“碳足迹”这个指标，是指平均每人每年排放多少吨二氧化碳。联合国开发计划署《人类发展报告 2007/2008》上列出了 1990 年和 2004 年若干国家的碳足迹。加拿大 1990 年碳足迹很大，到 2004 年更大，说明它签署了《京都议定书》后没有履行其减排承诺。美国签了气候公约，但退出了《京都议定书》，碳足迹也放开了。英国、法国稍微减少了一点，但也未到其承诺目标。俄罗斯因为经济情况不好，碳足迹小了一些。发展中国家由于起点很低，按照“共同但有区别的责任”原则，不受京都议定书的约束，增加的一些排放是合理合法的。

世界银行在《世界发展报告 2010》上说了一些公道话，大家可以充分运用这些数据。例如：“高收入国家过去一直占据着过高的全球排放量比例，如今依旧。”2005 年的人均排放量差别也很大：高收入国家碳足迹 15 t，中收入国家 5 t 左右，低收入国家不到 2 t。世界银行报告还举例说，美国 SUV 轿车油耗高，如果都换成低油耗车，仅此一项，几乎相当于为亚非拉 16 亿目前无电可用的穷人供电所产生的碳排放。可见，美国理应率先减排。

联合国开发计划署《人类发展报告 2007/2008》给出一个数据，从工业革命开始到 2004 年，每 10 t 二氧化碳中，7 t 是富国排放的。英国和美国人均二氧化碳排放存量 1 100 t，是 4 位数，而中国和印度则是 2 位数。4 位数和 2 位数，这个差别大不大？所以，“共同但有区别的责任”原则是基于客观事实，完全合情合理。

再看现实能力。据联合国经社理事会的报告，如把发达国家七国集团的人均收入线作为比较基准，中国则远在其底下，而且差距还在逐年扩大。1980 年的差距不到 1 万美元，而 2007 年的差距接近 3 万美元。我们的经济总量虽然一年年赶过意大利、英国、法国、德国，现在紧追日本了，但是人均收入远不如他们。联合国近 200 个国家的统计排名，中国人均收入排在第 124 位。尽管我们提出了自主控制指标，一些发达国家却全然不顾发展中国家的实际需求与能力，在哥本哈根围攻我们。看看这些逐年的收入线，靠近七国集团的，是中国香港特别行政区、韩国、新加坡等，接下来是拉美国家，再下来是印度尼西亚、马拉西亚、菲律宾、泰国，他们的人均收入迄今都比我们高。我们只是比印度强，比非洲撒哈拉沙漠以南国家强。这张图给我们一个深刻印象，我们在考虑问题或者宣传分寸上都要有一个把握。哥本哈根大会，说到底，是谁该为应对气候变化多出钱的问题。

关于气候谈判的历程，这里有一张时间表。气候公约是 1992 年 6 月在联合国环发大会上开放签署的，经过 5 年，到 1997 年才达成《京都议定书》。又经过 8 年，议定书才生效，这时已经 2005 年了。它规定的发达国家率先减排第一承诺期的期限是 2008 年到 2012 年，眼看就要到了。到 2007 年，全球都着急了，《巴厘岛路线图》给出 2 年时间希望达成协议，而哥本哈根大会的情况大家都知道了。现在还是要继续进行“双轨谈判”。这次温总理去了 60 小时基本没休息，成果之一就是坚持“共同但有区别的责任”原则和坚持“双轨谈判”。现在，欧洲自身有麻烦，美国参议院尚未通过《能源与安全法案》，中国已经公布自主地控制碳排放强度的目标。再想围攻中国，也有准备了。估计今年的墨西哥大会不会太乐观。

第三部分　低碳经济是怎么回事

低碳经济的起因有 3 条：一是气候变化，二是能源安全，三是国际竞争。低碳经济首先在英国提出，这并不是偶然。我在 1989 年参加联合国在荷兰召开的“气候变化和大气污染”大会时，考察过荷兰的拦海大坝。当时感触很深：我们的祖先在崇山峻岭中修筑长城，真不容易；而荷兰的拦海大坝，要经得起海洋的冲击，使用了大量钢筋混凝土，造价肯定很高，发展中国家将很难负担得起。荷兰、英国，这些岛国都对气候变化很敏感。能源安全方面，英国在 2003 年《能源白皮书》中指出，到 2020 年，英国 80%能源要靠进口。中国一贯极为关注能源，而中国现在 90%以上能源自给，主要靠本国的煤，2009 年起，50%石油靠进口，但占能源总量份额不高。国际竞争方面，英国很自信，认为他的低碳技术是全球领先的，搞低碳经济有可能创造更多绿色就业机会，带动经济增长，更有国际竞争力。

低碳经济有 2 个关键，从技术层面来讲，技术要创新，要大规模使用。技术我们前面讲了 7 个方面，其中最重要的节能技术、新能源技术、去碳技术，都需要创新。越创新，成本越低；规模越大，效果就越好；从经济体制机制层面说，也要创新和变革，例如，实行碳排放“总量控制和碳交易”，这是欧洲现在正在做的，就是像“发粮票”，限制碳排放；征收碳税；加强监控；鼓励大力开发可再生能源；加大研发投入；引导绿色消费；等等。总之，要有确保实施的新招。

其实，发展低碳经济最要紧的是 4 个方面：一是提高能源效率，节能成本最低，最容易见效，尤其是开始的时候；二是开发新能源，包括可再生能源和核能；三是最大限度地增加碳汇；四是积极引导低碳消费。

下面介绍一下若干国家的动态。欧洲，尤其是英国最积极，刚才提到了 2003 年的《能源白皮书》，2006 年的《斯特恩报告》。2008 年英国已经通过了《气候变化法》，美国至今只是众议院通过了法案，还没有经过参议院的审议。英国气候法中规定，2050 年二氧化碳要减排 80%。2009 年，英国公布了《低碳转型计划》。比如，40%的电力来自低碳，包括风能、潮汐能、核能等，为此要投资 1 000 亿英镑；所有的政府机构都要有“碳预算”，政府机构除了给多少英镑的预算外，给你多少碳排放量也有严格的预算。英国认为能把自己打造成为世界绿色制造业中心，在 2020 年提供 120 万个绿色就业岗位。

日本是一个很精明的国家，20 世纪 70 年代世界第一次能源危机时，它就意识到，以重化工为中心是靠不住的，要搞知识密集型产业；日本《节能法》比我们早了近 20 年，修改《节能法》时，对企业责任和政府职能规定得更加严格。《90 年代能源长期展望》对工业、建筑、交通规定了更严格的措施，要搞基准能效制度和建筑强制标准。2006 年《国家能源新战略》提出要增加海外石油自主开发，从现在的 8%增到 40%，两位前首相宣布，要打造成为世界上第一个“低碳社会”，对此充满自信。2009 年教育科技部发表《低碳社会开发战略》。

美国相对晚一点。美国是能源消耗大国，二氧化碳排放大国，也是石油进口大国，现在希望把《清洁能源与安全法案》通过立法。奥巴马表态，美国要么继续做最大的石油进口国，要么成为最大的清洁能源技术出口国。从刚才举的 3 个国家的案例看，都把新能源技术或清洁能源技术作为新一轮国家竞争的制高点。

我们在过去两年里，通过调研编了 2 本书，归纳了一些专家的观点。我们认为，“低碳经济是一种正在兴起的经济形态和发展模式，包含低碳产业、低碳技术、低碳城市、低碳生活等一系列新内容，同时也是人类社会的文明进步”。其目标就是为了应对气候变化，确保能源安全和实现可持续发展，特别是我们要抢占国际竞争制高点。“发展低碳经济是一场涉及生产方式、生活方式、价值观念、国家权益和人类命运的全球性革命”。这些观点现在大家都比较接受了，它不限于经济，而是从生产到生活，从价值观念到国家权益和人类命运来思考的。

美国著名的麦肯锡研究院提出一些建议，说是如果中国新的工业产能都采用高能效工艺，可以减少能源需求 10%，减排二氧化碳 13%；如果中国新民用建筑都采用全球建筑能效标准，可以减少能源需求 6%，减排二氧化碳 6%，加上全球发电效率提高等一共 5 项措施，全球可以减少能源需求 34%，减排二氧化碳 45%，节能减碳潜力不小。这些措施多数还只是涉及能效提高，如建筑的隔热、保温、空调、节能电器等。如要实现防止全球变暖的长期目标，还要采取成本更高的技术措施，要开发新技术，要最大限度地提高储碳能力，要影响消费者的行为。

从产业方面说，发电要大大提高效率，要加快研发和示范，使先进发电技术尽快进入商业化应用。关于交通模式，同公共汽车相比，无轨电车能耗是公共汽车的 80%，地铁是 50%，轻轨是 45%，有轨电车是 40%。当然，自行车更是不耗能源的。相比之下，小汽车是公共汽车的 8.1 倍，摩托车是 5.6 倍。

从建筑方面说，建筑物利用能效更高的电器，更好的保温隔热都可以减少能源需求。同时还可以考虑就地生产能源，如在建筑物房顶、墙上都搞太阳能光伏发电，既满足自身需求，多余电能还可以卖给智能电网。日本政府对此有补贴，老百姓计算过，大约 10 年就可以赚钱。

从机制方面说，如果碳交易的价格越高，碳减排的潜力也越大。

第四部分　中国发展低碳经济有内在需求

有人担心，搞低碳经济会不会上别人的圈套，或者说屈服于西方压力。有一本畅销书《货币战争》，我读过 2 遍，写得很不错，但书中认为气候变化是“阴谋论”，这点我不赞成。气候变化具有一定程度的不确定性，这是实际情况。但现在有越来越多的数据，显示全球气温在上升，有实测数据。最近有教授和院士在电视台讲、写文章说，理论我无法反驳，也不敢相信。因为他们讲的是理论，缺乏足够的事实和数据支撑。“阴谋论”也是一种看法，但看法不等于事实。

我认为，中国发展低碳经济不光有外在压力，更有内在需求。

首先，看看经济增长情况，这是国家统计局的历年数据。这是国际能源机构 2005 年的统计数据。钢铁、水泥、硫酸、化肥等，我们已经占了世界的近四成，进口矿石价格连年几乎成倍增长，出口的钢管被人征收高额的反倾销税。

这是国外讲“中国是世界工厂”的一幅照片。远大空调是一家民营企业，向上海世博会赠送了不少新型低碳空调设备，同时也做足了广告。

中国面临的挑战是什么？怎样才能使环境保护与社会发展同高速的经济增长相协调？中国的可持续发展要在全球变暖的背景下实现，人口众多，人均资源量不足，技术与管理水平落后等，都是客观存在的挑战。传统增长方式的特征是高投入、高消耗、高污染和低产出，有些地区单纯关注 GDP 增长，已经污染了宝贵的环境。环境与能源正成为我国发展的显著制约因素。

中国的能源需求，国际能源机构给我们算过账。从改革开放到现在已经增长了 100%多，将来还要增长。中国汽车销售量 2006 年已经超过了日本，预测 2016 年才能赶上美国，但 2009 年就超过了。同时，2009 年石油进口量已经到了一半。

这张图是清华大学金涌院士作的，咖啡色是 GDP 增长，绿色是能耗增长，几乎平行，说明“能源弹性系数”已经在 1 左右，这是不可能长期持续下去的。

内在需求之一是，我们究竟有没有这么多的能源储备？中国人均能资源探明量仅 135 t 标准煤，为世界人均量的 51%。中国探明可采储量的保证程度大约是：煤炭 80 年、石油 15 年、天然气 30 年，分别为世界平均水平的 1/3 或 1/2。核电站的原料——铀矿石稍好一点，略微接近世界人均储量。

内在需求之二是，发展水平尚低，还有几千万人没有用上电。现在绝不可能做到控制住能源消费，也做不到不让二氧化碳排放量增长。看看社科院研究的中国工业化阶段分析。北京、上海是最好的，已经进入后工业化，但西藏还没有进入工业化。大部分的省市区都在工业化初期，小部分是在工业化中期的前半段，个别到了后期。在这种情况下，不可避免地工业能耗比国际先进水平高出 30%左右。这种情况必须尽快改变。及早规划部署低碳发展，才有利于跨越式前进。

内在需求之三是，排放总量突出，中国已是全球碳排放冠军。我国人口也是世界第一，所以这也可以说是理所当然的。但是，不合理的是，我们出口的低价产品，人家用了便宜货，有的还搞反倾销，而碳排放的黑锅却背在我们身上。现在中国碳排放 60 亿 t 左右，其中 1/4 是为生产出口产品，这是一种隐含能源。

从世界银行的数据看，中国的人均收入还不高，每年人均用电量仅 2 000 多度，美国 13 000 多度，瑞典 15 000 多度。我国发电 82%用化石燃料，美国是 71%，瑞典是 2%。从 1990 年到 2005 年，15 年间，中国碳排放增长了 131%，这很突出。再看 2005 年的数据，全球前十位排放量国家的情况。美国总量第一，人均量 20 t 左右。中国人均量比美国低得多，比其他的前八位国家都低，只是比印度高，表明我们的工业化程度和生活水平还较低。从 1950 年到 2005 年，55 年间的碳排放总量（存量），美国占了全球的 1/4；中国人口是美国的 4 倍，存量仅占全球的 1/10，所以迄今在历史存量方面我们是不欠很多账的。但是现在的流量（每年的排放总量）过于突出了。据国际能源机构估计，如不采取措施，有可能从 2005 年的 50 亿 t 增长到 2030 年的 110 亿 t。110 亿 t 肯定是不会让中国排放的，要是一个国家排 110 亿 t，2℃目标就难以实现了，这是一个严峻的前景。

日本学者茅阳一提出过一个公式，碳排放总量是 4 个因素的乘积：人口数量、人均 GDP、单位 GDP 的能耗（能源强度）、单位能耗的碳排放（碳强度），即碳排放总量=人口×人均 GDP×单位 GDP 的能耗×单位能耗的碳排放。

这已成为联合国通用公式。其中的单位 GDP 的能耗，就是“十一五”期间的强制性节能指标，规定每年要下降 4%。

美国麻省理工学院用这个卡亚公式，比较了中国同其他地区在 1980—1999 年期间的年均变化率。在这 19 年间，中国人口年均增长 1.37%，低于世界水平；人均 GDP 增长 8.54%，高于世界水平，这是大好事，希望保持；能源强度年均降低 5.22%，大大优于世界的 1.12%；碳强度，年均降低 0.26%，低于世界的 0.46%。4 项因素的总结果是中国碳排放年均增长 4%，显著高于世界的 1.30%。

内在需求之四是，如何防止锁定效应。对化石能源的依赖程度，对于高能耗的依赖程度，都要及早摆脱。否则，被落后技术与大量投资的基础设施锁定了，将非常被动。国际能源机构算过一笔账，已建成的燃煤电厂的碳排放会到 2050 年以后，2015 年前新建的电厂，如被落后技术锁定，碳排放一直会到 2080 年以后，这真有点可怕了。要重视锁定效应，新电厂要尽量采用新技术，避免被动。

内在需求之五是，碳减排客观上存在着边际成本与减排难度随减排量增加而增加的趋势。1980—1999 年的 19 年间，我国能源强度年均降低了 5.22%；而延伸到 1980—2006 年的 26 年间，能源强度年均降低率为 3.9%。两者之差，隐含着边际成本日趋提高的事实。同时，节能减排也有一定的范围所限。因此，必须从全球低碳经济发展大趋势着眼，通过转变经济增长方式和调整产业结构，把宝贵的资金适时有序地投入到未来有竞争力的低碳经济方面。

内在需求之六是，要及早参与国际上低碳技术创新的竞争，争取在同一起跑线上赛跑，争取参与有关规则的制定。

第五部分 中国已经做了哪些努力？

联合国环发大会结束是 1992 年 6 月中旬，中共中央、国务院批准公布《中国环境与发展十大对策》是当年 8 月初，公开发表后，立即引起国际好评，认为中国对环发大会非常重视。《中国 21 世纪议程》是国家级的，各省市也有相应计划，都把能源作为其中的重大课题。

环发大会前后，中国搞了多项研究，例如，开始时有人诬蔑中国对气候变化态度不积极，说是中国在气候变化中会有好处。我们听了之后感到不对头。中国连年受灾，更别说海平面上升的威胁了。我们很快请了一些科学家来研究，根据当时已有数据分析，有些地方会增产，有些地方则会减产，林业和生物多样性受很大冲击，总结果是弊大于利。据此写了一篇报告，1990 年初提交给莫斯科开的 IPCC 第二工作组会议，堵住了某些人的嘴。环发大会后，利用全球环境基金完成了《中国温室气体排放控制中的问题和对策》研究。中国环境与发展国际合作委员会曲格平等中外专家在新世纪初完成了《能源环境与可持续发展》的研究。

中国在 2007 年发布了《应对气候变化国家方案》，各省、市、区也制定了方案。科技部等 13 个部门发布了《专项行动计划》。国务院总理担任节能减排领导小组组长、应对气候变化领导小组组长，现在又任国家能源委员会主席。总理要主持中国能源、节能、应对气候变化所有重大问题。全国加快淘汰落后产能，实施十大节能工程、千家企业节能计划等。发电效率也在紧追世界先进指标。

化石能源不足，怎么办？绿色和平组织认为，可再生能源可以满足目前全球能源需求的 3 078 倍。国家发改委于 2007 年公布了《可再生能源中长期规划》和《核能发展中长期规划》。在甘肃等风力资源丰富的地方，国家准备建若干个上千万千瓦级的风电基地。三峡水电站是 2 200 万 kW 装机容量，甘肃酒泉敦煌一带希望建成 2 000 万 kW 级的“空中三峡”。东海海上要建“海上三峡”，已完成首批风力发电机的安装。将来，海陆空都有三峡。煤层气也可以抽取出来成为公交系统的燃料，这个项目很成功，2009 年世界银行为此提供了 8 000 万美元贷款，美国也愿意跟我们合作。核能将从 2007 年占全国装机容量的 1.6%提高到 2020 年的 4%以上。

关于新能源研究，氢燃料电池的氢使用后变成水，一点污染都没有。问题是氢怎么制造？怎么储存？怎么供应？这些问题有待解决。上海、北京、杭州、武汉等地现在都在研究燃料电池技术。日本已经研制出了氢燃料电池汽车。可再生能源和新能源都面临如何扩大规模和降低成本的问题。现在，每度风电成本要 6 角钱左右，太阳能发电要 1.5 元左右，成本偏高。大规模生产后有可能降低。

世界可持续发展工商理事会（WBCSD）在 2007 年建议中国建立以煤为主的低碳经济，加快先进的能源基础设施建设。2025 年前，燃煤电厂要汽化，开始使用多联产；所有新建筑要采用强制能效标准，核电比 2002 年要增加 10 倍，风能、太阳能显著增加，还要强化汽车能效标准，研发氢能设施等。这些方面，中国都在做。WBCSD 认为，随着人口增加、福利提高和产业发展，中国的用能量必将增加，但是碳排放在 2025 年或以后有可能达到高峰，然后逐步降下来。

联合国经社理事会的报告指出，从全球主要能源系统历史演变和可能前景看，工业革命开始时主要用煤，后来发现石油比较好，再后用上了天然气，现在煤和石油的储量越来越少，核能和可再生能源会用得越来越多。这是全球发展趋势，不是什么“阴谋论”。当然，这需要很多投资。据国际能源机构估计，从现在到 2030 年，中国能源供给基础投资需要 3.7 万亿美元。所以要有新的融资机制。

胡锦涛同志近 3 年来，在国内外重要场合讲低碳经济已有 3 次。

一是 2007 年在 APEC 的讲话，强调“发展低碳经济”。二是 2008 年政治局集中学习后的讲话，他明确提出“积极发展循环经济和低碳经济”。2009 年在联合国的讲话，再次提出“积极发展低碳经济和循环经济”。国家最高领导人在重要场合连续讲了 3 年。

低碳经济和循环经济都是为了可持续发展，都是可持续发展的必要手段，目标都一样，只是侧重点有所不同。循环经济是对生产、流通和消费过程中进行废物的减量化、资源化和再利用；低碳经济也有同样作用，但更突出强调减少碳排放。青岛静脉产业园很有规模，这是调研时拍的照片。

就业岗位很重要。联合国环境规划署 2008 年的《绿色就业》一书中指出，燃煤、燃天然气这些化石燃料的电厂，就业岗位是每 100 万 W 1 个人，而太阳能光伏、风能可以到 2～3 人甚至 11 个人，因为产业链比较长。书中刊登了中国、美国、巴西等再循环部门就业岗位预测，特别刊登了中国 2007 年可再生能源部门的就业人数和产值。下面有一系列照片，如西藏和德州的太阳能照片；2009 年上海车展，外国记者注意到中国厂方掀起了电动风。去年在北京开了新能源科技博览会，政治局九位常委都去参观了。还有《参考消息》刊登的美国《洛杉矶时报》的文章：《中国挤进高效能源产业》，从标题到全文充分反映了一些美国人的心态。

第六部分　中国正在继续做着哪些努力?

发展低碳经济，我们既有外部压力，更有内在需求。现在需要统筹处理好国内外和远近期两个大局。尽早规划，采取行动，有序推进。

举例说，中国需要节能建筑。2009 年中国城市化水平是 46.6%，未来的目标是 70%。这意味着每年将有上亿人进城，到 2020 年要盖 150 亿 m^2 的城市住宅。新建筑比较容易实现节能，对于既有建筑的改造，则既费时费事，又更费钱。

今年上海世博会上，低碳城市、低碳建筑相当突出，包括国内外都有很多亮点。世博会的文化中心采用碟形建筑，很美观，也很节能。上海闵行区的低能耗建筑，也移植到了世博会上。会上展出了国内外很多国家的成功案例。有的节能灯含汞，废弃后如不妥善处置，会有环境问题。LED（发光二极管）就进步了，没有汞的问题，耗能更少，寿命更长，就是目前成本比较高，成本降下来以后有望大量使用。

下面是去年我在国内调研时拍的一些照片。山东济南太阳能热水器与建筑一体化，每个朝南阳台都流动着特殊的导热剂，分户将水加热。国家标准是 12 层以下必须一体化，济南 24 层高楼也做到了，成本每户 4 000 元。去年我到南非开普敦参加低碳座谈会，9 国专家一起交流，当地团体带我们去看贫民窟改造项目，其亮点就是安装了太阳能热水器，一看产品都是中国制造，包括新型的真空管热水器，很受当地欢迎。深圳建科院的低碳建筑，除了利用房顶的小风电外，最主要的是不刻意追求人造环境，而多用自然风和自然光，合理使用空调和电灯。观念转变后，在设计上是做得到的。盲目地搞人工环境，既费能源，也不舒服。施正荣是一位从澳大利亚学成的海归，在家乡无锡创办了尚德电力公司，产品远销欧美，令美国人都眼红。他在自己厂里也建了两块巨大的太阳能电池板，80%的能源靠自己的太阳能电池板供电。广州一家企业同陕西杨凌的农科院合作，研发太阳能电池水泵系统。没有电网的地方可以用太阳能驱动水泵抽水。今年云南抗旱，农民高兴地用它抽水抗旱。广州一位民营企业家，他的节能技术有自主产权，销售特别好，订单做不完。广州珠江啤酒厂回收甲烷和二氧化碳也很有成效。还有一家企业从农林废物中生产生态油、可燃气和草木灰，也很有前途。

低碳高效农业也大有可为，如沼气、秸秆、玉米芯的充分利用和有机农产品开发。要想提高农民的生活水平，搞有污染的工业如钢铁、水泥等，不是出路。而要搞类似“玉米芯—功能糖—功能糖废渣—生物质发电—养殖食用菌”的低碳农业链，这才是好办法。

低碳社区、低碳校园方面，国内有创新。无锡江南大学利用物联网的原理，建立低碳校园，大幅度减少水电支出，教育部鉴定确认它已达世界先进水平。

教育部通知，在 2010 年 4 月底前，完成一次战略性新兴产业相关专业的申报与审批工作，包括低碳经济。江南大学申报了“低碳与环境技术”本科专业。

环境与发展问题的解决“三部曲”：科学探索、政治意愿、真抓实干。

低碳经济需要强调几句话，一是必由之路，二是内在需求，三是经过努力有可能实现。低碳经济并不意味着降低发展速度，也不意味着降低生活质量。

今年春节，中央领导人召集全国省部级领导干部学习，强调转变经济增长方式。外电注意到，胡锦涛总书记这次讲话中讲了 34 个“加快”，表明中国转变经济增长方式真是“刻不容缓”。今年 3 月的“两会”，低碳很突出。全国政协的一号提案就是九三学社提出《关于推动我国经济社会低碳发展的建议》。

国家《新能源产业规划》去年 4 月已经有初稿了，张国宝主任多次说要“择机公布”，迄今尚未公布。据媒体透露，资金总额可能会超过 4 万亿元。

关于碳税，据媒体透露，可能会在 2012 年开征，而且征多少钱，以什么方式，都有研究提出了建议，财政部、税务总局、环保部等都有了较具体的意见。

关于中国低碳发展的展望，仍要坚持节能优先，各行各业都要实现节约、高效，大幅度降低能源强度，同时降低碳强度；建设轨道交通和公交，发展高效清洁交通工具；全面提高建筑能效，开创低碳建设与低碳运行体系；重新设计符合国情的低碳消费模式；加快转变增长方式，努力推动能源消费进入低速增长；要发掘短期内能大规模供应的优质清洁能源（如水电、核电、天然气），水电要正视过去的问题，妥善解决，同时仍应积极支持；积极研发与应用可再生能源。

关于低碳发展的做法，首先要摸清底数。据上海、北京、重庆等地的碳足迹测算，都在接近发达国家；要科学定位，明确本地区、本部门、企业在全国的位置；要制定规则，明确重点发展产业、碳排放预测；要提高能效，产业、建筑、交通、社区要搞低碳设计、改造并加强节能服务；要技术创新，增强自主创新能力，抢占制高点；要解决融资渠道，为新能源筹措资金；要引导消费，低碳社区示范，提倡绿色消费；要加强国际合作，争取“双赢”。

再看几张世界银行提供的图片。圈的大小显示排放总量，美国、中国、日本、印度、德国都是比较显眼的。瑞典碳足迹已从 10 t 降到了 5 t。这是国际能源机构不久前发布的 2007 年数据：中国人口是世界的 20.3%，一次能源消耗只占世界的 16.3%，而碳排放总量达世界的 20.8%。单位 GDP 的一次能耗，是世界平均量的 2.7 倍。中国的碳足迹，2006 年是 4.26 t，同世界相等，而 2007 年世界是 4.38 t，中国则是 4.57 t。因此，发展低碳经济要有紧迫感，因为中国的碳足迹已经开始超过世界水平了。

搞低碳发展，城市是最好的抓手。河北保定是国家发改委和世界自然基金会（WWF）支持的低碳城市试点之一，保定这座新建大楼的房顶和墙上都是本地生产的太阳能电池板，保定决心要建低碳城市。去年年底，山东德州建成了“日月潭·微排大厦”，7.5 万 m^2，世界太阳能大会今年要在这儿召开。现在，苏州和无锡都已经做出了低碳城市发展战略规划。杭州在去年年底公布了《建设低碳城市的决定（征求意见稿）》。联合国环境规划署的《年鉴 2009》刊登了中国的一幅照片，远处是现代化的高楼大厦，靠前一些是高速公路，再靠前则是中国传统的池塘-围堰系统，这套系统经过 2 000 多年的不断改善，已是成功的农业-渔业循环经济体系。将来的低碳经济和低碳城市将会怎么样？有待我们去创造。

关于外宣工作，我讲点个人体会。印象比较深的，一条是毛主席过去讲的对待摩擦的态度，“有理、有利、有节”。还有，周总理谈接待尼克松的精神，是“不卑不亢，落落大方”。再有，刘华秋团长在1992年带团参加联合国环发大会第 4 次筹备会时的叮嘱：“非必要情况，不要同美国代表团吵架。”

我体会，一是外宣工作需视对象不同“因材施教”，摆实际，讲道理。我在日本大学教书时订阅《人民日报海外版》，它针对海外特点，不管是华侨、华人或外国人，给人感觉是中国很有文化。二是外宣要多用对方认为来源可信的数据、资料和故事来说话。三是要多学多思，尽可能了解对方的背景与需求。住在日本 3 年，觉得小泉政府对华态度恶劣，但老百姓不错，教育程度、处事态度、国民素质并不差。四是要多交朋友，建立互信，平等交流，避免说教。

第六篇

低碳发展战略与规划

低碳经济与提高能效*

历经上百年的观察、研究与争论，特别是联合国政府间气候变化专门委员会（IPCC）10 多年来先后发布的 4 次评估报告，全球气候变化已被公认为不争的事实。环境、经济与社会正在进行大变革，其结果将为逐步迈向生态文明走出一条新路，即摈弃 20 世纪的传统增长模式，用新世纪的创新技术和创新机制，通过低碳经济模式与低碳生活方式，逐步实现人类向往的可持续发展[1]。

一、低碳经济世界潮流

“低碳经济”最早见诸政府文件是 2003 年的英国能源白皮书《我们能源的未来：创建低碳经济》[2]。作为产业革命的先驱和资源并不丰富的岛国，英国充分意识到了能源安全和气候变化的威胁。按目前的消费模式，预计 2020 年英国 80%的能源都必须进口。

英国的目标是：2020 年二氧化碳（CO_2）比 1990 年减排 20%，2050 年减排 60%，并创建低碳经济。英国政府于 2006 年 10 月发布的《气候变化的经济学：斯特恩报告》，对全球变暖的经济影响做了定量评估。《斯特恩报告》呼吁全球向低碳经济转型，主要措施有：提高能源效率；

* 本文是作者于 2008 年 9 月在广州举办的 2008 年中国国际电力和能源会议上的演讲稿，刊于会议文集。该文的日译稿刊于日本《太比雅月刊》2009 年 4 月 1～9 页。

对电力等能源部门“去碳”；建立强有力的机制（如对碳排放征税和进行碳排放交易）；全球合作对“去碳技术”进行研发等。

低碳经济的本质是在市场经济基础上，通过制度与政策的制定和创新，形成长期稳定的引导与激励机制，促进提高能效的技术，推动可再生能源利用技术和温室气体减排技术的创新，以缓解气候变化带来的不利影响，并构建新的、真正可持续发展的经济。

2007 年以来，全球更加关注气候变化，努力推动低碳经济。2007 年 2 月，IPCC 第 4 次报告陆续发布；3 月，欧盟首脑会议决定，到 2020 年比 1990 年水平减排 20%～30%；4 月，联合国安理会把气候变化列为涉及国际安全的辩论议题；9 月，气候变化也成为联合国大会和亚太经合组织（APEC）会议的重要议题；11 月，经合组织的国际能源机构（OECD/IEA）发布《全球能源展望 2007》，聚焦于中国和印度的能源发展；12 月，空前规模的联合国气候大会在印度尼西亚召开，旨在为 2012 年后控制温室气体制定《巴厘岛路线图》。2008 年 1 月和 7 月，先后在美国夏威夷和日本洞爷湖召开了气候问题首脑会议；这两年，联合国开发计划署的《人类发展报告》、联合国环境规划署的《全球环境展望年鉴》和世界观察研究所的《世界环境状况》等，中心也都围绕着气候变化与低碳经济。

二、中国面临五大挑战

坚持走可持续发展之路，是中国不可动摇的选择。为此，从“九五”计划起就明确要加快经济增长方式的转变。但是，要走出一条投入小、消耗少、能循环、可持续、科技含量高的新型工业化道路并不容易。中国一直密切注视着全球低碳经济的动向，中国科学院[3]、中国社会科学院[4-5]、清华大学[6]、中国环境与发展国际合作委员会[7]、国家发改委能源研究所[8]等，都较早地开展了有关研究和国际合作，对于中国面临的严峻挑战，人们不断加深了认识。

（1）能源禀赋：中国人均能源资源探明量只有 135 t 标准煤，相当于世界人均量的 51%，[9] 而以煤为主的能源结构在碳排放强度方面又是特别不利的。

（2）发展水平：中国是处于工业化中期的发展中国家，单位 GDP 能耗和主要耗能产品能耗均高于主要能源消费国的平均水平。中国能源消费尚属于生存型消费，今后几十年能源消费必然继续增长。关键是如何降低碳排放强度，控制 CO_2 排放的增长速度。

（3）总量突出：中国人口世界第一，碳排放总量高是自然的。但是，鉴于中国当前的经贸结构，存在巨大的“内涵能源”出口净值。据研究，碳排放总量中有 1/4 是由出口产品造成的（约 11 亿 t）。

（4）锁定效应：现在起十几年内新建的燃煤电厂，只能继续沿用传统技术，CO_2 排放较大，且会影响 60 多年，而当未来中国需要承诺 CO_2 减排或限排义务时，却将被这些投资“锁定”。

（5）边际成本：随着持续的节能减排，成本必然日趋提高。所谓“边际成本”（Marginal Cost），简言之，即额外 1 单位产量所引起的总成本的增加[10]。对于碳减排来说，客观存在着边际成本随减排量增加而增加的趋势，这也是发达国家之所以肯同发展中国家开展“清洁发展机制（CDM）”合作的真实原因。据美国麻省理工学院研究，在 1980—1999 年这 19 年间，中国的能源强度年平均降低了 5.22%[11]；而据国务院新闻办 2007 年中国能源白皮书的数据[12]，在 1980—2006 年这 26 年间，中国的能源强度年平均降低了 3.9%。两者之差，隐含着边际成本日趋提高的严酷事实。未来当我们必须采用一些先进去碳技术时，挑战将更为严峻。

三、国家战略不断完善

1. 构建可持续发展能源战略框架

早在 1992 年 8 月，联合国环境与发展会议结束刚 2 个月，中国即发布了《中国环境与发展十大对策》[13]，其中第 4 条对策是 “提高能源利用效率，改善能源结构”。

1994 年 3 月，国务院常务会议审议通过的《中国 21 世纪议程——中国 21 世纪人口、环境与发展白皮书》[14]，其中特别列了“可持续的能源生产和消费”这一章，并设置了 4 个方案领域。

中国在应对气候变化方面一直是负责任的一员。面对全球性挑战，中国积极推动《联合国气候变化框架公约》和《京都议定书》的签署与生效，并坚持在此框架下开展国际合作。同时采取了不少重大举措。

2. 中国近年来的重大决策与行动

2006 年 12 月发布的《气候变化国家评估报告》在发展中国家是第一部。其中明确提出，“积极发展可再生能源技术和先进核能技术，以及高效、洁净、低碳排放的煤炭利用技术，优化能源结构，减少能源消费的 CO_2 排放”；“保护生态环境并增加碳吸收汇，走低碳经济的发展道路”[15]。

2007 年 6 月发布的《应对气候变化国家方案》[16]是中国第一部针对全球变暖的国家方案。方案记述了气候变化的影响及中国将采取的政策手段框架，包括：转变经济增长方式；调节经济结构和能源结构；控制人口增长；开发新能源与可再生能源以及节能新技术；推进碳汇技术和其他适应技术等。

2007 年 6 月，科技部会同其他 13 个部门联合发布《应对气候变化科技专项行动》以落实上述国家方案。明确其重要任务为：①气候变化的科学问题；②控制温室气体排放和减缓气候变化的技术开发；③适应气候变化的技术和措施；④应对气候变化的重大战略与政策。

2007 年 8 月，《可再生能源中长期发展规划》由国家发改委发布。可再生能源占能源消费总量的比例将从目前的 7%增加到 2010 年的 10%和 2020 年的 15%。

2007 年 10 月，《节约能源法》修订后重新颁发。国家发改委发布《核电中长期规划》。核电将从目前占全国装机容量的 1.6%提高到 2020 年的 4%（2008 年 8 月，国家能源局局长宣布，将进一步提高到 5%）。

2008 年 8 月，全国人大通过《循环经济促进法》；国务院先后发布《关于进一步加强节油节电工作的通知》《民用建筑节能条例》和《公共建筑节能条例》。

2008 年 10 月，国务院新闻办公室发布白皮书《中国应对气候变化的政策与行动》。

四、从节能到能源效率

（1）节能是实现低碳经济的重要手段之一。节能是在尽可能减少能源消耗量的前提下，取得同原来等效的经济产出；或是以原来同样数量的能源消耗量，获得更高的经济产出。不少有识之士认为，“节能是实现遏制全球气候变暖目标最有效而成本最低的策略”。“在我们的能源未来中，传统的化石能源和新能源都存在着各种各样的不确定性，而节能的核心地位是唯一可以确定的”。据 IEA 预测[17]，如果政策合理，会有良好效果。如①中国仅靠对空调与冰箱实施严格的能效标准，则 2020 年前所节约的电量将相当于一座三峡大坝；②由于提高能效、转换燃料和改善经济结构，2030 年中国的一次能源需求有可能降低 15%；③若用燃料效率更高的汽车，2030 年有可能每天削减交通用油量 210

万桶；④旨在加强能源安全及减排 CO_2 的政策也有助于减轻局地污染，如二氧化硫、氮氧化物和微细颗粒物等。

（2）节能是中国缓解资源约束的现实选择。中国坚持政府为主导、市场为基础、企业为主体，在全社会共同参与下，全面推进节能，明确了“十一五”期间节能 20%的目标。主要措施是：①推进结构调整；②加强工业节能；③实施节能工程；④加强管理节能；⑤倡导社会节能。这些措施的节能效果显著[18]。1980—2006 年，中国能源消费以年均 5.6%的增长支撑了国民经济年均 9.8%的增长。按 2005 年不变价格，万元 GDP 能源消耗由 1980 年的 3.39 t 标准煤下降到 2006 年的 1.21 t 标准煤，年均节能率 3.9%，扭转了近年来单位 GDP 能源消耗上升的势头。能源加工、转换、储运和终端利用综合效率为 33%，比 1980 年提高了 8 个百分点。单位产品能耗明显下降，其中钢、水泥、大型合成氨等产品的综合能耗及供电煤耗与国际先进水平的差距不断缩小。同时，建筑物强制节能、家用电器节能标准等也正在逐步进入实施阶段。从 1991 年至 2005 年，中国累计节约能源约 8 亿 t 标准煤，相当于减排 CO_2 18 亿 t。从 20 世纪 70 年代以来，中国实行计划生育，累计少生 3 亿多人，相当于每年少排 CO_2 12 亿 t。

在建筑节能方面，中国的潜力很大。例如，近年来，城乡建筑竣工面积每年超过 20 亿 m^2，到 2020 年还要新建 300 亿 m^2。目前我国每年的新建筑中 80%以上仍属于高耗能建筑，单位建筑面积采暖能耗为气候相近发达国家的 3 倍左右。又如，我国照明用电量已占总用量的 12%，而一般的节能方案均能节电 20%～35%，按保守估计，仅照明节能即可节约全国用电量的 2.4%。如果把现有的普通白炽灯全部更换成节能灯，全国 1 年可节电 600 多亿 kW·h。

（3）节能与能源效率。目前，国际上普遍用“能源效率”（energy efficiency）来替代 20 世纪 70 年代能源危机后提出的“节能”（energy conservation）一词。从国际权威机构对“节能”和“能源效率”的定义看，其含义是一致的。按照世界能源委员会 1979 年提出的定义，“节能”是“采取技术上可行、经济上合理、环境和社会可接受的一切措施，来提高能源资源的利用效率”。即节能是旨在降低能源强度（单位产值能耗）的努力，应该在能源系统的所有环节，包括开采、加工、转换、输送、分配到终端利用，从经济、技术、法律、行政、宣传、教育等方面采取有效措施，来消除能源的浪费。世界能源委员会在 1995 年出版的《应用高技术提高能效》中，把“能源效率”定义为：“减少提供同等能源服务的能源投入。”一个国家的综合能源效率指标是增加单位 GDP 的能源需求，即单位产值能耗。部门能源效率指标可分为经济指标和物理指标；经济指标为单位产值能耗；物理指标对于工业部门为单位产品能耗，对于服务业和建筑物则为单位面积能耗和人均能耗。

国际上之所以用“能源效率”替代“节能”，主要是观念上的转变。早期强调节能是为了通过节约和缩减来应对能源危机，现在则更强调通过技术进步提高能源效率，以增加效益，保护环境。而且，在能源效率的度量方面现在也更加细化了。

五、提高能效大有可为

多年来，中国一直重视节能和提高能效，为此而不懈地努力。

（1）中国近期的行动[19]：

①通过调整经济结构和淘汰落后产能节能。政府发布了火电、钢铁、水泥等 13 个行业“十一五”时期及 2007 年淘汰落后产能分地区、分年度计划。2007 年，全国共关停小火电机组 1 438 万 kW，淘汰落后炼铁产能 4 659 万 t、落后炼钢产能 3 747 万 t、落后水泥产能 5 200 万 t，落后小机焦产能 1 500 万 t，关闭小煤矿 2 322 处；2007 年，全国万元 GDP 能耗为 1.166 t 标准煤，比 2006 年下降 3.27 个百分点。

②通过技术进步节能。把支持节能技术研发作为重点领域，加大对节能领域关键技术的开发力度。在节能技术推广方面，2007 年印发了《中国节能技术政策大纲》，在钢铁、电力等重点行业进行专题技术推广。

③通过加强管理节能。一是国务院成立节能减排工作领导小组；二是全国建立节能目标责任和评价考核制度，把目标分解落实到各地区和重点企业；三是加快实施节能重点工程并推动重点领域节能（中央政府利用财政资金重点支持余热余压利用、能量系统优化、工业锅炉改造、节约和替代石油、电机系统节能等工程）；四是完善能效标识管理和节能产品认证制度，引导用户和消费者购买使用节能型产品。

④通过深化改革节能。一是加快资源性产品价格体制改革步伐；二是加大财税政策对节能的支持（对企业节能技术改造，北方采暖地区既有居住建筑节能改造，高效照明产品推广采取财政奖励、政府补贴方式予以支持，同时出台了节能环保项目减免企业所得税和节能环保设备投资抵免企业所得税政策）；三是实施节能产品政府强制性采购政策（2007 年国务院发布了《关于建立政府强制采购节能产品制度的通知》，有关部门发布了节能产品政府采购清单）。

⑤通过强化法制节能。一是修改《节约能源法》；二是严格执行强制性建筑节能标准；三是制定和修改主要工业耗能设备、家用电器、照明器具、机动车能效标准，以及重点耗能行业节能设计规范，不断完善节能标准体系。

⑥通过全民参与节能。一是坚持政府机关带头。二是加强宣传，提高意识，使节约能源、提高能效逐步成为每个公民的自觉行为。2007 年，17 个中央政府部门在全国范围内组织开展了“节能减排”全民活动。

例如，地处北方的沈阳市一直把建筑节能作为节能减排的重要内容[20]。2005 年底，《沈阳市建筑节能新型墙体材料应用管理办法》公布之后，全市有关部门围绕建筑节能，陆续出台相关政策，以引导建筑节能从设计到建设，不断走上规范化、标准化。2008 年 7 月起，由沈阳市建委组织编写的《建筑节能设计示例》在全市推广应用。该《设计示例》依据国家现行法规标准，总结了近年来沈阳市建筑节能设计的实践经验和研究成果，借鉴了国际先进经验，还引入了先进的计算机节能辅助设计软件，结合具体项目，明确了民用建筑节能设计要点及措施、标准的计算方法及节能设计审查要点等，实用性较强。

（2）美国麦肯锡研究所先后完成了全球性研究和澳大利亚、德、英、美 4 国减排措施考察。他们的结论是[21]：

①同 2030 年前“一切照旧”相比，澳、德、英、美 4 国如果都采用现行的改革措施，可减排 CO_2 25%，成本较少，甚至为零，也不会大幅度改变民众生活方式。

②大多数改革都涉及能源效率的改善，如投资于更好的建筑物隔热保温设施、节能电器与机器，以及更加节能的取暖和空调系统，这些都能降低能源费用。

③光有上述措施还不够，为实现阻止全球变暖的长期减排目标，必须采取成本更高的技术措施，开发新技术，最大限度地提高森林的储碳能力和影响消费者的行为方式等。

④未来 15 年，若抓住能效机遇，可削减全球能源需求增长的一半多；如不行动，到 2020 年的能源需求年增长率为 2.2%，远超过 1998—2003 年的 1.7%；靠提高能效，可使全球能源需求年增长率从 2.2%降到 0.7%，2020 年能源需求缩减的潜力为 135 QBTU（Quadrillion British Thermal Units，10^{15} 英国热量单位）（其中，居住方面的能源需求削减潜力为 32 QBTU）；并可使全球 CO_2 排放年增长率从 2.4%降到 0.8%，到 2020 年的 CO_2 减排潜力为 80 亿 t（其中，居住为 17 亿 t）。各部门情况见表 1。

表 1　各部门的能源削减及 CO_2 减排潜力

	基础需求	居住	商业	运输	工业	转换	削减后	减量
能源削减潜力/QBTU	613	32	13	13	42～61	25	478	135
减排 CO_2 潜力/亿 t	353	17	7	9	32	15	273	80

⑤五大优先行动可以为控制全球能源需求与减排 CO_2 提供巨大份额，见表 2。

表 2　五大优先行动的贡献

五大优先行动	控制能源需求/QBTU	减排 CO_2 贡献/%
在中国新的工业产能中采用高能效工艺	10	13
全球低效发电能力都改成高转换率电厂	9	16
中国新民用建筑采用全球建筑能效标准	6	6
提高美国居住部门的能源效率	6	6
削减道路运输补贴	4	4
其他	66	55
总计	135（相当于减排 CO_2 80 亿 t）	100

（3）世界可持续发展工商理事会（WBCSD）的研究报告《建筑物的能源效率：工商现实与机遇》指出[22]，能源效率是一项紧迫的挑战。他们认为：

①建筑物占能源使用的 40%以上。其绝对值还在上升，特别是在中国和印度。由于建筑物对气候变化与能源使用中的贡献巨大，必须立即行动。

②立即行动立即就能取得进步，因为现有知识与技术已经能够大量削减能源使用同时也提高舒适性。有 3 项因素妨碍人们立即行动，即行为、机构和资金。这可用 3 种办法去克服：鼓励相互支持、让能源更体现其价值和转变人们的行为。

③建筑物能源中和的 3 种主要办法：一是削减建筑物能源需求，如利用能效更高的绝热材料与电器设备；二是从可再生能源和其他废

能源就地生产能源；三是共享能源，在建筑物内生产多余能源（如太阳能发电、通风系统回收热等）并将其供给智能性电网设施。

④德国样板建筑 PassiveHaus 的 5 个特点是：围护材料高度绝热；密不漏风；通风系统进行热回收；热力“桥”减少门窗的热损失；窗户在冬天散热少而在夏天吸热少。

（4）IPCC 第 4 次评估报告估算，无须净成本即可将 2020 年建筑物能源利用排放的 CO_2 削减 29%。

（5）2008 年北京奥运的“绿色奥运”应当在全国起到示范作用。如热水全部来自 6 000 m^2 的太阳能热水系统，每年可节电 500 多万度。奥运村超级居民服务中心的 80%能源来自风能、光能、冷能和地热能等可再生资源，在赛后它将会为幼儿园使用。

国际上的新研究报告和我们自己开发的成果都值得关注和借鉴，并应大范围地实践和推广。我国发展低碳经济之路，必须坚持节能优先的战略。一方面从产业结构、清洁生产着手；另一方面，在住宅建筑、家用电器、照明设备、制冷/暖设备以及工业电机、电力系统和锅炉等领域进行技术改进，提高能源的转换效率和使用效率。这不仅有利于实现我国“十一五”节能目标，更是应对全球变暖、保障能源安全的必要选择。同时，也必须为未来积极做好战略技术的储备。

参考文献

[1] 张坤民，潘家华，崔大鹏．低碳经济论．北京：中国环境科学出版社，2008：25-40.

[2] http://www.berr.gov.uk/files/file10719.pdf.

[3] 陈勇．中国能源与可持续发展//中国可持续发展总纲：第 3 卷．北京：科学出版社，2007.

[4] 潘家华．低碳发展的社会经济与技术分析//滕藤，郑玉歆．可持续发展的理念、制度与政策．北京：社会科学文献出版社，2004：223-262.

[5] 庄贵阳．中国经济低碳发展面临的机遇和挑战//中国社科院环境与发展研究中

心．中国环境与发展评论：第 3 卷．北京：社会科学文献出版社，2007：335-345．
[6] 胡鞍钢．中国如何应对全球气候变暖挑战．国情报告，2007 (29)．
[7] 曲格平．能源环境可持续发展研究//曲格平文集：11 卷．北京：中国环境科学出版社，2007．
[8] 崔民选．2006 中国能源发展报告．北京：社会科学文献出版社，2006：3-4．
[9] 国务院新闻办公室. 中国的能源状况与政策. 2007-12-26.
[10] 罗杰 • 珀曼．自然资源与环境经济学．2 版．侯元兆，译．北京：中国经济出版社，2002：129-133．
[11] J. W. Tester et al. Sustainable Energy： Choosing among Options. US：MIT Press，2005.
[12] 参见文献[4].
[13] 张坤民．关于中国可持续发展的政策与行动．北京：中国环境科学出版社，2004：845-848．
[14] 中国 21 世纪议程——中国 21 世纪人口、环境与发展白皮书．北京：中国环境科学出版社，1994：98-106．
[15] 气候变化国家评估报告．北京：科学出版社，2007：413．
[16] http：//www.ccchina.gov.cn/WebSite/CCChina/UpFile/File189.pdf.
[17] IEA．World Energy Outlook 2007：China and India Insights．2007：241-420．
[18] 参见文献[4].
[19] 国家发改委副主任、国家能源局局长张国宝在 G8+3 能源部长会议“能效”议题部分的主旨发言（日本青森，2008-06-08）．http://zhangguobao.ndrc.gov.cn/zyjh/t20080613_217150.htm．
[20] 建筑节能得到推广应用．http://news.xinhuanet.com/newscenter/2008-07/06/content_8499471.htm.
[21] MGI．Curbing global energy demand growth：the energy productivity opportunity，2007．www.mckinsey.com/mgi．
[22] WBCSD．Energy Efficiency in Buildings：Business realities and opportunities. 2007. http://www. Wbcsd.org/DocRoot/GaxrExiKWO7fg8KDNRGb/EEB-Facts-and-trends.pdf.

要从战略上进行思考和采取行动*

30 年来，从确定保护环境基本国策到科学发展观，全国上下有越来越多的人力、物力投入到环保事业。在一个人口众多的发展中国家，在 30 年来经济增长速度接近两位数的情况下，初步抵挡住了压缩式、爆炸式工业化带来的环境破坏，在一定程度上减轻了若干环境问题造成的损失。

而全国在环境法制的加快建设、管理制度的不断完善、部分城乡的环境改善、监督队伍的壮大、一些重点流域的治理、宣传教育与公众意识以及日益深化的环境外交等方面，都取得了明显的进步，这是有目共睹的。12 月 16 日，《中国环境报》8 个版面集中报道的“历史”和“事件”，对这 30 年的环保历程的概括是相当准确的。

科学发展观的要义之一是全面协调可持续。今天，我想把一段时间来围绕低碳经济调研得到的启发，尝试由一个简单公式，引出几个类似的公式，讨论一下我们环保部门在实践科学发展观中，如何从战略上去思考与采取行动。

$$\text{污染影响}=\text{人口}\times\frac{GDP}{\text{人口}}\times\frac{\text{污染物}}{GDP}\times\frac{\text{污染影响}}{\text{污染物}} \qquad \text{（污染影响公式）}$$

在 20 世纪八九十年代，有一个公式曾经相当流行：21 世纪初，围

* 本文写于 2008 年 12 月，是作者在环境保护部纪念改革开放三十周年座谈会上的发言稿，刊于《中国环境报》2008 年 12 月 29 日第 2 版。

绕温室气体二氧化碳的排放，日本学者茅阳一（Kaya Yoyichi）提出了有名的卡亚（Kaya）公式，可直观地分析碳排放的 4 个推动因素，在气候变化文献中广为引用。它在实质上同上述污染影响公式是一脉相承的。

$$\text{碳排放量}=\text{人口}\times\frac{\text{GDP}}{\text{人口}}\times\frac{\text{能源消耗量}}{\text{GDP}}\times\frac{\text{碳排放量}}{\text{能源消耗量}} \qquad \text{（卡亚公式）}$$

美国麻省理工学院曾用卡亚公式分析 19 年的碳排放变化率。

地区	人口	人均 GDP	能源强度	碳强度	碳排放
中国	1.37	8.54	−5.22	−0.26	4.00
日本	0.41	2.62	−0.57	−0.96	1.47
OECD-欧洲	0.53	1.74	−1.00	−1.06	0.18
美国	0.96	2.15	−1.64	−0.21	1.23
世界	1.60	1.28	−1.12	−0.45	1.30

中国尽管在这 19 年间，人口年平均增长速度低于世界平均水平，能源强度（每产生单位 GDP 的能源消耗量）年平均降低 5.22%，但是，由于人口基数大，加上人均 GDP 年平均增长速度高达 8.54%，碳排放强度降低不多，最终造成碳排放年均增长速度达到 4%。

人口多，这是目前难以改变的国情；而符合科学发展观的人均 GDP 增长正是我们努力争取的。因此，要想控制碳排放的增长速度，只有在积极降低能源强度和降低碳强度，即节能和积极发展循环经济、低碳经济上找出路。

同样道理，从上述公式还可以引申出其他一些公式，如下述投资公式。

$$\text{污染治理投资}=\text{人口}\times\frac{\text{GDP}}{\text{人口}}\times\frac{\text{污染物}}{\text{GDP}}\times\frac{\text{治理投资}}{\text{污染物}} \qquad \text{（投资公式）}$$

强化管理与科技创新，减少污染物产生和单位污染物治理成本，即可节省投资，如下。

环保产业潜力＝

$$人口\times\frac{GDP}{人口}\times\frac{污染物}{GDP}\times\frac{治理投资}{污染物}\times\frac{环保产业}{治理投资} \qquad (产业公式)$$

绿色就业岗位＝

$$人口\times\frac{GDP}{人口}\times\frac{能源消耗量}{GDP}\times\frac{替代能源量}{能源消耗量}\times\frac{绿色岗位}{替代能源量} \qquad (就业公式)$$

由这几个公式可见，保护环境既要花钱，也蕴含着新的经济增长点和绿色就业岗位。

对于今后需要继续努力的方面，我个人提出 16 个字：综合决策、积极预防、加强实力、问责赔偿。

（1）综合决策，环保局实际上是管天、管地、管大气，我们要参与到综合决策中去，从根本上解决环境问题，否则我们就是头痛医头，脚痛医脚。

这方面一个成功的例子是，在 1992 年联合国环境与发展大会之后，我们带回可持续发展这个理念，并立即向党中央和国务院写了一个报告。曲格平组织大家起草了《环境与发展十大对策》，昼夜奋战。党中央和国务院联名将报告的后一部分（简称“十大对策”）下发到各省、市、自治区和国家各部门，要求按照这“十大对策”来安排国民经济发展。但最后的执行效果不好，没达到理想效果，这是因为当时的国家环保局参与综合决策能力不足，虽然可以起草一个文件，但是我们很难去检查指导，不能问责地方政府。今后，我们不要只从事末端治理，而要强调综合决策，发挥各部门综合协调的力量。在环境保护部成为国务院组成部门之后，我们更要积极地参与到综合决策中去。

（2）积极预防，这是发达国家的经验，也就是周部长提到的全防全控。要预防优先，深入研究如何在制度上落实积极预防。现在对我们来讲，要力求得到法制的保障和制度的保证，我们的环保工作得到了法制与制度保证，但还远远不够，仍要强化法制保障和制度保证。

OECD（经济合作与发展组织）评估中国的环境业绩，强调把对环境的关注真正落实到制度上。

（3）加强实力，我在环保局工作 15 年，当时我们的愿望很大，但手中没有实力和权力，甚至地方环保局连写项目建议书的实力也很弱。我们的监测能力、监督能力、信息统计能力、国外的最新情报动向搜集能力、部门协调能力及社会公关能力等都很欠缺。

我在日本天天看国内环境保护的进展，特别是第六次全国环保大会，提出环境保护工作要实现“三个转变”，强化环保工作能力。

世界银行曾有一份报告指出，几乎所有国家的环保机构都成立较晚、能力较弱。在发展中国家，我们的环境保护工作还是很不错的，但与发达国家的环保机构相比，我国环保部门的实力还相对较弱。

（4）问责赔偿，问责是指对地方的问责，赔偿指的是民事赔偿，包括企业以及个人。如果这两个原则能够得到落实，那么推进中国环境保护的进程就会大有希望。这里有一个例子，日本的水俣病发生之后，用于治理水域污染的费用超过其事前处理投入资金的 100 倍。事后补救的成本很高，很可能会让企业倾家荡产。

共同应对国际金融危机*

——中日节能减排和新能源的合作展望

我这次演讲，是想给朋友们提供一些事实和数据，说明合作的必要性和优先领域。限于时间，我的幻灯片用日语，讲就用中文。我讲 4 点。

第一，金融危机虽然影响巨大，但气候变化影响则更为紧迫和深远

政府间气候变化专门委员会（IPCC）第 4 次评估报告指出，20 世纪后半叶平均气温是过去 1 300 年中最为暖和的 50 年，冰川大幅度消融，各地气候异常事件频发，海平面已经上升 17 cm。当海平面升高 1 m 时，预测孟加拉国会有大量土地被淹没。中国的黄海、渤海沿海地区，低海拔的大量城市，像天津、大连、青岛、上海、苏州、杭州等，都面临威胁。

中国于 2006 年 12 月发布的《气候变化国家评估报告》显示，近 100 年来，中国地表平均气温已经上升了 0.5～0.8℃，极端气候事件的频率和强度明显增加。《报告》明确指出，中国要“走低碳经济的发展道路”。

---

* 本文是作者于 2009 年 3 月 20 日在科技部等 13 个部门举办的中国国际节能减排和新能源科技博览会中日合作研讨会上的主题演讲，刊于博览会组委会编印的《节能减排和新能源论坛文集》247～249 页。

全球气候异常，中国也不例外。2007 年 8 月，湖南严重干旱，江河面临断流；2008 年 1 月，中国南方的严重雪灾，都是全球气候变化的明显例证。

第二，中国的可持续发展必须在应对气候变化的全球背景中来实现

2008 年中国的钢铁生产达到 5 亿多 t，水泥 14 亿 t，硫酸和化肥也达到五六千万吨。国际能源机构（IEA）在 2007 年的报告中强调指出，按汇率折算，中国 2005 年在世界经济中的重要性是 5%；按购买力评价，则为 9%。中国的钢铁、水泥、化肥已经占到全球的 30%或 40%以上。中国正处于高速增长的工业化初期或中期，20 世纪 80 年代以来，能源生产量高于能源消费量，而到 90 年代后，能源生产量开始逐步低于能源消费量。IEA 报告认为，按照目前的发展趋势，全球能源消耗增长的 40%以上将是由中国和印度两个国家造成的。IEA 预测，到 2030 年，中国的能源消耗量至少将翻一番，其中一半是对煤的需求。

IEA 还预测，2030 年中国石油净进口量将达到每天 1 300 万桶，每 1 000 人的汽车拥有量将从现在的 20 辆增加到 140 辆。美国能源部估计，从二氧化碳排放看，2004 年中国人均排放量为 4 t 左右，但到 2030 年，中国的人均二氧化碳排放量可能是 8 t 左右。IEA 认为，尽管人均排放水平仍低于经合组织（OECD）国家目前的水平，但如果不采取措施，中国的 CO_2 排放总量将从 2005 年的 50 多亿 t 增长到 2030 年的 110 亿 t。

IEA 认为，如果不采取措施，中国和印度现有的燃煤电厂以及今后 10 年新建燃煤电厂将决定 2050 年甚至以后的 CO_2 排放量。为了使全球气温升高不超过 2℃，需要将 CO_2 浓度维持在 450 ppm（体积分数 450×10^{-6}）的水平。到 2030 年，全球 CO_2 只能排放 230 亿 t，同现状

比，至少要减排 190 亿 t。

日本学者茅阳一的卡亚公式指出，CO_2 排放主要由人口、人均 GDP，能源强度（单位 GDP 的能源用量）和碳排放强度（单位能源的碳排放量）4 个因素推动。中国多年来坚持计划生育政策，但目前人口还在缓慢增长；而人均 GDP 是我们希望还要继续增长的。所以我们只能在能源强度和碳排放强度这两个因素上寻找出路。

第三，中国为节能减排所做的工作

温家宝总理强调，节能减排和应对气候变化是当前急迫的紧要任务，所以，中国在 2006—2010 年间要求降低单位能耗，即能源强度要降低 20%，也就是说每年需要降低 4%。

为了节能减排，政府号召每个人、每个家庭都积极行动起来。温家宝总理亲自担任国家节能减排以及应对气候变化领导小组组长，不断淘汰落后产能，实施十大重点节能工程，开展了千家重点企业的节能行动等，全国范围内拆除了所有煤耗高的燃煤小电厂。鉴于中国的能源结构，煤仍然是中国主要的能源，温室气体排放总量可能会增加，但人均排放量仍然较低。

为此，中国在 2007 年 6 月发布了《中国应对气候变化国家方案》，提出了中国应对气候变化采取的措施，包括转变经济增长模式、调节经济结构和能源结构、控制人口增长、开发新能源与可再生能源以及节能新技术、推进碳汇技术和其他适应技术等。2007 年 6 月，科技部会同 13 个其他部门联合制定的《中国应对气候变化科技专项行动》也予以公布。

特别是，2007 年 9 月，中国国家主席胡锦涛在亚太经济合作组织（APEC）的首脑会议上强调“应该本着对人类、对未来高度负责的态度，尊重历史，立足当前，着眼长远，务实合作，统筹经济发展和环境保护”。提出：第一要坚持合作应对；第二要坚持可持续发展；第三要坚持《联合国气候变化框架公约》及《京都议定书》的主导地位；第四要坚持科技创新。并郑重提出了“发展低碳经济”。

2007 年 10 月，中共“十七大”进一步明确了任务：到 2020 年，GDP 要比 2000 年翻两番，同时要加强环境保护，高度重视气候变化。中国要基本形成节约资源、能源和保护生态环境的产业结构、增长方式和消费模式，可再生能源的比重将会显著增加。

中国的碳排放强度现在还比较高，需要建立一大批先进的能源基础设施，使得将来能源使用量虽然增长，但碳排放却可以降低。中国还要注意提高能源效率。据 IEA 估算，如果对家用空调与冰箱实施严格的能效标准，到 2020 年以前，节约的电量可能相当于一座三峡大坝，所以节能潜力巨大。关于可再生能源，2007 年 9 月，中国发布了《可再生能源中长期发展规划》。目前，中国可再生能源占 8%；2010 年要到 10%；2020 年要占 15%。同时，中国也在积极开发利用煤层气。2007 年 10 月，《中国核电中长期规划》发布，国家能源局局长在 2009 年全国能源工作会议上提出，2020 年核电发展目标要占到 5%。能源结构的巨大调整，需要大量的投资和相关政策的配套。

关于建筑节能。目前中国建筑物的能耗并不算高。但是，据预测，随着中国城市化进程的加快，到 2030 年，建筑能耗将很惊人。2008 年，中国现有建筑面积 400 亿 m^2，节能建筑仅为 3 亿多 m^2，还不到 1%。到 2020 年，还要新建 150 多亿 m^2，所以急需发展节能建筑。中国已经颁布了节能建筑标准，强制性要求新建筑节能必须达到 50%以上，既有建筑也需要改造。不少城市示范性的低碳建筑也在建设中。节能建筑相对于传统建筑，投资增加 10%左右，但是会有长远的好处。

第四，共同应对国际金融危机，加强合作，争取“双赢”

北京奥运会是国际合作的丰硕成果之一。现在，中国和新加坡合作建设“天津生态城”，这将会是一个国际合作的先进城市。国家发改委确定保定和上海为中国低碳城市试点。

2009 年 2 月，亚洲协会美中关系中心和美国皮尤全球应对气候变化中心在清华大学发布研究报告，提出 5 个方面：一是采用低排放的煤炭技术；二是提高能效和节能措施；三是开发先进的智能电网；四是推广可再生能源；五是量化排放量，为低碳技术融资。

2009 年 3 月，温家宝总理在政府工作报告中强调，要毫不松懈地加强节能减排和生态环保工作，并提出了 6 个方面：一是突出抓好工业、交通、建筑三大领域节能，继续推进十大重点节能工程建设，落实电机、锅炉、汽车、空调、照明等方面的节能措施；二是大力发展循环经济和清洁能源；三是健全节能环保各项政策；四是开展全民节能减排行动；五是继续强化重点流域、区域污染防治；六是实施应对气候变化国家方案，提高应对气候变化的能力。

2008 年 12 月，中国、日本、韩国三国的环境部长就低碳经济等问题交换了意见，达成了共识。相信能源效率与环境保护世界领先的日本，在这场合作中必定大有可为。

发展低碳经济要有紧迫感*

2009 年 9 月 22 日，国家主席胡锦涛在联合国气候变化峰会开幕式上，发表了题为《携手应对气候变化挑战》的重要讲话，明确表示中国“将继续坚定不移地为应对气候变化做出切实努力”，同时强调中国将进一步采取四项强有力的措施应对气候变化，其中之一就是“积极发展低碳经济”。发展低碳经济是胡锦涛同志自 2007 年以来在国内外重要场合反复强调过的问题。那么，低碳经济与全球气候变化有什么关系？低碳经济的内涵和发展趋势如何？其发展路径和主要任务是什么？

一、低碳经济的内涵与发展趋势

低碳经济是一种正在兴起的经济形态和发展模式，包含低碳产业、低碳技术、低碳城市、低碳生活等一系列新内容。它通过大幅度提高能源利用效率，大规模使用可再生能源与低碳能源，大范围研发温室气体减排技术，建设低碳社会，维护生态平衡。发展低碳经济既是一场涉及生产方式、生活方式、价值观念、国家权益和人类命运的全球性革命，又是全球经济不得不从高碳能源转向低碳能源的一个必

* 本文写于 2009 年 12 月，刊于中共中央理论刊物《求是》杂志 2009 年第 23 期。

然选择。

工业革命首先是从西方国家开始的。西方国家在使用化石燃料大量生产、大量消费、大量废弃的同时，向大气中排放了大量的二氧化碳。二氧化碳使地球吸热高于放热，是一种主要的“温室气体”。联合国开发计划署的《人类发展报告 2007/2008》指出：“工业化时代起所排放的每 10 t 二氧化碳中，约有 7 t 是发达国家排出的。英国和美国的人均历史排放量达 1 100 t 二氧化碳，而中国和印度的人均水平分别为 66 t 和 23 t。”二氧化碳浓度不断增高造成的影响是：过去 100 年间，世界平均气温上升了 0.74℃；20 世纪后半叶北半球是过去 1 300 年中最为暖和的 50 年；冰川大幅度消融；气象灾害和气候异常事件频发；海平面上升。这种趋势如不扭转，21 世纪末气温可能升高 4℃，海平面将上升 60 cm，对生态系统、食物与淡水供应以及人类居住都将带来深入持久的影响。发展中国家、岛屿国家受害更甚。

从国际动向看，全球温室气体减排正由科学共识转变为实际行动，全球经济向低碳转型的大趋势逐渐明晰。英国 2003 年发布白皮书《我们能源的未来：创建低碳经济》；2009 年 7 月发布《低碳转型计划》，确定到 2020 年，40%的电力将来自低碳领域，包括 31%来自风能、潮汐能，8%来自核能，投资达 1 000 亿英镑。日本 1979 年就颁布了《节能法》。2008 年，日本提出将用能源与环境高新技术引领全球，把日本打造成为世界上第一个低碳社会，并于 2009 年 8 月发布了《建设低碳社会研究开发战略》。2009 年 6 月，美国众议院通过了《清洁能源与安全法案》，设置了美国主要碳排放源的排放总额限制，相对于 2005 年的排放水平，到 2020 年削减 17%，到 2050 年削减 83%。奥巴马政府推出的近 8 000 亿美元的绿色经济复兴计划，旨在将刺激经济增长和增加就业岗位的短期政策同美国的持久繁荣结合起来，其“黏合剂”就是以优先发展清洁能源为内容的绿色能源战略。

二、我国发展低碳经济的必要性与紧迫性

我国是发展中大国。经济发展过分依赖化石能源资源的消耗，导致碳排放总量不断增加、环境污染日益加重等问题，已经严重影响到经济增长的质量效益和发展的可持续性。党的十七大报告明确提出："建设生态文明，基本形成节约能源资源和保护生态环境的产业结构、增长方式、消费模式。主要污染物排放得到有效控制，生态环境质量明显改善。"因此，我国发展低碳经济除了应对气候变化等外部压力外，至少还有 5 个方面的内在要求。

一是我国人均能源资源拥有量不高，探明量仅相当于世界人均水平的 51%。这种先天不足再加上后天的粗放利用，客观上要求我们发展低碳经济。

二是碳排放总量突出。按照联合国通用的公式计算，碳排放总量实际上是 4 个因素的乘积：人口数量、人均 GDP、单位 GDP 的能耗量（能源强度）、单位能耗产生的碳排放（碳强度）。我国人口众多，经济增长快速，能源消耗巨大，碳排放总量不可避免地逐年增大，其中还包含着出口产品的大量"内涵能源"。我们靠高碳路径生产廉价产品出口，却背上了碳排放总量大的"黑锅"。在一些发达国家将应对气候变化当做一个国际政治问题之后，我国发展低碳经济意义尤为重大。

三是"锁定效应"的影响。在事物发展过程中，人们对初始路径和规则的选择具有依赖性，一旦做出选择，就很难改弦易辙，以致在演进过程中进入一种类似于"锁定"的状态，这种现象简称"锁定效应"。工业革命以来，各国经济社会发展形成了对化石能源技术的严重依赖，其程度也随各国的能源消费政策而异。发达国家在后工业化时期，一些重化工等高碳产业和技术不断通过国际投资贸易渠道向发展中国家转移。中国倘若继续沿用传统技术，发展高碳产业，未来需要

承诺温室气体定量减排或限排义务时，就可能被这些高碳产业设施所“锁定”。因此，我国在现代化建设过程中，需要认清形势，及早筹划，把握好碳预算，避免高碳产业和消费的锁定，努力使整个社会的生产消费系统摆脱对化石能源的过度依赖。

四是生产的边际成本不断提高。碳减排客观上存在着边际成本与减排难度随减排量增加而增加的趋势。1980—1999 年的 19 年间，我国能源强度年均降低了 5.22%；而 1980—2006 年的 26 年间，能源强度年均降低率为 3.9%。两者之差，隐含着边际成本日趋提高的事实。另外，单纯节能减排也有一定的范围所限。因此，必须从全球低碳经济发展大趋势着眼，通过转变经济增长方式和调整产业结构，把宝贵的资金及早有序地投入到未来有竞争力的低碳经济方面。

五是碳排放空间不大。发达国家历史上人均千余吨的二氧化碳排放量，大大挤压了发展中国家当今的排放空间。我们完全有理由根据“共同但有区别的责任”原则，要求发达国家履行公约规定的义务，率先减排。2006 年，我国的人均用电量为 2 060 度，低于世界平均水平，只有经合组织国家的 1/4 左右，不到美国的 1/6。但一次性能源用量占世界的 16%以上，二氧化碳排放总量超过了世界的 20%，同世界人均排放量相等。这表明，我国在工业化和城市化进程中，碳排放强度偏高，而能源用量还将继续增长，碳排放空间不会很大，应该积极发展低碳经济。

三、我国发展低碳经济的总体战略

对发达工业化国家而言，当发展阶段到了能源消费相对成熟、高能耗工业逐渐移出时，碳排放强度才会逐渐下降。故其向低碳经济转型的起点是从后工业化社会开始，主要任务是减排温室气体、实现能源安全、建立新的竞争优势与经济增长点。而我国是一个发展中大国，能源需求正在急剧增长，发展低碳经济的起点和任务与发达国家截然不同，我国不仅要节能减排，还要加快发展，必须在加快实现工业化、城市化和现代化的进程中走出一条发展低碳经济的新路。

在战略取向方面，我国的低碳发展宜采取既基于国情又符合世界发展趋势的渐进式路径，制定清晰的阶段目标和可行的优先行动计划。一是把“低碳化”作为国家经济社会发展的战略目标之一，并把相关指标整合到各项规划与政策中去，结合各地实际情况，探求不同地区的低碳发展模式，努力控制碳排放的增长率。二是在可持续发展前提下，把低碳发展作为建设“两型”社会和创新型国家的重点内容，纳入到新型工业化和城镇化的具体实践中。三是利用国际金融危机的契机，充分利用碳减排、能源安全和环境保护的先进技术，不断提高我国低碳技术与产品的竞争力，减少潜在的“碳锁定”影响，逐步向低碳转型，实现跨越式发展。四是积极参与国际上关于低碳能源和低碳能源技术的交流与合作，引进国外先进理念、技术和资金，通过新的国际合作模式和体制创新，促进生产与消费模式的转变。我国发展低碳经济，在积极开展国际合作的同时，最终主要还是要靠自己。五是积极参与气候变化国际谈判和低碳规则的制定，为我国争取合理的发展空间。通过承诺符合国情与实际能力的自愿减缓行动，提升负责任大国的国际形象。同时，坚持要求发达国家率先大幅度减排，并建立“可计量、可报告、可核实”的技术转让与资金支持新机制。

在战略目标方面，据国内多家权威机构研究，到 2020 年，我国单位 GDP 的二氧化碳排放量有可能实现显著降低。如能在有效的国际技术转让和资金支持下，采取严格的节能减排技术（包括碳捕集与封存）和相应的政策措施，中国的碳排放有可能在 2030—2040 年达到峰值之后进入稳定和下降期。

在战略重点方面，走低碳发展道路，必须结合国内优先战略发展目标和各行业自身特点，把握好低碳重点领域，以尽可能低的经济成本和碳排放量，获取最大的整体效益，逐步实现整个国民经济“低碳化”。重点包括 6 个方面：(1) 工业生产、交通和建筑领域。开展高能耗行业的能效达标管理，淘汰重点用能部门的落后产能和强化新建项目的能效监管，努力获得低碳产品和低碳技术的国际竞争力。(2) 工业化和城市化进程中，要以低能耗、高能效和低碳排放的方式完成大规模基础设施建设。(3) 优先部署以煤的气化为龙头的多联产技术系统开发、示范和整体煤气化联合循环技术等先进发电技术的商业化，开发新能源汽车和新型节能建筑，总结推广最佳实践技术，探索碳捕集与封存技术的可行性，在煤炭清洁利用等相关领域达到国际领先水平。(4) 加快进口和利用优质油气资源，探索可再生能源在国家能源系统中的优化配置模式，建立健全多元化的能源供应体系，转变能源结构，改善能源服务。(5) 深入研究农田、草地、森林生态系统的固碳作用，通过生物和生态固碳，减缓气候变化。(6) 加强适应气候变化的策略研究和能力建设。

四、我国发展低碳经济的主要措施

随着学习和贯彻科学发展观活动的不断深入，全社会对于低碳发展的热情不断高涨，很多地方已经取得了一些实际进展，不少城市表达了要争做低碳试点城市的强烈愿望。低碳发展对我国不但是必要的，而且是可能实现的。最重要的措施有 5 项：

一是政府主导，摸清家底，立足实情，确立目标，制定规划，有序发展，避免一哄而上。

二是鼓励“产学研结合”，加快开发低碳产品和低碳技术，增强自主创新能力，抢占制高点。

三是加快研究制定相关法律法规。包括国家监测考核管理标准，财税、价格等金融政策措施（如开征碳税、试行碳交易等）。

四是立即着手开展行业（工业、建筑、交通）、企业、城市、社区的低碳发展试点。

五是加强宣传引导，使各级领导和公众了解什么是低碳经济，为什么要发展低碳经济，怎样发展低碳经济，以推动全社会的生产、生活方式和消费观念的大转变。

低碳可持续发展学初论*

一、可持续发展是人类久远的向往

1. 发展模式的探求

人类生存发展的历史可以说是人类社会同大自然相互作用、共同发展和不断进化的历史。选择什么样的发展模式，始终是困扰人类的重大命题。从对大自然的顶礼膜拜到对技术的自信甚至对“人定胜天”的执着，进一步到对可持续发展的认知并着手实施，这是一个艰难的认识、实践、再认识、再实践并且仍在继续着的过程 [1]。

无论是局地性的大气污染、水污染、水土流失，地区性的酸雨，全球性的臭氧层破坏、生物多样性丧失和气候变化等，各式各样的环境问题几乎都是人类发展进程的伴生物，它给人类的生存与发展带来极大的威胁。

2. 可持续发展战略的逐步形成

可持续性的概念源远流长。中国秦朝的《田律》清晰地体现了可

---

* 本文是作者应日本名古屋大学薛进军教授约稿于 2010 年 6 月底完成，其中文、日文和英文译稿将分别在中、日、英三国纳入《低碳发展学》文集出版。

持续性的思想，西方的一些经济学家如李嘉图、马尔萨斯和穆勒等都较早认识到人类消费的物质限制。

20 世纪六七十年代后，全球范围内开始了关于“增长的极限”的争论。伴随着人们对代际公平及代内公平作为社会发展目标的认识的加深以及一些全球性环境问题不断被确认，可持续发展思想在 80 年代逐步形成。1983 年 11 月，联合国成立了世界环境与发展委员会，该委员会在 1987 年《我们共同的未来》[2]报告中，正式提出了可持续发展的模式。1992 年联合国环境与发展大会（UNCED）通过的《里约宣言》《21 世纪议程》等文件，更是高度凝聚了当代人对可持续发展认识深化的结晶。它们正式被各国政府所接受，标志着人类对以往发展模式的否定，也反映了对今后发展目标和道路的向往。在此前后，不少学者与国际机构不断提出很多创见，形成全球研究与实践可持续发展战略的高潮[3-12]。可持续发展是发展中国家和发达国家都可以并正在努力争取实现的目标，广大发展中国家愿意投身到可持续发展的实践中来，这也正是可持续发展理论能够风靡全球的重要原因。有关可持续发展思想与战略的大事记见专栏 1（其中，2002 年以前的部分参见第一篇《可持续发展及其在中国的实施》一文的专栏 1）。

专栏 1　有关可持续发展思想与战略的大事记

2005 年	•《联合国千年生态系统评估报告》发布
2007 年	• IPCC 发布第四次评估报告，强调更多的数据和事实表明，全球气候变化“很可能” • COP15 通过《巴厘岛路线图》
2009 年	• 哥本哈根会议（COP17）达成不具法律约束力的《哥本哈根协议》
2010 年	• 预定的坎昆会议（COP18）
2012 年	• 联合国决定 2012 年在巴西里约热内卢再次召开有关可持续发展的首脑会议

资料来源：根据历年《中国环境年鉴》、日本《地球环境手册》及作者亲身经历事件整理。

3. 可持续发展的核心框架与可持续经济学

可持续发展理论奠基者之一 M. 芒纳星河认为[13]，可持续发展的核心框架取决于如下几个基本原理和方法：

（1）使发展更可持续；

（2）可持续发展三角及其平衡；

（3）超越传统界限促进更好地整合；

（4）从数据搜集到政策执行与反馈的整个周期都全面应用实践性的分析工具和方法。

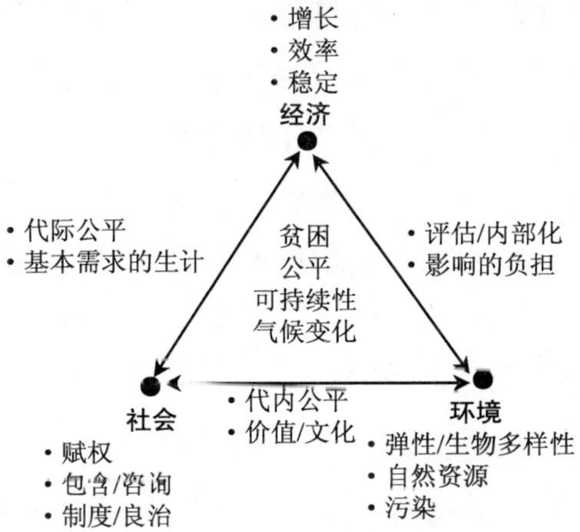

资料来源：Munasinghe，1992。

图 1　可持续发展三角——关键要素和消耗关系（角、边线、中心）

以可持续发展学为基础的、实质性的跨学科框架，会促进经济、社会和环境 3 个维度的平衡并使之和谐一致地持续发展。把可持续性置于传统发展之上，其重点正在于和谐。不同国家情况不同，侧重点也会不同。南方的优先性包括持续的发展、消费与增长、减贫和公平，而北方可持续发展的主流文献则倾向于关注污染、增长的不可持续性和人口增加。

M. 芒纳星河等认为，可持续发展包含所有的人类活动，包括社会、经济、生态和物理系统之间的复杂的相互作用。相应地，可持续经济学鼓励实践者超越由准则、空间、时间、利益相关者观点和运作重点限定的传统界限，着力整合新的解决方式。“可持续经济学”这个新术语强调的重点在于可持续发展，并强调这是没有任何学科偏见或霸权的中性方法。可持续经济学是一个实践性的、跨学科的框架（或者“跨准则”），它试图建立一种内涵丰富的、统观全局的设计框架来进行分析并指引政策，同时，各种构成要素（来自其他很多学科的原理、方法和工具）则提供一种严格的“简约主义”的构件块和基础。可持续经济学的方法试图整合来自可持续性和发展领域的诸多知识。这种整合需要利用核心学科，如生态学、经济学和社会学，以及人类学、植物学、化学、人口统计学、伦理学、地理学、法学、哲学、物理学、心理学、动物学等。诸如工程、生物等技术手段以及信息技术也同样很重要。它是补充而不是替代其他面向可持续发展问题的方法。

4. 人类社会当前面临的挑战

联合国开发计划署前署长 J. G．斯佩思认为 [14]，可持续发展是 21 世纪人类社会面临的最重要的挑战。它影响着这个星球上的每一个人，因此，我们人人都是利益相关者。传统的发展模式注重基于物质基础的经济增长。然而，尽管 OECD 国家以及中等收入国家在上世纪取得了令人瞩目的成就，但众多的贫困国家以及工业化国家的贫困社区，贫困、饥饿、疾病和不平等等问题却日趋严峻。与此同时，新的挑战接踵而至，如环境退化、暴力冲突、气候变化以及失控的全球化等，使得原本就已经存在的问题雪上加霜，难以应对。

在全球层面，联合国政府间气候变化专门委员会（IPCC）的数千名科学家通过研究进一步证实了，因人类活动导致温室气体排放量的增加，很可能导致气候变暖的灾难性后果。由联合国前秘书长安南倡导、世界上最重要的生态学家完成的《千年生态系统评估报告》，展示了地球上所有生命均赖以生存的生态系统服务功能正在持续下降的历史变迁进程。这些研究无一不在呼吁，人们应当尽快采取行动来扭转这种危险局面。诚然，世界上那些处在极端贫困状态下每日消费不足 1 美元的人，需要借助于经济的持续增长以使他们能够摆脱贫困。如何在经济、社会和环境方面保持均衡和平衡的发展，正是可持续发展的要义所在。

二、当代可持续发展要在应对气候变化的背景中实现

1. 关于全球气候变化的若干重要数据

针对有人提出的气候变化“阴谋论”，国家气象局局长郑国光最近撰文引述了如下数据[15]：1906—2005 年全球地表平均气温上升了 0.74℃，这是 IPCC 根据全球大量、长期的观测资料得出的结论。此外，其他观测证据也从不同方面验证了全球气候变暖。例如，20 世纪全球平均海平面升高了 0.17 m，北半球季节性冻土最大面积减少了大约 7%；1978 年以来，北极地区平均海冰面积以每 10 年 2.7%的速率退缩。近 30 年的气球高空探测和卫星观测显示，地表上空 8～12 km（即地球大气对流层）的大气也呈现出同地表大气相一致的增温变化。世界气象组织发布的最新监测结果显示，2000—2009 年是 1880 年全球有系统气象观测记录以来最暖的 10 年；去年冬季（2009 年 12 月至 2010 年 2 月），加拿大经历了有观测记录以来最暖的冬季，我国平均气温较常年同期偏高 0.69℃；2010 年 1～4 月，全球地表平均气温比常年偏高 0.69℃，也为 1880 年以来同期的最高值。2010 年 4 月全球地表平均气温比常年偏高 0.76℃，为 1880 年以来同期的最高值。1906—2005 年中国地表平均气温升高约 1.1℃。

自然因素和人类活动都对气候变化产生影响。在地质历史时期，

影响气候的主要因子为自然因素。工业革命以来，由于煤、石油等化石能源的大量使用，导致大气中二氧化碳等温室气体浓度持续增加。全球大气平均二氧化碳浓度已从工业革命前的 280ppm（体积分数为 280×10^{-6}）增加到 2008 年的 385ppm（体积分数为 385×10^{-6}），明显超过了 65 万年以来的自然变化范围。人类活动是近 50 年全球气候变暖的主要原因不容否认。

2. 中国历史上饱受气候灾害之苦，未来将更容易受到气候变化影响

潘家华认为，其中的关键原因是中国的自然环境十分脆弱 [16]。例如，1931 年，长江洪水泛滥夺走了 14.5 万人的生命并使数千万人无家可归。中国 13 亿多的人口中，有 8 亿居住在东部沿海地区，最具经济活力的地区和富裕人口较多的地区均集中于此，特别是长江三角洲、珠江三角洲和环渤海地区。过去 30 年来，海平面年均上升 2.6 mm，这一趋势还在继续。长三角地区的人口密度为 890 人/km^2，该地区的 15 个大城市仅占中国国土面积的 1%，而在 2008 年，其国内生产总值（GDP）占全国的 17%。在西北地区，人们的生活都极度依赖喜马拉雅山和天山的融雪，但气温上升意味着那里的绿洲农业可能将逐步消失。

从 2008 年至今，中国大地经历了一次又一次的极端气候事件，如，2008 年春节的暴风雪覆盖了 18 个省、区；从 2009 年 7 月到 2010 年 5 月，西南 6 省连续干旱，贵州旱情为 50 年一遇 [17]；2010 年入汛以来，在不到 2 个月内，南方 10 省、区连续出现 10 次大范围强降雨过程 [18]，广东局部地区甚至出现超 500 年一遇的特大暴雨 [19]。

中国和世界的经验表明，通过发展也可以较有效地减缓和适应气候变化。1998 年，长江又发生规模类似 1931 年的洪水，但这一次的损失同 1931 年相比显得较小。原因很简单：现在的堤坝坚固了，而且有更多的资源可用于防洪。在 2000 年以前，极端气候事件所造成的经济损失每年占中国 GDP 的 3%～6%。但在过去 10 年里，尽管实际损失的绝

对金额更大，但却只占 GDP 的 1%或更小。在 1978 年前，台风每年夺去不少人的生命，毁坏沿海地区的很多房屋。现在，建筑物能够承受极强的台风，预警系统可有效地让人们提前做好充分的准备，节水技术能减少人们对水的需求。

3. 中国国家领导人对于气候变化的明确表态

早在 2007 年 9 月 8 日，国家主席胡锦涛在 APEC 第 15 次领导人会议的讲话中，针对气候变化提出过 4 项建议，其中第二项强调："坚持可持续发展"。他说[20]，"气候变化从根本上说是发展问题，只有在可持续发展的前提下才能妥善解决。可持续发展要求实现经济增长、社会发展、环境保护相协调。为应对气候变化而停滞发展，或者无视气候变化片面追求经济增长，都是不可取的。应该建立适应可持续发展要求的生产方式和消费方式，优化能源结构，推进产业升级，发展低碳经济，努力建设资源节约型、环境友好型社会，从根本上应对气候变化的挑战。"

三、低碳经济正好切中当代可持续发展的要害

1. 低碳经济的起因

出于应对气候变化、能源安全和国际竞争力这三方面的考虑，英国率先于 2003 年《能源白皮书》中提出"创建低碳经济"[21]，接着于 2006 年推出《气候变化的经济学：斯特恩报告》[22]，于 2008 年完成了国内的气候变化立法，并于 2009 年发布了《低碳转型计划》。

为了加快建设"低碳社会"，日本也决定改变以往企业减排全靠自觉的做法。

在中国，2006 年 12 月发布的《气候变化国家评估报告》的第 25 章"中国减缓气候变化的思路与对策"中，提出了走"低碳经济"的

发展道路[23]。报告中写道："以技术创新为核心手段，发展并推广先进节能技术，提高能源利用效率；积极发展可再生能源技术和先进核能技术，以及高效、洁净、低碳排放的明天利用技术和氢能技术，优化能源结构，减少能源消费的 CO_2 排放；改进土地管理和利用方式，加强森林资源的管理并增加森林覆盖面积，保护生态环境并增加碳吸收汇，走'低碳经济'的发展道路。"

2. 中国政府有关部门、学术界和公众对低碳经济持积极态度的原因

这既是"科学发展观"（全面、协调、可持续）不断学习的成果，也是环境与发展多年实践的经验。越来越多的人认识到，中国目前的众多环境问题均源于传统的经济增长方式，尤其是煤的非洁净利用。进入新世纪以来，中国的能耗增长极快，能源弹性系数接近于 1，这是很难持久的。同时，中国的能源禀赋（按人均化石能源资源探明储量计，中国只有世界人均量的一半）绝不可能长久支持这样的急剧增长。尽管从工业革命以来到 2005 年，中国人均 CO_2 排放量只有六七十吨（2 位数），远不及英美等发达国家人均 CO_2 排放量的上千吨（4 位数）。但中国的人口多，近年 CO_2 排放总量已是世界第一，人均排放量也从逐步趋近而已经略为超过世界人均量（比 OECD 国家仍然低得多）。中国历来重视节能，颇有成效，但光靠节能，如不更加鲜明地亮出"气候变化、能源安全和国际竞争力"的旗帜，及早做出周密的低碳发展规划，进一步动员全国力量，加上公平合理的国际合作，要想做到逐步控制乃至减少 CO_2 排放，将会十分艰巨。形势正在迫使国人采取更加积极的行动。

3. 经济增长同碳排放增长要逐步"脱钩"

中国已经明确，要将"碳排放强度"（CO_2 排放量/单位 GDP）作为"十二五"期间的强制性控制指标，这比"十一五"期间的"能源强度"（能源消耗量/GDP）又进了一步，即，不限于节能目标要求，

而对降低单位 GDP 的碳排放也提出了严格要求。这实际上是在为经济增长同碳排放增长逐步“脱钩”创造条件。“碳排放强度”的倒数是“碳生产力”（GDP/CO_2 排放量），它是目前衡量国际竞争力的重要指标之一。20 国集团成员国间的比较见图 2。由图 2 可见，中国在这 20 国中，尽管 GDP 总量紧追日本，而人均 GDP 仅比印度尼西亚和印度高，处于第 18 位；碳生产力则比这两国低，处于第 19 位，同发达国家的差距则在 1 个数量级左右。碳生产力越高（即碳排放强度越低），表明越有能力以较低的碳排放量创造出较高的 GDP；而从气候变化、能源安全和国际竞争力这 3 方面看，意味着对减缓气候变化的贡献多、对化石能源的依赖少和新能源技术水平高与规模大，也即国际竞争力强。因此，尽管发展中国家和发达国家在这 3 方面的起点、现状和责任各有不同，但以碳生产力指标为代表的低碳经济，不能不引起各国的高度关注。

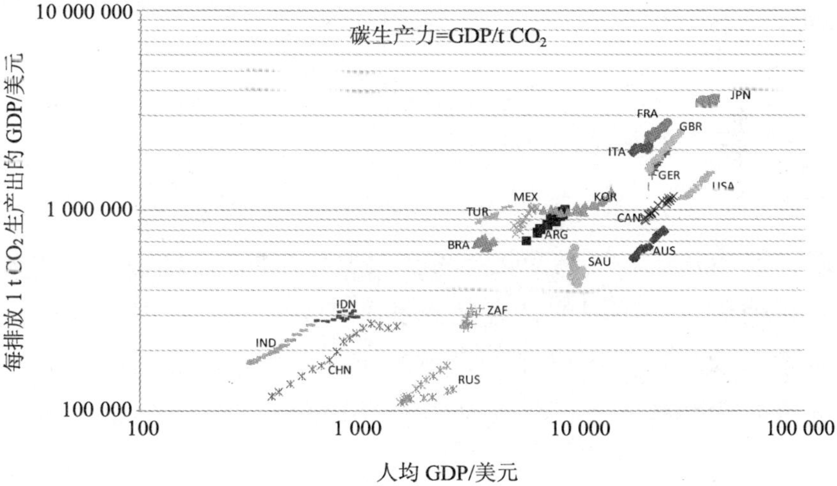

Source：The Climate Institute and E3G，G20 low carbon competitiveness，Vivid Economics，2009

图 2　20 国集团成员国碳生产力与人均 GDP 的对数关系图（2000 年）

“碳排放强度”和“碳生产力”这两个紧密联系的指标，正过来，倒过去，也都能反映出一个国家和地区可持续发展的程度。在当今人口不断增加、化石能源有限和碳排放还在增长的地球上，低碳发展旨在使经济增长同碳排放的增长逐步“脱钩”，可从本质上显示出经济增长方式是否真正有质的转变，是否正在朝向可持续发展前进，从而使单纯追求 GDP 的反科学做法无处藏身。同时，循环经济侧重于资源利用与废物再利用的最优化，也比较容易量化和操作。而低碳经济抓住了碳这个关键，正好切中当代可持续发展的要害。只要加快建立起必要的、合理的制度，它必将比定义范围宽泛、包容性很大的“清洁生产”、“绿色经济”和“生态经济”等概念，更便于监测、报告和核查，更容易衡量可持续发展的进展。

四、有意识地将低碳经济同可持续发展有机结合起来将发挥无穷的力量

1. 气候变化和可持续发展之间的相互作用

IPCC 在 2001 年的第 3 次评估报告中，提供了一个综合评价模型框架，包括完整的气候变化与可持续发展之间的因果关系 [24]（图 3）。每个处于右下象限的社会经济发展道路（驱动力来自人口、经济、技术和管制）都会引起不同程度的温室气体排放。应对方案主要包括适应和减缓两类，N.斯特恩曾详细地评估了这些措施的经济影响。

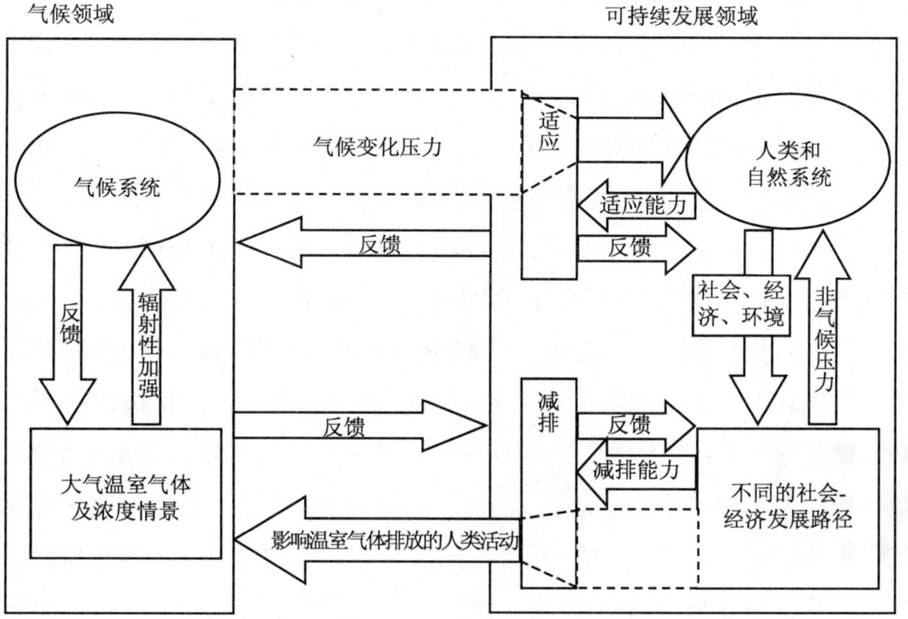

图 3　气候变化和可持续发展之间的相互作用

2. 可持续发展和低碳经济的政策手段

1992 年里约会议的共识是[25]，环境与经济发展密不可分。宏观经济决策会影响到环境。其中，有些是正面的，如纠正价格扭曲可以提高资源的利用效率；有些则是负面的，如经济自由化可能招致生产量增加和污染物增多，从而出现新的环境问题。过去，最常用的方法是通过制定与实施环境法规（命令控制）去直接管理市场行为，但这已被证明是既昂贵又复杂。利用市场或在没有市场的地方创建市场，则是一种政策创新，它通过改革补贴以消除价格扭曲；通过用税、费来提高价格以反映社会成本；创建新的市场使排污许可证或资源开发权可以进行交易。让公众知情并推动公众参与也是一种高效方法，这可以通过环境教育、生态标志、公布污染物排放数据或建立使公众直接参与资源管理等制度来实现。世界银行对这 4 类政策手段归纳成 1 个政策矩阵参见第三篇《关于可持续发展理论研究的若干思考》一文。低碳经济学同可持续经济学在这些方面应用的理论与方法学实在是密不可分，只不过从资源角度看，是从化石能源到可再生能源与新能源；从污染控制角度看，是从常规污染物到温室气体这些特殊污染物。

2009 年 6 月，第 17 次欧洲环境与资源经济学年会在荷兰召开，来自欧洲、美国、日本和中国的 700 多位学者参加[26]。大会的报告主题分别是：《全球危机与自然资源：发展中国家展望》《财富、社会福利和可持续发展》《环境危机：过去、现在和未来》《面对气候变化挑战》，分会场提供了 576 个学术报告，主要集中在经济增长与环境、贸易与环境、可持续发展与绿色核算、环境价值评估方法、环境经济政策与环境管理、气候变化政策、能源、水资源与自然资源管理、生态系统服务功能与生物多样性、食品与环境等领域。特别是，应对气候变化已成为环境与资源经济学研究的一个重要领域。其中，脆弱性、适应与减排、气候政策、后京都时期的欧盟气候政策都分别被单独安排一个分会场。这充分体现出气候变化及相关环境政策研究受到重视的程度，也在一定程度上反映了低碳经济学同环境与资源经济学，或者同更广义的可持续发展学之间的紧密联系。这种紧密联系绝不是偶然的。

3. 通过低碳经济同可持续发展的有机结合，积极推动第三次环境革命

D. W. 皮尔斯和 J. J. 沃福德认为[27]，第一次环境革命发生在 20 世纪 60 年代末和 70 年代，人们辩论环境质量同经济增长的关系并转向对于环境的关注。80 年代末和 90 年代初是第二次环境革命，这一次重新界定并扩大了许多原有的概念并提出可持续发展问题，它转到了怎样实现有利于环境的经济增长的讨论上。显然，正确的环境政策将有利于经济增长，而如果管理有方的话，经济增长也会有利于环境保护。要把环

境同发展结合起来，可持续发展这种哲学理念势必要接受并应用环境经济学。环境经济学作为一门学科，主要形成于20世纪50年代和60年代。从分析环境项目的经济成本效益以及政策评估，到探讨传统经济增长模型的绝对资源极限的实际含义，寻求资源退化的原因与对策、确定生态系统服务的价值和应对一系列全球环境问题。50多年来，环境经济学已经有了长足的进展。现在，把低碳经济学、环境经济学和可持续发展学相关部分科学地分析与分类，已经有了一定的条件。

从实践方面，我认为，全球人口还将增加，贫困必须消除，环境必须保护，福利水平要不断提高（如不少人渴望早日有房、有车），化石能源耗竭已指日可待，新能源革命正喷薄而出。中国发展低碳经济并非因外部压力，而是有内在需求[28]。中国发展低碳经济不但是必要的，而且是可能的[29]。面对国内外形势，中国发展低碳经济要有紧迫感[30]。在前两次全球环境革命和一大批先驱者贡献的基础上，加上新世纪低碳经济的提出和新能源革命的推动，有可能通过有序的低碳发展，逐步地从根本上解决中国的环境问题（如燃煤污染）、能源问题（可再生能源与新能源）和跨越式发展问题（变廉价劳动力优势为多方面的清洁技术）。深入研究低碳经济带来的新问题，借鉴M. 芒纳星河等学者推荐的"超越传统界限促进更好地整合"和"从数据搜集到政策执行与反馈的整个周期都全面应用实践性的分析工具和方法"，在实践中有意识地将低碳经济同可持续发展有机地结合起来，必将发挥无穷的力量。如果操作得当的话，甚至有可能推动全球第三次环境革命和可持续发展。

参考文献

[1] 张坤民. 可持续发展论. 北京：中国环境科学出版社，1997.

[2] 世界环境与发展委员会. 我们共同的未来. 长春：吉林人民出版社，1997.

[3] D. W. 皮尔斯，J. J. 沃福德. 世界无末日：经济学、环境与可持续发展. 张世

秋，译．张坤民，校．北京：中国财政经济出版社，1996.

[4] H. E. 戴利，K. N. 汤森．珍惜地球——经济学，生态学，伦理学．马杰，译． 范道丰，校． 北京：商务印书馆，2001：1-175，277-427.

[5] M. Munasinghe． Defining and measuring sustainability，New York：The Biogeophysical Foundation，1996.

[6] I. 莫法特．可持续发展——原则、分析和政策．宋国君，译．北京：经济科学出版社，2002：1-222.

[7] J. R. McNeill． Something New under the Sun：An Environmental History of the Twentieth Century World. New York：W. W. Norton & Company，2000.

[8] J. M. Harris． A Survey of Sustainable Development：Social and Economic Dimensions．Island Press，2001.

[9] Douglas V，Smith，Kazi F. Jalal．Sustainable Development in Asia．Asia Development Bank，2001.

[10] OECD and UNDP． Sustainable Development Strategies：A Resource Book．EARTHSCAN，2002.

[11] P. J. Cooper．Implementing Sustainable Development：From Global Policy to Local Action．Rowman & Littlefield Publishers，2004.

[12] UNDP．Investing in Development：A Practical Plan to Achieve the Millennium Development Goals．EARTHSCAN，2005.

[13] M．Munasinghe．Environmental economics and sustainable development，Paper presented at the UNCED，Rio de Janeiro，Environment Paper No．3，World Bank，Washington D．C．USA．1992.

[14] M．芒纳星河：使发展更可持续——可持续经济学框架与应用．邹文博，译．北京：中国社会科学出版社，2008.

[15] 郑国光．国家气象局局长：全球气候变暖是一场骗局？人民日报，2010-06-25.

[16] 潘家华．通过可持续发展解决气候变化问题．美国国务院国际信息局（电子期刊）．http://www.america.gov/mgck/media/pdf/ejs/climate.pdf#popup.

[17] 周芙蓉．贵州 86 个县发生旱情 局部地区旱情达百年一遇．人民日报，2010-03-15.

[18] 南方 11 条大河罕见同发洪水 98 年洪涝未必重现．人民网，2010-06-23．http://news.163.com/10/0623/10/69RTSAS3000146BD_2.html．

[19] 粤局部地区出现超 500 年一遇特大暴雨 近 50 万人受灾．新华网，2010-06-26．http://news.xinhuanet.com/society/2010-06/26/c_13370727.htm．

[20] 胡锦涛．在 APEC 第十五次领导人非正式会议上的讲话．人民日报，2007-09-09．

[21] 英国贸工部.我们能源的未来——创建一个低碳经济体//张坤民,潘家华,崔大鹏.低碳经济论．北京：中国环境科学出版社，2008：539-550．

[22] N．Stern．The economics of climate change．London：Cambridge University Press，2007．

[23] 《气候变化国家评估报告》编写委员会．气候变化国家评估报告．北京：科学出版社，2007．

[24] IPCC．Climate Change： The Scientific Basis，Third Assessment Report．London：Cambridge University Press，2001．

[25] K．汉密尔顿．里约后五年：环境政策的创新．北京：中国环境科学出版社，1998．

[26] 第十七次欧洲环境与资源经济学年会介绍//李善同．环境经济与政策：第一辑．北京：科学出版社，2010：205-206．

[27] D．W．皮尔斯，J．J．沃福德．世界无末日：经济学、环境与可持续发展．张世秋，译．张坤民，校．北京：中国财政经济出版社，1996：8-11．

[28] 张坤民：低碳世界中的中国：地位、挑战与战略//张坤民，潘家华，崔大鹏．低碳经济论．北京：中国环境科学出版社，2008：25-40．

[29] 张坤民．中国走低碳之路：必要性与可行性//张坤民，潘家华，崔大鹏．低碳经济论．北京：中国环境科学出版社，2009：67-81．

[30] 张坤民．发展低碳经济要有紧迫感．求是，2009（23）．

低碳发展：重在规划、创新与行动*

应对气候变化，关系着中华民族和全人类的命运。早在 1988 年，中国即支持世界气象组织和联合国环境规划署组建政府间气候变化专门委员会（IPCC）；联合国于 1989 年在荷兰诺德威克召开“气候变化与大气污染”大会时，中国派出以国务院环境保护委员会副主任为团长、国家环保局副局长为副团长，外交部、国家科委、国家气象局官员组成的政府代表团积极参与，支持通过《诺德威克宣言》，呼吁世界各国关注气候变化。从 1990 年起，IPCC 开始发布第一次气候评估报告，中国也曾于 1990 年向 IPCC 提供了《人为活动引起的气候变化对中国环境的影响初步报告》[1]。中国和广大发展中国家一起为达成 1992 年《联合国气候变化框架公约》和 1997 年《京都议定书》，做出了决定性的贡献。随后，中国在一系列立法、政策与行动中，都高度关注节约能源、发展可再生能源、推动清洁生产与循环经济、大力植树造林，积极应对全球气候变化。

一、分析形势

2007 年，IPCC 发布第四次评估报告，明确指出：“气候系统变暖

* 本文是作者于 2010 年 9 月 7 日在全国人民政治协商会议“21 世纪论坛”2010 年会议上的演讲稿。

是毋庸置疑的，目前从全球平均气温和海温升高、大范围积雪和冰川融化、全球平均海平面上升的观测中可以看出，气候系统变暖是明显的。人类活动是造成近 50 年气候变暖的主要原因。”根据科学家们收集到的越来越多的数据与事实，IPCC 第四次评估报告对气候变化的判断，从“可能”（60%以上可能）提高到了“很可能”（90%以上可能），该报告催生了年底《巴厘岛路线图》的出台。中国 2006 年 12 月公布的《气候变化国家评估报告》[2]有关数据与结论同 IPCC 报告相近。近年来，中国不同地区，大旱大涝此起彼伏，2010 年甚至出现 600 年一遇的洪水。公众对气候变化的认知不断加深，理论界和决策者也逐渐形成共识，即：中国和全球的可持续发展要在应对气候变化的背景下来实现。特别是，国家主席胡锦涛连续 3 年在国内外重要场合强调“积极发展低碳经济”[3-5]，高瞻远瞩，寓意深远，充分体现了一个负责任的发展中大国应对全球气候变化的负责任态度。

但是，当前全球应对气候变化的谈判与行动，同十几年前相比，反而有退步的倾向。除了绝大多数发达国家的碳排放相比 1990 年水平不减反增的现实以及资金支持、技术转让等谈判原地踏步外，还有这样几个特点：（1）以面临淹没威胁的小岛国为代表的不少发展中国家很着急，但某些发达国家看来并不急，十几年前他们希望达成《联合国气候变化框架公约》和《京都议定书》，现在则热衷于玩弄手腕，转移视线，甚至挑拨离间；（2）有人鼓动大家把眼睛盯住中国、印度等人口众多的发展中大国，逼迫中、印等国承担同其历史责任与自身能力均不相符的义务；（3）在发达国家某些碳减排方案中，谈远不谈近，给自己留下了足够的余地，却拼命挤压发展中国家。人们不禁要问，“共同但有区别的责任”原则等这些在《联合国气候变化框架公约》与《京都议定书》中已经明确规定的原则还要不要遵循？发展中国家到底该不该和能不能得到必要的、合理的发展空间？究竟要构建一个什么样的国际气候制度？要知道，每个国家都有自己的政治家和科学家，谁也别想轻易得到超出公平的利益。我们希望联合国所有成员国共同努力，通过谈判，争取达成公平合理的解决方案。当然，在国际谈判的同时，国内的工作一定要跟上。

二、制定战略

实现低碳发展，国家、省、市的各层次、各部门、各系统都要制定切实可行的规划，而首先需要认清低碳经济兴起的起因、关键和国际动向。最早提出“创建低碳经济”的英国是出于 3 点：(1) 气候变化；(2) 能源安全；(3) 国际竞争 [6]。积极提出“建设低碳社会”的日本，也是上述 3 个起因。美国强调发展“新能源技术”，实际也围绕以上 3 个方面。对于国际竞争，奥巴马总统说得很明白：“美国要么继续做全球最大的石油进口国，要么成为世界上最大的清洁能源技术出口国。”这意味着美国同英国、日本一样，都想通过发展低碳技术谋求最大的国际竞争力。当然，这需要通过技术层面和制度层面大范围的创新。

英日美科技基础比中国强，低碳发展规划比我们略早些，但我们现在动手也不算晚。说到千方百计节能、发展新兴能源、尽力增加碳汇、引导低碳消费这四大块，中国已经实行多年，有进展，有潜力。规划时，既要认真研究吸取英日美等先行国家的转型计划、先进技术和配套政策，更要仔细分析国情、省情、市情，切实找到可学、能学和能赶超之处，还要充分意识到我国低碳发展的内在需求与实际困难，先从试点起步，切忌一哄而上。

江苏省无锡市在 2009 年初，就由无锡市环保局发起，联合市发改委、市经委、建设局、交通局等政府部门以及江南大学有关院系、尚德电力等民间企业，以江南大学为依托，建立了无锡低碳城市发展研究中心。通过政府、市场、公民三方互动的模式，在调查研究的基础上，年底前尝试制定了《无锡市低碳城市发展战略规划（初稿）》，恰好能同无锡市正要制定的“十二五”规划相衔接。而江南大学在这几年自身的大发展中，在总务处工作的教授、博士，大胆创新，开展了低碳校园的规划、建设与试行，采用了一些新技术、新制度，取得了成功。在学生人数增加、新建筑大量使用、科研任务加重的情况下，水电费开支非但没有增加，反而大幅度降低。教育部专家评审认为，这处于世界先进水平，值得推广。尽管无锡市并未列入发改委新近公布的 8 个试点城市名单，但规划、行动早起步，对其今后发展必有益处。

三、重在创新

低碳经济是一种正在兴起的经济形态和发展模式，它包含低碳产业、低碳技术、低碳城市、低碳生活等一系列新内容，是人类社会继原始文明、农业文明、工业文明之后的一大进步。其目标是应对气候变化、确保能源安全和实现可持续发展，特征是低能耗、低排放、低污染，核心是技术创新、制度创新和发展观的转变。

首先是发展观的转变。在一个人口不断增长、自然资源有限的体系中，衡量发展不能光看 GDP 总量，还要看人均 GDP，以及它是用多大的资源代价（如水耗、能耗或碳排放）换来的。前一篇文章的图 2 给出了 20 国集团成员国的碳生产力和人均 GDP 比较图 [7]。中国作为发展中国家，目前在这两方面都处于低位。这表明，中国在 20 国集团内，尽管 GDP 总量较大，但“低碳竞争力”并不高。这既有历史原因，也预示着我们前进道路之艰难。

发展观的转变，除了加强教育与培训外，要有考核指标予以约束和引导。“十二五”期间，在全国范围内，除了将考核 “碳强度”（单位 GDP 的二氧化碳排放量）外，建议结合全国和各地的发展规模，仔细折算出比较合理的能源用量，通过试行国内的“碳预算”和“碳交易”制度，加以控制与调节，这将更具约束力，并有助于达到成本有效性。

为了控制碳排放，技术创新应置于突出的地位，主要包括：(1) 节能技术；(2) 新能源技术；(3) 碳汇技术；(4) 消费转型技术等。世界银行的《世界发展报告 2010》[8]列出了为实现全球平均升温不超过 2℃目标须充分运用的手段和先进技术，见图 1。图 2 是国际能源机构《能源技术展望 2010》[9]展示的减排情景下不同关键技术对于碳减排的贡献。从图 2 可见，终端燃料和电力效率贡献为 38%，加上终端燃料转换贡献的 15%，两者之和达 53%，应特别重视。发电效率与燃料转换贡献占 5%，也不可忽视。核能和可再生能源各占 6%和 17%，碳捕集与封存高达 19%，足见这些新能源技术和去碳技术成本颇高，但又不能不用，宜早筹划。各国国情不同，而中国以煤为主的能源结构，逼着我们必须在科学规划的基础上，努力开拓新路。

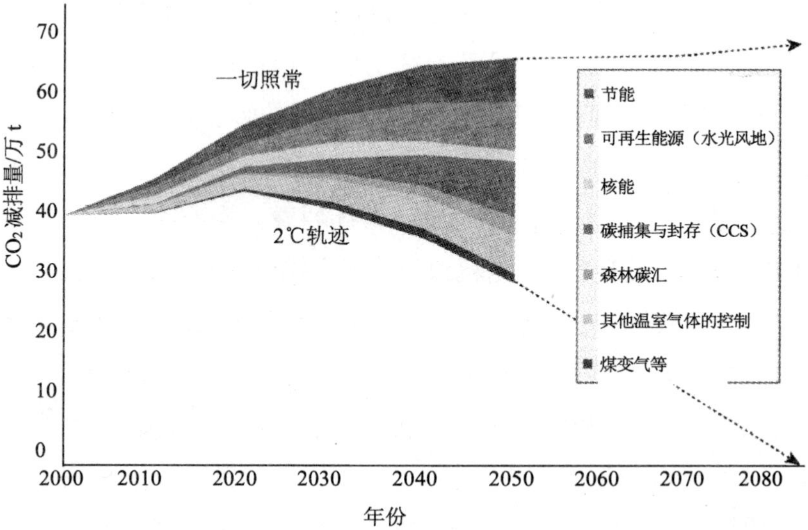

图 1　为使地表升温不超过 2℃目标须充分运用现有手段和先进技术

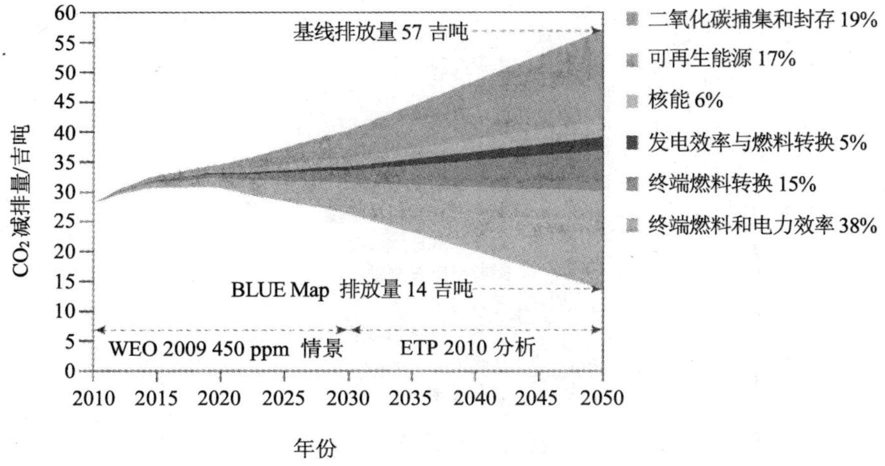

图 2 减排情景（BLUE Map）对比于基线情景下的碳减排关键技术

为了支持技术创新，必须有配套的制度创新。国际通行的有效政策工具包括 4 方面：(1) 命令控制手段；(2) 基于市场的经济手段；(3) 财税激励手段；(4) 支持公众参与政策等。见图 3 [10]。国内在许可证、限额、设计标准等命令手段，可再生能源上网电价等经济手段，电动车购车补贴及免税等财税手段和支持公众参与等方面都有新的作为，这是好事。现在更需要系统地、周密地进行调查研究，把围绕低碳发展的制度创新同推动产业结构改革、能源结构改革、财税制度改革、环境管制改革以及扩大信息公开等改革有机地结合起来，使新政策、新制度确实合理、有效、公平，避免只对一部分人有利。创造条件，适时实施“碳税”是很有必要的。

减排有效性	成本有效性	有效的政策工具
		命令控制手段
高	高	设备标准
高	高	授予标志与许可证项目
高	高	能源效率职责与限额
高	高	用户需求侧管理
		基于市场的经济手段
高	中高	能源绩效合同
		财政手段与激励
高	高	税收减免
		支持、信息和自愿行动
中高	高	自愿认证与标志
中高	高	公众领导项目

来源：WBCSD，2007

图 3　有效的政策工具

四、强调行动

行胜于言立天下，竞争合作谋跨越。低碳发展，强调行动。中国发展“两弹一星”和高速铁路的经验启示我们，落后的现状通过正确的努力是可以改变并有所跨越的。

这几年来，国家已经先后进行了全国规模的经济情况普查、污染状况普查，并定期进行人口状况普查，我认为，这些都极大地有助于国家、省、市各部门对于经济、环境、社会基本情况的掌握，认清潜力与瓶颈，更好地规划发展远景，克服障碍，加快经济发展方式的转变。我们对于低碳技术及其成本，要有一本清晰的账。哪些技术落后？怎么引进？怎么消化？怎么创新？要花多长时间？多大代价？这些都要及早规划、部署、引导，加快转型。

国家发改委已经启动了五省八市的低碳发展试点，这是各地盼望已久的事情。特别希望继续加强指导，加大力度，结合国情，争取早出经验和规范，使其他地区可以少走弯路，同时在国际竞争中尽快抢占低碳制高点。当前，国家发改委有关司办在参与国际气候谈判和指导国内低碳发展这两方面的任务都很重，建议上级部门适当加强其人员编制与支持力量，因为他们正在打硬仗。

建议充分重视低碳技术等新兴产业提供的新的经济增长点和新的就业岗位。联合国环境规划署在 2008 年的《绿色就业》[11]中引述了中国 2007 年在可再生能源部门的就业人数和产值，这说明，联合国机构很重视低碳发展对于发展中国家就业的正面影响。

还建议，新毕业的大学生可围绕低碳发展扩大就业门路。现在能耗与碳排放的监测和节能服务急需大量人才，可考虑对于相近专业的大专毕业生加以适当专门培训，即可投入节能减排的监测、报告、咨询、服务或新技术开发，低碳发展的道路还很长，他们可以大有可为。

参考文献

[1] Second Working Group of National Coordinating Group on Climate Change of China，An assessment of the impact of climate change Caused by human activities on China's environment，submitted to the Working-Group Workshop on the Impact of Climate Change in Moscow，May 1990//Zhang Kunmin．Policies and actions on Sustainable development in China，Beijing：China Environmental Science Press，2004．

[2] 气候变化国家评估报告．北京：科学出版社，2007．

[3] 胡锦涛．在 APEC 领导人会议上的讲话．人民日报，2007-09-09（1）．

[4] 胡锦涛．在政治局集中学习后的讲话．人民日报，2008-06-29（1）．

[5] 胡锦涛．在联合国气候变化峰会开幕式上讲话．人民日报，2009-09-03（1）．

[6] UK Energy White Paper．Our Energy Future-Creating a Low Carbon Economy，2003．http：//www.berr.gov.uk/files/file10719.pdf．

[7] The Climate Institute and E3G．G20 low carbon competitiveness．Vivid Economics，

2009：43．www.climateinstitute.org.au or www.e3g.org．

[8] 世界银行．世界发展报告 2010．http：//www.Worldbank.org/wdr．

[9] IEA． 能源技术展望 2010． http： //www.iea.org/techno/etp/etp10/Chinese_Exactive_Summary.pdf.

[10] WBCSD．Energy Efficiency in Buildings-Summary Report，2007：23．

[11] UNEP．Green Job．2008．

低碳行动：科学发展、和谐发展和创新发展的践行*

当今世界正处于大发展、大变革、大调整的时代，由美国金融危机开始的全球经济危机，带给我们许多关于发展理念、发展模式，以及人类命运的思考。面对全球气候变化、能源安全、粮食安全、生态破坏、公众健康、社会公平等问题，人们越来越认识到，这是人类共同面对的挑战，需要全球做出艰巨的努力。中国作为一个发展中国家，正在倡导和推进科学发展、和谐发展和创新发展。科学发展就是要加快经济转型，从源头确保安全；和谐发展就是要切实以人为本，更加重视民生；创新发展就是要倚重科技与制度创新，真正实现跨越。

一、转变发展方式，践行科学发展

近 30 年来，得益于改革开放，抓住了全球化机遇，中国经济增长速度惊人，但仍属于高碳经济。高碳、高污、低值，实在难以为继。中国和全球的可持续发展只能在应对气候变化的背景下来实现。国际谈判中，“共同但有区别的责任”原则必须坚持，而国内的工作要同时跟上。胡锦涛主席从 2007 年以来，在国内外重要讲话连续 3 年强调“发

---

* 本文是作者于 2010 年 9 月 17 日在国家环保部与联合国环境规划署举办的第六届环境与发展中国（国际）论坛上的演讲稿。

展低碳经济”，应当引起各单位负责人和所有关心建设资源节约型与环境友好型社会人士的高度重视。

实现低碳发展，首先需要弄清低碳经济兴起的原因、关键和国际动向。最早提出“创建低碳经济”的英国是出于：气候变化、能源安全、国际竞争三点原因[1]；积极提出“建设低碳社会”的日本和强调发展“新能源技术”的美国实际也围绕上述三个方面。现在，甚至连中国的普通老百姓都看得清楚，中东的石油和非洲、澳洲的煤，都不是那么容易进口的。

二、重视碳生产力，扩大就业岗位，推动和谐发展

在产业结构调整过程中，从“十一五”到“十二五”，节能减排的含义已经扩大。根据国务院的决定，“十二五”期间，既要降低能源强度（单位 GDP 的能耗），又要降低碳强度（单位能耗的碳排放），合起来就是碳排放强度（单位 GDP 的碳排放）。这意味着，既要继续大力提高能效，又要积极开发水能、核能和新能源，控制化石能源用量的急剧增加。

在一个人口不断增长、自然资源有限的体系中，衡量经济发展不能光看 GDP 总量，还要看人均 GDP，以及这些 GDP 是用多大的资源代价（如水耗、能耗或碳排放）创造出来的。中国的 GDP 总量今年已超过日本，成为世界第二大经济体，但人均 GDP 排位在 100 位之后（有的资料说是 124 位，有的资料说是 109 位，可能是统计年限不同），而以碳生产力（单位碳排放所创造出的 GDP）来看，中国目前的情况并不好。本篇《低碳可持续发展学初论》一文的图 2 所示为 20 国集团成员国的碳生产力和人均 GDP 比较图[2]。20 国集团中有发达国家，也有发展中国家。中国作为发展中国家，目前在碳生产力方面仅略高于俄罗斯，不如印度尼西亚和印度，居第 19 位；而人均 GDP 仅略高于印

度尼西亚和印度，居第 18 位。这表明中国在 20 国集团内，尽管 GDP 总量较大（中国人口是美国的 4 倍，日本的 10 倍），但用表征“低碳竞争力”的两个指标（碳生产力和人均 GDP）来比，差距不小。为此建议，在“十二五”期间除考核单位 GDP 的碳排放外，可否考虑结合历史趋势与发展潜力，确定全国和各地比较合理的发展规模，由此折算出合理的能源用量，通过试行“碳预算”制度来调控，这将对控制碳排放强度更具约束力（碳排放强度同碳生产力互为倒数，降低碳排放强度，就是提高碳生产力），也有助于达到成本有效性。

提高碳生产力或降低碳排放强度，是一项相当艰巨的任务。据 IEA 最近公布的 2008 年能源数据[3]（见下表），2006 年，中国人均碳排放量同世界人均排放量相等，2007 年超出世界人均 4 个百分点，2008 年超出世界人均 12 个百分点。且不论 IEA 数据的准确性如何，也不论存量和流量的关系与责任如何，发展中国家的人均碳排放量在这几十年里必然会增长，这是事实，但这么快速的增长趋势必须引起我们上下的高度重视，要认真分析其原因，尽力加以控制。

IEA 公布的 2008 年能源数据

	人口/百万人	一次能源供应总量/Mtoe	CO_2 排放总量/（万 t/Mt CO_2）	单位 GDP 一次能源量/（toe/$）	人均 CO_2 排放量/（t/人）	单位 GDP 碳排放量/[kg（CO_2）/$]
中国 2007	1 320	1 955.8	6 027.9	0.82	4.57	2.52
世界 2007	6 509	12 029	28 962	0.30	4.38	0.73
比率/%	20.3	16.3	20.8	273	104	350
中国 2008	1 326	2 116.4	6 508.2	0.81	4.91	2.50
世界 2008	6 688	12 267	29 381	0.30	4.39	0.73
比率/%	19.8	17.3	22.2	270	112	340

要重视新兴能源产业提供的新的经济增长点和就业岗位。据联合国环境署 2008 年的《绿色就业》一书中介绍，按电厂每百万千瓦装机容量测算，燃煤、燃天然气电厂就业人数约 1 人，而生物质能、风能

和太阳能光伏分别可以达到 2 人甚至 11 人。该书还刊登了 2007 年中国可再生能源部门的就业人数（合计 94 万人）与产值（1 250 亿元），2007 年中国在这方面刚起步不久，但可见联合国机构十分重视新能源对经济增长与就业岗位的积极影响。

据人力资源和社会保障部新闻发言人尹成基 9 月 10 日在国务院新闻办发布的《中国的人力资源状况》白皮书时介绍[4]，当前中国的就业任务十分艰巨。今年高校毕业生预计将达到 630 万人，还有初高中毕业后不再继续升学的学生 600 万人左右，另外还有大量的城镇下岗失业人员、军队退伍人员需要安排就业。全年需要就业的人员总数有 2 400 万人左右。随着城镇化进程的加快，大批农村富余劳动力要转移就业，目前有 1 亿多劳动力需要转移。我想，利用新兴能源产业提供新的岗位，也许是出路之一。

特别是，新毕业的相近专业的大学生可围绕低碳发展扩大就业门路，适当培训后即可投入节能减排与低碳发展工作。现在，能耗与碳排放的监测和节能服务等工作急需大量人员，可以考虑对于相近专业或有一定基础的大中专及高中毕业生，通过适当的专门培训，考试合格后，即可投入节能减排的监测、报告、咨询、服务或新技术开发、推广工作。中国节能减排、低碳发展的道路还很长，这些年轻人完全可以大有作为。

三、低碳发展重在创新，核心是技术创新和制度创新

世界银行的《世界发展报告 2010》[5]列出了为实现地表平均升温不超过 2℃目标须充分运用的现有手段和先进技术，见前一篇文章图 1。前一篇文章中的图 2 和图 3 分别是不同关键技术对于碳减排的贡献及有效的政策工具。

积极研发为实现地表温度不超过 2℃目标所需的先进节能技术、新

兴能源技术、CO_2减排关键技术和碳汇增加技术；充分运用命令控制、经济激励、财税金融、公众参与等各种手段；在强制降低“碳排放强度”的同时，试行国内的“碳预算”和“碳交易”，进一步推动节能减排。

正如全国人大副委员长、九三学社中央主席、中科院韩启德院士于 2009 年 6 月所说[6]：“如何走出一条中国特色的低碳发展道路？如何制定低碳发展的路线图？需要启动哪些相关的基础性工作？是否应该立即在一些重点领域、关键环节，实施一些比较效益高、量大面广、见效快的重大行动计划？如何增强低碳发展的科技支撑能力？如何建立健全低碳发展的体制机制？如何增加全社会对低碳发展的认同和自觉行为？所有这些问题，都需要社会各界坚持不懈地研究和探索，为中国的经济社会持续健康发展献计出力。”

这几年来，国家已经进行了全国经济情况普查、污染状况普查，正在做人口状况普查。这都极大地有助于对于基本国情的掌握，认清潜力与瓶颈，更好地规划发展远景，克服障碍，加快经济发展方式的转变。国家发改委已经启动了五省八市的低碳发展试点，这是各地盼望已久的事情。有关部门也不断公布新政策。只要加快按胡锦涛主席 2009 年 9 月在联合国宣布的“建立政府主导、企业参与、市场运作的良性互动机制”[7]，中国低碳之路定能健康发展。特别希望各部门加强指导，加快试点，企业积极参与，结合国情，早出经验，指导全国。

参考文献

[1] UK Energy White Paper．Our Energy Future-Creating a Low Carbon Economy, Feb. 2003．http://www.berr.gov.uk/files/file10719.pdf.

[2] The Climate Institute and E3G．G20 low carbon competitiveness．Vivid Economics, 2009．www.climateinstitute.org.au or www.e3g.org.

[3] International Energy Agency．Key World Energy Statistics 2010．

[4] 京华时报．2010-09-11，http://news.cn.yahoo.com/ypen/20100911/20663.html．

[5] 世界银行．世界发展报告 2010．http://www.worldbank.org/wdr．

[6] 韩启德．序言//张坤民，潘家华，崔大鹏．低碳发展论．北京：中国环境科学出版社，2009：iii．

[7] 胡锦涛．在联合国气候变化峰会开幕式上的讲话．人民日报，2009-09-23（1）．

第七篇

低碳发展调研与试点

关于成立“低碳经济研究学组”的建议*

一、背景与共识

今年 6 月 27 日，中央政治局集体学习，强调走可持续发展道路、全面加强应对气候变化能力建设，包括“积极发展低碳经济”；7 月 7 日，气候峰会将在日本北海道洞爷湖召开，胡锦涛同志计划出席。

通过常年的观察、研究、思考和讨论，我们同一些关注可持续发展、气候变化、能源安全和低碳经济的学者朋友们逐渐形成了如下共识：

(1) 能源利用同人类文明密不可分，能源是文明之火，是生命动力。要建设生态文明，必须勇敢应对人类面临的能源与环境挑战。

(2) 在经济全球化和全球气候变化的形势下，环境问题也势必全球化。要解决中国的环境问题和实现可持续发展，不能不研究并实践全球正在兴起的“低碳经济”浪潮，并参与国际合作。

(3) 为解决全球环境问题，需要每个国家、每个城市、每个社区、每个企业和每个地球人都行动起来，共同努力。国际谈判是一个重要方面，而基础恰恰是在国内。

(4) 中国人口有 13 亿多，但已探明的人均能源资源占有量只有世

---

* 本文是作者同崔大鹏博士合写的建议书，于 2008 年 7 月提交中国可持续发展研究会理事会，曾向邓楠理事长当面汇报，并同秘书长及办公室主任详加讨论。

界人均水平的一半。目前中国正处于能源与环境压力最严重的工业化中期，而国际能源价格飞涨，形势逼人。如何解决这个瓶颈问题是迫在眉睫的大事。

（5）国际上，所谓中国“能源威胁论”、“环境威胁论”甚嚣尘上。必须清醒地认识到中国能源与环境领域所面临的巨大压力。只有深入研究低碳经济的理念，并在中国创新地加以实践，才有可能化挑战为机遇。

（6）中国是一个负责任的大国，中华民族是一个勤劳勇敢充满智慧的民族。在研究和实现低碳经济的进程中，探索和创造出具有中国特色的模式，建立起创新的低碳机制、低碳技术和低碳产品，才有可能为中国与全球的可持续发展、建设生态文明切实地做出贡献。

（7）要尽快让更多的决策者和公众了解低碳经济理念，从各个相关领域和行业着手研究，布局试点和实践，以便为制定一套切实可行的实施低碳经济的全国战略规划和综合政策提供科学依据。同时，结合气候谈判，加强国际合作，利用中国碳足迹流量大、存量小、碳排放总量大、人均小的比较优势，争取更好的发展机遇。

（8）加强对低碳经济的研究，推动低碳经济的实现，确实是一个关系祖国前途、人类命运的大事，也是涉及多领域、多部门、多学科的大题目，绝不是少数人在短时间内能够解决的。而“低碳经济”这个词，在英国政府文件中出现是 2003 年，2006 年英国的《斯特恩报告》出台至今刚到 1 年半，国内外虽然已经注意到了其深远影响，但深入研究还不够，专家见解不统一，实际案例更罕见。

二、建议

基于上述背景与共识，我们郑重提出如下建议：

（1）在中国可持续发展研究会（CSSD）内筹备成立低碳经济研究

学组，并联合中国科学院、中国工程院、中国社科院和清华大学等单位的力量，共同办好。

（2）尽可能邀请到当今国内外学术地位较高、对此研究较深的专家学者组成学术委员会，专家构成尽量争取多领域、多学科以及各个年龄段。

（3）尽可能邀请到有关方面德高望重的、关心低碳经济的老领导、老专家组成顾问委员会，指导帮助有关低碳经济的研究方向把握和成果推广。同时邀请若干有志于可持续发展的国内外知名企业家加入顾问委员会，以支持有关低碳经济的研究项目。

（4）低碳经济研究学组组成名单（略）。

（5）低碳经济研究学组办公地点及财务管理：

①办公地点设在清华大学中意节能楼；

②财务由 CSSD 根据有关法规监管。

（6）低碳经济研究学组的主要任务：

①推动或组织有关专家学者，从不同学科和不同视角开展有关低碳经济的调查与研究，并积极汇集各自的研究成果和案例数据，为各级决策者和公众提供政策建议与科学知识平台；

②不定期发表中国低碳经济研究报告，不定期出版有关专门书籍和读物；

③建立低碳经济研究学组网站或依托 CSSD 的网站，并链接一些可靠的学术性网站，及时提供权威机构的最新报告、出版物，以及媒体报道的最新信息；

④适时举办有关低碳经济论坛等。

能源安全与低碳发展是个实实在在的问题*

刚才负责同志希望大家对本期刊物的选题和发展低碳经济多提意见，我先说几点。

第一，“气候组织”是一个相当积极的全球性非政府组织，得到一些大企业和英国前首相布莱尔等政界人士的支持，有一定实力。美国麦肯锡研究所的研究报告很多，这是其中之一。你们刊物计划选登这篇报告，是挺有眼光的。

第二，这篇报告本身是有价值的。它的“4+1”结构很巧妙，所提到的这 4 个方面都很重要，即电机、物流、建筑、电网，并且有实例、有数据，还指出了障碍和药方，可以引起有关部门领导同志对这 4 个方面，包括对信息通信产业（ICT）为这 4 方面服务的重视，应该说挺好。报告还用了英文字母 SMART 所含的双关意义，构思比较巧妙。充分说明了 ICT 是推动低碳经济发展的重要工具，是一项有用的技术。

第三，我刚才翻阅了一下你们刊物的合订本，前面几期都没有看到有关低碳经济方面的入门介绍。如果一上来就是 ICT 和“4+1”，我觉得铺垫或配合似乎还少一点。什么是低碳经济？为什么要搞？我们怎么搞？它对中国的挑战与机遇以及紧迫性，这些基础方面的铺垫很重要。报告中对于 ICT 为工业、交通、农业等的服务没有提到，这也

* 本文是作者于 2009 年 3 月 11 日在北京市科委所属《科技前瞻》刊物的低碳经济座谈会上即席发言的记录整理稿。

不是很全面。

第四，我们要强调的，是让有关领导通过你们提供的报告、事实和数据了解到，低碳经济也好，依靠科技也好，都是实现可持续发展的必由之路。中国的能源探明储量是不足的，只有世界人均占有量的一半。所以我们的国家领导人在全球市场积极寻找能源，全国上下也拼命开发能源、节约能源。可持续发展并不是意识形态的争论，自然界客观上就存在这个生态环境限界，资源有限，而人口还在增长，福利还要提高。能源安全与低碳发展是一个实实在在的问题，可持续发展只能在应对气候变化的背景下实现，所以对此不能不特别关注。

第五，北京发展低碳经济要走在前列，走在中国前列。奥运会的成功经验要传承并发扬到整个北京。我去年有篇文章引用了联合国开发计划署（UNDP）公布的从产业革命到 2004 年的碳足迹存量：英国、美国人均是 1 100 t，中国是 66 t，印度是 23 t。可见，印度、中国的 CO_2 排放历史欠账非常少。有的西方国家要求我们现在同他们一样减排二氧化碳，这明显是不讲理的。但是，从当前流量及增长趋势看，如果不及早规划部署低碳经济的话，对我们是很不利的。据国际能源机构（IEA）的统计，2006 年中国的一次能源消费总量占全球的 16.2%；中国 CO_2 排放总量却占全球的 20.2%（中国 2006 年的人均一次能源消费总量是 1.44 t 油当量，世界人均是 1.80 t 油当量；中国 2006 年的人均二氧化碳排放量是 4.28 t，同世界人均一样）。看来，中国目前的能源使用率较低，碳排放强度较高，加上中国化石能源的储量只有世界人均储量的一半，如果不在低碳发展方面创新，这能够确保可持续发展吗？而且，中国沿海地区一些城市的能源消耗水平和碳足迹，越来越向西方国家的大城市接近。这怎么符合科学发展呢？它既不协调，也不全面，更不是可持续的。我觉得，已经步入后工业化阶段的北京，一定要带头做好这件事，这对中国的前途非常重要。

长江三角洲七城市低碳发展调研情况报告*

为了贯彻中央政治局“积极发展循环经济和低碳经济”的精神和环保部领导的指示，深入了解实际情况，推动“低碳城市”试点，在部科技司和地方环保厅局的大力支持下，我同崔大鹏博士从 2009 年 2 月 8 日至 21 日，花了整整 2 周时间，到长江三角洲的南京、无锡、苏州、上海、杭州、湖州、宁波 7 个城市，进行低碳发展现场调研，耳闻目睹，口问手写，收获颇大。情况简要报告如下。

一、基本情况

这 7 个城市地处长江三角洲和环太湖，历来是中国的粮仓和钱库。改革开放 30 年来，经济增长突飞猛进，2008 年的人均 GDP 为 4 万～10 万元不等，超过本省和全国水平，并均获全国环保模范城市称号。其基本数据同所属省及全国的比较见表 1。

调研前，得到科技司和目标城市所属省市环保厅（局）的支持，由市环保局提前向市发改委、经贸委、建委、交通局等部门转发了我们的调研方案，请有关部门提前有所准备。在上海开了 2 次座谈会，其他 6 个城市各开 1 次（参加单位见表 2），座谈会由环保局主持，气

* 本文写于 2009 年 3 月，刊于国家环境咨询委、科技委的《工作通讯》2009 年第 2 期 3～9 页。

氛热烈。在各市还实地考察了 1～4 个点，并同有关人员在现场讨论。

表 1　2008 年长江三角洲 7 个目标城市基本数据同所属省及全国的比较

	面积/ km^2	人口/百万人	GDP/亿元		人均 GDP/（千元/人）	单位工业增加值能耗下降/%	单位 GDP 能耗下降/%
			2007 年	2008 年			
南京	6 582	6.172	3 275	3 775	53.2	11.15[a]	4.4[a]
无锡	4 788	6.107	3 858	4 419	73.1	10	4.5
苏州	8 488	6.297	5 700	6 701	106.7	5.75[a]	4.5
上海	6 341	18.88	12 001	13 698	73.7	—	4.6[a]
杭州	16 596	7.966	4 103	4 781	60.4	7.51[a]	4.6
湖州	5 818	2.578	895.9	1 035	40.1	—	4.7
宁波	9 817	5.68[b]	3 433	3 964	70.0	增长 0.9	0.5/7.4[c]
北京	16 410	16.95	9 353	10 488	63.0	8.7	6.3
江苏	106 740	75.76	25 741	30 000	40.0	—	—
浙江	105 400	50.60	18 780	21 487	42.4	7.4	—
全国	9.6 M	1 328.02	249 530	300 670	22.7	—	4.59

数据来源：中国统计年鉴 2008，全国和有关省市 2008 年国民经济和社会发展统计公报或 2009 年各级政府工作报告。

a：2007 年数据；b：宁波市所列人口为户籍人口；c：剔除“宁波钢铁”这一不可比因素后的同比下降额。

表 2　长江三角洲 7 个目标城市低碳发展座谈会参加单位

	环保局	发改委	经贸委	建委	交通局	电业局	其他单位
南京	√		√	√	√		环科院、环境学会
无锡	√	√	√	√	√		尚德光伏公司
苏州	√	√	√	√	√	√	苏州工业园区
上海	√	√	√	√	√		科委、交通港口局
上海	√						世博会筹委会、上海环科院
杭州	√	√	√	√	√		市城投集团
湖州	√		√	√	√		市政府副秘书长
宁波	√		√	√	√	√	城管局、产业协会

调研中了解到，这 7 个城市的节能减排工作都抓得很紧。市经贸

委管节能，目标是2006—2010年的5年期间单位GDP的能耗下降20%；市环保局管减排，目标是5年期间COD和SO_2减排10%。政府的节能检测力量和监督队伍都在从无到有，由小变强。工业、建筑、交通这3个主要方面的节能都在按国家发改委、建设部的规定和各省市的要求采取行动。7个城市都相当关心低碳经济，但目前了解不多，对它同节能减排的关系也不甚清楚。故每次我们在座谈前简要宣讲《积极发展低碳经济》和播放中央电视台《守护家园》专题片，大家都很感兴趣。无锡市环保局组织了全局环保干部听讲，并向市政府提出建议，用“政产学研”相结合的方式，在江南大学共建“无锡低碳城市发展研究中心”，该建议已上报，正在审批过程中。其他城市也各有亮点。

以下按调研城市顺序，分别摘要简述之。

二、七城市政府有关部门提供的信息及其建议汇总

1. 南京

- 南京的产业结构偏重，化石燃料消耗大，每年用煤2 000多万t。重视产业结构调整，关停小化肥厂、小水泥厂、小化工厂。
- 发展太阳能光伏发电，是全国3个试点之一，已拿到发电绿卡。生物质发电、垃圾发电每度电（kW·h）比普通电价高7～8分。焚烧1 t垃圾，政府补贴80元。
- 南京市应对气候变化领导小组，市长是组长，参加单位有市发改委、经贸委、科委、环保局、建委、气象局，正在做生态城市规划。
- 建筑节能缺乏足够的经济激励措施和技术标准环节；新保温材料的使用寿命、抗震性能等尚不清楚；节能改造尚未形成长效机制；市民反映节能灯市场较乱，有的真假难分。

2. 无锡

- 工作机制不断完善，出台了节能目标考核办法、节能评估审查细则、节能监察办法、推进“五小”及“三高两低”企业整治工作的意见等文件，市节能办公室定期分析、调度。
- 淘汰落后产能，已关停“五小”及“三高两低”企业 1 421 家(其中，化工企业 1 181 家)。节能技术水平逐步提高，实施热电联产等重点项目，推行合同能源管理新机制。
- 举办了 2008 中国（无锡）节能与循环经济博览会，组织节能宣传周，对全市重点用能单位能源管理岗位 1 000 多人进行了业务培训。
- 坚持“公交优先”，针对“步行时间长、候车时间长、站立时间长、运行速度慢”等影响公交分担率提高不快的主要问题，较深入地进行了“无锡市公交线网优化方法研究”。
- 市领导和环保局对低碳城市很感兴趣，计划近期成立“无锡低碳城市发展研究中心”。
- 节能产品的市场化和产业化目前尚缺乏足够的政策支持。

3. 苏州

- 同美国能源基金会、清华大学合作，进行了高碳城市的节能试点工作。
- 新建化工节能区，迁建企业，集中管理，淘汰落后产能。
- 建筑节能：新建房屋严格按照国家和江苏省下发的强制性标准执行，建筑改造方面，凡对旧的钢窗改造，单层玻璃改双层，1 m^2 补贴 100 元，2009 年加到 150 元。
- 苏州是全国供电大户，超过北京，接近上海，很希望有清洁能源供应。

◆ 苏州工业园区在招商引资中注意按碳的测算来考虑，建设地源热泵小区。

◆ 希望对于碳排放的测量能够规范化。

4. 上海

◆ 能源消费与低碳：上海 2007 年能源消费总量 9 768 万 t 标煤(其中，煤炭 4 239 万 t 标煤)，人均碳排放水平接近日本和德国，确实需要转变经济增长方式，已开展很多工作。如：节能减排，优化能源结构，应用天然气；开发可再生能源与新能源（风能现有 0.9%，争取达到 2%，崇明前卫村 1 MW 光伏发电，垃圾填埋气回收发电）；推动低碳产业和服务业发展。2008 年实施“煤气化多联产 IGCC、海上风电、电动汽车”3 个科技项目。计划对重点区域（如世博园区、崇明国际生态岛、南汇临港新区等）建低碳区。

◆ 工业节能：对 79 家年耗标煤 5 万 t 以上的企业每月实施数据监控，重点推进燃煤工业锅炉节能工程等十大重点节能工程，对全市销售量 95%以上的近 200 家家电卖场和 110 余家宾馆、商场、写字楼等进行能效标识监察。节能 1 t 标煤，奖励 500 元。

◆ 交通节能：坚持公交优先，发展轨道交通。到 2008 年底，轨道交通运营线路长度达 264 km，全年日均客运量达 308 万人次。公交专用道达 86 km。公交出行比重增加 1%，城市交通能耗下降约 1.5%。但清洁能源车的稳定性尚需改进，成本需要降低。航空也有节能潜力，737 飞机加装翼梢小翼，比不装小翼的飞机省油 2.6%。

◆ 建筑节能：2006 年既有住宅 4.1 亿 m^2，公共建筑 1.3 亿 m^2，每年新建住宅 2 000 万 m^2，公共建筑 1 000 万 m^2，建筑节能潜力可观，相当于 4.7 个三峡水电站。从 2005 年起，新建住宅均按国家节能标准设计建造（比过去节能 50%），公共建筑从 2006 年起按国家节能标准设计建造。近 2 年，对 1 500 m^2 的既有住宅和公建实施了节能改造。2008 年，全国评出绿色建筑 6 项，上海占 3 项。计划由市人大制定《上海市建筑节能条例》，并出台《上海市建筑节能减排项目专项扶持管理办法》作为政策鼓励。

◆ 上海市已实施了 3 轮《环境保护和建设三年行动计划》。根据盖洛普调查的结果显示，有 86%的市民认为上海市对环保的重视程度和投入力度增强，94%的市民认为工作有成效，87%的市民认为全市的环境整体质量正在变好。今年 2 月，市政府批准了第 4 轮计划，即《上海市 2009—2011 年环境保护和建设三年行动计划》。为了确保计划的成功实施，市长韩正担任计划促进领导小组组长，环保局张全局长担任副组长兼计划促进办公室主任。其组织形式类似于过去的国务院环境保护委员会，协调各部门、各区县，工作十分有效。

◆ 上海市化工区位于杭州湾北岸，距市中心 60 km，规划用地面积 29.4 km^2。目标是建成“具有国际竞争力的世界级石化基地和循环经济基地”，入园企业有 BP、拜耳、ABB、BASF 等，区内设有环保办公室，完成上海跨地区、跨企业第一个区域环境影响评价，推进节能减排，化工区万元产值能耗逐年下降，2006 年为 1.19 t 标煤，2007 年为 1.01 t 标煤，2008 年为 0.93 t 标煤，并开展了低碳技术的应用研究，研究了风能、太阳能、潮汐能的可行性。他们提出了 4 点思考：①相关立法和政策缺失（对于二氧化碳排放至今没有指标，更无监督法规和奖惩制度），难以提高企业的积极性；②技术难题亟待解决，企业难以靠自己的财力实现技术转型；③知识产权保护亟待加强；④政府的主导作用亟待加强。

- 2010年上海世博会。研究了2005年爱知世博会、2006年意大利都灵冬季奥运会与德国汉堡世界杯、2008年北京奥运会等碳减排和碳中和的经验，计划通过搬迁旧企业、改变土地利用、开发可持续发展城市模型、采用一系列的低碳技术（如太阳能发电、新能源汽车、LED照明、生态绿化、江水源热泵、垃圾管理与节水、控温降温、智能化生态建筑等），以及上海市多个与二氧化碳减排有关的计划和直接碳补偿项目来实现碳中和。
- “低碳城市”试点。尽管媒介曾公开报道，上海和保定是国家发改委和世界自然基金会（WWF）支持的2个试点之一，保定市政府已有《保定市人民政府关于建设低碳城市的意见（试行)》及若干行动。但在上海，除了明显看到节能减排工作力度很大和世博会的碳中和以外，从政府到基层，尚未见有关具体决定、规划及进一步的部署。在网上传播几年的崇明“东滩零碳建筑小区”，我们特地去现场，看到的只是长江淤积形成的一大片空旷湿地。

5. 杭州

- 2007年，杭州全社会能源消费总量3 045万t标煤（其中，一产占1.3%，二产占73.2%，三产占17.4%，居民生活消费占8.1%)；热电企业能耗为39.98 kg标煤/GJ，全年平均热电比50.5%，平均综合热效率63.8%，显现出热电联产的高效性和节能性；全市共有城镇垃圾焚烧发电企业5家，装机容量8.6万kW，年发电量15.11亿kW·h，焚烧垃圾166.6万t。
- 国家建设部提出“十一五”期间建筑节能目标为节约1.1 t标煤，从5个领域落实（新建筑节能7 000万t，北方供热改制与既有民居改造节能1 600万t，大型公共建筑节能1 100万t，可再生能源替代常规能源 1 100 万 t，推广绿色照明节能 200 万 t)。杭州市 2007 年开展可再生能源建筑应用试点示范；2008 年 12 层以下居住建筑全面实施太阳能热水系统与建筑同步设计、施工验收，对机关办公建筑和大型公共建筑实施能耗监测试点。目前，新建住宅与公共建筑已全面实施建筑节能。

◆ 杭州市“十五”能耗为 0.87 t 标煤/万元 GDP，“十一五”目标为 0.69 t 标煤/万元 GDP。浙江省有能源监察中队，杭州市为能源监察中心，市、区、县都成立了节能监督队伍，属事业单位。行政经费每人 3 万～5 万元，杭州市现有 20 个编制。超能耗的企业在《杭州日报》上公示，并要求其整改。公示、整改后，70%的超能耗企业有改进。

◆ 杭州市富阳造纸园区，拆小锅炉，搞大锅炉集中供热（范围 8 km 以内），能效提高；全市水泥企业，工艺前后两头的余热都用来发电，使每吨水泥成本降低；利用夜间峰谷电，把水变成半固体冰以储冷，白天用以制冷；800 多家工厂清洁生产审核，进行了电力使用分布测试，检查重点耗能部位是否合理；全市进行农村电网改造（投资 6 亿多元，30%的村已改毕），电网损耗减少 2%以上，也有利于家电下乡。

◆ 杭州交通部门开展泡沫沥青冷再生技术研究成功，利用铣刨沥青路面废料 23 万 t，利用率达 80%以上，比传统技术至少节约投资 15%，缩短工期 20%以上；为改变出租车空驶“扫马路”现象，建设智能服务系统（由 GPS 定位、调度平台、智能扬招 3 部分构成），已在 3 处试点，准备建 2 000 个点；扩大出租自行车网点，1 小时内即租即还，等于免费使用。2006 年 9 月有 2 800 辆自行车，61 个出租点，平均使用率为 0.93 次/(车·天)。2009 年 2 月，增至 1 万辆；计划到年底增至 5 万辆，2 000 个点，骑自行车将成为时尚。

◆ 座谈会上，有干部认为，节能减排要重视 3 件事：一是考核指标的确定；二是法规政策的配套；三是激励措施的落实。单靠行政手段，往往事倍功半。中央机关有的对基础性研究很少，结果造成基层很难操作。

6. 湖州

◆ 节能降耗作为领导干部政绩考核的指标。2008 年是考核的第一年，如果 1 个指标未完成，当地政府要上交 300 万元，10 个指标未完成，要交 1 200 万元。产业结构调整，新建项目按总量控制，1.56 t 标煤/万元以上的项目原则上不批；存量调整，抓住占工业能耗 50%的水泥行业，拆除了全部水泥机立窑；淘汰了砖瓦窑 151 座；关停了一批小印染、小化工、小蓄电池企业；开展节能低碳技术改造，如水泥行业新型干法窑纯低温余热发电项目、热电联产项目、印染企业余热利用项目等；城市公共照明，9 条城市道路采用 LED 照明，节电 40%；医院、宾馆的空调进行改造。湖州市初步形成了以蓄电池、太阳能利用设备制造为主的新能源与节能产业板块和制造中心。

◆ 生物质能与废弃物开发利用。湖州金山燃料公司一期年产 5 万 t 甲醇汽油，质量达到国标，用其 30%替代成品汽油，可节能 2.1 万 t 标煤；大为生物公司从废植物油中提取生物质柴油，技术与产能属国内前列。企业小锅炉用木屑、竹屑、秸秆等替代煤炭，每年节能可达 14 万 t 标煤；2008 年投产的 2 家垃圾焚烧发电厂，每年节能 2.4 万 t 标煤。

◆ 建筑节能。湖州城市居住加公用建筑能耗占全市的 8%左右，不超过 10%。城市居住建筑面积每年增长 8%左右，同 GDP 增长相似。新建筑全部执行建设部要求的 50%节能标准，太阳能有 25%的居民户已使用，新建筑实行太阳能与建筑一体化。采用多重手段来保障建筑节能标准：一是设计把关；二是施工管理；三是严格验收；四是每年两次抽样检查。担心的是，建筑节能保温材料比较薄弱。外墙保温材料用聚氨酯，究竟安全不安全?

- 节能减排方面的困难。①国家政策有点缺乏可操作性（如可再生能源的上网电价)；②节能项目的审批不易；③金融危机下，土地、资金、原材料等生产要素受制约，企业面临困难，如何节能减排？④现有节能技术，可行的、假冒的，如何选择推广，体制不够完善；⑤新技术研发投入很大，企业不肯第一个搞。

7. 宁波

- 宁波产业结构属重化工，能源全靠输入，每年消耗原煤 3 000 多万 t，“低碳城市不敢提”，但节能减排一直抓得很紧。
- 工业节能。①落实责任。市政府同 11 个市级主要涉能部门、108 家重点用能单位签订年度节能目标责任书，市节能办组织 6 个考核组进行考核，并在《宁波日报》上公布。节能办每季度例会进行分析、协调，各部门合力推进。②调整结构。发展现代服务业；淘汰落后产能；加大高耗能产业差别电价实施力度；发展可再生能源，如慈溪长江风力发电公司一期已投产。③市场导向，着力推广新技术、新工艺、新产品。成立了节能技术服务市场专委会，依靠节能中介服务机构协助完成了全市近 30%的节能量。发布节能技术导向目录、能源白皮书等，每月举行 1 场行业性的节能技术推介活动。④突出重点，加大投入。以节能量为主要依据，对节能项目以奖代补，提高企业技改的积极性。利用中小企业信用担保机构风险补偿资金、技改专项资金和节能专项资金，扶持重点工程，同时，运用合同能源管理等形式，发挥民营资本作用，破解节能融资困局。还帮助企业向国家发改委申请节能和产业化项目投资和补助（开发区热点等 4 家企业共获国家专项资金约 2 000 万元）。⑤提高节能监管水平。2 200 m^2 的市节能监测大楼正在建设，新购 300 万元的监测检测仪器设备。⑥提高全民节能意识。2008 年举办首届宁波节能博览会，《宁波日报》在 6 月份开辟节能专刊，从工业、建筑、交通、公共机构节能等方面深入报道。⑦规范清洁生产工作。⑧推进工业循环经济工作。⑨提高资源综合利用效率。⑩做好有序用电工作。

- 建筑节能。①通过指标、设计、施工、验收，严格控制建筑耗能。②新建筑按 50%节能要求、既有建筑按 25%节能要求执行。③推进地源热泵的应用和太阳能利用与建筑一体化。④既有公共建筑的能耗控制，对空调、照明、电机等用电分项计量，传到监测中心。困难是：国家对既有建筑改造的指标要求很高，但落实的经费难筹集。
- 交通与城管节能。①2007 年底，宁波市机动车保有量突破 100 万辆，每年以 15%的速度递增。销量增加最快的是宝马、SUV、奥迪等豪华车，耗能大、尾气排放高。有必要通过政策引导小排量汽车消费。②宁波市轨道交通建设已通过国家批复，进入实施阶段，计划到 2015 年形成“十”字骨架，线路总长 72 km，车站 45 座。③宁波象山县象西线路面大修工程采用泡沫沥青冷再生技术，不仅解决了大修后路面抬高问题，还解决了 3 万 m^3 的沥青路面废弃料的处置问题，而且使工期从 7 个月缩短到 3 个月，是成功的节能案例。④宁波城市公交，按万人公里耗能折算成标煤为 0.064 96 t，比 2007 年下降 2.89%。⑤宁波的城市照明，经过技改后，2008年能耗降低2.56%。

◆ 参加座谈会的宁波市发改委的干部在介绍了宁波市的循环经济做法与进展之后说，低碳经济可能需要国家从上而下地进行规划部署；“十二五”计划中，能否下达国内的二氧化碳强制性指标？

三、在七城市的现场考察单位一览

1. 南京

◆ 苏源环保公司设计的苏远大厦，运用太阳能和自然光，体现“节能、环保、生态、自然”。

◆ 南京水阁垃圾填埋气发电厂，这是“绿色能源——国家环保示范项目”之一。

◆ 中德合资的南京曼奈柯斯二期新厂房工程整体节能，采用德国技术，在大面积厂房中，墙体与门窗的保温和地源热泵的应用有特色。

2. 无锡

◆ 尚德电力公司，澳大利亚留学博士施正荣创设，光伏发电，产品远销海外。

3. 苏州

◆ 苏州工业园区。

4. 上海

◆ 金山化工区。

- 崇明东滩。
- 浦江智谷，民营建筑商较早建成的写字楼，体现节能、生态，受外企欢迎。
- 青浦。

5. **杭州**

- 中国杭州能源与环境产业园，绿色建筑科技馆（可再生能源建筑）在建中。

6. **湖州**

- 长兴县小浦众盛水泥有限公司 3 MW 纯低温余热电站项目，效果好，已推广。
- 湖州“在水一方家园”生态小区，建有与建筑一体化户的太阳能热水系统，以及低层住宅家用气源热泵热水器。该区住房正在销售。

7. **宁波**

- 滕头村 1993 年获联合国环境规划署表彰的“全球 500 佳”，现在更加节能、生态。

四、调研小结与建议

（1）2 周所见所闻，强烈感受到了节能减排自上而下的空前力度和巨大进展，7 市领导同志、有关部门干部以及企业和公众自下而上对于改变高碳发展模式的日益关注和对低碳发展的政策需求，还有外资企业与国际组织推动低碳经济的活跃身影。同时，也真切体验到了现行措施的高成本与局限性。

（2）节能行动在我国已实行多年，很有成效。在 1980—1999 年的 19 年间，中国能源强度年均降低 5.22%；而数据进一步延伸，在 1980—2006 年这 26 年间，能源强度年均降低率为 3.9%（国务院新闻办《中国能源白皮书》，2007 年）。节能作为应对全球变暖、能源安全、保护环境以及提高产品竞争力和效益的重要手段，是我们的现实选择，也是转变增长方式、实现低碳发展的重要起步。但是，到了现在，并且即将迎来"十二五"计划，如果抓节能减排而始终不提碳，这在规划政策层面和动员公众层面上，同国家领导人的多次表态、部门负责人与专家们的反复呼吁，以及基层与企业界的热切期盼都不相适应，也同大国角逐新能源和新能源科技革命呼之欲出的世界形势明显脱节。是应该考虑进一步行动的时候了。

（3）低碳经济是个新概念，大多数地方领导和公众尚不熟悉，急需组织低碳经济专题学习和开展相关科普工作。尽管如此，低碳经济近年来在国内越来越受重视。北京市已把"低碳技术发展"列为 2009 年的 18 项重点科技专项之一；清华大学成立了"低碳技术研究院"；上海和保定被列为首批"低碳城市"试点；无锡、日照、珠海等城市也在为创建低碳城市而积极努力；太阳能热水器、光伏发电、风能发电、地源热泵、电动汽车、生物质能的利用日趋普及；2009 年 3 月由科技部等 13 个部委联合举办的"国际节能减排与新能源科技博览会"展出了 500 多项重大成果……尤其是当前全球经济衰退急需新科技革命引领走出困境之际，中国更需要借此化"危"为"机"，抢占新的国际竞争力的先机。有关主管部门要不失时机地抓紧调研规划，制定有效政策，促进低碳发展。

（4）低碳战略，事关科学发展与世界和谐。低碳革命，决定国家未来的竞争力。低碳技术，商机无限，大有作为。但这些不会从天而降，需要国家决策、周密规划、全民动员、创新行动。目标指标，应人人皆知，政策措施，应切实可行。为此建议：

- 目标创新：根据联合国气候公约“共同但有区别的责任”原则和中国在今年哥本哈根议定书谈判中坚持的立场，确定合理的、中国可以接受的和国际能够认可的“碳排放控制指标”，纳入“十二五”计划控制目标，逐步实施（目前，中国不可能绝对量减排碳，但可从“碳排放强度”着手，相对地减排。具体指标要仔细研究，并有可靠的保障措施）。从而实现国内的碳交易机制和市场，并根据哥本哈根议定书同国际接轨。同时，坚决要求发达国家履行资金支持与技术转让的诺言。这样，对国内外都有好处（树立负责任的大国形象、推进国际合作、扩展 CDM 项目、技术转让开局、公众参与等）。
- 体制创新：除了已有的刚性“行政问责制”和必要的检测手段外，要发动企业、市场和社会的力量，抓紧建立相应的“能源服务体系”、“监测、报告、核查体系”和“先进实用技术推广奖励体系”3 个体系。这样做，不但可以降低行政成本，还能发展第三产业，增加就业岗位。对低碳发展中的政策需求要及时解决，继续扩大信息公开，为迎接新能源科技革命做好充分准备。
- 技术创新：基础是尊重、保护知识产权和鼓励多渠道加大投入。不能满足于低水平仿制的“国产化”，而要大力开发能占领国内外市场的名牌产品。尽管可再生能源初期投资大，并有一定风险，但成功之后的回报也高。对做出突出贡献的个人、单位或企业，要重奖。在中国证监会审批创业板 IPO 方面要有对低碳技术和低碳企业的扶持与倾斜政策。从中央到地方各级政府对低碳人才、低碳技术和低碳创新都要有激励机制，利用国际金融危机的倒逼机遇，整合全球的高新低碳技术，使中国在千载难逢的低碳世界浪潮中抢占先机。

珠江三角洲四城市低碳发展调研情况报告*

遵照周生贤部长和吴晓青副部长的批示，应九三学社中央办公厅的邀请，我于 2009 年 4 月 5 日至 12 日，参加了由全国人大副委员长、九三学社中央主席韩启德率领的“发展低碳经济”考察团，赴广东省的广州、珠海、东莞、深圳 4 个城市进行调研。现将情况简要报告如下。

一、基本情况

考察团包括九三中央 3 位副主席和国家 10 位部委干部及有关人员。

考察期间，先后听取了广东省黄龙云常务副省长和 4 个城市政府关于发展低碳经济的情况介绍，考察了一些具有代表性的企事业单位和项目。最后在深圳做了总结和反馈。

这 4 个城市地处珠江三角洲，改革开放以来，经济突飞猛进，2008 年的人均 GDP 为 5 万～9 万元不等，超过本省和全国平均水平。其基本数据同全省及全国的比较见表 1。

---

* 本文写于 2009 年 5 月，刊于国家环境咨询委、科技委的《工作通讯》2009 年第 2 期 10～17 页。

表 1　2008 年珠江三角洲 4 城市的基本数据同全省、相近省及全国的比较

城市	面积/km^2	人口/百万人	GDP/亿元		人均 GDP/（千元/人）	单位工业增加值能耗下降/%	单位 GDP 能耗下降/%
			2007 年	2008 年			
广州	7 434	10.18	7 109	8 216	81.2	—	—
珠海	1 688	1.48	910	992	67.6	—	—
东莞	2 465	6.95	3 254	3 710	53.4	—	—
深圳	1 953	8.77	6 802	7 806	89.8	—	—
广东	179 800	95.44	31 084	35 696	37.6	—	—
上海	6 341	18.88	12 001	13 698	73.7	—	4.6[a]
北京	16 410	16.95	9 353	10 488	63.0	8.7	6.3
江苏	106 740	75.76	25 741	30 000	40.0	—	—
浙江	105 400	50.60	18 780	21 487	42.4	7.4	—
全国	960 000	1 328.02	249 530	300 670	22.7	—	4.59

数据来源：中国统计年鉴 2008，全国和有关省市 2008 年国民经济和社会发展统计公报或 2009 年各级政府工作报告。a：2007 年数据。

调研了有代表性的 16 个企事业单位及其项目，见表 2。

表 2　有代表性的企事业单位及其项目

城市	单位与项目	亮点或观感
广州	广州珠江啤酒集团有限公司 ◆ 糖化二次蒸汽回收节能技改项目 ◆ 错流膜取代硅藻土过滤技术项目 ◆ 低压回路节电改造项目 ◆ 沼气回收发电制冷项目 ◆ 回收啤酒发酵二氧化碳并提纯使用	回收见效，经济效益也显著
	中国科学院广州能源研究所 ◆ 生物质能利用 ◆ 太阳能利用 ◆ 海洋能利用 ◆ 地热能利用 ◆ 固体废物能利用 ◆ 天然气水合物利用 ◆ 高效热管换热技术和余热余压利用过程节能技术 ◆ 碳捕集与封存技术	一系列低碳技术的开发与储备。不少“海归”把他们在国外的前沿项目带到这里继续研究

广州	广州迪森能源集团 农林废弃物（如秸秆）变成： ◆ 生物柴油 ◆ 可燃气 ◆ 固型燃料	国家级重点高新技术企业，国家级创新企业，从事“能源+设备+服务”业务
	广州科学城园区	乘车观景，壮观但占地大
	广州华德公司 ◆ 蒸发冷凝式中央空调（自主创新生产）	比传统的风冷式空调节电 35%，受欢迎，订单多
珠海	珠海国华汇达丰风能开发公司（神华控股） ◆ 珠海横琴岛风电场 21×750 kW，投资 1.28 亿元人民币，2008 年 1 月 1 日运行	2008年上网电量为2 839 万 kW·h，可供 3 万户普通家庭用电
	珠海兴业幕墙工程有限公司 ◆ 太阳能光伏电站 ◆ 太阳能光伏建筑一体化幕墙系统 ◆ 家庭用独立电源系统 ◆ 光伏水泵系统 ◆ 光伏海水淡化系统 ◆ 风光互补路灯	国家级重点高新技术企业，国家级创新企业，从事光伏建筑一体化业务，在国内外广泛使用
	金山软件股份有限公司 ◆ 办公软件 ◆ 信息安全 ◆ 网络游戏	2 200 名员工，1 482 名搞研发。2008 年万元产值能耗 0.019 t 标煤（全国 1.18 t）
	远光软件股份有限公司 ◆ 电力行业财务及企业管理软件	远光软件在国内电力行业占有率超过 80%
东莞	中国南玻绿色能源产业园 ◆ 低辐射节能玻璃、太阳能玻璃、太阳能电池、高科技陶瓷 4 个项目，其中：环保节能建筑工程玻璃子项目、太阳能电子玻璃子项目、光伏科技太阳能电池子项目、陶瓷科技子项目	2005 年启动，全部建成投产后，年产值超过 100 亿元。2008 年，园区实现税收 7 063 万元
深圳	深圳市拓日新能源科技股份有限公司 ◆ 单晶硅、多晶硅、非晶硅太阳能电池芯片 ◆ 太阳能电池窗和光伏电池幕墙 ◆ LED 照明和大型 LED 显示屏工程 ◆ 太阳能电池组件和供电系统	2002 年创立，国家级高技术产业化示范工程。完成了“十五”计划唯一的薄膜电池攻关项目

深圳	深圳市建筑科学研究院 ◆ 从事科技资讯、建筑设计、工程检测、信息工程及特种施工等业务 ◆ “深圳建科大楼”实践全过程精细化绿色建设	
	深圳垃圾发电厂	
	深圳大鹏湾液化天然气（LNG）项目	规划早，效果好
	比亚迪股份有限公司 ◆ IT 及电子零部件产业（镍电池、手机锂电池、手机按键占全球市场份额第一） ◆ 汽车制造与销售（油电混合动力车开发）	1995 年创立，现为全球领先的二次充电电池制造商和电动汽车开发商
	大亚湾核电站 ◆ 2×98.4 万 kW 压水堆核电机组（1987 年 8 月兴建，1994 年 5 月商业运行，总投资 40.72 亿美元，年发电能力近 150 亿 kW·h，所生产电力 70%输往香港，30%供应广东）	大亚湾核电站与岭澳核电一期迄今累计上网电量 2 950 亿 kW·h。广东核电上网电价低于脱硫燃煤机组上网标杆电价

专栏 1　若干观点供参考（在同广东省干部信息交流会上的发言提纲）

1．低碳经济是关系人类命运、中国前途的重大战略问题

◆ “低碳经济”最早提出是 2003 年的英国白皮书《我们能源的未来：创建低碳经济》。作为产业革命先驱和资源并不丰富的岛国，英国充分意识到能源安全和气候变化的威胁。按目前的消费模式，预计 2020 年英国 80%的能源都必须进口。同时，英国认为发展低碳技术，可以增加本国的就业岗位，提高国际竞争力。

◆ 美国、日本、德国，作为世界前三大经济体，都十分重视低碳经济。美国在 2007 年就有议员正式提出了《低碳经济法案》，奥巴马上台后更明确提出了要搞新能源革命，以此确保美国继续领先于世界；德国 2008 年的风能投资占世界第一；日本也积极开展建设低碳社会的活动；法国核能已占全国能源的 78%。

◆ 中国在能源安全、气候变化和科学发展这三方面的压力更重于上述发达国家，非加快转变经济增长方式不可。

① 中国人均能源资源探明量只相当于世界人均量的 51%，其中，煤、石油和天然气分别为世界人均的 70%、11%和 4%；水能资源按人均量也低于世界人均量。而以煤为主的能源结构在碳排放强度方面是特别不利的。尽管 2006 年中国人均二氧化碳排放量只有 4.28 t，但中国占世界人口的 20%，一次能源用量已占世界的 16%以上，排放的二氧化碳则超过了世界的 20%。我们的能源用量肯定还要增长，而碳排放的空间几乎很小了。

② 据 4 月 6 日《新快报》报道，英国首席科学顾问约翰•贝丁顿 5 日在广州接受采访时说，中国将比全球气温上升的速度更快，若全球不采取措施，任凭二氧化碳等温室气体排放，到 2050 年，中国的气温将上升 2℃，到本世纪末将上升 4℃，届时主要河流将严重断流；到本世纪末将有 10 亿人面临水资源危机，而长三角、珠三角及京津唐三大三角洲地区，也将面临部分地区被淹没的风险。

③ 中国苦于缺乏核心技术，而在发展低碳经济上，现在全世界几乎都在同一起跑线上。若能抓住机遇，通过科技创新和制度创新来缩小差距，将大大提高中国的国际竞争力。

◆ 去年在印度尼西亚巴厘岛的联合国气候会议上，中国承诺了“可监测的、可报告的、可核查的”3 个“可”要求，节能、控制碳排放都要可监测、可报告、可核查。

2．珠三角考察使我们充分看到了省市领导和全社会的积极性和良好基础

◆ 首先是领导的科学意识和政治意愿。黄龙云副省长说得好，广东国际交流方便，尽管国务院还没有正式安排，广东全社会已经强化了这个意识。不少城市也表达了要争取做低碳城市试点的强烈愿望。

◆ 同时，广东全社会的积极性和科技水平，在考察的各个点上到处可见。无论是研究所、大型国企或民营企业，都各有亮点，有的还是刚回国的“海归”带回来的世界前沿研究项目。我个人感觉，珠三角的基础比京津冀和长三角还要好一些。

3．形势逼人，“十二五”计划一定要明确中国发展低碳经济的目标和指标，开展试点，加大工作力度

◆ 别光看到美国、欧洲、日本目前面临金融危机困难很大，毕竟他们的工业化已经一二百年了，经济实力强，可再生能源技术已有一定的储备。

◆ 现在联合国常用的卡亚公式指明了影响碳排放的 4 个因素：一是人口，二是人均 GDP，三是单位 GDP 的能源消耗量（叫“能源强度”，就是国家“十一五”节能的指令性指标，是一个相对性指标），四是单位能源消耗的碳排放量，叫“碳排放强度”，也是一个相对性指标。我觉得现在对碳排放强度要特别注意。

◆ 为什么呢？中国 2006 年的人均用电量是 2 060 度，同巴西一样，低于世界平均水平，是 OECD 国家的四分之一左右，连美国的六分之一都不到。中国的人均用电量肯定还要提高到一个合理的水平，为此，我们还要在降低碳排放强度上做文章。河北省保定市是正在试点低碳城市的城市之一，他们通过了《保定市人民政府关于建设低碳城市的意见（试行）》这样一个文件，其中明确规定了保定市降低碳排放强度的定量目标。我开始一看，觉得指标很高，仔细一算，看出了其中相对性指标的灵活性。前不久，保定市长于群在香港签了 300 多亿元的低碳产品的合同。

◆ 希望国家“十二五”计划对中国发展低碳经济的目标和我们经过努力可以达到的指标能有个说法，并进一步加大工作力度。

◆ 希望广东能有更多的城市争取参加试点，全省在发展低碳经济方面能走在全国前列，有的项目更能走在世界前列。

国际能源机构公布的 2006 年各地区能源指标比较

国家	人口/百万人	GDP/百万美元	GDP（PPP）/百万美元	能源生产/Mtoe	净进口/Mtoe	一次能源供应总量/Mtoe	用电总量[a]/（TW·h）	CO_2 排放总量[b]/Mt
世界	6 536	37 759	57 564	11 796	—	11 740[c]	17 377	28 003
亚洲	2 120	2 139	7 661	1 187	176	1 330	1 414	2 718
OECD	1 178	29 169	31 158	3 842	1 845	5 537	9 872	12 874
美国	299.83	11 265.2	11 265.2	1 654.23	730.44	2 320.7	4 052.24	5 696.77
加拿大	32.62	844.6	1 017.0	411.74	141.83	269.7	546.97	538.82
俄罗斯	142.50	373.2	1 473.5	1 219.98	531.12	676.2	872.39	1 587.18
德国	82.37	2 011.2	2 254.7	136.76	215.56	348.56	590.98	823.46
日本	127.76	5 087.1	3 538.1	101.07	431.11	527.56	1 050.13	1 212.70
英国	60.53	1 684.7	1 748.6	186.62	49.15	231.13	374.85	536.48
法国	63.20	1 468.3	1 695.0	137.02	140.22	272.67	479.33	377.49
中国	1319	2315	8916	1749	161	1897	2716	5648
埃及	74.17	127.9	303.9	77.83	14.37	62.50	102.48	152.74
巴西	189.32	765.1	1 476.7	206.72	20.35	224.13	389.95	332.42
印度	1 109.81	703.3	3 671.2	435.64	134.83	565.82	557.97	1 249.74

注：（a）生产总量+进口−出口−转换/配电损失；（b）仅为燃料燃烧排放的二氧化碳；（c）排放量运用 IEA 能源平衡和 IPCC 1996 年导则算得。

国家	人均一次能源用量/（toe/人）	单位GDP一次能源量/（toe/$）	单位PPP一次能源量/（toe/$）	人均用电量/（kW·h/人）	单位一次能源 CO_2 排放量/（t/toe）	人均 CO_2 排放量/（t/人）	单位 GDPCO_2 排放量/（kg/$）	单位 PPPCO_2 排放量/（kg/$）
世界	1.80	0.31	0.20	2 659	2.39	4.28	0.74	0.49
亚洲	0.63	0.62	0.17	667	2.04	1.28	1.27	0.35
OECD	4.70	0.19	0.18	8 381	2.32	10.93	0.44	0.41
美国	7.74	0.21	0.21	13 515	2.45	19.00	0.51	0.51
加拿大	8.27	0.32	0.27	16 766	2.00	16.52	0.64	0.53
俄罗斯	4.75	1.81	0.46	6 122	2.35	11.14	4.25	1.08
德国	4.23	0.17	0.15	7 175	2.36	10.00	0.41	0.37
日本	4.13	0.10	0.15	8 220	2.30	9.49	0.24	0.34
英国	3.82	0.14	0.13	6 192	2.32	8.86	0.32	0.31
法国	4.31	0.19	0.16	7 585	1.38	5.97	0.26	0.22
中国	1.44	0.82	0.21	2 060	2.98	4.28	2.44	0.63
埃及	0.84	0.49	0.21	1 382	2.44	2.06	1.19	0.50
巴西	1.18	0.29	0.15	2 060	1.48	1.76	0.43	0.23
印度	0.51	0.80	0.15	503	2.21	1.13	1.78	0.34

注：一次能源用量按标准油当量计；GDP 和 PPP（按购买力平价计算的国内生产总值）均按 2000 年美元计；国家排序按人均 CO_2 排放量的高低为序。来源：IEA，Key World Energy Statistics 2008。

二、调研感想与建议

（1）8 天在 4 城市所见所闻，强烈感受到广东的省市政府、企业、研究机构对于改变高碳模式的关注和对于低碳发展的热情，也看到广东发展低碳经济已经具备国内相对领先的良好基础。

（2）发展低碳经济需要周密规划、协调有序地进行，有关部门都要积极参与，环保部门更责无旁贷。

这次试从环保部门如何积极参与角度提若干建议，见专栏 2。

专栏 2　环保部门积极参与综合决策和推动低碳发展责无旁贷

1．**理论依据**

◆ 全球变暖是世界公认最大的环境问题，也是经济问题和社会问题。由于涉及温室气体排放指标，在国际博弈中可能影响我们的发展，而常被强调为发展问题。但谁也不能否认它确实是环境问题。

◆ 联合国多次明确，可持续发展的三大支柱是：经济、社会、环境，这三者缺一不可。忘记这一点，就谈不上科学发展观。

◆ 可持续发展的思想最早源于环境保护，现已演化成为各国指导经济社会发展的总体战略，其公认定义是“既满足当代人需求又不危及后代人满足其需求能力的发展”，全球变暖恰恰是因为西方国家工业革命以来长期大量排放二氧化碳所致。从 1989 年至今，他们的“减排”又整整耽误了 20 年；而现在要阻止气候恶化，可能只剩 20 年了。

◆ 美国环保局正在继续为确认二氧化碳、甲烷等 6 种温室气体为“危险污染物”并加强管理而努力。

2．**历史依据**

◆ 联合国 1989 年在荷兰诺德威克召开“气候变化与大气污染”会议，近百个国家派政府代表团参会。中国的团长是国务院环委会副主任、解放军总后勤部副部长刘明璞中将，我当时是国家环保局副局长，任副团长，成员有国家气象局国际司司长、外交部条法司的处长和国家科委干部（国家计委未参与）。会后，联合国环境规划署和世界气象组织组建了“政府间气候变化专门委员会”（IPCC），开始了《联合国气候变化框架公约》的国际谈判。1992 年，在里约会议上，公约开放签署。

◆ 同时，相应于国际上的结构，国内的气候变化领导小组和 3 个工作组，也主要由国家气象局、国家环保局、国家科委等部门起领导作用，组织专家参加。我曾组织第二工作组（环保局负责）做过气候变化对中国影响的研究，于 1990 年 5 月参加了在莫斯科举行的第二工作组国际会议。会上散发了中国的研究报告，受到各国关注。

◆ 里约会议之前的实质性筹备会和之后成立的联合国可持续发展委员会年会，我先后参加过 8 回。每回都由外交部、国家环保局、国家计委、国家科委组团，我都任第一副团长。《21 世纪议程》所列问题和气候变化、资金援助、技术转让等跨领域议题，会议都会涉及。

◆ 《中国温室气体排放的控制：问题与对策》首份研究报告由全球环境基金出资，世界银行派专家，国家环保局牵头组织，于 1994 年完成。

3．现实依据

◆ 联合国环境规划署，尽管经费少、能力不太强，但作为联合国的环境机构，它在全球环境保护、防止全球变暖、推动低碳经济和绿色经济方面的作用与地位，是不能动摇和无可替代的。

◆ 发达国家的环保部，特别是欧洲和日本的，都在应对气候变化问题上有较大的发言权和决策参与权，日本环境厅（环境省的前身）长官同时也是日本内阁的“地球环境问题担当”。

◆ 中国环保部门及其下属单位，从 20 世纪 70 年代联合国人类环境会议起，始终不渝地学习借鉴国外有益的理念和经验，实践开创符合中国国情的环境保护道路，30 多年来，脚步从未停歇。对于低碳经济、低碳发展等，环保部及下属部门（包括环境报和一些刊物）比起其他部门，可以说感觉更灵敏，反应更及时。这是有目共睹的。

4．积极推动

“三定方案”，不可逾越。但可以在已经授权的范围内，积极开展工作。如：

◆ 明确定义。注意美国把二氧化碳等温室气体定义为“危险污染物”的动向（这是有道理的），跟踪其进展，同时研究中国的相应措施。

◆ 摸清底数。除了国家按联合国规定每年提交温室气体排放清单外，可在北京、上海、重庆等城市环保局已按部门、按行业研究温室气体排放及控制对策的基础上，指导各地环保局有序地开展此项工作，限期上交（最好赶在制定“十二五”规划前），以便胸中有数。

◆ 团结专家。通过“国合会”、“两委会”和其他有效的形式与活动，尽最大可能把国内外一批有水平的、责任感强的、同应对全球变暖有关的专家团结起来，发挥他们的作用，提出对策，增强话语权。

◆ 开展研究。没有调查就没有发言权。把二氧化碳等视作“危险污染物”并同其他主要污染物一样深入调查，这是环保系统的特长。可考虑作为一个专项研究，在此基础上，溯及既往，预测未来，建立起实时可靠的数据库，而不是只根据能源消耗量的宏观测算数。当然，这项工作不应过于繁杂，花钱要符合“成本合理”的原则。同时还要尽快设计出一些我们当前最需要的研究项目。

◆ 跟踪国际。要更深入了解联合国环境规划署和一些代表性国家的环保部门在应对气候变化问题上的职责、权限、能力、组织、活动等细节，分析借鉴。同时，要指定专人，持续地跟踪国际动向，及时报告给部领导、部内有关人员与研究人员，其中重要的要及时报送中央。

◆ 制定政策。气候变化的科学问题或产业结构的具体调整等，也许超越了环保部门的职能，但从资源节约、环境友好、科学发展等角度，有很多切入点，在低碳经济、低碳发展方面，环境政策大有文章可做。另外，同税务总局合作，税收政策方面的天地也很大。特别是，这样介入以后，实际上是对多种污染物更为有效的源头控制。

◆ 强调战略。在《环境宏观战略研究》中，建议适度强调低碳经济等新理念，突出低碳发展的紧迫感和加快研究实施有关经济政策（如环境税、碳税等）的必要性，这是一次影响宏观决策的重要机遇。

◆ 整合队伍。环保部在北京有环科院、规划院、经济政策中心等多个研究单位，还有国合会、两委会等灵活研究组织，地方环保部门和有关大专院校也有一定的力量，可能还有一些环保“海归”愿意回国效力。建议科技司在调研的基础上，尽快组织起一些精干的课题组，设计并投入急需的课题研究。

◆ 厚积薄发，参与决策。希望通过所有同志共同努力，在制定“十二五”规划时，对于应对气候变化、推动低碳发展，能够提出基于环保角度的、经过认真研究的、比较符合实际的、明确的决策建议。

发展低碳经济　建设绿色北京*

一、绿色奥运　彪炳史册

联合国环境规划署在其权威性的报告《独立的环境评价：2008 年北京奥运》[1]中，高度肯定北京“绿色奥运”的丰硕成果，再次证实中国承办的“绿色奥运”已名垂青史。

确实，来自全球的各国领导人、运动员、裁判员、广大观众和北京居民，包括我这个在北京生活了 50 多年的老人，都亲身感受了得到举国上下全力支持和吸取国际先进理念的北京奥运的绿色享受，特别是通过华北 6 省市联防联控带来的连续十几个蓝天和大量节能环保的先进设施，都可以持续地作为北京和全国的样板。这不仅兑现了中国的环保承诺，也为世界提供了一个在发展中国家改善环境质量、成功举办全球盛会的范例。北京由此获得了“体育与环境”大奖。公众的普遍感受是，常常会情不自禁地怀念与留恋那些美好的日子。

“绿色奥运”的成功再一次证明了，在中国要想做出任何一件大事，抓好政治意愿、全面规划、全民参与、国际合作这些环节的重要性。

---

* 本文是作者于 2009 年 5 月在《绿色北京论坛》的主题演讲之一，刊于同心出版社《人文北京 科技北京 绿色北京论文集》286～293 页。

二、绿色概念 含义深刻

人类在经历了原始文明、农业文明和工业文明之后，逐步认识到，那种征服自然的思想和“大量生产、大量消费、大量废弃”的模式，都是难以为继的，必须回归绿色，同自然和谐相处，走可持续发展之路。绿色概念远不是种几棵树、养几个动物，感觉舒畅，或是实现了某件事的“碳中和”而心情坦然。绿色的含义，既深刻，又广泛，但往往不容易找到抓手。

联合国环境规划署2007年的年鉴突出了低碳经济，2008年和2009年相继提出的“世界环境日”主题，也都围绕着低碳经济，而2009年初召开的各国环境部长会议上又讨论的“绿色经济”，内容则比低碳经济更广泛，包括水、固体废物、生态和其他影响当代人和后代人在这个星球上生存与发展的一些重大问题。

我认为，科学发展观强调的“全面协调可持续”确实把握了总体。建立在“经济、社会、环境”三大支柱上的可持续发展，明确承认增长必须在生态限界范围之内，要根据客观现实条件，寻求永续发展，这恰恰是“绿色”的真谛。而低碳经济则是从气候变化、能源安全及新经济增长点的角度，突出了“低碳”这个紧迫而又“可计量、可报告、可核查”的抓手。

三、绿色北京 突出低碳

随着各国不断增加对于全球变暖、能源安全和国际竞争力的高度关注，英国、日本等发达国家率先提出了低碳发展目标[2]。英国2003年能源白皮书《我们能源的未来：创造低碳经济》中首次提出，大力发展低碳技术、产品及服务，推动低碳经济发展，到2050年将二氧化碳排放量在1990年基础上减少60%。日本内阁通过的《21世纪环境立国战略》，提出2050年进入低碳经济社会的目标。低碳技术、低碳产业、低碳生活正逐步成为新一轮全球竞争的焦点。特别是奥巴马的新能源革命、美国环保局提出“要把温室气体列为危险污染物予以管理”和哥本哈根国际气候谈判等重大事项，对我国都显著地增大了外部压力。

根据联合国开发计划署 2008 年的《人类发展报告》[3]，从产业革命算起，到 2004 年，全球碳排放的历史状况：英国、美国的人均存量是1 100 t，中国66 t，印度23 t。可见发达国家CO_2排放的历史欠账很大，而中国、印度很少。有的西方国家要求我们现在同他们减排 CO_2 一样干，这明显是不合理的。但是，从流量及增长趋势看，如果不及早规划部署低碳经济的话，对我们也是很不利的（表 1)。

表1　若干国家的碳足迹（以CO_2计）　　单位：t/（人·a）

年份	美国	加拿大	俄国	德国	日本	英国	法国	中国	巴西	印度	世界
1990[a]	19.3	15.0	13.4	—	—	10.0	6.4	2.1	1.4	0.8	—
2004[a]	20.6	20.0	10.6	—	9.9	9.8	6.0	3.8	1.8	1.2	—
2006[b]	19.00	16.52	11.14	10.00	9.49	8.86	5.97	4.28	1.76	1.13	4.28

资料来源：a: UNDP，2007/2008 Human Development Report ；b: IEA，Key World Energy Statistics 2008。

据国际能源机构2008年发布的统计[4]，2006年，中国的一次能源消费总量占全球的16.2%，而CO_2排放总量却占全球的20.2%（中国2006年的人均 CO_2 排放量是 4.28 t，同世界人均一样）。由此可见，中国的能源使用率相对较低，碳排放强度相对较高。加上中国化石能源的探明可采储量只有世界人均储量的一半。如果继续目前这种经济增长模式，能够做到可持续发展吗？而且，中国沿海地区一些城市的能源消耗水平和“碳足迹”，已经越来越向西方国家的水平接近。这怎么符合科学发展呢？作为首都，北京一定要带头做好发展低碳经济这件事，这对人类命运和中国前途都非常重要。

据“德国之声”报道[5]，北京近郊规划的“怀柔新城”是彻底遵循气候保护原则的生态城区，可供 8 万人居住，其 CO_2 排放量为零，所需能源全部来自可再生能源。参与该规划工作的意大利米兰理工大学的卡普托（Paolo Caputo）说："我们的主要思路是对城市结构进行优化，对建筑外围结构进行节能优化，充分利用当地的可再生能源资源，如生物质能、太阳能、风能、水力、垃圾以及污水处理厂生成的污泥等，实现对能源、垃圾、水的综合循环利用，不光在供水方面，在污水处理方面也实现再循环利用。"

卡普托受意大利环境与领土部和中国环保部的委托参与设计了这个对气候无害的未来城镇规划模式。它将是一个拥有可持续交通的宜居城市，各种工作、生活设施之间的距离安排合理，大部分人只要步行或骑自行车或利用灵巧的公交系统就能上班，交通能耗在城市总能耗中只占 1%左右。小汽车方面，除了提倡"拼车"模式外，每 5 名居民有 1 辆车，由本地生产的生物柴油驱动，或由蓄电池驱动。充电的电力也是由本地的可再生能源生产的，如安装在房顶的太阳能电池板。新城的特色之一是充电插座可用作未来的"加油站"，这些混合动力车的蓄电池能为新城储蓄电力：当电力生产过剩（如日照时间超长）时，可储蓄过剩电力；当电力需求过大时，再输回电网。《德国之声》评论说，即便"怀柔新城"迄今还只是纸上谈兵，但鉴于亚洲人口的持续膨胀，资源的日益紧缺，这种模式的生态新城早晚将会纷纷问世。我认为，北京支持这些创新是很有远见的。

四、低碳发展 时间紧迫

从近年来美国气候变化立法进程可以看出美国的一些动向，它在一定程度上也将影响全球气候谈判和制度建设进程。单单 2007 年，美国参、众两院在民主党掌控后，至少就有 7 项气候变化有关法案提交国会（表 2）。其中，参议员 J. Lieberman 和 J. Warner 的《美国气候安全法案》（America's Climate Security Act of 2007），提出美国需要建立强制性且覆盖全国经济的温室气体减排体系。Lieberman 说："大量无可辩驳的事实表明，气候变化正在发生且危害巨大，其发展趋势比许多科学家的估计更加迅速，今年就是通过这一关键法案的重要时刻。"经过多轮听证和讨论，当年 12 月 5 日，该法案以 11 票对 8 票在参议院环境和公共事务委员会通过，成为美国第一部在委员会层面通过提交参议院待审的温室气体总量控制和排放交易法案。2009 年 5 月 19 日，众议员 H. Waxman 和 Ed Markey 的《美国清洁能源和安全法案》（American Clean Energy and Security Act of 2009） 在众议院能源与商务委员会激烈辩论后以 33 票对 25 票通过，提交众议院待审。该法案包括 4 部分：①清洁能源；②能源效率；③温室气体减排；④迈向清洁能源型经济，每部分都有具体的控制指标、技术措施和相应的激励政策。Ed Markey 说："这项立法将创造几百万个清洁能源的国内就业岗位，减少对外国石油的依赖，并使美国能源技术处于全球领先地位。"尽管该法案还面临着不少的政治障碍（一项类似法案曾于 2008 年被否决），民主党和总统奥巴马都希望这项被称之为"划时代的"法案得以通过成法。

表 2　2007 年美国国家气候变化相关法律提案

法案名称	提案人	提案日期
美国气候安全法案（America's Climate Security Act）	Lieberman Warner	2007.10.18
低碳经济法案（Low Carbon Economy Act）	Bingaman Specter	2007.7.11
安全气候法案（Safe Climate Act of 2007）	Waxman	2007.3.20
减缓全球变暖法案（Global Warming Reduction Act ）	Kerry Snowe	2007.2.1
气候责任法（Climate Stewardship Act）	Olver Gilchrest	2007.1.22
全球变暖污染控制法案（Global Warming Pollution Reduction Act）	Sanders Boxer	2007.1.16
气候责任和创新法案（Climate Stewardship and Innovation Act）	McCain Lieberman	2007.1.12

资料来源：邓梁春，美国气候变化相关立法进展及其对中国的启示，世界环境，2008 年 6 月。

在我们国内，要让各级领导和广大公众通过事实和数据了解到，绿色经济也好，低碳城市也好，都是实现可持续发展的必由之路。中国的能源探明储量不足，只有世界人均量的一半。所以我们在全球寻找稳定的能源供应，在国内也拼命开发能源。自然界客观存在着生态环境限界，水、土地、矿产等自然资源总是有限的，而人口还在增长，人们的福利还要提高，这是一个实实在在的问题。而气候变化已被科学家多年研究认为是不争的事实。我们的可持续发展只能在应对气候变化的背景中来实现，尽管这会大大地增加我们的工作难度。

有的同志，对于国外一提什么，往往就本能地反对。总想这是不是阴谋？我觉得，有的西方国家在涉及国家利益的问题上确实可能设陷阱、搞阴谋。但是，在新能源革命和低碳经济方面，我看这不是阴谋。我们对全球低碳经济和绿色革命的大趋势要有战略眼光，要根据客观事实和可靠数据，清楚判断它是否真是有意阻挠我们发展还是全球的大趋势。我同崔大鹏博士最近曾先后访问过日本、德国、法国，也在清华大学听过美国专家的演讲。国外几个全球最大的经济体，都对低碳经济很积极，这不是偶然的。美国现在更是把新能源战略看成是摆脱经济衰退、继续领先于世界的重要途径。倒是我们需要思考，面对全球趋势，如果仍然犹豫观望，将会有什么后果？《瞭望》杂志日前有一篇文章说，人们常讲发展中国家有“后发优势”，但也要注意，会不会面临“后发劣势”？后发劣势是什么呢？比如，资源利用方面，人家都发展了，但他们那时用的廉价石油现在已经没有了，我们现在只能买高价石油了。游戏规则方面，人家在前面发展时已经把规则定好了，当然那是对他们有利的规则，你作为后来者就难办了。如果搞不好的话，有可能发挥不了优势，还碰上了劣势，这值得我们注意。面对低碳经济这个新事物，目前全球基本上都刚起步不久，都想跑在前面。认清形势，结合国情，早动手，搞好它，我们有可能借此由大变强，占领低碳技术、低碳产品、低碳能源、低碳建筑、低碳社会等一系列制高点，在新一轮国际竞争中争取到更强的实力。

年初，在市科委参加过一次座谈会，讨论如何列北京市 18 个科技专项，探讨低碳经济要不要在专项设计中有所体现。有关同志都赞成应该体现，但又觉得操作上有点难，因为原来的低碳技术开发差不多都列在节能减排专项里面了，现在新列一个“低碳”究竟好不好？是不是等到明年或到制定“十二五”规划时再列低碳？我当时说：“不能等啦，中央和市委领导都着急啦。”因为，胡锦涛同志继 2007 年 9 月在 APEC 会议上郑重提出“发展低碳经济”的 4 项建议后，在 2008 年 6 月 27 日中央政治局集体学习时，又再次明确指出，“积极发展循环经济和低碳经济”。我们各部门对此应该反应非常灵敏，需要尽快研究和部署行动。

北京在各方面都具备很好的条件。绿色奥运的成功经验正在传承发扬。北京延庆八达岭的风力发电和张山营的沼气发电都很有规模和水平。根据本市实际情况，扬长避短，北京完全可以走在中国前列，有的方面甚至走在世界前列。

低碳战略，事关科学发展与和谐世界。低碳经济，决定国家未来的竞争力。低碳技术，大有作为，商机无限。但这些都不会从天而降，而需要政府决策、全民动员、周密规划、创新行动。目标指标，人人皆知，政策措施，切实可行。建设低碳北京，要做的事很多。建议当前先着重做好 5 件事：第一，跟踪国际动向，摸清自身底数，抓紧试点研究。第二，确定目标战略，规划总体方案，制订行动计划。第三，完善激励政策，形成长效机制，加强制度保障。第四，加大科技支撑，政产学研结合，建立创新体系。第五，提高全民意识，鼓励公众参与，共建绿色北京。其中，特别是要重视 3 个创新，即目标创新、体制创新和技术创新。发展低碳经济，建设绿色北京，要有紧迫感，要抓紧办实事。

参考文献

[1] UNEP. Independent Environmental Assessment: Beijing 2008 Olympic Games，http: //www.unep.org/publications/search/pub_details_s.asp?ID=4018.

[2] 张坤民，潘家华，崔大鹏. 低碳经济论. 北京：中国环境科学出版社，2008.

[3] UNDP. 2007/2008 Human Development Report. http: //hdr.undp.org/en/reports/global/ hdr2007-2008/ chapters/chinese.

[4] IEA. Key World Energy Statistics 2008. http：//www.iea.org/textbase/nppdf/free/2008/key_stats_2008.pdf.

[5] Jutta Schwengsbier. 北京规划 CO_2 零排放生态新城. 德国之声网站，2008-06-01.

关注低碳经济　加快甘肃发展*

一、甘肃对中华文明、民族解放和祖国建设的巨大贡献，国人永志不忘

“君不见黄河之水天上来，奔流到海不复还。”黄河这条养育中华民族的母亲河，从青海省发源，第一个进入的省份就是甘肃。从上小学起，陕甘宁边区、兰州、敦煌、酒泉、张掖、武威、天水、嘉峪关、玉门关，这些地名早就从历史、地理、语文等课程或所读的诗词、小说等各种渠道，反复地进入脑子的记忆库中，尽管那时我还从来没来过甘肃。后来又从报刊上逐渐了解到玉门油田、兰州炼油厂、嘉峪关和酒泉钢厂这些新中国的工业基地，它们不单是为国家提供了宝贵的能源和钢铁，更宝贵的是给各地的新建企业培养了干部和熟练工人。甘肃还是国家重要的核能基地之一。记得是在1959年，我的一位亲戚，一名老钳工，上级一声令下，他打起背包从上海来到甘肃的基地，一干就是30多年，而且具体地点和工作还一直对家里保密。而我于1970年，作为一名青年教师，为了编写专业教材，也从清华大学来到了这个重要基地，见到了我的亲戚和不少校友，他们来此已经多年了，我

---

* 本文写于2009年6月，是作者在甘肃兰州“西部发展论坛”上的讲演稿。

在这里也连续工作了 3 个半月。20 世纪 80 年代末，在我被调到国家环保局工作后，甘肃的环保战友也曾陪我驾车穿过河西走廊，一直西出阳关，考察了沿途的戈壁和绿洲，也看到过一些雄关和古迹。甘肃给我留下了很多珍贵的回忆。

二、甘肃在中华崛起中大有希望

改革开放 30 年，祖国面貌日新月异，甘肃也在加速发展。据中国科学院的研究，基于地理位置、产业基础和自然条件等多方面的差异，全国除了上海、北京已进入后工业化阶段（即第五阶段）外，位于西部地区的甘肃尚处于工业化初期（即第二阶段）的后半阶段（见第五篇《中国走低碳发展必由之路：必要性与可行性》一文表 3）。

我充分理解甘肃省同志们进取思辨的迫切心情，但我想，根据以往 60 年的经验和教训，首先还是需要深入摸清自身的家底，冷静分析资源、环境、经济、社会的客观条件，清楚认识国内外动向，在深刻理解科学发展含义的基础上，制定出符合时代潮流、切合甘肃省情的发展规划。在经济全球化的条件下，最有利的可能还是着重发展有地方特色的产业，如适宜规模的能源产业和有色金属加工业、有机农业、文化与旅游业，而不要简单照搬东部地区的经济增长模式。

三、低碳经济的由来和国内外发展动向简介

（一）绿色经济与低碳经济

联合国环境规划署 2007 年的《年鉴》突出了低碳经济，2008 年和 2009 年相继提出的“世界环境日”主题，也都围绕着低碳经济和气候变化。2009 年初环境规划署召开的各国环境部长会议上讨论了“绿色

经济”，内容比低碳经济更广泛，包括水、固体废物、生态和其他影响当代人和后代人在这个星球上生存与发展的一些重大问题。从若干国家经济刺激方案对于“绿色投资”的比例和投资领域中来看，几乎都在向“低碳”倾斜（见下表）。

若干国家绿色投资比例和投资领域

国家	刺激方案	资金总量	绿色投资/%	绿色投资主要领域
德国	双刺激 0811+0902	€810 亿	13.2	能将，低碳车，公交
法国	经济复兴计划 0812	€260 亿	21.2	能将，RE，电网改造
意大利	紧急 0811+汽车 0902	€820 亿	2.8	铁路，汽车，高效车
英国	恢复 0811+汽车 0902	£221 亿	6.9	能将，RE，防洪
西班牙	刺激 0811	€110 亿	5.8	水和废物设施
中国	刺激 0811，4 万亿元	$5 861 亿	37.8	环保，基础设施等
美国	稳定 0810+恢复 0902	$9 720 亿	11.5	RE，CCS，能效
韩国	绿色新工作创造 0902	$381 亿	80.5	能效，大坝，低碳能源
日本	经济刺激 0904	$1 500 亿	不详	不详

资料来源：任勇，怎样用绿色新政应对多重危机，中国环境报，2009 年 5 月 22 日。

注：RE——可再生能源；CCS——碳捕集与封存（一种去碳技术）。

我认为，科学发展观强调的“全面协调可持续”确实把握了总体。建立在“经济、社会、环境”三大支柱上的可持续发展，明确承认增长必须在生态限界范围之内，要根据客观现实条件，寻求永续发展，这恰恰是“绿色”的真谛。而低碳经济则是从气候变化、能源安全及新经济增长点的角度，突出了“低碳”这个紧迫而又“可计量、可报告、可核查”的抓手。

（二）何谓低碳经济以及国内外碳排放量的比较

简单地说，低碳经济就是通过提高能效、应用低碳能源或零碳能源，以及开发“去碳”技术的一种新的经济形态和发展模式。通过它实现“一箭三雕”：一是尽力控制大气中的 CO_2 浓度不至于超过产业革命前的 2 倍，从而避免地表温度不至于升高 2～3℃而带来海平面显著升高等一系列灾难；二是努力开发可再生能源（风能、太阳能、地热能、潮汐能等）与新能源（核能、氢能等），以确保能源安全；三是作为 21 世纪新技术竞争的实质性内容和新的经济增长点。低碳技术、低碳产业现正逐步成为新一轮全球竞争的焦点。特别是奥巴马的新能源革命、美国环保局提出“要把温室气体列为危险污染物予以管理”和哥本哈根国际气候谈判等重大事项，这些都是十分值得关注的国际动向。

据联合国开发计划署 2008 年的《人类发展报告》[1]，从产业革命到 2004 年，碳排放量从人均“存量”（产业革命以来各国不同的贡献）比，发达国家负有不可推卸的责任。英国、美国的人均存量为 1 100 t，中国 66 t，印度 23 t。从“流量”及增长趋势看，包括中国在内的新兴经济体，由于起点低，增长速度快，相当显眼。据国际能源机构（IEA）2008 年发布的统计数据 [2]，中国 2006 年的一次能源消费总量占全球 16.2%，而 CO_2 排放总量占全球的 20.2%（中国 2006 年的人均 CO_2 排放量是 4.28 t，同世界人均一样）。可见，中国的能源使用率相对较低，碳排放强度相对较高。加上中国化石能源的探明可采储量只有世界人均储量的一半。如果继续目前这种经济增长模式，能够做到可持续发展吗？如果不及早规划部署低碳经济的话，对我们也是很不利的，见上篇文章表 1。

（三）国内一些省市的动向

北京现在已经把“人文奥运、科技奥运、绿色奥运”的目标扩大为“人文北京、科技北京、绿色北京”，“低碳技术发展”已被列入北京市 2009 年 18 项科技专项项目之一；上海市围绕 2010 年世界博览会，大力倡导低碳城市和低碳发展；保定市政府已经拟定了建设低碳城市的意见，成立了低碳研究中心，开始了实际行动；德州市正在筹备明年主办“世界太阳能大会”；无锡市环保局倡议，全市有关部门、大学以及相关企业，通过“政产学研”相结合的形式，在江南大学建立“无锡低碳城市发展研究中心”，该中心已获无锡市政府批准。最近我还在《中国环境报》上，先后看到了《广元重建怎样走上低碳路》[3]、《黑龙江保增长促发展方向明确　建设新型能源大省》[4]、《发展低碳经济是深圳实现科学发展的必由之路》[5] 等报道，这些报道都十分鼓舞人心，建议有关同志可找来《中国环境报》一阅。

四、甘肃在科学发展中要坚拒外来高碳工艺与产品的转移，避免“锁定效应”

在经济全球化的世界，发达国家在产业升级中，向发展中国家转移一些资源能源消耗高、生产附加值低的产业，这既是很不合理的，又是不可避免的。我们不是不知道卖出几亿件衬衣才能换来一架“空中客车”飞机是吃亏的，但我们现在还不能造大飞机时，只能这么办。你不卖衬衣，印度、越南、印尼都愿意卖。至于钢铁和水泥，在其生产过程中，耗费能源多，排放 CO_2 多，而 CO_2 的账最后还会算到中国头上。

至于国内，情况就不同了。中央已经三令五申，禁止“两高一低”的工艺、设备和产品向中西部地区转移。别看非法交易时，似乎特别便宜，但这些工艺是过时的，设备肯定是要被淘汰的。你现在不管怎样，总得付出一笔投资。而一旦上当接受了，也就像背上了“枷锁”，被锁定了。到必须强制淘汰时，就来不及了。所以必须关注国内外低碳经济发展的大形势，同时注意国务院和有关部门的规定，提高警惕。

五、有水就有绿洲、有电就有动力，甘肃可因地制宜大搞低碳经济

（一）节水和发电

在甘肃，只要有水，沙漠也能有绿洲。只要有电，生产、生活就有动力。因此在甘肃，一要大力节水，惜水如金。根据现有水资源情况和成本有效性条件，并考虑长期应对气候变化的要求，不同水质要分质使用，循环利用，回收再用。最好的水供饮用，工业、农业用水次之，城镇污水处理厂的合格出水也可以派上多种用场。将来如果电的问题解决了，还可以考虑对水进行深度处理，进一步适当扩大绿洲，提高人民生活水平。二要因地制宜大搞风电和太阳能光伏发电。国家已把甘肃列为“建设上千万千瓦大型风电场的省份”之一，建设速度很快，相信甘肃的同志们一定在抓紧准备。

（二）风能的必要性和制约因素

各方面的预测表明，为实现我国 2020 年国民生产总值翻两番的目标，能源供应至少要翻一番，能源供应需求量将超过 40 亿 t 标准煤，发电装机将达到 12 亿 kW 或更多。要满足如此巨大的需求量，石油 70% 以上靠进口，煤炭也接近开采极限，因此保障能源供应必须调整能源结构，大规模开发可再生能源资源。风力发电是世界上公认的最接近商业化的可再生能源技术之一，是可再生能源发展的重点，也是最有可能大规模发展的能源资源之一[6]。

据专家分析，我国发展风电的必要性近期体现在以下几方面：一是满足能源供应；二是促进地区经济特别是西部地区的发展；三是改善我国以煤为主的能源结构；四是促进风机设备制造业的自主

开发能力和参与国际市场的竞争能力；五是减少温室气体排放，解决我国能源供应不足；六是在解决老少边地区用电、脱贫致富方面发挥重大作用。

发展风电的制约因素主要有 4 点：一是电网。风能资源往往分布在远离负荷中心的边远地区，恰恰是电网的薄弱环节。除了小型分布式风电外，如何使得电网的建设和延伸能够适应风电的要求，以及如何适应大规模、远距离的风电输送问题，是一道难题。二是上网电价。与大多数国家相比，中国风电上网电价仍然偏低。适时出台同网同质同价的风电政策并适当提高电价，以反映风电低碳、无污染的真实价值，鼓励风电稳定持续发展，十分必要。三是风电设备质量。表现在风电设备制造企业急速扩张时，整机制造企业和零部件制造企业控制产品质量的手段较低，产品批量投产后，性能不稳定。维修维护能力也要进一步提高。四是技术创新和专门人才。我国风电人才起初主要来自早期发展风电的新疆和内蒙古的一些企业，真正掌握装备制造、风能资源评价、风电场管理、检测认证等风电发展领域核心技术的人才不很多，尤其是装备系统设计、集成技术和关键零部件研发与设计人才感到短缺，需要建立长期的人才培养和人才引进机制。

（三）太阳能发电

今年 4 月，我在参加由全国人大副委员长、九三学社中央主席韩启德率领的“发展低碳经济”考察团赴广东省调研时，曾经看到珠海兴业幕墙工程有限公司同陕西杨凌中国农科院的合作项目演示，他们利用太阳能光伏设备，可以建成家庭用独立电源系统、驱动水泵自动浇水的系统、光伏海水淡化系统。我想，这些对甘肃也会是十分有用的，如用于家庭独立电源、灌溉、苦咸水淡化等，以解决甘肃一些地区缺电缺水的困难。国家已经宣布了对建筑一体化使用太阳能光伏发电的补贴政策。如果能够使用这项技术和国家类似的补贴政策，因地制宜地开发甘肃的有机农业和特色产业，前途必将无限。

六、充分利用国家政策　加快甘肃发展

近年来，国内外对生态补偿加大了研究力度。甘肃地处黄河中上游，如何参与保护黄河的生态补偿，值得研究。通过研究和协商，黄河上下游所有的利益相关者之间，如何分配权益和承担义务，应该形成一个公平合理的、各方都能接受的规则。我想，这对保护黄河出大力的甘肃省，可能大有好处。上面提到的国家支持可再生能源的政策也同样。

本文定稿时，看到 6 月 5 日《温家宝主持节能减排会议 部署八项举措应对气候变化》的报道[7]，其中提到的 3 点特别引起我的注意。一是“严控‘两高’行业盲目扩张。严格执行国家产业政策和项目管理规定，强化用地审查、节能评估、环境影响评价，从严控制‘两高’行业低水平重复建设，继续控制‘两高一资’产品出口”；二是“积极参与国际合作。切实加强双边、区域和多边在节能、新能源和低碳技术研发等方面的合作”；三是“要把应对气候变化、降低二氧化碳排放强度纳入国民经济和社会发展规划，采取法律、经济、科技的综合措施，全面推进应对气候变化的各项工作”。这再次表明，国家决心继续从严控制高碳增长，积极鼓励节能、新能源和低碳技术研发，并昭示，应对气候变化和降低二氧化碳排放强度将被纳入“十二五”规划。

让我们在党中央、国务院的领导下，同心协力，坚持科学发展观，关注低碳经济，加快甘肃发展，迎接中华崛起！

参考文献

[1] UNDP. 2007/2008 Human Development Report. http://hdr.undp.org/en/reports/global/hdr2007-2008/chapters/chinese.

[2] IEA. Key World Energy Statistics 2008. http://www.iea.org/textbase/nppdf/free/2008/key_stats_2008.pdf.

[3] 中国环境报，2009-05-18（2）.

[4] 中国环境报，2009-06-01（1）.

[5] 中国环境报，2009-06-02（2）.

[6] 李俊峰. 中国风能发展报告 2008. 北京：中国环境科学出版社，2008.

[7] 人民日报，2009-06-06（1）.